U0625893

社会工作综合能力（初级）

历年真题及全真模拟试卷

参考答案

中公教育

社会工作综合能力（初级）历年真题及全真模拟试卷

【参考答案】

社会工作综合能力(初级)2021年真题参考答案及解析

一、单选题

1.【答案】A。解析:本题考查畅通改善社会工作参与社会治理的外部环境。史柏年教授在《畅通和规范社会工作参与社会治理的途径》中明确指出,畅通改善社会工作参与社会治理的外部环境的措施包括:(1)进一步加大宣传、提高认识,提升社会工作的社会认知、认同和接受度,达成社会工作参与社会治理重要性的社会共识,营造鼓励、支持、赞许社会工作服务机构及社会工作者参与社会治理的社会氛围。(2)进一步制定政策、完善法规,形成促进社会工作健康发展的完备政策法规体系,为社会工作的职业化、专业化、制度化发展提供政策保障。(3)进一步加大投入、保障经费,形成政府购买、社会捐赠、投资经营、服务收费等多渠道筹措经费的格局,提高从业人员薪酬待遇,保障服务机构正常运行。A项有利于社会工作服务机构的发展和功能发挥,是促进社会工作服务机构发展的政策措施,最符合题意;B项表述模糊,并非参与解决社会救助中的问题就属于社会治理;C项的做法有利于政府自身能力的提升;D项虽然涉及社会工作专业学生的就业政策,但未指向社会工作者参与社会治理的途径问题。因此B、C、D三项排除。故本题选A。

2.【答案】D。解析:本题考查助人自助的含义。社会工作强调的"助人自助"的核心是通过专业的助人方法,增强服务对象的内在能力,调动其内在积极性。对困难群体来说,由于个人生理、心理原因和社会方面的限制,他们的一些能力可能被压抑、被忽视。当服务对象实现自助意味着自己可以解决问题了,那么社会工作者可终止服务,因此D项正确。A项只强调了社会工作者的责任,未体现"自助"的含义;B项混淆了两个"助"的区别,第一个"助"是社会工作者帮助服务对象,第二个"助"是服务对象发挥内在积极性,二者含义不同;C项中,服务对象问题的解决受多种因素的影响,社会工作者需要负责任,但不一定是首要责任。故本题选D。

(小贴士:本题的争议点是选择C项还是D项,我们认为最佳答案是D项。主要原因有两点:第一,D项更合适。助人自助是社会工作的重要目标,服务对象能够实现自助,也就意味着达成了服务的基本目标,这时社会工作者可以终止服务,进入结案阶段。第二,C项存在争议且说法过于绝对。服务对象的问题是家庭、社区、社会环境等综合作用的结果,对于问题的解决,社会工作者不应承担首要责任,而且也并不存在首要责任这一概念。此外,助人自助的基本意思是社会工作者帮助服务对象实现可以自己帮助自己,并不代表社会工作者对服务对象问题的解决负有首要责任。)

3.【答案】D。解析:本题考查社会工作的特点。社会工作是社会工作者协助有困难、有需要的群体克服困难的过程。这一过程并不是社会工作者单向地向服务对象提供服务,而是双方合作、共同面对困难、分析问题成因、寻找解决问题的方法,进而解决困难的过程。A、B、C三项均为社会工作者单方面提供服务,只有D项体现了社会工作者和服务对象合作、共同解决问题的过程。故本题选D。

4.【答案】A。解析:本题考查社会工作对社会的功能。社会工作对社会的功能有四个:维持社会秩序、建构社会资本、促进社会和谐和推动社会进步。社会资本是在一定社会范围内存在的,人们基于信任、情感、共同体意识而形成的相互信赖和支持的关系。社会工作以人为本,解决社会问题,通过举办关爱困难群体的公益活动,链接社会资源,可以增加他们的相互信任,促进社会成员之间良好关系的建立,促使社会资本增加,或使社区的社会资本更加丰厚,有助于建立一个相互关怀的社会。本题中,社会工作者组织活动,建立互助平台,梳理并链接资源,体现了建构社会资本的功能。故本题选A。

5.【答案】D。解析:本题考查社会工作者的角色。社会工作者的直接服务角色有服务提供者、治疗者、支持者、关系协调者和倡导者。社会工作者的间接服务角色有行政管理者、资源筹措者、政策影响者。A项的关系协调者是指社会工作者帮助服务对象学习处理社会关系的技巧,协助他们处理好与他人及环境的不和谐关系,并建立起协调关系。B项的治疗者是指社会工作者帮助服务对象发现自己行为的问题,并矫正其行为,以帮助他们建立正确的行为方式和生活方式。C项的资源筹措者是指社会工作者常常需要联络政府有关部门、福利服务机构的负责人或同事、志愿组织甚至广大社会群体,向他们争取服务对象所需要的资源,并将资源传递到服务对象手中,以解决问题。D项的支持者是指社会工作者为服务对象(受助者)创造条件,鼓励其在可能的情况下自强自立、克服困难、自我决策。本题中,社会工作者大林一直鼓励、开导小勤加入志愿服务队,令她重拾信心,在其中扮演了支持者的角色。故本题选D。

6.【答案】A。解析:本题考查司法社会工作。司法社会工作是在司法领域开展的社会工作。广义的司法社会工作包括在司法、禁毒、调解、信访等领域开展的社会工作;狭义的司法社会工作包括在社区矫正、安置帮教、审前调查等领域开展的社会工作。本题中,社会工作者小李为接受社区矫正的青少年提供服务,属于司法社会工作领域。故本题选A。

7.【答案】C。解析:本题考查社会救助社会工作。社会救助是对因自然、个人及社会等各种原因而导致基本生活陷入困境者的救助,其目的是保障当事人的生命安全和基本权利。社会救助是政府对其成员生存权利最基本的保护。社会救助的首要任务是向困难人群发放食物、生存物资和金钱,以保障他们免于饥饿、疾病,保障其生命安全。本题中,面对因所带生活物品不足而产生焦虑的居民,社会工作的首要目标就是保障居民的生活安全,向居民发放食品、衣物等物资。故本题选C。

8.【答案】A。解析:本题考查社会工作价值观的基本信念。社会工作价值观的基本信念包括尊重、独特性和相信人能改变。独特性是指社会工作者相信每个服务对象都是独特的,每个人都有不同的生命经验、不同的人格特征和潜质,因此,社会工作者需认真和真诚对待服务对象。在服务过程中,社会工作强调依据每个服务对象的特点和个性有针对性地提供专业服务,真正落实"个别关怀,全面服务"的原则。故本题选A。

9.【答案】C。解析:本题考查社会工作价值观的实践原则。社会工作价值观的实践原则包括接纳、非评判、个别化、保密、当事人自决。A项强调对小周意愿的尊重,体现了"尊重"的基本信念,但不属于实践原则,同时,"认同"的表述不正确,因为尊重不代表认同。因此排除A项。B项体现了"保密"的实践原则,但是帮助他不受外界打扰的做法是错误的,不利于其成长,因此排除B项。C项体现了"当事人自决"的实践原则,社会工作者尊重小周的决定,并帮助其链接资源、挖掘潜能,因此C项正确。D项没有遵循"非评判"的实践原则,并且这种做法会对小周造成情感上的伤害,因此排除D项。故本题选C。

10.【答案】B。解析:本题考查我国社会工作专业实践的价值观。注重和谐有序,促进社会的共融与发展是我国社会工作专业实践的价值观之一。在社会工作过程中,社会工作者要将和谐与发展作为自己的重要价值观。和谐的内容包括多个层面,涉及家庭关系和谐、人际关系和谐、群体关系和谐、干群关系和谐以及社区和谐等。发展则要求社会工作者要不断探索与总结新的理论、经验和方法,不断提升社会行政与社会服务的水平,通过人性化的、有效的社会行政与管理,落实社会政策,实施有效的与适当的社会服务,从而解决各种社会问题,满足不同人群的社会需要。结合题干来看,可知B项正确。故本题选B。

11.【答案】C。解析:本题考查社会工作者对服务对象的伦理责任。社会工作者对服务对象负有不可推卸的伦理责任,实践活动必须以服务对象的利益为出发点,专业服务要注重体现尊重、保密和公平。社会工作者对服务对象的伦理责任包括以下六个方面:(1)对服务对象的承诺/负责;(2)自我决定;(3)知情同意;(4)能力;(5)文化敏感性与多样性;(6)隐私与保密性。A项做法错误,社会工作者没有与服务对象进行沟通与交流就直接放弃,是不负责任和不专业的表现。B项做法错误,社会工作者与大强进行沟通,减轻其内心的不信任,但是尚未了解具体情况就做出承诺,是不恰当的行为。C项的做法有助于消除大强的顾虑,体现了社会工作者努力完成任务,最符合题意。D项的做法有可能导致大强误解和排斥,行为欠妥。故本题选C。

12.【答案】B。解析:本题考查社会工作者对专业的伦理责任。社会工作者对社会工作专业的发展有着不可推卸的责任,主要体现在两个方面:(1)注重专业的品性;(2)加强专业评估与研究。社会工作者要通过不断学习和实践,努力推进专业的发展,通过研究与专业评估不断改善专业服务的水准,从而改善社会福利和社会服务水平。同时,社会工作者的实践本身也在影响专业的社会评价与专业权威。因此社会工作者应规范自己的言行,维护专业的权威。故本题选B。

13.【答案】A。解析:本题考查马斯洛的需要层次论。根据马斯洛的需要层次论,人类需要的层次分为:

(1)生理需要,即人类维持自身生存的最基本需要,包括衣、食、住、行等方面的需要。(2)安全需要,即人类要求保障自身安全、摆脱失业和丧失财产威胁、避免职业病侵袭、解除严酷监督等方面的需要。(3)归属与爱的需要。归属的需要是人们希望成为群体中一员,并相互关心照顾;爱的需要即希望爱别人,也渴望别人的爱。(4)尊重的需要。内部尊重,即自尊,是指一个人希望能独立自主;外部尊重是指一个人希望受到别人尊重、信赖或获得高度评价。(5)自我实现的需要,是最高层次的需要,它是指实现个人理想、抱负、发挥个人的最大潜能,完成与自己的能力相称的一切事情的需要,也是一种自我价值得到体现的需要。本题中,社会工作者小李推动项目顺利完成让其在同事中树立了威信,体现了内部同事对其的尊重;让机构负责人和项目落地社区的领导更加信任他,体现了外部的信赖和高度评价。这说明满足了小李尊重的需要。故本题选 A。

14.【答案】D。解析:本题考查家庭教养模式。家庭教养模式分为:(1)骄纵型。父母盲目地溺爱和疏于管束,构成骄纵型家庭教养模式。(2)支配型。家长过分溺爱与严加管束结合,构成支配型家庭教养模式。(3)专制型。家长缺少爱心或耐心,管理方式粗暴,构成专制型家庭教养模式。(4)放任型。家长既缺少爱心、耐心,也缺乏责任感,对孩子放任自流,构成了放任型家庭教养模式。(5)冲突型。家庭成员间人际关系紧张、不和谐,家庭气氛失调,价值导向不一致,构成冲突型家庭教养模式。(6)民主型。家庭成员间互相尊重、平等交流,对子女既有约束,又有鼓励,构成民主型家庭教养模式。这种教养模式下的孩子自尊、自信、自律性强,具有创造性,社交能力强,具有成就动机等良好社会适应性的个性特征。本题中,小伟父母征求小伟的意见,体现了对小伟的尊重;同时他们会鼓励小伟主动找同学玩耍,体现了对小伟的鼓励;父母嘱咐小伟要按时回家,体现了对小伟的约束。综上,小伟父母的做法属于民主型家庭教养模式。故本题选 D。

15.【答案】B。解析:本题考查同辈群体的特点。同辈群体的特点有:(1)平等性。同辈群体成员在年龄、知识、能力等方面比较相近,他们的地位是平等的。(2)开放性。同辈群体内部不存在特别严格的规章制度,成员之间的交流和交往在语言、方式、话题等方面都没有限制。(3)认同性。同辈群体是个人自由选择结合的结果,群体成员之间的交往是在自然随意的过程中进行的,成员之间相互依赖,对群体有较高的心理归属感和较强的认同性。(4)独特性。每个同辈群体都有自己独特的亚文化,这种群体的亚文化为群体成员提供了新的价值标准和行为方式。群体成员在语言、服饰、行为方式,甚至发型等方面都体现出自己的独特性。本题中,该青少年音乐社团成员的服装、发型、饰品、言行均与其他同龄人明显不同,社区一些居民见到他们感到很新奇,符合同辈群体的独特性特点。故本题选 B。

16.【答案】A。解析:本题考查社会环境的主要构成要素。社会环境的构成要素有家庭、同辈群体、学校、工作单位、社区、文化、大众传媒。题干中,小明学习成绩优异,但小明妈妈看邻居的孩子都报了培训班,于是也给小明报了很多培训班,所受到的是社区的影响。故本题选 A。

17.【答案】D。解析:本题考查青少年阶段的主要特征。青少年阶段的主要特征有:(1)生理发展上,青少年各种生理机能逐步增强,身高、体重、骨骼、肌肉、皮下脂肪以及神经系统的发育处于儿童与成年人之间的水平。生殖系统和第二性征已经基本发育成熟,具备了生育的能力。(2)心理发展上,青少年的思维与学龄儿童的思维不同,主要有两个方面的特点:一是青少年的抽象逻辑思维是通过假设的、形式的和反省的思维;二是青少年的逻辑思维处于由经验型向理论型过渡的阶段,青少年阶段是抽象逻辑思维发展的关键期和成熟期。青少年的情绪发展比较丰富和强烈,出现两极发展特征。情绪发展的两极性是指情绪的内容、强度、稳定性、概括性和深刻性等方面具有两极性。情绪发展的两极性使青少年经常出现反抗情绪,需要加强情绪的自我调节。随着生理方面的迅速发展,青少年的性心理有了相应的发展,其主要表现是性意识的发展。(3)社会性发展上,青少年期的社会性发展是由青少年社会化的任务决定的,青少年社会化的核心任务是自我意识、道德观和社会交往的进一步发展。青少年期的家庭、学校、同伴和社会等方面呈现出各自特征。因此,符合青少年发展阶段特征的是 D 项。结合相应的知识点分析选项可知,A 项属于学龄阶段的特征,B 属于青年阶段的特征,C 属于中年阶段的特征。故本题选 D。

18.【答案】C。解析:本题考查"人在情境中"的运用。心理社会治疗模式将个人与环境之间的这种关系概括为"人在情境中",要求社会工作者既需要深入个人的内心,了解他的感受、想法和需求,又需要仔细观察周围环境对他施加的影响,分析个人适应环境的具体过程。本题中,张奶奶在省城生活,但精神状态不太好,且经常抱怨在省城生活没意思,甚至因小事大发脾气,表明张奶奶因娱乐活动较少而无聊。小王作为社会工作者应该鼓励张奶奶多参加社区娱乐活动,因此C项正确。A项符合人本治疗模式,因此排除;B项未说明具体做法,因此排除;D项的做法不符合"人在情境中"的指向,因此排除。故本题选C。

19.【答案】B。解析:本题考查心理动力反思。心理动力反思是指社会工作者协助服务对象正确了解和分析自己内心的反应方式的技巧,如协助服务对象了解自己的情绪反应方式、认识事情的方式和动机的模式等。分析选项可知,B项符合题意,A项属于人格发展反思,C项属于现实情况反思,D项属于非反思治疗技巧中的直接影响技巧。故本题选B。

20.【答案】C。解析:本题考查服务对象问题的预估。横向分析就是分析服务对象问题形成的影响因素,涉及生理、心理和社会三个不同层面;纵向分析就是分析服务对象问题发展变化的过程,包括服务对象的问题从什么时候开始的,其中经历了哪些重要的影响事件,以及服务对象曾经做过什么样的努力等。分析选项可知,A、B、D三项属于纵向分析。故本题选C。

21.【答案】B。解析:本题考查服务的推进。服务的推进是指社会工作者根据服务计划的安排运用专业的服务技巧,逐步推动服务对象发生积极改变的过程。社会工作者应遵守以下三项原则:(1)从能做的开始。社会工作者在实施服务计划时,需要选择服务对象擅长做的或者能够做的作为服务开始阶段的任务,以减轻服务对象因改变带来的担心和焦虑,特别是在第一次服务面谈中,因为服务对象通常对改变缺乏信心,通过微小的改变可以增强服务对象的改变动力。(2)从愿意合作的着手。社会工作既注重服务对象的改变,也关注周围他人的调整,不需要将服务的焦点局限在服务对象身上。如果服务对象愿意改变,就从服务对象开始推进服务;如果周围他人愿意调整,就从周围他人入手开始实施服务计划。(3)采取综合的服务策略。服务对象的改变并不是直线方式的,他们每改变一步,都需要周围他人的支持和肯定;同样,周围他人的改变也为服务对象的改善创造有利的条件。就服务的成效而言,服务对象的改变及其效果的维持都离不开周围他人的支持。本题中,玲玲因与家人发生冲突而离家出走,一天后家人将她找回,并带她向社会工作者老纪求助,说明家人是非常愿意配合玲玲接受服务的,所以,老纪应先协助玲玲及其家人重温过往亲情。A项的做法会直接引起玲玲内心的焦虑,不利于其情绪的稳定,因此排除;C、D两项的表述不正确,社会工作者尚未进行具体的问题分析就要求家人承认错误或者要求家人进行承诺,这是不专业和不负责任的表现。故本题选B。

22.【答案】C。解析:本题考查社会资源的类型。根据资源的存在方式以及与服务对象的关联,可以把社会资源分为非正式社会资源和正式社会资源两种。正式社会资源是指由正式的社会机构和社会组织提供的社会资源,如社会服务机构、公益组织以及学校和医院等提供的社会资源。非正式社会资源是指由服务对象在非正式的社会交往中形成的社会资源,如关心服务对象成长的家庭成员、亲属、朋友以及同伴等,他们就是服务对象改变过程中的非正式社会资源。A、B、D三项链接的资源属于非正式社会资源。故本题选C。

23.【答案】D。解析:本题考查个案会谈的技巧。个案会谈的技巧包括支持性技巧、引导性技巧和影响性技巧。支持性技巧主要包括专注、倾听、同理心和鼓励;引导性技巧主要包括澄清、对焦和摘要;影响性技巧主要包括提供信息、自我披露、建议、忠告和对质。A项对焦是指社会工作者对服务对象偏离的话题或者宽泛的讨论进行收窄,集中讨论的焦点。B项澄清是指社会工作者引导服务对象重新整理模糊不清的经验和感受。C项忠告是指社会工作者向服务对象指出某些行为的危害性或者必须采取的行为。D项对质是指社会工作者通过直接提问等方式让服务对象面对自己在行为、情感和认识等方面不一致的地方。本题中,小陈发现小宋时常言行不一,寻找借口,于是就针对小宋这一不一致的地方进行了提问,体现了对质的技巧。故本题选D。

24.【答案】C。解析:本题考查个案会谈的技巧。个案会谈的技巧包括支持性技巧、引导性技巧和影响性技巧。支持性技巧主要包括专注、倾听、同理心和鼓励;引导性技巧主要包括澄清、对焦和摘要;影响性技巧主要包括提供信息、自我披露、建议、忠告和对质。其中,同理心是指社会工作者设身处地体会服务对象的内心感受,理解服务对象的想法和要求。分析选项可知,C项很好地体现了同理心技巧。题干中服务对象小吴现在感到很烦的原因是父母的想法和自己的想法不一致,而不是高考失败。A、B、D三项回应的内容均围绕着小吴的高考失败展开,并不是小吴当前真正的想法,故排除。故本题选C。

25.【答案】B。解析:本题考查会谈的运用和调查表的运用。会谈的运用有以下两种常见的方式:(1)自我陈述。针对服务对象个人的经历和内心的感受，社会工作者可以采取由服务对象自我陈述的方式收集资料，允许服务对象按照自己喜欢的方式讲述自己的故事和情况。这样，就能够把服务对象的内心感受和主观经验充分呈现出来。(2)对答方式。对于一般性的情况，社会工作者可以采用严格的对答方式收集资料，以保证信息的完整性。无论运用哪一种会谈方式收集资料，社会工作者都需要关注服务对象自己看待问题的方式和界定问题的逻辑，避免根据自己的逻辑推论服务对象对问题的理解，或者运用周围他人的看法概括服务对象的问题。根据调查问题的安排方式，调查表可以分为以下两种:(1)结构式调查表。要有预先设计好的固定的调查问题和调查问题的答案选项，调查对象只需挑选其中认为正确的答案。这种调查表比较适合于收集有明确答案而且比较容易识别的资料，如服务结束之后，针对服务对象行为改变的状况进行调查时，就可以运用结构式调查表，它不仅比较简便，而且信息处理也比较容易。(2)非结构式调查表。只有预先设计好的固定的调查问题，没有调查问题的答案选项，调查对象需要根据自己的理解填写调查问题的答案。这种调查表比较适合没有明确答案的开放式问题的资料收集，特别是涉及价值原则和意义理解的调查问题，如对自己生活的评价，或者对生活的改变要求等。本题中，社会工作者小乔采用游戏方式引导小花说出入院后的感受，即运用了自我陈述方式;运用儿童医疗恐惧表了解小花害怕程度，即运用了结构式调查表。故本题选B。

26.【答案】C。解析:本题考查小组工作的类型。从小组目标的角度出发，小组工作类型可以分为以下四种:(1)教育小组。通过帮助小组组员学习新知识、新方法，或补充相关知识的不足，促使组员改变其原来对于自己的问题的不正确看法及解决方式，从而实现小组组员的发展目标。(2)成长小组。帮助组员了解、认识和探索自己，从而最大限度地启动和运用自己的内在资源及外在资源，充分发挥自己的潜能，解决所存在的问题并促进个人正常健康地发展。(3)支持小组。通过小组成员彼此之间提供信息、建立、鼓励和情感的支持，达到解决某一问题和成员改变的效果。在支持小组中，最重要的是小组成员的关系构建、相互交流和相互支持。(4)治疗小组。治疗小组的组员一般来自那些不适应社会环境，或其社会关系网络断裂破损而导致其行为出现问题的人群。社会工作者在治疗小组中，通过小组工作的活动过程，帮助小组组员了解自己的问题及其背后的社会原因，利用小组的经验交流和分享，辅以一定的资源整合或社会支持网络，以达到对小组组员的心理和社会行为问题的治疗，从而改变小组组员的行为，重塑其人格，开发其潜能，促使其成为健康、健全的社会人。题干提到"帮助组员了解自身问题及其背后的社会原因"，组员属于乳腺癌患者，要求社会工作者具备一定的医学知识，由此可知本题中的小组属于治疗小组。虽然本题中的小组也具有教育、支持的功能，但要根据小组工作的目标匹配最符合的一种类型。故本题选C。

27.【答案】D。解析:本题考查小组工作的模式。小组工作的模式分为发展模式和互动模式。发展模式亦称过程模式或发展性小组模式，是较晚发展起来的一种小组工作模式，旨在解决和预防服务对象社会功能的衰减问题，恢复和发展服务对象的社会功能。互动模式亦称交互模式或互惠模式，是基于人与环境和人与人之间的关系而建立的一种小组模式，旨在通过组员之间、组员与小组及社会环境之间、小组与社会环境之间的互动关系，促使组员在小组这个共同体的相互依存中得到成长，增强组员的社会功能，提升其发展能力。互动模式下的小组工作，焦点在于互动关系及其效果。社会工作者小魏开设的"金色年华"小组，旨在促进退休人员继续社会化，提升其社会功能，属于发展模式。故本题选D。

28.【答案】A。解析:本题考查小组活动的目标。小组活动的目标包括总体性目标和阶段性目标。该匿名小组的总目标是戒除酒瘾，其阶段性目标则应该是围绕戒除酒瘾所需要完成的、一步步实现总目标的中间目标。故本题选A。

29.【答案】D。解析:本题考查制定小组规范。小组规范是小组工作初期社会工作者和小组组员一起建立的适合管理和协调组员行为的准则。小组的规范有三类:一是秩序性规范，用来界定组员之间的互动准则。二是角色规范，用来界定和明确组员所期望的具体角色和行为。三是文化规范，用来澄清和说明小组的信念和基本价值，强调开放、平等、保密、非批判和团结合作等原则。根据题干和选项，A、B、C三项属于秩序性规范。故本题选D。

30.【答案】C。解析:本题考查社会工作者在转折阶段的任务。在小组活动的中期转折阶段，社会工作者的任务是:(1)处理抗拒行为。(2)协调和处理冲突。①帮助组员澄清冲突本质，如价值观;②增进组员的自我理解;③重新调整小组规范和契约;④协助组员面对和解决由冲突带来的紧张情绪和人际关系紧张问题;⑤运用焦点回归法,即将问题抛回给组员,让他们自己解决。(3)保持组员对整体目标的意识。(4)协助组员重新建构小组。(5)适当控制小组的进程。本题中,面对小华和小郑关于照顾失智老人的方法发生的争执,小吴应当帮助双方澄清冲突本质,即价值观的差异,C项符合题意。故本题选C。

31.【答案】D。解析:本题考查小组工作结束阶段社会工作者的任务。题干中的这一阶段属于小组结束阶段。在这一阶段,小组成员会产生浓重的离别情绪,关系结构弱化。这一阶段社会工作者的主要任务有两个:一是帮助组员处理离别情绪和感受,二是协助组员保持小组经验。社会工作者协助组员巩固已经改变的行为和已经获得的经验,并在日常生活中运用模拟练习,即模拟现实的生活环境,让组员在小组中练习他们学到的行为规范等。因此,为了缓解小组成员离时的失落情绪,可模拟出院生活,继续保持小组成员的成长经验,积极生活。分析选项可知,A、B两项属于开始阶段,C项属于成熟阶段。故本题选D。

32.【答案】C。解析:本题考查成长小组的特点。成长小组多用于各类学生及边缘群体的辅导工作。成长小组的工作旨在帮助组员了解、认识和探索自己,从而最大限度地运用自己的内在及外在资源,充分发挥自己的潜能,解决所存在的问题并促进个人正常健康地发展。成长小组的焦点在于个人的成长和正向改变。分析选项可知,A、B两项是教育小组,D项是支持小组,C项是成长小组。故本题选C。

33.【答案】B。解析:本题考查主持小组讨论的技巧。结合题中的四个选项进行分析:(1)中立的技巧。在小组讨论中,成员们可能因为对某一个问题的观点不一致而发生争论,而争论的双方都希望社会工作者能支持自己的观点。此时,社会工作者的中立很重要,应避免与组员争论,不偏袒或属意任何一方;不判断他人意见;仅提供问题,不给予答案;可以提供资料信息,但不予决断,仅作利弊分析或事实论述;随时保持中立的位置。(2)鼓励的技巧。在小组讨论中,对某些比较内向,或者容易害羞的成员要给予支持,不要逼他们发言,而是注意他们,投以鼓励的目光,等他们获得了勇气再发言。社会工作者可以重复他们的发言,对正确的方面给予认可,以树立起他们的信心和安全感。(3)引导的技巧。讨论中有时出现你一言我一语,场面气氛热烈但又偏离方向的情况,此时会议主持人要用某种方式暗示讨论的方向,提示讨论的重点,或再次强调讨论的程序,从而保证讨论正常有序地进行。(4)澄清属于个案会谈的引导性技巧。因此,D项直接排除。本题中,组员小李比较害羞,发言时欲言又止,社会工作者小何说"您可以想到哪儿就说到哪儿,如果后面又有新想法,可以下一次补充",给予小李鼓励,使小李积极抓住发言的机会,帮助其树立信心,增加安全感。故本题选B。

34.【答案】B。解析:本题考查社区工作中的过程目标。所谓过程目标,是指促进社区居民的一般能力,如加强社区居民对公民权利和义务的了解,增强居民解决社区问题的能力、信心和技巧,发现和培育社区居民骨干参与社区事务,建立社区内不同群体的合作关系等。分析选项可知,A、C、D三项都是为了解决老年活动中心开放时间、安全问题、值班管理等具体问题,只有B项鼓励居民自主讨论中心管理规范有助于增强居民的参与能力。故本题选B。

35.【答案】A。解析:本题考查地区发展模式的特点。地区发展模式强调社区成员通过参与和合作,以集体的形式来挖掘和利用社区资源,共同解决社区问题、满足社区需求,增强社区凝聚力和归属感,如环境和设施问题等。当居民抱怨政府对社区的共同问题应对不及时或解决策略不恰当时,社会工作者则要以此为契机,提供一些建设性途径让居民表达意见,反映民意,建立政府与居民的联系及沟通,促进互相了解,同时也要求居民不仅仅是表达不满,更重要的是提出改善的建议和方法。分析选项可知,只有A项是在让居民表达想法。故本题选A。

36.【答案】D。解析:本题考查社会策划模式的特点。社会策划模式是在了解社区问题的基础上,依靠专家的意见和知识,通过理性、客观和系统化的分析,对解决社区问题的过程和方法进行计划的工作模式。社会策划模式的特点如下:一是注重任务目标的实现;二是强调运用理性原则处理问题;三是体现的是一种由上而下的改变;四是控制和指导着社区未来。D项中的理性原则符合社会策划模式的特点。故本题选D。

37.【答案】C。解析:本题考查社会策划模式中社会工作者的角色。在社会策划模式中,社会工作者的角色包括技术专家和方案实施者,故排除A、B、D三项。技术专家,是指在社会策划模式中,社会工作者主要扮演专家角色,包括收集社区资料,进行社区分析、社区诊断、社会调查,对服务进行策划、组织运作和评估等。

方案实施者,是指社会工作者有责任执行有关方案,与有关机构、团体保持良好关系,以推动方案的实施。具体而言,社会工作者在项目的管理、监督实施、反馈等各环节承担领导责任,既负责整个执行过程中的业务、财务、人事、物资等方面的管理工作,也要监督执行进度,收集执行过程中的意见和信息,并将其反馈给决策者和参与各方,及时根据实际情况对方案进行调整,以保证方案的顺利实施和目标实现。根据题干"既要负责项目执行,也要监督项目进度情况,并及时反馈给相关方"可知,社会工作者小顾承担的是方案实施者的角色。故本题选C。

38.【答案】A。解析:本题考查社区照顾模式的特点。社区照顾模式的特点包括:(1)协助服务对象融入社区。社区照顾的任务目标是为社会上有需要的人群提供照顾和支援,协助他们在社区中过正常生活。社区照顾模式认为,服务对象所生活的社区是其正常的生活环境,这里有他们熟悉的人群,有同他们进行交往的机会,也有进行正常社会生活的条件,这对服务对象是十分有利的。社区社会工作者小李邀请在校学生参观社区,强调运用社区这一熟悉的生活环境来帮助服务对象融入社区。因此,A项说法正确。(2)强调社区责任。由政府、营利机构、志愿组织、社区、家庭及个人共同分担照顾责任。(3)非正规照顾是重要因素。社区内存在着许多人际关系网络,这些关系网络对社区成员的生活有很大的影响,它可以为人们提供重要的精神、物质、服务方面的支援。(4)提倡建立相互关怀的社区。社区照顾模式强调动员家人、社区居民与志愿者开展服务,以在社区中建立互助互爱的关系。C、D两项是社会策划模式的特点,不属于社区照顾模式的特点,B项在题干中未体现。故本题选A。

39.【答案】A。解析:本题考查社区问题分析。社区问题分析包括描述问题、界定问题、明确问题的范围和问题的起源和动力。(1)描述问题:对问题的描述是认识问题的起点,意在弄清问题的表现或者症状。(2)界定问题:在弄清社区问题的症状之后,社会工作者还需要对问题进行界定,以明确问题的性质,为解决问题提供方向。(3)明确问题的范围:分析社区问题时还需要弄清楚问题的范围,以判断问题的大小和严重程度。(4)问题的起源和动力:社会工作者需要找出导致社区问题产生、蔓延和加剧的原因,并进而发掘和思考解决这一问题可能的动力因素。题干中社会工作者老岳"了解社区'违建'是怎样形成的,以及后来的发展情况"属于分析社区问题的来龙去脉,因此A项说法正确。故本题选A。

40.【答案】B。解析:本题考查社区工作方法。在社区工作方法中,资源链接是指除了社会工作者及其机构所掌握的资源之外,社区内外往往还有其他个人、组织和机构拥有不同的资源,将这些资源链接起来互通有无,是资源管理非常重要的一个方面。链接资源的方式可以分为正式链接和非正式链接,正式链接是指拥有资源的各方通过会议、契约、合同等正式的方式相互交换资源,而非正式链接则是依靠平常的交情等非正式方式形成的资源交换,社区工作中非正式链接是常见的方式。良好的资源链接可以充分利用社区内外的各种资源,避免资源的闲置和浪费。分析选项可知,A、D两项无法解决场地问题,C项表述错误,只有B项可以解决场地问题,同时属于资源链接的方式。故本题选B。

41.【答案】B。解析:本题考查居民骨干培养技巧。居民骨干培养技巧如下:(1)鼓励参与。针对部分居民骨干缺乏自信、自我认同感不高的情况,社会工作者要对他们在实践过程中的突出表现给予鼓励和肯定。(2)建立民主领导风格。积极培养居民骨干的民主意识,多组织居民会议,共同协商处理社区问题。要促进居民骨干对民主原则的全面理解和认同。(3)培训工作技巧。根据居民骨干的能力给予适当的培训。要帮助居民骨干从实践中学习和吸收知识与经验,培养总结和自省习惯。(4)增强管理能力。社会工作者应加强居民骨干的权责分工意识,让他们认识到只有分工合作,才能做好社区工作。从题干中的关键句"某社区文体团队的负责人……有时会与少数团队成员发生冲突,影响了团结"可知,社会工作者应当引导社区骨干建立民主领导风格,增强与团队成员的交流。故本题选B。

42.【答案】C。解析:本题考查社会服务策划的形式——问题解决策划。问题解决策划的主要过程是:认识现有的问题→界定问题→探索可行的解决方法→认识各种可能的限制→选取解决办法→设计完整的计划→发展评估计划。题干中社会工作服务机构采取的服务策划过程符合问题解决策划的过程。故本题选C。

43.【答案】A。解析:本题考查多功能型团队的特点。多功能型团队是指由来自同一等级、不同专业领域的成员组成,共同来完成某一项任务的团队。因此,A项正确。多功能型团队需要花费时间建立起信任并能真正合作。因此，C项排除。B项属于自我管理型团队的特点，D项属于问题解决型团队的特点。因此，B、D两项排除。故本题选A。

44.【答案】B。解析：本题考查志愿者管理的步骤——工作发展与设计。工作发展与设计的重要任务是撰写"志愿服务工作说明书"，帮助志愿者了解工作任务、工作需要的技能、需要完成的工作成果等。"志愿服务工作说明书"也可以帮助社会服务机构规范志愿者的工作责任和权利，并作为评估志愿者服务成效和机构志愿服务管理成效的依据。故本题选B。

45.【答案】C。解析：本题考查捐款的动机。企业捐款的动机可以归纳为以下几种：市场营销、公共关系、自我利益、税法策略、社会联谊(俱乐部)。A、B两项属于企业捐款动机，故排除。个人捐款的动机可以分为三种：一是个人需要。部分捐款人认为捐款可以满足自尊的需要，通过捐款施惠于人有快乐的感觉，并可以建立自尊和自我肯定。部分捐款人认为捐款可以得到别人的肯定，有利于建立社会形象。还有部分人捐款已成为习惯。二是外界影响。有些捐款人是受亲戚、朋友、同事的影响而捐款的。三是利他动机。部分捐款人完全以利他为中心，愿意帮助他人。部分捐款人认为大家应该有福共享、有难同当，帮助他人。还有部分捐款人重视宗教理念，认为捐款是一种道德责任。题干中发起"让爱传递"劝募活动，招募"爱心大使"动员身边的亲朋好友发起"一起捐"，借助的是外界影响。故本题选C。

46.【答案】B。解析：本题考查社会服务机构的筹款方法。社会服务机构可以运用的筹款方法很多，主要有项目申请、私人恳请与电话劝捐、特别事件筹资活动。如果机构的大宗款项来自政府购买或基金会资助，则属于A项的项目申请，这种资助一般要写项目申请书，因为政府、基金会对机构的资助常常是以项目的形式出现的。B项的私人恳请是机构领导者、员工和志愿者与他们的潜在捐款人面对面会谈，表达需求、寻求帮助、请求捐款的筹款方式，属于较私人的、注重人际关系的筹款方式。C项的电话劝捐是招募志愿者或者雇用专门人员，在紧凑的时间(通常2~4周)内密集电话拜访，传达简单易懂的筹资信息，并在较短时间内快速筹款的方式。D项的特别事件筹资活动是社会服务机构通过对特殊事件的服务，引起社会大众对机构和相关事件的关注。本题强调了某儿童社会工作服务机构的社会工作者小张与当地一家画廊负责人很熟，双方商讨进行的募捐合作，更加符合私人恳请的筹款方式的特点。故本题选B。

47.【答案】B。解析：本题考查教育性督导的内容。社会工作督导的教育性功能要求督导者不仅要提供被督导者完成工作所需的知识，并要协助被督导者由"知"转为"做"。督导者通过个别督导或团体会谈，发挥知识、能力、学习与自我觉醒反馈的效能，主要包括：(1)教导有关"服务对象群"的特殊知识；(2)教导有关"社会服务机构"的知识；(3)教导有关"社会问题"的知识；(4)教导有关"工作过程"的知识；(5)教导有关"工作者本身"的知识；(6)提供专业性建议和咨询。行政性督导工作的主要内容有：(1)社会工作者的招募和选择；(2)安置和引导工作人员；(3)工作计划和分配；(4)工作授权、协调与沟通；(5)工作监督、总结和评估。支持性督导的工作内容主要有：(1)疏导情绪；(2)给予关怀；(3)发现成效；(4)寻求满足。分析选项可知，A、D两项属于支持性督导；C项属于行政性督导；B项鼓励被督导者尝试新的介入方法，属于教育性督导的内容，最符合题意。故本题选B。

48.【答案】B。解析：本题考查定性研究的特点。定量研究一般依托某些理论形成假设，再通过收集资料和分析数据来验证假设。定性研究不一定事先设定假设，其理论假设可以在研究过程中逐步形成和完善，其过程发现需要进行抽象的提炼和归纳，才有可能达到理论层面。因此A项错误。定量研究很大程度上排除了研究者对研究对象的影响，研究者往往被研究对象视为外人。定性研究则把自然情境作为资料源泉，花费相当多的时间深入具体情境中，研究者对自己的行为以及与研究对象之间的关系进行动态反思和调适，尽量设法将被研究对象视为自己人。因此B项正确。定量研究注重研究问题的普遍性、代表性及其普遍指导意义，其研究结论在随机抽样时可以推论。定性研究则注重研究对象，有助于发现研究问题的个别性和特殊性，研究发现并不作推论。因此C项错误。在定量研究中，研究者一般以接触性的或控制性的手法收集数量资料。在定性研究中，研究者通过观察、访问等非控制性的、自然的手法收集非数量的资料，一般需要与研究对象进行接触。因此D项错误。故本题选B。

49.【答案】D。解析：本题考查问卷的类型和设计。问卷有自填问卷和访问问卷两种。自填问卷是由被调查者自己填写答案的问卷,应保证题型简单、题量不大,其提问和答案应该用语准确、含义明确、通俗易懂。访问问卷是由访谈员向被调查者提问并记录其回答的问卷。当被调查者文化水平较差或调查问题较复杂时,使用访问问卷特别合适。因此 A 项错误。问卷调查收集数据的内容、时间、格式基本统一,从而资料处理相对容易并便于比较分析。因此 B 项错误。描述性研究的问卷应多围绕基本问题展开,解释性研究的问卷要围绕研究假设展开,多涉及关键变量提问。因此 C 项错误。问卷要有信度与效度。有较高信度,表明测量结果比较稳定,测量结果受时间、地点和对象变化的影响较小;有良好效度,表明测量结果较好地揭示了实际情况。因此 D 项正确。故本题选 D。

50.【答案】B。解析:本题考查问卷设计的原则。问题和答案是问卷设计的核心,其设计应该注意如下细节:一是关于答案。开放式问题的答案应注意空间大小的适当性,封闭式问题中单项选择题的答案必须满足穷尽性和互斥性。其中,穷尽性指答案包含所有可能,互斥性指不同答案并不交叉。二是关于语言。问题语言应该简短明了,避免双重含义,不要有倾向性,注意对敏感问题的提问方式。三是关于排序。一般而言,被访者熟悉或感兴趣的、简单的、封闭式的问题可以置于前面,关于行为、态度、背景的问题和敏感的问题放在后面。四是关于题数。无论研究内容、性质、方法、资源、礼品等方面状况如何,回答问卷所花时间越短越好。有时,设计者或研究者为了获得尽可能多的问题答案而设置许多问题,但这可能导致被访者随意圈填和空白,反而降低了问卷调查的质量。根据经验,一份问卷最好能让被调查者在 30 分钟左右完成。A 项和 D 项的答案设计不符合穷尽性的要求,C 项中"社会工作站把服务送到居民身边,打通了服务的'最后一米'"的语言具有倾向性,不符合"问卷语言不应有倾向性"的要求。故本题选 B。

51.【答案】C。解析:本题考查问卷类型。问卷有自填问卷和访问问卷两种。自填问卷在收集资料时由被调查者填写答案。其问题和答案的用词应该精准和通俗易懂,题型不过于复杂,题量适度,版面设计利于激发被调查者的兴趣。访问问卷在收集资料时由访问员向被调查者提问并记录其回答,适合于被调查者文化水平不高、调查问题较复杂的情况,但不太适合了解敏感性问题。题干中小宋决定采用问卷调查的方式向高中学生了解校园欺凌状况,校园欺凌为敏感性问题,应该采用自填问卷的方式。故本题选 C。

52.【答案】A。解析:本题考查个案研究的资料收集的特征。个案研究的资料收集的特色之一是非正式,即研究者可以不拘时间、地点并用多种方法进行研究,所以 B 项错误。特色之二是手段和资料多元,研究者可以运用各种手段,采用不同角度,进行访问、观察、记录等,详细记载研究对象的各方面资料。访问记录、观察记录、个人文稿、官方文献、新闻报道、他人评论等都是其重要资料载体,所以 D 项错误。特色之三是详尽深入,对个人生活史及有关文献都加以考虑,常使用历史视角把握资料,并在此过程中注重服务对象的主观感受。特色之四是强调应用性研究,注重改变行为的模式。同时,个案研究是对单个对象的特定行为或问题进行探索研究,A 项研究孵化社会组织的特定行为,是个案研究的特征,所以 A 项正确。个案研究的研究发现不能进行推论,不能反映普遍的情况,所以 C 项错误。故本题选 A。

53.【答案】D。解析:本题考查老年人获得家庭赡养与扶养的权利。《中华人民共和国老年人权益保障法》第十六条规定:赡养人应当妥善安排老年人的住房,不得强迫老年人居住或者迁居条件低劣的房屋。老年人自有的或者承租的房屋,子女或者其他亲属不得侵占,不得擅自改变产权关系或者租赁关系。老年人自有的住房,赡养人有维修的义务。所以 A 项错误。第十四条规定:赡养人应当履行对老年人经济上供养、生活上照料和精神上慰藉的义务,照顾老年人的特殊需要。赡养人是指老年人的子女以及其他依法负有赡养义务的人。赡养人的配偶应当协助赡养人履行赡养义务。所以 B 项错误。第十五条规定:赡养人应当使患病的老年人及时得到治疗和护理;对经济困难的老年人,应当提供医疗费用。对生活不能自理的老年人,赡养人应当承担照料责任;不能亲自照料的,可以按照老年人的意愿委托他人或者养老机构等照料。所以 C 项错误。第十九条规定:赡养人不得以放弃继承权或者其他理由,拒绝履行赡养义务。赡养人不履行赡养义务,老年人有要求赡养人付给赡养费等权利。赡养人不得要求老年人承担力不能及的劳动。所以 D 项正确。故本题选 D。

54.【答案】B。解析:本题考查残疾人的劳动就业权利。《残疾人就业条例》第十一条规定,集中使用残疾人的用人单位中从事全日制工作的残疾人职工,应当占本单位在职职工总数的 25% 以上。故本题选 B。

55.【答案】A。解析:本题考查事实无人抚养儿童的申请流程。《关于进一步加强事实无人抚养儿童保障工作的意见》中指出,事实无人抚养儿童监护人或受监护人委托的近亲属填写《事实无人抚养儿童基本生活补贴申请表》,向儿童户籍所在地乡镇人民政府(街道办事处)提出申请。情况特殊的,可由儿童所在村(居)民委员会提出申请。故本题选A。

56.【答案】A。解析:本题考查关于继承的时间规定。《中华人民共和国民法典》第一千一百二十一条规定,继承从被继承人死亡时开始。相互有继承关系的数人在同一事件中死亡,难以确定死亡时间的,推定没有其他继承人的人先死亡。都有其他继承人,辈份不同的,推定长辈先死亡;辈份相同的,推定同时死亡,相互不发生继承。故本题选A。

57.【答案】C。解析:本题考查离婚的规定。《中华人民共和国民法典》第一千零七十六条规定,夫妻双方自愿离婚的,应当签订书面离婚协议,并亲自到婚姻登记机关申请离婚登记。离婚协议应当载明双方自愿离婚的意思表示和对子女抚养、财产以及债务处理等事项协商一致的意见。《中华人民共和国民法典》第一千零七十七条规定,自婚姻登记机关收到离婚登记申请之日起三十日内,任何一方不愿意离婚的,可以向婚姻登记机关撤回离婚登记申请。故本题选C。

58.【答案】A。解析:本题考查关于工时和工资报酬的规定。《中华人民共和国劳动法》第四十四条规定,有下列情形之一的,用人单位应当按照下列标准支付高于劳动者正常工作时间工资的工资报酬:(一)安排劳动者延长工作时间的,支付不低于工资的百分之一百五十的工资报酬;(二)休息日安排劳动者工作又不能安排补休的,支付不低于工资的百分之二百的工资报酬;(三)法定休假日安排劳动者工作的,支付不低于工资的百分之三百的工资报酬。A、B两项都是工作日加班,企业应支付不低于工资的百分之一百五十的工资报酬,A项正确、B项错误;C项休息日加班,企业如果不能安排补休,要支付不低于工资的百分之二百的工资报酬,C项错误;D项法定节假日加班,企业应支付不低于工资的百分之三百的工资报酬,D项错误。故本题选A。

59.【答案】C。解析:本题考查领取失业保险金领取的条件和期限。《失业保险条例》第十四条规定,具备下列条件的失业人员,可以领取失业保险金:一是按照规定参加失业保险,所在单位和本人已按照规定履行缴费义务满1年的。二是非因本人意愿中断就业的。三是已办理失业登记,并有求职要求的。《失业保险条例》第十七条规定,失业人员失业前所在单位和本人按照规定累计缴费时间满1年不足5年的,领取失业保险金的期限最长为12个月;累计缴费时间满5年不足10年的,领取失业保险金的期限最长为18个月;累计缴费时间10年以上的,领取失业保险金的期限最长为24个月。小贾之前缴纳失业保险费累计9年6个月,因此可以领取失业保险金的期限最长为18个月。故本题选C。

60.【答案】A。解析:本题考查城镇职工基本医疗保险制度的缴费办法。国务院于1998年颁布实施了《国务院关于建立城镇职工基本医疗保险制度的决定》(以下简称《决定》),形成了我国目前全国基本统一的职工基本医疗保险制度。《决定》指出,基本医疗保险费由用人单位和职工双方共同负担。具体来讲,该《决定》确立的城镇职工基本医疗保险的缴费办法是:基本医疗保险费由用人单位和职工共同缴纳,用人单位缴费率应控制在职工工资总额的6%左右,职工缴费率一般为本人工资收入的2%。随着经济发展,用人单位和职工缴费率可作相应调整。故本题选A。

二、多项选择题

61.【答案】ACD。解析:本题考查社会工作在服务对象层面的目标。社会工作在服务对象层面的目标如下:(1)解救危难。面对危难,社会工作的基本目标就是寻求资源(包括物质资源和社会资源),支持受助者,帮助他们走出困境。(2)缓解困难。社会工作的目标就是帮助有困难、有需要的人缓解压力、克服困难。(3)激发潜能。社会工作者的工作就是要激发服务对象被压抑、被忽视的能力,调动其内在积极性,并配以外部条件,帮助其走出困境。(4)促进发展。当一个人或一群人遇到困难时,社会工作者就会施以援手,通过增加知识、学习技能、学习建立人际关系等方式,使个人或群体得到发展,实现自己的人生目标。社会工作在社会层面的目标包括解决社会问题和促进社会公平。本题是针对社区青年失业问题开展服务,服务对象是青年。分析选项可知,A项"协助社区青年提高职业技能"和C项"开发社区就业岗位并组织相应培训"属于促进发展的目标,D项"协助社区青年组成支持网络"属于解救危难的目标,B、E两项属于社会层面的目标。故本题选ACD。

62.【答案】CD。解析：本题考查社会工作者对社会服务机构的伦理责任。社会工作者对社会服务机构的伦理责任主要包括以下五个方面：(1)社会工作者有责任维护机构的政策与立场。(2)社会工作者应对机构的相关资料和信息进行保密。(3)社会工作者应妥善使用和保存机构的文件信息和其他相关资料。(4)社会工作者有责任促进机构与政府及其他机构的合作关系。(5)社会工作者有责任协调服务对象与机构的关系。分析选项可知，A项体现了社会工作者对服务对象的伦理责任，B、E两项体现了社会工作者对专业的伦理责任。故本题选CD。

63.【答案】BCD。解析：本题考查社会工作实践中的伦理决定。在社会工作实践中，伦理原则存在一定的先后顺序或优先性，原则包括保护生命原则、差别平等原则、自由自主原则、最小伤害原则、生命质量原则、隐私保密原则、真诚原则。社会工作者要遵循伦理原则的顺序，做出恰当的伦理抉择。A项的保护生命原则是指社会工作者有义务保护服务对象和其他人的生命。B项的差别平等原则是指社会工作者要遵循平等待人和个别化服务的理念，在平等待人的同时注重服务对象的差异。C项的自由自主原则是指社会工作者在具体实践中要保证服务对象的自由性和自主性，提高其能动性与参与能力，保障其合法权益。D项的最小伤害原则是指社会工作者在实践中要保证服务对象的利益不受侵害，并实现利益最大化。E项的隐私保密原则是指签订服务协议后，社会工作者要对服务对象的隐私进行保密，保证其权益不受侵犯。本题中，王爷爷的居家环境对他来说有特殊的意义，社会工作者老杨最后尊重了王爷爷的特殊需求，建议基本保留现有的格局，体现了差别平等原则，因此B项正确；社会工作者老杨在倾听了王爷爷家人的意见后，没有强制王爷爷接受其家人的意见，而是与王爷爷进行沟通，给予其自由选择的权利，体现了自由自主的原则，因此C项正确；在适老化改造项目中，王爷爷一开始拒绝改造，社会工作者积极与其沟通，建议基本保留现有的格局，避免了适老化改造对王爷爷造成感情伤害的问题，体现了最小伤害的原则，因此D项正确。本题未提到居住环境威胁到了王爷爷的生命安全，也没有提到王爷爷的隐私问题，因此排除A、E两项。故本题选BCD。

64.【答案】ACDE。解析：本题考查青少年阶段面临的主要问题——网络成瘾。社会工作对青少年网络成瘾问题的干预可以从预防与治疗两个层面进行。预防层面，成人社会要为青少年创造良好的成长环境，协助青少年有效融入家庭、学校和社会之中，防止青少年因为无法处理好现实生活中的压力而沉溺于网络。在治疗层面，社会工作者需要充分运用社会工作关于人类行为与社会环境之间关系的理论以及优势视角的理论，首先是了解青少年的想法、改善青少年的家庭环境，接着是让青少年认识到网络成瘾的危害，最后是与青少年一起制订改变计划，促进其改变。A项的做法尊重小刚作为独立个体的想法，有利于深入了解小刚的情绪和想法，因此A项正确；B项的做法没有考虑小刚的全面发展，盲目增加学习任务不利于其身心健康，因此排除B项；C项的做法体现了重视家庭对小刚的约束、情感支持功能，因此C项正确；D项的做法体现了尊重小刚的意愿，有助于发挥其自主性，因此D项正确；E项的做法能帮助小刚形成正确认知，有利于减少游戏依赖，因此E项正确。故本题选ACDE。

65.【答案】ABDE。解析：本题考查青年阶段面临的主要问题——就业问题。题干主要阐述了小魏的就业问题。针对青年就业问题，社会工作者的干预措施如下：一是帮助青年提高自身的就业能力，准确定位自己的职业发展目标，有的放矢地进行求职择业；二是推动政府不断完善就业的服务体系，健全就业市场、人才市场、劳动力市场的信息的相互贯通和共享机制，营造有利于人才合理流动的大环境；三是帮助在就业中受挫的青年宣泄其负面情绪，促进其进行冷静、理智和创造性的思考，协助其认识自身拥有的资源和潜能。针对小魏大学毕业后一直未就业的问题，鼓励其学习就业技巧可提高其就业能力，因此A项做法正确；小魏一直宅在家里，很少与人交往，B项的做法可以解决小魏宅在家里不出门的问题，因此B项正确；针对小魏大学毕业后一直宅在家中，很少和同学来往，也没有认识新的朋友的问题，因此D项做法正确；小魏之所以遇到现在的问题，主要是因为小魏听取父母的建议未去就业，没有自己的主见，说明他对自己也缺少一个清晰的目标或者清晰的认知，需要进行自我探索，因此E项的做法正确；小魏的抑郁症已经好转，不需要再去医院，因此C项的做法错误。本题的易错点是D项是否入选。通过上述分析可知，考生也可以结合青年阶段社会性发展的特征进行判断。青年社会情感有明显发展，其重要表现形式是友谊和爱情的发展。题干提到了小魏面临的社会情感发展困境，社会工作者应该鼓励小魏发展友谊，因此D项可以入选。故本题选ABDE。

66.【答案】ABD。解析:本题考查危机介入模式的特点。危机介入模式的特点包括迅速了解服务对象的主要问题、快速做出危险性判断、有效稳定服务对象的情绪、解决协助服务对象解决当前问题。小贾现在面临的主要问题是情绪低落,拒绝与别人交流。A项中社会工作者帮助稳定服务对象的情绪,属于危机介入的基本服务内容。B、D两项中社会工作者积极协助服务对象,通过学习放松技巧和联系其表哥去解决服务对象当前的问题,属于危机介入的基本服务内容。C、E两项并不是对当前焦点问题的解决,而是提升服务对象能力的措施,不属于当前的基本服务内容。故本题选ABD。

67.【答案】BC。解析:本题考查建立关系的会谈。建立关系的会谈的主要目的是帮助社会工作者与服务对象建立专业的合作关系。为了保证专业关系的顺利建立,社会工作者在这种会谈中的工作重点是创造一种宽松、信任的谈话氛围,让服务对象能够自由地表达自己的感受和想法。B、C两项均符合建立关系会谈的技巧,有利于双方专业关系的建立。A项制定规则会使得谈话变得拘束,不能够营造宽松的谈话氛围,服务对象也不能够自由地表达自己的感受,因此排除。D项质疑服务对象的想法会对其造成伤害,不利于专业关系的建立,因此排除。E项的做法不合时宜,此时处于个案工作的初期阶段,在此阶段这样做的话会刺激服务对象,对服务对象造成伤害,不利于取得其信任,因此排除。故本题选BC。

68.【答案】ABC。解析:本题考查成效评估。成效评估是指对个案工作的服务效果和效率进行评定。它的主要内容涉及三个方面:(1)服务对象的改变状况,包括哪些方面得到了改善以及改善的程度、哪些方面没有得到改善。因此A项正确。(2)工作目标的实现程度,包括哪些工作目标实现了以及实现的程度、哪些没有实现。因此B项正确。(3)服务介入工作的人力、物力和其他资源的投入,包括服务介入的人员、时间、经费以及其他资源等。因此C项正确。故本题选ABC。

69.【答案】BDE。解析:本题考查后期成熟阶段小组及组员的一般特点。后期成熟阶段是小组工作与活动的理想阶段。在此阶段,组员能够更紧密地联合与互动,更容易达成有共识的决策,更顺畅和更有效地开展活动。概括来看,这一时期小组及组员的特点主要表现如下:(1)小组的凝聚力大大增强;(2)组员关系的亲密程度更高;(3)组员对小组充满了信心和希望,觉得建设性的改变是可能的,对解决自己的问题充满了信心和希望;(4)小组的关系结构趋于稳定。分析选项可知,B项中组员主动分享对于安全风险的处理方式,体现了组员关系亲密程度更高。D项中组员对保护自己充满了信心和希望。E项体现了小组的关系结构趋于稳定。A、C两项属于小组开始阶段组员的表现。故本题选BDE。

70.【答案】CE。解析:本题考查主持小组讨论的技巧。主持小组讨论的技巧有开场、了解、提问、鼓励、限制、沉默、中立、摘述、引导和讨论结束的技巧。其中限制的技巧是指,当一些小组组员垄断小组讨论时,或当组员的发言太抽象时,或当小组讨论脱离主题范围时,社会工作者要采取限制的手段来处理小组或小组组员的行为。这里的限制手段包括:社会工作者用"是不是"的言辞问询其他善于发言的组员或者其他未发言的组员;及时切断话题,给予适时的打岔;也可以限定发言时间,或者调整发言的次序。分析选项可知,A项适合用鼓励的技巧,B项不需要进行干预,D项需要运用中立的技巧,故排除A、B、D三项。C项中组员老赵垄断了小组讨论,超过发言规定时间,E项组员老孙的讨论脱离主题,面对这两种情况,都需要使用限制技巧。故本题选CE。

71.【答案】ABE。解析:本题考查小组的效果评估。小组按计划完成自己的任务后,社会工作者需要对自己的工作进行总结。一方面了解小组是否完成了自己预定的目标和任务,另一方面为以后主持类似的小组积累经验。因此,在小组的结束阶段,社会工作者会设计一些问卷或量表,让组员根据自己的改变状况,来评估小组的效果。常用的方法有:小组结束后的跟进访谈、组员的自我评估报告、小组目标实现表、小组满意度量表、小组感受卡、小组领导技巧记录表等。故本题选ABE。

72.【答案】ABCD。解析:本题考查建立和管理社区组织的内容。建立社区组织主要涉及以下程序:招收成员→订立组织规则→推选领导者→建立工作小组→筹措经费。管理社区组织的要点包括:(1)服务规划,包括长期的组织策略规划和短期的服务方案设计。(2)行政管理,包括服务产品行销、社会行销、观念行销和组织行销。因此,A、B两项正确。(3)财务管理,包括经费筹措、制定预算、总务与会计。(4)人力资源管理,包括专职工作人员以及志愿者的招募、聘用、工作分配、培训、报酬、激励和奖惩。因此,C项正确。(5)研究与发展,包括服务方案的评估、新服务方案的开发、组织的评估、适应和引领组织变迁等。题干描述的是社区工作者小何最近协助居民登记备案了一个社区社会组织,已经建立了社会组织,下一步是管理社区组织。在组织建立之初,社会工作者可能亲自承担较多的管理工作。社会工作者应该建立和完善组织的内部规章制度,发现和培养组织的领导者。因此,D项正确。最终,社会工作者不再直接担负组织的管理工作。整体来看,相较于其他选项,E项承担财务工作并负责规范化建设,就表明社会工作者承担了管理工作,故属于组织建立之初社会工作者需要承担的工作,而不是管理阶段社会工作者需要承担的工作。因此,E项排除。故本题选ABCD。

73.【答案】ABE。解析:本题考查与社区居民接触的技巧。与社区居民接触沟通的技巧有同理、尊重他人、初次接触时间不宜过长等。根据题干,社会工作者小孔在居民下班回家的时间段,向路过的居民介绍"邻里节"的活动内容,有一位居民打断了小孔的介绍,表示自己着急赶回家做饭。面对这种情况,A项的做法运用了同理的技巧,向居民表达歉意和礼貌,有利于增进信任,符合题意;B项的做法在时间紧急的情况下能扩大宣传,符合题意;C项的做法会引起顾虑,不利于建立信任关系,应排除;D项的做法有强人所难、强加之意,应排除;E项适合时间紧张的情境,符合题意。故本题选ABE。

74.【答案】BC。解析:本题考查主持会议的技巧。主持会议需要一些基本的技巧,让与会者充分发表意见,保证会议顺利进行。主要技巧如下:(1)提问和邀请发言。社会工作者可以向全体与会者提问,以鼓励自由发言,提高与会者的参与程度。当需要特定人士的意见或者需要阻止个别人垄断发言机会时,社会工作者可以通过个别点名的方式提问和邀请发言。本题中"小刘就点名让平日较活跃的老张先发言"属于邀请发言,因此B项符合题意。(2)进一步说明和转述。当与会者所表达的意见不明确或者不完整时,社会工作者可以帮助他们进一步说明他们的意见。转述则是用自己的话将发言者所说意见的主要内容精简地表达出来。通过转述,社会工作者可以试探自己是否理解了对方的意思,也可以协助其他与会者清晰地了解发言者的感受和意见。(3)聚焦。与会者在参与讨论的过程中会出现离题或者纠缠于枝节问题或后续问题的情况,这时需要社会工作者运用聚焦的技巧,将与会者的注意力集中到讨论的主题上。(4)摘要、综合和总结。摘要的技巧是指将某些长篇的发言简化为几点重要意见,在讨论已进行一段或者将结束时把意见摘要地归纳出来,使与会者清楚地掌握会议和意见的重点。综合的技巧指的是将有关的意见串联和综合到一起,找出共同点,丰富各方意见,降低分歧,使讨论更系统、更清晰。总结则是将之前所讨论的意见、观点和决定再清晰地复述一次,以便与会者清晰地了解会议的最后决定。题干中"小刘最后对大家的争论内容进行了梳理总结"属于摘要的技巧,因此C项符合题意。(5)关注、赞赏和鼓励。社会工作者在主持会议时要采用积极的态度和语言,鼓励与会者多发言,让他们感觉到提出的意见受到重视。故本题选BC。

(小贴士:本题的争议点是A项是否入选。题干未提到鼓励与会者多发言,而是直接点名让老张发言,因此未体现关注这一技巧。对于多选题,建议考生选择自己有把握的选项,有歧义的选项最好不要选择,因为多选会导致错选,整个题目都不会得分,如果少选,选对的所有选项均会得分。)

75.【答案】ABC。解析:本题考查活动策划的基本过程。社会工作者在策划一项活动时所需经历的基本过程包括:(1)掌握活动的基本目标;(2)衡量服务对象的特点、需要、兴趣,因此B项正确;(3)符合机构的宗旨、赞助团体的期望;(4)评估本身拥有的资源以及可以动员的资源;(5)制订初步计划;(6)评估可行性,因此A项正确;(7)确立详细计划;(8)预期困难及解决方法,因此C项正确。D项仅仅是"原则",缺乏操作性,E选项的主体是机构员工,而不是服务对象,因此排除D、E两项。故本题选ABC。

76.【答案】ABE。解析:本题考查志愿者参与社会服务的动机。以利他和社会为中心的动机包括:(1)希望帮助别人,希望世界变好,因此A项正确;(2)以行动表达对他人的同情心,因此B项正确;(3)喜欢认识不同年龄层的新朋友,参与一些活动,扩大社会接触面;(4)受亲戚、朋友、老师和家长的影响而参与服务;(5)基于宗教信仰,为人服务的理念;(6)想尽一点社会责任,因此E项正确;(7)想以行动尽力谋求改变。分析选项可知,C、D两项属于以自我为中心的动机。故本题选ABE。

77.【答案】ABC。解析:本题考查问卷调查的相关知识以及定量研究和定性研究的特点。调查表(问卷调查)是定量研究的常用方法,因此A项正确。与定性研究相比,定量研究依托问卷、统计表等工具收集数据资料,强调研究结果的客观性、准确性。本题使用调查表评估服务对象的满意度,属于定量研究,可以获取评估结果,因此 B、C 两项正确。D 项的表述更加符合非正式会话式访谈,问题相对开放,可以修改,属于定性研究方法,因此 D 项错误。E 项表述的是定性研究的特点,定性研究强调在自然情境中理解服务对象,且因为调查表的答案是固定的,所以调查表便于社会工作者从研究者视角分析资料,了解服务对象的满意情况,因此 E 项错误。故本题选 ABC。

78.【答案】ACE。解析:本题考查定量研究和定性研究的特点。访谈法是定性研究中研究者探访被研究者并通过问答获取有关资料的研究方法。小林邀请了 10 位社区驻点社会工作者进行访谈可以呈现精准救助服务帮助贫困家庭脱贫的过程,因此 A 项正确。定性研究注重研究对象,有助于发现研究问题的个别性和特殊性,研究发现并不作推论,所以该研究难以发现影响精准救助服务发挥作用的普遍因素,并且研究结论不可以推论到同一城市的其他街道,B、D 两项属于定量研究的特点,因此 B、D 两项错误。小林可以与 10 位驻点的社会工作者讨论相关问题,因此 C 项正确。深度访谈是访谈的常用手段之一。深度访谈就是研究者与研究对象之间反复的面对面交往,从研究对象视角把握其用自己的语言表达的生活、经历和状况。深度访谈通过研究者在访谈过程中与被访者的互动,由浅入深,把握研究对象面临的问题的状况及后果、原因机制、核心原因、可变原因和可控原因,可较深入地搜寻对象的特定经历和动机的主观资料,体现个别化原则。小林进行深度访谈时可以随时提出新发现的问题,因此 E 项正确。故本题选 ACE。

79.【答案】ABC。解析:本题考查工伤认定的规定。《工伤认定办法》第六条规定,提出工伤认定申请应当填写《工伤认定申请表》,并提交下列材料:(1)劳动、聘用合同文本复印件或者与用人单位存在劳动关系(包括事实劳动关系)、人事关系的其他证明材料;(2)医疗机构出具的受伤后诊断证明书或者职业病诊断证明书(或者职业病诊断鉴定书)。分析选项可知,A、B、C 三项正确,D、E 两项错误。故本题选 ABC。

80.【答案】ABCE。解析:本题考查妇女的劳动和社会保障权以及工作时间规定。《女职工劳动保护特别规定》第五条规定,用人单位不得因女职工怀孕、生育、哺乳降低其工资、予以辞退、与其解除劳动或者聘用合同。因此,C 项正确,D 项错误。《女职工劳动保护特别规定》第六条规定,女职工在孕期不能适应原劳动的,用人单位应当根据医疗机构的证明,予以减轻劳动量或者安排其他能够适应的劳动。对怀孕 7 个月以上的女职工,用人单位不得延长劳动时间或者安排夜班劳动,并应当在劳动时间内安排一定的休息时间。怀孕女职工在劳动时间内进行产前检查,所需时间计入劳动时间。因此,A、B、E 三项正确。故本题选 ABCE。

社会工作综合能力(初级)2020年真题参考答案及解析

一、单项选择题

1.【答案】C。解析:本题考查社会工作的特点。社会工作的特点包括三个专业、两个合作和一个实践。三个专业分别是指专业的助人活动、专业的助人方法和专业的价值观,两个合作分别是指与服务对象合作、与其他专业团队合作,一个实践是指社会工作是注重实践的。其中,专业的价值观是指社会工作者在从事社会服务时所遵循的理念、指导思想和伦理,强调专业理念。专业的助人方法是指本职业独特的、在许多情况下要经过专业教育和培训才能掌握的方法,强调专业方法。故本题选C。

2.【答案】D。解析:本题考查我国对社会工作的三种理解。当前我国存在着对社会工作的三种不同理解:普通社会工作、行政性社会工作和专业社会工作。普通社会工作是指工作人员在本职工作之外从事的、不计报酬的服务性或公益性工作,因此A项属于普通社会工作;行政性社会工作是指在政府部门、企事业单位和群众团体中,那些专门从事职工福利、社会救助的人所从事的助人活动,可见这是行政性的非专业的社会工作,因此B、C两项属于行政性社会工作;专业社会工作是指由那些受过社会工作专业训练的人开展的助人活动。故本题选D。

3.【答案】C。解析:本题考查社会工作在服务对象层面的目标。社会工作在服务对象层面的目标有四个,分别是解救危难、缓解困难、激发潜能和促进发展,因此B、D两项排除。解救危难一般是指社会工作者帮助生命受到危害的服务对象脱离危难。激发潜能是指社会工作者帮助服务对象增强内在能力,发挥未被发掘的潜能。本题中的社会工作者小王开设主题小组,旨在增强困境儿童的内在能力,这属于激发潜能。故本题选C。

4.【答案】D。解析:本题考查社会工作的对象。社会工作的对象包括基本对象和扩大的对象。社会工作的基本对象是指社会上最边缘、最困难,从道义上来讲最值得、最需要帮助的人。这些人包括三类:第一,孤儿、无依无靠的老人和残疾人;第二,精神病患者;第三,因失业而沦为生存困难者。社会工作扩大的对象是需要帮助的一般公众。由此可见,A、B、C三项属于社会工作扩大的对象,D项属于社会工作的基本对象。故本题选D。

5.【答案】D。解析:本题考查社会工作者的角色。社会工作者的角色包括直接服务角色和间接服务角色。社会工作者的直接服务角色包括服务提供者、治疗者、支持者、关系协调者和倡导者;社会工作者的间接服务角色包括行政管理者、资源筹措者、政策影响者。

分析选项可知:A项属于政策影响者的做法,B项属于行政管理者的做法,C项属于资源筹措者的做法,因此A、B、C三项都属于社会工作者的间接服务角色;D项属于关系协调者的做法,所以只有D项属于社会工作者的直接服务角色。故本题选D。

6.【答案】A。解析:本题考查社会工作者的直接服务角色——治疗者。治疗者是社会工作者的直接服务角色之一,是对有困难、有问题的社会成员进行诊断和治疗,以帮助他们建立正确的行为方式和生活方式。

在本题中,员工是因为受新冠肺炎疫情影响产生了较大的压力,可见是在情绪方面出现了问题,治疗者角色可以对其进行心理疏导,因此A项符合题意。B项体现的是服务提供者的角色,C项体现的是资源筹措者的角色,D项体现的是倡导者的角色,因此B、C、D三项排除。故本题选A。

7.【答案】C。解析:本题考查社会工作的主要服务领域。社会工作的主要服务领域包括儿童及青少年社会工作、老年社会工作、妇女社会工作、残疾人社会工作、司法社会工作、优抚安置社会工作、社会救助社会工作、减贫社会工作、家庭社会工作、学校社会工作、社区社会工作、医务社会工作、企业社会工作。A项中的医务社会工作是在医疗、卫生、保健领域实施的社会工作。由于本题题干中未涉及医务社会工作,因此A项排除。B项中的学校社会工作主要是以帮助学生正常学习和健康成长为目的的专业服务。由于本题题干中未涉及学校领域的社会工作,因此B项排除。C项中的家庭社会工作是因社会或家庭成员方面的原因使正常的家庭生活陷入困境,而由社会工作者提供的支持性服务。家庭社会工作以家庭整体为服务对象,其目的是通过协调家庭成员之间、家庭与环境之间的关系,帮助恢复家庭的正常生活,发挥家庭的正常功能。

在本题中,社会工作者小刘的行为属于家庭社会工作的内容,因此C项正确。D项中的社区社会工作,即社会工作者针对某一个目标社区,一方面,运用各种专业方法提供多元化服务,提升居民的社会意识,协助居民运用社区资源,解决社区问题;另一方面,还协助社区居民建立友善的邻里关系,鼓励居民互相照顾和关怀,满足社区需求,实现社区和谐。由于本题题干中未涉及社区社会工作的服务内容,因此D项排除。故本题选C。

8.【答案】D。解析:本题考查社会工作专业价值观的内容。目前,国际社会工作界把社会工作价值观归纳为如下六个方面:(1)服务大众;(2)践行社会公正;(3)强调服务对象个人的尊严和价值;(4)注重服务中人与人之间关系的重要性;(5)待人真诚和守信;(6)注重能力培养和再学习。

分析选项可知,A、B、C、D四项都属于社会工作专业价值观的内容。D项注重服务中人与人之间关系的重要性,包括换位思考、建立积极和良性的沟通交流关系、帮助服务对象建立积极的人生观,彼此分享感受和相互帮助。题干中出现了"换位思考""良好的互动""分享感受"等字眼,体现了注重服务中人与人之间关系的重要性,因此最符合的就是D项。故本题选D。

9.【答案】D。解析:本题考查社会工作专业价值观与伦理的关系。价值观与伦理是社会工作专业的重要内容,二者紧密联系但又存在差异。首先,价值观是一种对事物的偏好或判断,它不等同于以关系建构为基础的伦理,价值观关注好坏、善恶等基本判断或选择,伦理更关注人类行为的正确与否或行为是否适当,故A项错误;其次,价值观关注的是人如何看待事物、如何确定标准,而伦理更关注在现实中如何实践价值的标准,故B项错误;最后,尽管价值观与伦理存在差异,但二者又紧密联系在一起,即伦理的核心要素是善,而善恰恰又是价值观的重要内容。因此,伦理来源于价值观并且与价值观保持一致,伦理是操作层面上的价值观,是把价值观念转变为行动的行为守则,故C项错误,D项正确。故本题选D。

10.【答案】A。解析:本题考查社会工作专业价值观与伦理的关系。伦理难题是指社会工作者在实践中遇到的一种在道德上难以取舍的模糊或难以找到满意方案的境地。如何面对并妥当地解决伦理难题,是社会工作专业面临的一个重大挑战。对社会工作者来说,解决实践中的伦理冲突并不存在一套固定的程序或方案。因此,社会工作者在实践中首先要清楚如何作一个正确的伦理决定,其次再仔细分析如何解决相应的伦理难题。

在本题中,社会工作者大李在面对保密问题和生命安全问题的伦理难题时,他首先应该判断这是什么伦理难题,自己有没有能力处理。故本题选A。

11.【答案】D。解析:本题考查社会工作实践中的伦理决定。社会工作实践中的伦理决定包括:(1)保护生命原则。在社会工作实践中,保护生命原则高于其他所有伦理原则,社会工作者有义务既保护受助者的生命,也保护其他所有人的生命。(2)差别平等原则。社会工作者在实践中要把握好平等待人和个别化服务的理念,既要平等对待服务对象,又要尊重个体的特殊性。(3)自由自主原则。社会工作者在实践中应充分保障服务对象的自由和自主性,促进民主的专业关系的发展,从而提升服务对象的能动性和参与能力,保障服务对象的合法权益。(4)最小伤害原则。社会工作者在作伦理决定和提供服务中,要尽力保护服务对象的利益不受到侵害,要最大可能地预防和减少伦理决定和服务对服务对象的身体、心理和精神上的可能伤害,尽可能实现利益最大化。(5)生命质量原则。社会工作者要本着通过专业服务不断提升服务对象生活质量的目标精神,在直接服务和间接服务两个层面,通过社会服务和政策干预,满足服务对象的需要,不断提升服务对象的福祉,促进服务对象生活水平和社会融入程度的提高。(6)隐私保密原则。社会工作者一旦与服务对象签订了服务协议,就要在提供服务的各个环节,始终遵守保护受助者个人隐私和有关信息的承诺,绝不能轻易泄露服务对象的私人信息以及同服务相关的隐秘信息,以保护服务对象的个人权益。(7)真诚原则。社会工作者在服务过程中要坦诚对待服务对象,适当地向服务对象呈现自我,以建立相互信任的工作关系。

在本题中,社会工作者小陶在得知小范准备用暴力行为伤害女友后,便及时评估事态的严重程度,迅速将此事报告给督导并联系相关部门进行干预,这遵循了保护生命原则。故本题选 D。

12.【答案】A。解析:本题考查社会工作价值观的实践原则。社会工作价值观的实践原则包括:(1)接纳。在专业服务过程中,社会工作者对服务对象的价值偏好、习惯、信仰等都应保持宽容与尊重的态度。(2)非评判。社会工作虽然是一种价值主导的专业实践,但社会工作者仍要避免将自己的价值观强加于服务对象,不应指责和批判服务对象的言行与价值观,更不应将自己的负面情绪发泄在服务对象身上。(3)个别化。每个人都应当有权利和机会发展个性,社会工作者应当尊重服务对象的个体差异,不应当使用统一的服务方法回应他们的独特需要。(4)保密。社会工作者应当保护服务对象的隐私。(5)当事人自决。在社会工作实践中,社会工作者要与服务对象保持良好的沟通,社会工作者有义务向服务对象提供必要的信息,社会工作者一般不干预服务对象的选择。

在本题中,65 岁且身体硬朗的纪奶奶主动找到社会工作者小李,希望担任运动会志愿者,此时遵循当事人自决的原则,应当尊重纪奶奶的意愿,同意其担任志愿者并告知风险。故本题选 A。

13.【答案】B。解析:本题考查马斯洛的需要层次论。马斯洛认为人有五种基本需要,分别为:(1)生理的需要。这是人类维持自身生存的最基本需要,包括衣、食、住、行等方面的需要。(2)安全的需要。这是人类要求保障自身安全、摆脱失业和丧失财产威胁、避免职业病的侵袭、解除严酷的监督等方面的需要。(3)归属与爱的需要。这一层次的需要包括两方面的内容,一是归属的需要,即人都有一种归属于一个群体的感情,希望成为群体中的一员,并相互关心和照顾。二是友爱的需要,即人人都需要伙伴之间、同事之间的关系融洽或保持友谊和忠诚;人人都希望得到爱情,希望爱别人,也渴望别人的爱。(4)尊重的需要。人人都希望自己有稳定的社会地位,希望个人的能力和成就得到社会的承认。(5)自我实现的需要,这一层次的需要包括两方面的内容:一是指实现个人理想、抱负,发挥个人的最大潜能,能完成自己能力之内的一切事情,从而实现自我的价值;二是指个人努力发挥自身潜能,进而成为自己所期待成为的人。

在题干中,王爷爷提出自己想去养老院住,原因是害怕生病了没有人照顾,摔倒了没有人发现,是出于个人安全的考虑,属于安全的需要。故本题选 B。

14.【答案】A。解析:本题考查家庭教养模式。家庭教养模式包括:(1)骄纵型。父母盲目地溺爱和疏于管束,构成骄纵型的家庭教养模式。(2)支配型。家长过分溺爱与严加管束结合,构成支配型的家庭教养模式。在这种家庭中,家长在生活方面对子女无微不至,在学习上严加管理。(3)专制型。家长缺少爱心或耐心,管理方式粗暴,构成专制型的家庭教养模式。(4)放任型。家长既缺少爱心、耐心,也缺乏责任感,对孩子放任自流,构成了放任型的家庭教养模式。(5)冲突型。家庭成员间人际关系紧张、不和谐,家庭气氛失调,价值导向不一致,构成了冲突型的家庭教养模式。(6)民主型。家庭成员之间互相尊重、平等交流,家长对子女既有约束,又有鼓励,构成了民主型的家庭教养模式。

在本题中,明明的母亲对明明的生活关怀备至,对其学习要求严格,这属于支配型的家庭教养模式。故本题选 A。

15.【答案】C。解析:本题考查同辈群体的特点。同辈群体的特点包括:(1)平等性。同辈群体成员的年龄、知识、能力等方面比较相近,他们之间的地位是平等的。(2)开放性。同辈群体内部不存在特别严格的规章制度,成员之间的交流和交往在语言、方式、话题等方面都没有限制特定的形式。(3)认同性。同辈群体是个人自由选择结合的结果,群体成员之间的交往是在自然随意的过程中进行,成员之间相互依赖,对群体有较高的心理归属感和较强的认同性。(4)独特性。每个同辈群体都有自己独特的亚文化,这种群体的亚文化为群体成员提供了新的价值标准和行为方式。

在本题中,社会工作者在社区内开展志愿活动,经过几次活动后,青少年参与的积极性越来越高,彼此之间的关系越来越亲密,说明青少年群体对志愿服务队有较高的心理归属感和较强的认同性,即体现了同辈群体的认同性。故本题选 C。

16.【答案】C。解析:本题考查人类行为与社会环境的基本关系。人类行为与社会环境的基本关系如下:(1)人类要适应社会环境;(2)社会环境影响个人行为;(3)社会环境和生物遗传共同对人类行为产生影响;

(4)人类能够改变社会环境;(5)人类行为与社会环境关系的非平衡性。

在本题中,题干主要信息与部队无关,因此A、B两项排除,D项是人类行为对环境的影响,因此D项排除。小李为了适应新的工作环境,凭借自己的主观努力一步步赢得了公司领导和居民的一致好评。这里体现了工作岗位促使小李发生的改变。故本题选C。

17.【答案】A。解析:本题考查社会工作者对校园欺负问题的干预工作。社会工作者针对校园欺负问题可以在不同层面开展干预工作:一是针对学校开展干预工作;二是针对受欺负者、欺负者和旁观者开展个体干预,对欺负的原因、特点和后果进行评估与诊断,制订可行的干预方案;三是针对家庭开展干预工作。其中,社会工作者对个体层面能够开展的工作是指以服务对象本人为介入点开展的社会工作服务,因此A项正确。B项强调家庭与学校的联合干预,这属于家庭和学校层面的干预工作,因此B项排除;C项强调从学校入手进行干预,这属于学校层面的干预工作,因此C项排除;D项强调从家庭亲子关系入手,这属于家庭层面的干预工作,因此D项排除。故本题选A。

18.【答案】C。解析:本题考查心理社会治疗模式的治疗技巧。心理社会治疗模式的治疗技巧包括直接治疗技巧和间接治疗技巧两类。直接治疗技巧是直接对服务对象进行辅导和治疗;间接治疗技巧是通过改变环境或辅导第三者,间接影响服务对象。在本题中,医务社会工作者小黄先与小亮的妈妈进行交流,没有直接对小亮进行辅导和治疗,这属于间接治疗技巧,因此A、B两项排除。间接治疗技巧之直接影响技巧是社会工作者通过直接表达自己的态度和意见促使服务对象发生改变,如社会工作者直接表达自己不同的看法、直接指出服务对象某种行为可能带来的不良后果等,都属于直接影响技巧。根据本题的题干可知:医务社会工作者小黄向小亮的妈妈分享了自己帮助女儿缓解压力的心得,这属于直接影响技巧。故本题选C。

19.【答案】A。解析:本题考查危机介入模式的特点。危机介入模式的特点是围绕危机展开的。由于服务对象处于危机的状态中,所以社会工作者必须在非常有限的时间内快速、有效地解决服务对象的困扰,让服务对象摆脱危机的影响。危机介入模式的特点是迅速了解服务对象的主要问题、快速作出危险性判断、有效稳定服务对象的情绪及积极协助服务对象解决当前问题。

在本题中,医务社会工作者小赵除了需要迅速了解小芸的主要问题外,更重要的工作是进行危险性评估。故本题选A。

20.【答案】A。解析:本题考查申请与接案中的专业关系的建立。为了更好地建立专业关系,社会工作者在与服务对象的沟通协商过程中应专注倾听服务对象的困扰,注意运用简洁明了的语句表达自己的同理和接纳,避免将服务对象界定为有问题的人。

在本题中,社会工作者小王为了与服务对象小李建立专业关系,首先要做的是专注倾听小李的困扰。故本题选A。

21.【答案】D。解析:本题考查申请与接案中的社会工作者的任务。在与服务对象初次接触后,社会工作者还有一项工作任务:对于那些立即需要帮助而本机构或者社会工作者无法给予及时必要帮助的服务对象提供转介服务。

在本题中,社区社会工作者老齐在初次与小兵接触后,证实了秦爷爷的说法,即小兵除了赋闲在家、游手好闲之外,确实存在吸毒的行为。戒毒问题需要专业的服务机构帮助解决,社会工作者老齐可以把小兵介绍给其他能够给予及时、必要帮助的服务机构或社会工作者。故本题选D。

22.【答案】B。解析:本题考查服务对象问题的预估。在收集完服务对象的资料之后,社会工作者需要从横向和纵向两个方面进行分析。横向分析就是分析服务对象问题形成的影响因素,涉及生理、心理和社会三个不同的层面,这里不强调时间的推移。纵向分析就是分析服务对象问题发展变化的过程,包括服务对象的问题是什么时候开始的,其中经历了哪些事件及做过哪些尝试等,这里强调时间的推移。

分析选项可知,A、C、D三项均属于佳佳在社会层面的情况,是一种横向分析。B项是分析佳佳的就学历程,可以了解佳佳从入学到现在的就学过程,有时间的推移,是一种纵向分析。故本题选B。

23.【答案】B。解析:本题考查收集资料的技巧。收集服务对象资料的技巧包括:会谈、调查表、观察和现有资料的运用。其中调查表分为结构式调查表与非结构式调查表两种。结构式调查表要有预先设计好的固定的调查问题和调查问题的答案选项,调查对象只需挑选其认为正确的答案。会谈的方式有自我陈述和对答两种,自我陈述是指针对服务对象个人的经历和内心的感受,社会工作者可以采取由服务对象自我陈述的方式,允许服务对象按照自己喜欢的方式讲述自己的故事和情况,能够把服务对象的内心感受和主观经验充分呈现出来。评估调查和直接观察在题干中未体现。在本题中,社会工作者引导王先生说出了自己的成长过程以及对未来的期望,使用的是自我陈述的方法。故本题选 B。

24.【答案】C。解析:本题考查个案会谈的支持性技巧。支持性技巧是社会工作者借助口头和身体语言让服务对象感受到被理解、被接纳的一系列技术,主要包括:(1)专注。社会工作者借助友好的视线接触、开放的姿势及专心的态度关注服务对象的表达。(2)倾听。社会工作者用心聆听服务对象传达的信息,理解服务对象的感受。(3)同理心。社会工作者设身处地体会服务对象的内心感受,理解服务对象的想法和要求。(4)鼓励。社会工作者运用口头语言和身体语言的方式肯定服务对象的一些积极表现。点头、微笑等是社会工作者常用的鼓励方式。在个案会谈开始时,社会工作者需要放下手边的工作,调整好自己的心理状态,把注意力集中在服务对象身上,用心倾听服务对象的谈话,设身处地理解服务对象的内心感受,体会服务对象在生活中面临的压力和挑战,及时回应服务对象,鼓励服务对象表达感受。

在本题中,社会工作者通过口头语言鼓励李奶奶表达内心的感受,如社会工作者小吴说:"您放心,有什么都可以跟我说,我们一起来想办法。"这正是在鼓励李奶奶吐露心声。故本题选 C。

25.【答案】C。解析:本题考查个案会谈的引导性技巧和影响性技巧。引导性技巧是社会工作者主动引导服务对象探索自己过往经验的一系列技巧,主要包括三个方面:(1)澄清。社会工作者引导服务对象重新整理模糊不清的经验和感受。(2)对焦。社会工作者对服务对象偏离的话题或者宽泛的讨论进行收窄,集中讨论的焦点。(3)摘要。对于服务对象的长段谈话,社会工作者需要进行必要的概括和归纳。影响性技巧是社会工作者为服务对象提供必要的信息或建议,让服务对象采取不同的理解和解决办法的一系列技巧,主要包括提供信息、自我披露、建议、忠告和对质。C 项中的对质可以这样理解:社会工作者通过直接提问等方式让服务对象直面自己在行为、情感、认识等方面不一致的地方。在本题中,社会工作者小王明确指出服务对象在想法和行为上不一致的地方,运用的是对质的技巧。故本题选 C。

26.【答案】A。解析:本题考查小组工作的类型。从小组目标的角度来看,常见的四种小组类型为:成长小组、治疗小组、教育小组、支持小组。B 项中的成长小组的工作旨在帮助组员了解、认识和探索自己,从而最大限度地运用自己的内在及外在资源,充分发挥自己的潜能,解决所存在的问题并促进个人正常健康地发展。C 项中的治疗小组的组员一般来自那些不适应社会环境,或社会关系网络断裂破损而导致其行为出现问题的人群。D 项中的教育小组的宗旨是通过帮助小组组员学习新知识、新方法,或补充相关知识的不足,促使组员改变其原来对自己问题的不正确看法及解决方式,从而实现小组组员的发展目标。A 项中的支持小组一般是由具有某一共同性问题的小组组员组成的。通过小组组员彼此提供信息、建议、鼓励和情感支持,达到解决某一问题和成员改变的效果。在本题中,社会工作者小李为鼻咽癌患者开设主题为"乐活人生"的小组,目的是鼓励大家重拾信心,以乐观的态度积极面对疾病,这属于支持小组。故本题选 A。

27.【答案】C。解析:本题考查小组工作的模式。小组工作的模式主要包括互动模式和发展模式。互动模式又称交互模式或互惠模式,该模式是通过小组活动,为组员创造相互认识和交流的机会,从而增强组员的社会功能,提升其发展能力。互动模式下的小组工作,焦点在于互动关系及其效果。发展模式又称为过程模式或发展性小组模式,旨在解决和预防服务对象社会功能的衰减问题,恢复和发展服务对象的社会功能。发展模式下的小组工作,特点是鼓励组员积极参与小组活动,积极表达自己并找出组员共同的兴趣和目标,形成积极的小组互助关系,促进组员和小组的共同成长。

在本题中,社会工作者小胡为社区内的退役军人开展了"勇往直前"职业规划小组,旨在协助组员提升信心,适应角色变化并融入社会,这属于发展模式。故本题选 C。

28.【答案】D。解析:本题考查小组不同阶段的特征和任务。在转折阶段,组员之间的沟通和互动比小组初期阶段有所增强,但自我肯定、安全感受与真诚的互动尚未完全实现,组员之间会在价值观、权力位置、角色扮演等方面产生矛盾和冲突。这一阶段组员最常见的显著特征是:(1)对小组具有较强的认同感;(2)互动中的抗拒与防卫心理;(3)角色竞争中的冲突。A项个别组员不愿结束小组,是浓重的离别情绪的体现,这属于结束阶段。B项约定持续跟进服务,这也属于结束阶段。C项自我介绍主要是协助小组组员彼此认识以消除陌生感,一般发生在小组工作的开始阶段。D项个别组员发生争执,这属于小组转折阶段的特征。故本题选D。

29.【答案】B。解析:本题考查在小组不同阶段中社会工作者的任务。社会工作者在小组开始阶段的任务为:(1)协助组员彼此认识以消除陌生感;(2)帮助小组组员厘清对小组的期望,提高他们对小组目标的认识;(3)讨论保密原则和建立契约;(4)制定小组规范;(5)营造信任的小组气氛。

在本题中,社会工作者让组员书写小组应该遵循的规则,这是在制定小组规范,属于小组的开始阶段。故本题选B。

30.【答案】C。解析:本题考查在小组结束阶段社会工作者的任务。在小组的结束阶段,社会工作者的任务主要是处理好组员的离别情绪,帮助组员保持他们获得的小组经验。

在本题中,面对组员不愿意结束小组的情况,社会工作者应协助服务对象表达情绪,巩固成果,展望未来。故本题选C。

31.【答案】D。解析:本题考查小组评估——评估资料的收集。在小组记录中,记录方式有过程记录、摘要式记录、问题导向记录、录音和录像。其中摘要式记录的焦点在小组中的重要事件,可以由社会工作者填写,可以由组员记录,也可以在每次小组活动结束后,设置一些开放式问题让组员填答。故本题选D。

32.【答案】B。解析:本题考查在小组工作中与组员沟通的技巧。与组员沟通的技巧有营造轻松、安全的氛围,专注与倾听,积极回应,适当自我表露,适当对信息进行磋商,适当帮助梳理,及时进行小结。其中,适当自我表露是指社会工作者有选择地将亲身经历、体会、态度和感受向组员坦白,传递真诚,让组员感受到被信任。在本题中,通过分析选项可知,只有B项的表述是在坦白自己的亲身经历。故本题选B。

33.【答案】B。解析:本题考查小组工作的评估类型。小组评估分为过程评估和结果评估。过程评估指的是对小组的整个过程进行全程评估。评估的内容包括:组员的表现评估、社会工作者的表现和技巧评估等。通过这类评估,可以发现小组中组员的变化情况,社会工作者的工作技巧,以及哪些因素导致了组员的积极变化,哪些因素导致了组员的消极变化等。

在本题中,社会工作者通过评估洞察组员的成长变化,反思自己在历奇辅导中的表现和技巧,属于过程评估。故本题选B。

34.【答案】A。解析:本题考查地区发展模式的实施策略。地区发展模式的实施策略为促进居民的个人发展、团结邻里、协助居民了解社区、提供服务和发展、社区参与。其中,协助居民了解社区主要解决的是居民对社区资源不熟悉、社区认同感不强的问题。地区发展模式较多在一些新建的居民区开展,因为新搬来的居民常常对社区的商业网点、学校、医院、社会服务机构不熟悉。社会工作者可以通过绘制社区地图、印发宣传单等方式,向他们发放社会服务资料,告知社区资源的分布;同时也可以通过一些小组课程,告诉居民如何运用社会资源来改善生活。

在本题中,居民对社区的认同感不强,对社区不太了解,社区社会工作者小王要做的是协助居民了解社区,A项的做法是通过发放手绘地图的方式,让居民了解社区的资源分布,因此A项正确。B、C、D三项都是在开展活动,不符合协助居民了解社区的目的。故本题选A。

35.【答案】D。解析:本题考查社会策划模式的实施策略。社会策划模式实施策略强调完整地执行一个策划过程,具体包括了解组织的使命和目标,分析环境和形势,自我评估,界定和分析问题,确定社区需要,确定目标和达到目标的标准,寻找、比较并选择好的方案,测试方案,执行方案,评估结果。在本题中,解决治安问题的组织是社区居委会,根据社会策划模式实施策略的第一步,首次开展工作应该是澄清社区居委会的工作目标与责任。故本题选D。

36.【答案】B。解析:本题考查社区照顾模式的特点。社区照顾模式的特点为协助服务对象融入社区、强调社区责任、非正式照顾是重要因素、提倡建立相互关怀的社区。其中,在强调社区责任中,社区照顾可以改变过去完全靠政府提供资源和服务的方法,转而由政府、营利机构、志愿组织、社区、家庭及个人共同分担照顾责任。在这一模式中,社会工作者充当众多角色,其中倡议者角色是较为特殊的服务对象,为服务对象倡议和争取合适的服务。故本题选 B。

37.【答案】C。解析:本题考查社区问题分析。社区问题分析包括描述问题、界定问题、明确问题的范围、探讨问题的起源和动力。其中,明确问题的范围是指弄清楚问题的范围,以判断问题的大小和严重程度。在本题中,社区社会工作者小杨引导居民对"宠物狗随地大小便"问题的大小和严重程度进行讨论,这一做法正是在明确问题的范围。故本题选 C。

38.【答案】D。解析:本题考查社区工作的目标。社区工作的目标分为任务目标与过程目标。任务目标旨在解决社区的具体问题,如修桥铺路、安置无家可归者等,因此 A 项错误;过程目标旨在提升社区居民的能力,如发现和培育社区居民骨干参与社区事务、建立社区内不同群体的合作关系等,因此 B 项错误;在地区发展模式中,过程目标的地位和重要性超过任务目标,因此 C 项错误;社会策划模式注重任务目标的实现,以解决实质社会问题为主要工作方向,因此 D 项正确。故本题选 D。

39.【答案】A。解析:本题考查主持会议的技巧。主持会议需要一些基本的技巧,让与会者充分发表意见,保证会议的顺利进行。主要的技巧如下:提问和邀请发言,进一步说明和转述,聚焦,摘要、综合和总结,关注、赞赏和鼓励。其中,转述是用自己的话将发言者所说意见的主要内容精简地表达出来,通过转述,社会工作者可以试探自己是否理解了对方的意思,也可以协助其他与会者清晰了解发言者的感受和意见。

在本题中,社会工作者小吴用自己的话概括了发言者的主要观点,这样可以让其他居民清楚发言者所要表达的意思,运用的是转述的技巧。故本题选 A。

40.【答案】C。解析:本题考查社区工作评估。根据评估的目的,可以将评估分为过程评估、成果评估和效益评估三大类。其中,成果评估主要是评估工作成果在多大程度上实现了预定的目标。C 项符合成果评估的范围,A、B 两项属于过程评估的范围,D 项属于效益评估的范围。故本题选 C。

41.【答案】A。解析:本题考查建立目标的优先次序。方案策划者根据已经确定的"明确的问题",建立目标的优先次序,其重点是考虑可拥有和可动员的资源。资源主要包括环境因素和情境状态,还有人力、财力、物力配置等。另外,还要思考以下因素:服务对象的发展阶段与特点、机构的目标、问题的急迫程度、社会正义等。

在本题中,该老旧小区停车难的问题存已久,居民之间因抢占停车位时有冲突,这时紧迫的问题是解决居民之间的冲突,即协助居民策划解决停车难问题的行动方案。故本题选 A。

42.【答案】A。解析:本题考查社会服务方案的策划。一个服务方案计划是一幅为实现一个预定的目标和结果的工作蓝图。用系统概念来表达,社会服务方案策划就是:输入→方案执行过程→输出→效果。本题中,社会工作者小董所做的工作是为了策划服务方案,属于输入阶段。故本题选 A。

43.【答案】D。解析:本题考查社会服务机构的一般类型。社会服务机构组织的一般结构和职权大致有三种类型,分别为直线式组织结构、直线参谋式组织结构和职能式组织结构。直线式组织结构是最简单的组织方式,组织由上而下分成若干层级,各层级中每一个部门地位相等、权责相符,层级间只有直线和垂直关系。直线式的职权赋予主管指挥其下属的权力,是一种由上而下的指挥关系,主管在其所属的范围内具有绝对的指挥权,各级部署必须绝对服从其主管,主管也承担有关活动和实现组织目标的责任。直线参谋式组织结构,组织层级之间存在水平和垂直的关系,而参谋作为专家有责任来协调直线部门的管理者。参谋的职权是主管授权的一种权力形式。职能式组织结构是职能部门在特定工作范围内,可以直接对其他管理人员下达命令的结构。职能部门具有较大的权力,不仅可以收集信息和提供意见,而且可以做决定和执行。

在本题中,该社会工作服务机构在三个层面开展服务,体现了一种水平和垂直的关系。该机构整合研发团队,组建机构发展研究中心就是充当机构领导的参谋。故本题选 D。

44.【答案】B。解析:本题考查志愿者管理的内容和过程。有效的志愿者管理应该遵循八个步骤:需要评估与方案规划、工作发展与设计、招募、面谈与签约、迎新说明与训练、督导与激励、奖励表扬、评估。其中,工作发展与设计的重要任务是撰写"志愿服务工作说明书",帮助志愿者了解工作任务、工作需要的技能、需要完成的工作成果等。故本题选 B。

21

45.【答案】A。解析：本题考查社会服务机构的筹资管理。社会服务机构的筹资方式分为社会捐助、政府购买服务和社会服务机构筹资。本题中，通过公益创投的方式从民政局获得资金支持，这一方式属于政府购买服务。B项中的以奖代补不属于社会服务机构的筹资方式，因此B项排除；C项中的特别事件筹资属于社会服务机构筹资，一般是通过一些特殊事件的服务进行筹资，本题题干未涉及筹资活动，因此C项排除；D项中的社会捐助，可分为个人捐款和企业捐款，本题题干未涉及捐款，因此D项排除。故本题选A。

46.【答案】D。解析：本题考查社会工作督导的类型。一般而言，社会工作督导的类型分为四种，分别是师徒式督导、训练式督导、管理式督导和咨询式督导。其中，在咨询式督导中，督导者和被督导者及其工作没有直接关系和责任，是纯粹的咨询角色，一般是被督导者主动寻求帮助和支持。

在本题中，全区社区工作者与资深社会工作者是通过微信群的方式进行交流，主要目的是"为遇到问题并寻求帮助的社区工作者提供支持"，可以判断题目中的督导类型为咨询式督导。故本题选D。

47.【答案】A。解析：本题考查社会工作督导的内容。社会工作督导分为行政性督导、教育性督导、支持性督导和志愿者督导。其中支持性督导的工作内容主要是疏导情绪、给予关怀、发现成效和寻求满足。

在本题中，社会工作者小邱因为服务对象李奶奶的情绪变化，感到非常沮丧，督导者应该协助处理和调适小邱的负面情绪，因此A项正确。小邱已经有了负面情绪，督导者应该积极关注小邱的情绪，而不是评估自己的督导工作，B项的关注点有所偏差，因此B项排除；小邱出现了沮丧的情绪并不是因为工作量的问题，因此C项排除；督导者的督导对象应该是被督导者——小邱，而不是服务对象李奶奶的女儿，因此D项错误。故本题选A。

48.【答案】B。解析：本题考查定量研究与定性研究的特点。定量研究与定性研究的特点是相对的，具体表现为：(1)在研究者与研究对象的关系上，定量研究很大程度上排除了研究者对研究对象的影响，研究者往往被研究对象视为外人。定性研究中的研究者对自己行为及与研究对象之间的关系进行动态反思和调适，尽量设法将被研究对象视为自己人，因此A项错误。(2)在收集资料方面，定量研究是运用标准化的方法收集资料，定性研究的资料收集过程较为开放，因此B项正确。(3)在研究策略上，定量研究追求研究资料和研究结论的精确性，不可以随意修改内容。定性研究的研究问题、研究计划和内容可以根据当地的情况适当修订，并在资料收集过程中同步分析资料，因此C项错误。(4)在方法论上，定性研究以建构主义为方法论基础，定量研究以实证主义为方法论基础，因此D项错误。故本题选B。

49.【答案】A。解析：本题考查问卷中封面信的作用。封面信，旨在说明调查者的身份、研究目的和内容、对象选择的方法、保密原则，并注明研究机构。本题中，问卷的封面信上写着"本调查采用不记名方式"，旨在保护研究对象的隐私，体现的是保密原则。故本题选A。

50.【答案】C。解析：本题考查问卷设计的原则。一般而言，被访者熟悉或感兴趣的、简单的、封闭式、状态问题可以置于前面，由于问题(3)是封闭式问题，是调查状态的问题，因此应该先放问题(3)；行为、态度、背景、敏感的问题放在后面，问题(2)是调查行为的问题，可以放在问题(3)的后面；问题(1)是调查态度的问题，应该放在最后。故本题选C。

51.【答案】B。解析：本题考查问卷调查的相关内容。问卷调查就是依托问卷收集资料。其中，问卷是被研究者的态度、行为、状态等按一定顺序排列的问题组合。问卷分为自填问卷和访问问卷两种。自填问卷是由被调查者自己填写答案的问卷，其提问和答案应该用语准确、含义明确、通俗易懂、题型简单、题量不大。访问问卷是由访谈员向被调查者提问并记录其回答的问卷。当被调查者文化水平较低或调查的问题较复杂时，使用访问问卷特别合适。题干中小林采用线上调查的方式，可以判断其采用的是自填问卷，自填问卷采用的问题题型较简单，因此B项正确，A项排除；线上调查的方式对填写人员素质要求较高，对儿童不太适宜，对调查结果的准确性也较难把握，因此C项排除；线上调查与服务对象无接触，调查者不知道问卷填写者的情况，无法保证调查结果的准确性，因此D项排除。故本题选B。

52.【答案】B。解析：本题考查定量研究的一般程序。定量研究由研究准备、资料收集、研究分析和总结应用四个阶段组成。其中，在研究分析阶段，主要是进行资料整理和资料分析。定量资料的整理工作有固定的程式，主要是给答案编数字代号、将完成编码的问卷资料输入电脑，并进行逻辑检查和幅度检查等工作，将资料进行系统化。

在本题中,社会工作者小陈对新获取的问卷资料进行分类、归纳,将问卷资料系统化,并进行编码,这正是在做资料整理的工作。故本题选 B。

53.【答案】A。解析:本题考查社会养老服务体系的规定。我国于 2018 年修订的《中华人民共和国老年人权益保障法》,明确提出了"国家和社会应当采取措施,健全保障老年人权益的各项制度,逐步改善保障老年人生活、健康、安全以及参与社会发展的条件,实现老有所养、老有所医、老有所为、老有所学、老有所乐"的老年人权益保障的目标,而且明确规定国家建立多层次的社会保障体系,逐步提高对老年人的保障水平,建立和完善以居家为基础、社区为依托、机构为支撑的社会养老服务体系。故本题选 A。

54.【答案】D。解析:本题考查妇女合法权益的主要内容。根据《中华人民共和国妇女权益保障法》,妇女合法权益的主要内容包括政治权利、文化教育权益、劳动和社会保障权、财产权益、人身权利、婚姻家庭权益。婚姻家庭权益是指国家保障妇女享有与男子平等的婚姻家庭权利。国家保护妇女的婚姻自主权。禁止干涉妇女的结婚、离婚自由。女方在怀孕期间、分娩后一年内或者终止妊娠后六个月内,男方不得提出离婚。女方提出离婚的,或者人民法院认为确有必要受理男方离婚请求的,不在此限。禁止对妇女实施家庭暴力。妇女对依照法律规定的夫妻共同财产享有其配偶平等的占有、使用、收益和处分的权利,不受双方收入状况的影响。父母双方对未成年人享有平等的监护权。父亲死亡、丧失行为能力或者有其他情形不能担任未成年子女的监护人的,母亲的监护权任何人不得干涉。妇女有按国家有关规定生育子女的权利,也有不生育的自由。故本题选 D。

55.【答案】D。解析:本题考查工作时间的规定。《女职工劳动保护特别规定》第六条规定,女职工在孕期不能适应原劳动的,用人单位应当根据医疗机构的证明,予以减轻劳动量或者安排其他能够适应的劳动。对怀孕 7 个月以上的女职工,用人单位不得延长劳动时间或者安排夜班劳动,并应当在劳动时间内安排一定的休息时间。怀孕女职工在劳动时间内进行产前检查,所需时间计入劳动时间。故本题选 D。

56.【答案】B。解析:本题考查人身安全保护令的规定。《中华人民共和国反家庭暴力法》第二十三条规定,当事人因遭受家庭暴力或者面临家庭暴力的现实危险,向人民法院申请人身安全保护令的,人民法院应当受理。故本题选 B。

57.【答案】B。解析:本题考查收养法的相关规定。《中华人民共和国收养法》第十八条规定,配偶一方死亡,另一方送养未成年子女的,死亡一方的父母有优先抚养的权利。故本题选 B。

58.【答案】C。解析:本题考查家庭收入的概念。《最低生活保障审核审批办法(试行)》第七条规定,家庭收入是指共同生活的家庭成员在规定期限内的全部可支配收入。故本题选 C。

59.【答案】B。解析:本题考查流浪乞讨人员的临时救助。《社会救助暂行办法》第五十一条规定,公安机关和其他有关行政机关的工作人员在执行公务时发现流浪、乞讨人员的,应当告知其向救助管理机构求助。对其中的残疾人、未成年人、老年人和行动不便的其他人员,应当引导、护送到其救助管理机构;对突发急病人员,应当立即通知急救机构进行救治。故本题选 B。

60.【答案】D。解析:本题考查司法救助的标准。根据《关于建立完善国家司法救助制度的意见(试行)》,各地应根据当地经济社会发展水平制定具体救助标准,以案件管辖地上一年度职工月平均工资为基准,一般在 36 个月的工资总额之内。故本题选 D。

二、多项选择题

61.【答案】ACE。解析:本题考查社会工作的主要领域。社会工作的主要服务领域包括儿童及青少年社会工作、老年社会工作、妇女社会工作、残疾人社会工作、司法社会工作、优抚安置社会工作、社会救助社会工作、减贫社会工作、家庭社会工作、学校社会工作、社区社会工作、医务社会工作、企业社会工作。残疾人社会工作是针对残障人士开展的,以增强和恢复他们的生理和社会功能为目的的福利服务。本题中,社会工作者小刘为残障老年人提供服务,属于残疾人社会工作,因此 A 项正确。医务社会工作是在医疗、卫生、保健领域实施的社会工作。在这一领域中,社会工作者可以帮助患病者有效链接医疗资源。在医治过程中,社会工作者则可以帮助患者建立良好的医患关系,促进患者与医生之间的良好合作。此外,社会工作者还可以在具体的医疗过程前后,帮助患者建立与社区之间的良好关系。社会工作者小刘联系轮椅厂家入户调试和指导使用不属于医务社会工作,因此 B 项排除。社区社会工作是以社区为对象,解决与社区居民基本生活相关的公共问题、促进社区和谐与社区发展的专业社会服务。本题中,社会工作者小刘为社区残障老年人配备轮椅,属于与社区居民基本生活相关的公共问题,因此 C 项正确。矫正社会工作,指的是社会工作者运用社会工作的专业理论和方法对犯罪嫌疑人或有犯罪倾向的违法人员提供思想教育、心理辅导、行为纠正,使其消除犯罪心理结构,修正其行为模式,以适应正常社会生活的服务。本题中未涉及矫正社会工作,因此 D 项排除。老年社会工作是以老年人为对象的专业服务,是用社会工作理念和方法帮助老年人解决其面临问题的服务。本题中,社会工作者小刘是为社区残障老年人配备轮椅,服务的群体是老年人,因此 E 项正确。故本题选 ACE。

62.【答案】AD。解析:本题考查我国社会工作专业实践的价值观。我国社会工作专业实践的价值观主要包括以下七点:(1)以人民为中心,回应社会需要;(2)接纳和尊重;(3)个别化和非评判;(4)注重和谐有序,促进社会共融与发展;(5)平等待人,注重民主参与;(6)权利与责任并重;(7)个人的发展机遇、潜能提升与国家的社会发展进程相结合。

在本题中,社会工作者小陆通过召开家庭会议的形式,最终满足了张爷爷的心愿,体现了回应需要的社会工作专业实践的价值观,没有体现个别化,因此 A 项正确,B 项排除;社会工作者小陆在得知张爷爷有回家养病的愿望后,尊重张爷爷在癌症晚期的特殊需求,邀请张爷爷及其家属召开了家庭会议,最终满足了张爷爷的心愿,体现了接纳和尊重的社会工作专业实践的价值观,因此 D 项正确;社会工作者小陆的做法中没有涉及对张爷爷伤害的减少,没有体现 C 项中的最小伤害,因此 C 项排除;社会工作者小陆的服务是面向张爷爷本人而言的,没有涉及社会层面,因此 E 项排除。故本题选 AD。

63.【答案】ACE。解析:本题考查社会工作伦理守则的内容。在社会工作者遇到难题不知如何处理时,可以向督导者咨询,符合社会工作者对同事的伦理责任中的"咨询",因此 A 项正确。替赵奶奶保守秘密,与机构协商把空床搬走,体现了社会工作者对服务对象的伦理责任中的"隐私和保密性",D 项违反了这项伦理,因此 D 项排除。帮赵奶奶疏解情绪,适应机构环境,体现了社会工作者对社会服务机构伦理中的"社会工作者有责任协调服务对象与机构的关系",B 项则违反了这项伦理,因此 B 项排除。故本题选 ACE。

64.【答案】BCDE。解析:本题考查学龄前儿童的攻击行为。学龄前儿童攻击行为常表现为打人、骂人、推人、踢人、抢别人的东西(或玩具)等,因此 E 项正确。一般在 3~6 岁出现第一个高峰,10~11 岁出现第二个高峰,因此 C 项正确。总体来说,攻击方式可分为暴力攻击和语言攻击两大类,因此 D 项正确。男孩以暴力攻击居多,女孩以语言攻击居多,因此 A 项错误。儿童存在攻击行为的主要原因包括:一是生理方面。孩子的某些生理特征对攻击行为的表现有一定的影响,因此 B 项正确。二是家庭方面。有些家长惯于用暴力惩罚的方式来教育孩子,结果孩子也以同样的方式来对待其他幼儿,表现出攻击行为。三是社会环境因素。电影、电视中经常有暴力、攻击的内容,学龄前儿童观看后会产生模仿行为。故本题选 BCDE。

65.【答案】CDE。解析:本题考查中年阶段的主要问题。中年阶段的主要问题包括早衰综合征、更年期综合征、婚外恋、家庭暴力。阿美丈夫由于家庭压力大,愁眉不展,大发雷霆,动辄施加暴力,符合早衰综合征以及家庭暴力的特点,因此 B 项错误,D 项正确。全家生活来源仅靠丈夫的工资,阿美还承受着丈夫的漠不关心,担惊受怕,情绪不稳定,符合更年期易抑郁、多虑、情绪不稳定的特征,因此 C、E 两项正确。本题中并未提到女儿营养不良,因此 A 项错误。故本题选 CDE。

66.【答案】BCE。解析:本题考查专业角色的扮演。社会工作者扮演的角色主要有使能者、联系人、教育者、倡导者和治疗者。治疗者是指社会工作者运用专业的方法和技巧消除或者减轻服务对象的困扰。本题中并未涉及治疗者角色的行为,因此 A 项排除。联系人是指社会工作者帮助服务对象与拥有资源的服务机构联系,保证服务对象能够获得合适的服务。本题中,社会工作者小宋联络社区精神卫生服务站,符合联系人的角色,因此 B 项正确。教育者是指社会工作者指导服务对象学习处理问题的新知识、新方法,调整原来的行为方式。本题中社会工作者小宋安排梁女士学习夫妻沟通技巧,指导其丈夫督促她按时服药,符合教育者的角色,因此 C 项正确。在社会工作过程中,社会工作者应该对该过程进行有效控制,即对助人过程进行科学设计,并力图使实际助人过程能合理、有效地展开。同时,社会工作者要与助人相关的诸多资源、信息进行协调、安排和管理,以实现该过程的高效率,特别是不要出现意外,这属于管理者的工作。题中并未涉及管理者角色的行为,因此 D 项排除。使能者是指社会工作者运用自身拥有的专业知识和技巧调动服务对象自身的能力和资源,发挥服务对象的潜在能力,促使服务对象发生有效改变。本题中,社会工作者小宋鼓励梁女士参加社区活动,是在一起寻求问题之外的生活安排,符合使能者的角色,因此 E 项正确。故本题选 BCE。

67.【答案】BCD。解析:本题考查个案会谈的技巧。个案会谈的技巧分为支持性技巧、引导性技巧和影响性技巧。支持性技巧包括专注、倾听、同理心和鼓励,引导性技巧包括澄清、对焦和摘要,影响性技巧包括提供信息、自我披露、建议、忠告和对质。澄清是社会工作者引导服务对象重新整理模糊不清的经验和感受,A 项属于引导性技巧中的澄清,因此 A 项排除;提供信息是社会工作者借助自己的专业知识和经验向服务对象提供必要的知识和技巧,B 项中社会工作者告知服务对象,其领导的行为违反了《中华人民共和国妇女权益保障法》,属于影响性技巧中的提供信息,因此 B 项正确;建议是社会工作者根据服务对象的具体情况提供有利于服务对象改善生活状况的建设性意见,C 项中社会工作者就是在给服务对象提建议,属于影响性技巧中的建议,因此 C 项正确;忠告是社会工作者向服务对象指出某些行为的危害性或者必须采取的行为,D 项中社会工作者就是在告知服务对象危害性,属于影响性技巧中的忠告,因此 D 项正确;E 项属于同理心,社会工作者设身处地体会服务对象的内心感受,理解服务对象的想法和要求,属于支持性技巧,因此 E 项排除。故本题选 BCD。

68.【答案】BDE。解析:本题考查个案工作各阶段的工作重点——申请与接案。个案工作各阶段的工作重点为申请与接案、预估与问题分析、制订计划、开展服务、链接社会资源与协调服务、评估与结案。其中申请与接案,即接受求助对象的申请,并且把有需要的求助对象纳入个案工作的工作程序中。具体而言,这个过程包括求助者的服务申请、接案和专业关系的建立三个具体的步骤,每个步骤都有自己的工作重点。A 项的做法是在评估问题,C 项的做法是在收集资料,A、C 两项属于预估与问题分析阶段。B、D、E 三项的做法分别是与张奶奶建立专业关系、让张奶奶了解养老院的职责范围、明确张奶奶的服务期待和要求,均属于申请与接案阶段的工作。故本题选 BDE。

69.【答案】ABC。解析:本题考查互动模式的实施原则。社会工作者在开展互动模式下的小组工作时,应坚持实施和贯彻以下的工作原则:(1)开放性的互动;(2)平等性的互动;(3)"面对面"的互动。因此 D、E 两项排除。亲子平行小组的整个过程,体现了开放性的互动。亲子换位角色扮演,体现了平等性的互动。专家指导共建良好的亲子沟通模式属于"面对面"的互动。故本题选 ABC。

70.【答案】AB。解析:本题考查主持小组讨论技巧——限制的技巧。限制的技巧是指当一些小组组员垄断小组讨论或当组员的发言太抽象,以及小组讨论脱离主题范围时,社会工作者要采取限制的手段来处理小组或小组组员的行为。这里的限制手段包括:社会工作者用"是不是"的言辞询问其他善于发言的成员或者其他未发言的组员;及时切断话题,给予适时的打岔;限定发言时间,或者调整发言的次序,因此 A、B 两项符合这一技巧,C 项运用的是提问的技巧;D 项运用的是适当自我表露的技巧;E 项运用的是专注与倾听的技巧。故本题选 AB。

71.【答案】BE。解析:本题考查组员的招募和遴选。社会工作者按照本小组的类型、特点及人数要求等,确定参加本小组的成员。在本题中,社会工作者小田开展的小组是"乳腺癌病友支持小组",由于 C、D 两项分别为食管癌和乳腺癌患者及卵巢癌患者,因此 C、D 两项排除。小组的目的是"为初次手术存在紧张和忧虑情绪的乳腺癌病友提供支持",A 项为二次手术后,因此 A 项排除。故本题选 BE。

72.【答案】ABD。解析:本题考查进入社区阶段的工作内容。社会工作者在进入社区之前必须对自己的工作有基本的了解,主要包括以下几点:了解自己任职所在的机构、了解机构分工和自己的工作内容、认识同事等。社区工作的对象是整个社区,因此社会工作者进入社区之初的首要任务是让社区中的居民、团体和组织认识自己,了解自己的角色和职责,接受自己对社区的介入,与社区建立良好的专业关系,因此 A、B、D 三项说法正确。C 项发现、链接和维系社区资源属于实施社区工作计划中的工作重点;E 选项围绕工作目标制订周密完备的工作计划属于制订社区工作计划中的工作重点,因此 C、E 两项排除。故本题选 ABD。

73.【答案】ABDE。解析:本题考查管理社区组织的内容。社区组织成立之后,对它们的管理就变得很重要。管理社区组织主要应关注以下几个方面:(1)服务规划;(2)行销管理;(3)财务管理;(4)人力资源管理;(5)研究与发展。其中,研究与发展包括服务方案的评估、新服务方案的开发、组织的评估、适应和引领组织变迁等。故本题选ABDE。

74.【答案】ABCE。解析:本题考查主持会议的技巧。主持会议的技巧如下:(1)提问和邀请发言;(2)进一步说明和转述;(3)聚焦;(4)摘要、综合和总结;(5)关注、赞赏和鼓励。其中主持会议的技巧强调关注、赞赏和鼓励。社会工作者在主持会议时要采用积极的态度和语言,鼓励与会者多发言,让他们感觉到自己提出的意见是受到重视的。可以通过身体前倾、目光接触等身体语言表示对发言者的关注,也可以直接赞扬发言者,如"您的意见很好""您所说的对我们很有启发""您提醒了我们没注意到的地方"。D项是一种询问的语气,并不能使王阿姨感到自己的发言受到重视,因此D项排除。故本题选ABCE。

75.【答案】ABD。解析:本题考查建立目标的优先次序。方案策划者根据已经确定的"明确性问题",建立目标的优先次序。目标优先次序的界定主要需要考虑的是可拥有和可动员的资源,包括环境因素和情境状态,还有人力、财力、物力配置等。另外要思考以下因素:服务对象的发展阶段与特点、机构的目标、问题的急迫程度、社会正义等。A、B两项属于可拥有和可动员的资源,D项属于问题的急迫程度,C、E两项不属于决定服务目标时需要考虑的因素。故本题选ABD。

76.【答案】BD。解析:本题考查社会服务方案策划——考虑服务的评估。社会服务方案的策划分为四个阶段:问题的认识和分析阶段、目标制定阶段、方案安排阶段和考虑服务的评估。在本题中,社会工作者老王在项目结束阶段,需要对服务工作进行评估。方案的评估一般采用两种方法:过程评估和效果评估。过程评估关注方案进行过程中服务对象和人数的变化,服务方案中必须完成的主要工作项目的完成情况、资源使用情况、经费支出情况、是否按照预定的日期进行。效果评估主要测量的是方案实施后所产生的效果,包括目标实现程度和服务对象的改变程度。A、E两项属于问题认识和分析阶段的工作,C项属于方案安排阶段的工作。故本题选BD。

77.【答案】BC。解析:本题考查定量研究与定性研究的特点。定量研究与定性研究存在不少区别,但是两者并非截然对立的,而是相互依存、相互渗透和相互补充的,因此A项错误。对于具体研究而言,采用何种研究方式及具体方法要根据实际情况而定。有时两种方法都可以采用,如社会工作者可以通过家访等方式了解社区民众的需要,也可以采用问卷调查收集资料。研究者究竟采用哪类方法,需要根据实际情况综合考虑,因此B项正确。定量研究与定性研究理论基础不同,定量研究是建立在实证主义的基础上,定性研究是建立在反实证主义的基础上,因此C项正确。在研究和理论的关系上,定量研究一般依托某些理论形成假设,再通过收集资料和分析数据来验证假设;定性研究不一定事先设定假设,其理论假设可以在研究过程中逐步形成和完善,其过程发现需要进行抽象的提炼和归纳,才有可能达到理论层面,因此D项错误。定量研究事先形成研究设计,追求研究资料、研究结论的精确性;定性研究的研究设计灵活变化,可以根据当时的情况修改,因此E项错误。故本题选BC。

78.【答案】ABD。解析:本题考查个案研究的优缺点。个案研究的优点为:(1)收集的信息更加深入,有助于了解研究对象各方面的状况,进而对其有全面和深刻的认识,因此A项正确;(2)沟通的过程更加有效,有助于澄清概念和确定变量,从而有利于做进一步实证研究;(3)研究的过程有创造性,有助于进行探索性研究,发现重要的变项及提供有用的范畴,从而拟定假设和建立理论,因此B项正确;(4)研究的结果具有可操作性,有利于客观、深入、准确地把握研究对象的问题、需要及其原因机制,有利于提出有效和具体的处理方法或解决方案,因此D项正确。个案研究的缺点为:(1)时间成本高,不便于比较分析,且不容易补充数据,因此C项错误;(2)样本和对象缺少代表性,研究发现难以推论,因此E项错误。故正确选ABD。

79.【答案】ABCD。解析:本题考查教育救助的形式。根据《社会救助暂行办法》,教育救助根据不同教育阶段需求,采取减免相关费用、发放助学金、给予生活补助、安排勤工助学等方式实施,保障教育救助对象基本学习、生活需求。故本题选ABCD。

80.【答案】BCD。解析:本题考查工伤的认定。根据《工伤保险条例》,具体规定如下:(1)职工有下列情形之一的,应当认定为工伤,一是在工作时间和工作场所内,因工作受到事故伤害的;二是工作时间前后在工作场所内,从事与工作有关的预备性或者收尾性工作受到事故伤害的;三是在工作时间和工作场所内,因履行工作职责受到暴力等意外伤害的;四是患职业病的;五是因工外出期间,由于工作原因受到伤害或者发生事故下落不明的;六是在上下班途中,因非本人主要责任的交通事故或者城市轨道、客运轮渡、火车事故伤害的;七是法律、行政法规规定应当认定为工伤的其他情形。(2)职工有下列情形之一的,视同工伤,一是在工作时间和工作岗位,突发疾病死亡或者在48小时之内经抢救无效死亡的;二是在抢险救灾等维护国家利益、公共利益活动中受到伤害的;三是职工原在军队服役,因战、因公负伤致残,已取得革命伤残军人证,到用人单位后旧伤复发的。(3)职工有下列情形之一的,不得认定为工伤或视同为工伤,一是故意犯罪的;二是醉酒或吸毒的;三是自残或者自杀的。

分析本题的选项可知:A项中职工是由于醉酒失误导致受伤的,不认定为工伤;B项中是在工作时间和工作场所内,因工作原因受到事故伤害的,认定为工伤;C项中是在上下班途中,因非本人主要责任的交通事故导致受伤的,认定为工伤;《关于因履行工作职责感染新型冠状病毒肺炎的医护及相关工作人员有关保障问题的通知》规定,在新型冠状病毒肺炎预防和救治工作中,医护及相关工作人员因履行工作职责,感染新型冠状病毒肺炎或因感染新型冠状病毒肺炎死亡的,应认定为工伤,依法享受工伤保险待遇,因此D项正确;E项说法错误,正确的说法应该是在工作时间和工作岗位,突发疾病死亡或者在48小时之内经抢救无效死亡的,应视为工伤。故本题选BCD。

社会工作综合能力（初级）2019年真题参考答案及解析

一、单项选择题

1.【答案】C。解析：本题考查党的十九大报告中社会工作在社会建设中的作用。社会工作是当代中国社会建设的重要组成部分，是在一定的社会福利制度框架下，根据专业价值观念、运用专业方法帮助有困难的人或群体走出困境、获得发展的职业性服务活动。"保障和改善民生"要重点关注社会中的困难群体，社会工作的服务对象主要是困难群体。C项为困难群体提供服务，符合社会工作的专业优势。故本题选C。

2.【答案】D。解析：本题考查社会工作的特点。专业助人活动是社会工作六大特点之一。社会工作不是一般的助人活动，而是以困难群体为主要对象的专业的、职业性的助人活动。社会工作与一般的做好事、志愿服务有所不同。A、B两项属于一般的助人活动。小岳本就是自己所住社区的业主委员会委员，参加业主代表大会，是对自己权利的行使，故C项排除。最能体现专业社会工作助人特点的是负责"银龄乐享"项目，因为这属于专业社会工作者的工作内容。故本题选D。

3.【答案】A。解析：本题考查社会工作的目标。社会工作目标有三个层面，分别是服务对象层面、社会层面、文化层面。社会工作在服务对象层面的目标有解救危难、缓解困难、激发潜能、促进发展。题干中小王为张大爷提供一系列服务属于个人层面范畴，主要是为了缓解张大爷家庭生活照料困难。题干中没有谈到张大爷遇到危机的情况，没有谈到提升张大爷家人的照顾能力，也没有谈到促进张大爷的能力发展。故本题选A。

4.【答案】A。解析：本题考查社会工作分析问题的基本观点——"人在情境中"。"人在情境中"认为人生活在一定的社会环境中，人与社会环境是相互依存的。该观点要求社会工作者既需要深入服务对象的内心，了解服务对象的感受、想法和需求，也要仔细观察周围环境对服务对象的影响。题干中"社会工作者一方面要协助服务对象增强自己的能力来应对压力"说的是在个人层面上增强服务对象应对压力的能力，另一方面应该是在环境层面上协助服务对象改善社会环境。故本题选A。

5.【答案】C。解析：本题考查社会工作的要素——服务对象。社会工作首先帮助的都是社会上最边缘、最困难、从道义上来讲最需要帮助的人。这些人包括：(1)孤儿、无依无靠的老人和残疾人；(2)精神病患者，由于心理上、精神上患有疾病，他们难以自理，他们的家庭也难以照顾他们；(3)因失业而沦为生存困难者。这些人是由于生理、心理原因，或者由于个人无法抵御的社会和自然原因而陷于生活极度困难的群体，从而成为社会工作的基本对象。"留守儿童"属于社会工作基本服务对象范畴，"年轻护士""企业白领""驻村干部"是随着社会发展，社会工作服务对象范围扩大之后纳入社会工作服务对象中的，不属于基本服务对象。故本题选C。

6.【答案】A。解析：本题考查社会工作的要素——社会工作者的角色。在助人过程中社会工作者可以提供直接服务、间接服务与合并服务。社会工作者的间接角色有行政管理者、资源筹措者、政策影响者。倡导者是社会工作者向服务对象倡导某种合理行为，并指导他们成功，故B项排除。政策影响者是当社会工作者在服务过程中发现某些问题具有普遍性时，就应该向有关政府部门提出建议，修订、制定和完善政策，故C项排除。治疗者是帮助服务对象发现自己行为的问题、重塑其行为，以及对他们的行为进行矫正，以帮助他们建立正确的行为方式和生活方式，故D项排除。行政管理者是对助人过程有一个科学的设计，并力图使实际助人过程能合理、有效地展开。题干中社会工作者小王在某养老院开展了"幸福银行"老年活动扮演者是行政管理者的角色。故本题选A。

7.【答案】D。解析：本题考查社会工作的主要领域。社会工作的主要服务领域包括儿童及青少年社会工作、老年社会工作、妇女社会工作、残疾人社会工作、司法社会工作、优抚安置社会工作、社会救助社会工作、减贫社会工作、家庭社会工作、学校社会工作、社区社会工作、医务社会工作、企业社会工作。社会救助是政府或社会服务机构对物质生活面临危机的社会成员提供的物质及社会关系方面的支持和帮助。社会救助首要的是向困难人群发放生存物资,以保障他们免于饥饿、疾病,保障其生命安全。社会救助应该向他们提供政策的、心理的帮助,增强他们应对生存困境的能力,为城市无家可归者提供基本生活物资帮扶、咨询和心理疏导服务。根据题干描述,小李的工作是为城市无家可归者提供基本生活物资帮扶、政策咨询和心理疏导服务,属于社会救助社会工作。故本题选 D。

8.【答案】A。解析:本题考查社会工作价值观的内容。"案主自决"指人拥有自我抉择的权利,这是培养责任、促进成长和实现自我的必要途径。"每个人不仅可以选择自己的人生目标,而且在选择实现目标的手段上有充分的自主性",这是说服务对象有自我选择的权利即案主自决权。故本题选 A。

9.【答案】A。解析:本题考查我国社会工作价值观。社会工作价值观在形成和发展过程中不仅借鉴国际上社会工作发展的经验,也要考虑我国本土化实践。我国社会工作价值观是以人为本,回应需要;接纳和尊重;个别化和非评判;注重和谐,促进发展;平等待人,注重民主参与;权利与责任并重;个人发展与社会发展相结合。个别化和非评判是指社会工作者应充分尊重每个服务对象的个性与人格,充分理解服务对象之间存在的差异,充分考虑到个人特质对服务需求和服务模式的潜在影响。故本题选 A。

10.【答案】A。解析:本题考查伦理难题的基本处理原则及一般步骤。社会工作者必须了解不同情境下伦理难题对服务对象的影响,以及正确评估这些影响可能导致的结果。所以,在社会工作实践中,社会工作者必须做出价值观和伦理顺序的优先安排。根据处理伦理难题的一般步骤,社会工作者应先认识个案中的伦理问题,包括分析社会工作者自身的价值观、责任和义务,厘清社会工作者自身对事件的价值观取向符合社会工作伦理难题处理的基本原则。故本题选 A。

11.【答案】D。解析:本题考查社会工作的伦理难题的一般处理步骤。国际社会工作界伦理专家提出了伦理决定的一般步骤:(1)认识个案中的伦理问题,包括分析社会工作者自身的价值观、责任和义务;(2)清楚认识任何个人、团体或者组织影响伦理决定的境况;(3)正确认识伦理行动的各个过程以及参与其中的相关者,并分析可能存在的利益和风险;(4)深入了解支持或反对作出有关伦理决定的理由;(5)向同事和相关专家咨询;(6)作出伦理决定并记录决定过程;(7)监督和评估伦理决定。题干中,小郑面临保密和服务对象知情同意之间的伦理难题,此时小郑适宜在和同事、医生、家属商定之后决定是否告知王阿姨的真实病情。故本题选 D。

12.【答案】C。解析:本题考查社会工作者职业道德指引。社会工作者的职业道德内容是尊重服务对象,全心全意服务;信任支持同事,促进共同发展;践行专业使命,促进机构发展;提升专业能力,维护专业形象;勇担社会责任,增进社会福祉。社会工作者应该与同事建立平等互信的工作关系。社会工作者应该尊重其他社会工作者、专业人士、志愿者不同的意见及工作方法,对待任何建议、批评或冲突都应以负责任、建设性的态度沟通解决。故本题选 C。

13.【答案】D。解析:本题考查社会环境的主要构成要素——同辈群体。同辈群体有平等性、开放性、认同性和独特性的特点。(1)平等性:同辈群体成员的年龄、知识、能力等方面比较相近,他们之间的地位是平等的。(2)开放性:同辈群体内部不存在特别严格的规章制度,成员之间的交流和交往在语言、方式、话题等方面都没有限制。(3)认同性:同辈群体是个人自由选择结合的结果,群体成员之间的交往是在自然随意的过程中进行的,成员之间相互依赖,对群体有较高的心理归属感和较强的认同性。(4)独特性:每个同辈群体都有自己独特的亚文化,这种群体的亚文化为群体成员提供了新的价值标准和行为方式。群体成员在语言、服饰、行为方式,甚至发型等方面都体现出自己的独特性。根据题干表述,两代人的审美差异体现了群体成员在语言、服饰方面的独特性。故本题选 D。

14.【答案】A。解析:本题考查社会环境的主要构成要素——家庭类型。家庭类型有:(1)核心家庭是指由一对夫妇及其未婚子女组成的家庭类型;(2)主干家庭是指由父母与一对已婚的子女共同居住生活的家庭类型;(3)联合家庭是指父母与多对已婚子女共同居住生活的家庭类型;(4)单亲家庭是指父母一方与未婚子女共同居住生活的家庭类型。本题中,小张结婚后与父母住在一起,属于主干家庭。故本题选 A。

15.【答案】D。解析:本题考查阿尔德弗尔的 ERG 理论。ERG 理论把人类的需要分为三类,即生存的需要、关系的需要和成长的需要,故 B 项排除。(1)生存的需要关系到人的机体的存在或生存,包括衣、食、住、行等基本的物质需要。(2)关系的需要指发展人际关系的需要,通过工作中或工作以外与其他人的接触和交往得到满足。(3)成长的需要是个人自我发展和自我完善的需要。这种需要通过发展个人的潜力和才能,使个人得到满足。题干中"每天在家面对的都是几张熟悉的面孔""想出去看看外面的世界"体现的是渴望与他人接触交往,渴望与他人建立关系的需求。故本题选 D。

16.【答案】D。解析:本题考查婴幼儿阶段的主要特征——社会性发展。婴幼儿社会化的基本过程有三个阶段:(1)出生至 6 个月是单纯社会化反应阶段;(2)7 个月至 2 岁是社会性感情连接建立阶段;(3)2 岁至 3 岁是伙伴关系发展阶段。本题中,2 岁半的苗苗正处在伙伴关系发展阶段。故本题选 D。

17.【答案】D。解析:本题考查青少年阶段主要面临的问题——网络成瘾。社会工作者对青少年网络成瘾问题的干预措施可从预防与治疗两个层面进行。预防层面,社会工作者要为青少年创造良好的成长环境,协助青少年有效融入家庭、学校和社会之中,防止青少年因为无法处理好现实生活中的压力而沉溺于网络。治疗层面,社会工作者要充分运用社会工作关于人类行为与社会环境之间关系的理论及优势视角理论,给予有效帮助。预防层面提到家庭、学校和社会三个维度,没有提到个人维度,故 A 项排除。家庭层面,家长要多与青少年沟通交流是对的,但是在网络成瘾这一问题中,青少年常有的特点是叛逆、不听父母的话,所以家长与青少年沟通未必起到预防作用,故 B 项排除。学校层面,要适度减压,开设第二课堂,组织内容丰富形式多样的课外活动,培养学生多方面兴趣爱好以减轻对网络依赖程度。"减少青少年课业学习负担"给青少年带来大量的闲暇时间,但是没有说做好相关引导和后续工作,故 C 项排除。社会层面,加强对青少年道德教育的做法可以在一定程度上防范网瘾,故 D 项正确。故本题选 D。

18.【答案】B。解析:本题考查个案工作中收集资料的技巧。自我陈述针对的是服务对象个人的经历和内心的感受。结构式调查表是要有预先设计好的固定的调查问题和对应的答案选项,调查对象只需挑选其中认为正确的答案。参与观察是社会工作者在观察过程中直接参与观察服务对象的活动。这种观察方式让社会工作者与服务对象有直接的互动和交流。文献记录是有关服务对象日常生活状况的文字记录。自我陈述和参与式观察收集资料的方式,社会工作者都会在场,不满足"不便于在人面前表达"的条件,故 A、C 两项排除。文字资料容易被转载、传播泄露隐私,故 D 项排除。故本题选 B。

19.【答案】A。解析:本题考查危机介入模式——危机发展的阶段。危机的发展一般可以分为四个基本阶段,即危机、解组、恢复及重组。(1)危机,这一阶段是危机事件发生的最初阶段,在这个阶段随着危机事件的出现,生活的压力剧增,服务对象开始运用习惯的问题解决机制解决面临的生活困难。(2)解组,在解组阶段,服务对象处于极度的情绪困扰中,认知和问题解决的能力下降,平衡生活被打乱。(3)恢复,在恢复阶段,服务对象经历了解组的痛苦经历之后,开始调整自己的行为方式,寻找适应危机环境的新的解决方法。(4)重组,在重组阶段,服务对象从混乱的生活中重新拾回自信,恢复新的平衡生活。题干中"她感到十分绝望但又无能为力"说明小丽还处于极度的情绪困扰中。故本题选 A。

20.【答案】D。解析:本题考查危机介入模式——危机介入模式的特点。危机介入模式的特点是迅速了解服务对象的主要问题、快速作出危险性判断、有效稳定服务对象的情绪及积极协助服务对象解决当前问题。社会工作者要对老林积攒安眠药的行为作出危险性的评估和判断,以便及时介入和治疗。对老林的危险行为进行评估和判断不仅能有效减少和阻止服务对象的危险行为,也能预防和减轻危险行为的伤害。故本题选 D。

21.【答案】A。解析:本题考查申请与接案。在接案过程中,社会工作者通常面临三项基本的任务:鼓励求助对象积极面对改变、明确求助对象的改变要求和确认求助对象的受助身份。明确了求助对象的要求之后,社会工作者就需要与求助对象一起对接受机构服务的事项和困难进行一个初步的探索,包括介绍机构服务的基本流程、服务对象的权益以及服务过程中的基本要求等,让求助对象能够在一个宽松、理性的环境中为自己是否接受机构服务作出决定。一旦求助对象愿意接受机构提供的服务,社会工作者就需要与求助对象建立口头或者书面的契约关系,让求助对象正式成为机构的服务对象。本题中,社会工作者的话是对保密原则的表述,属于接案时的事项。故本题选 A。

22.【答案】C。解析:本题考查个案会谈的类型。个案会谈是社会工作者与服务对象进行的面对面、有目的的专业性会谈。根据会谈目的的不同可分为建立关系的会谈、收集资料的会谈、诊断性会谈、治疗性会谈、一般性会谈。建立关系的会谈的目的是帮助社会工作者与服务对象建立专业的合作关系。收集资料的会谈是社会工作者收集服务对象的相关资料，以便对服务对象的生活状况或者服务开展状况作出准确的判断。诊断性会谈是社会工作者针对服务对象的问题作出正确的分析和推断。治疗性会谈是社会工作者针对服务对象的困扰施加有目的的影响，从而促使服务对象发生积极的改变。一般性咨询会谈是通过为服务对象提供相关的知识和信息帮助服务对象作出准确的选择。题干中"社会工作者与服务对象一起进行深度探索和分析，逐渐明确问题"属于诊断性会谈。故本题选C。

23.【答案】B。解析：本题考查心理社会治疗模式。心理社会治疗模式的治疗技巧有直接治疗技巧和间接治疗技巧。（1）直接治疗技巧：①非反思性直接治疗技巧是指社会工作者直接指导技巧；②反思性直接治疗技巧是指社会工作者通过与服务对象相互沟通交流，引导服务对象分析和理解自己问题的各种具体技巧。（2）间接治疗技巧是指通过辅导第三者或者改善环境间接影响服务对象的具体方法。C、D两项无中生有。故本题选B。

24.【答案】B。解析：本题考查个案会谈的技巧——支持性技巧。个案会谈有支持性技巧、引导性技巧和影响性技巧。同理心属于支持性技巧范畴，是指社会工作者设身处地体会服务对象的内心感受，理解服务对象的想法和要求。A项是引导服务对象从自身找原因，是对服务对象父亲行为的理解。B项是站在服务对象角度，对服务对象的内心感受的复述，属于同理心技巧。C项是对服务对象的简单提问，无法体现同理心技巧。D项是社会工作者向服务对象表达自己的感受，而不是理解服务对象的想法和要求，不属于同理心技巧。故本题选B。

25.【答案】C。解析：本题考查个案会谈的技巧——引导性技巧。对焦即社会工作者对服务对象偏离的话题或者宽泛的讨论进行收窄，集中讨论的焦点。社会工作者可以通过让服务对象自己列出话题或者问题的重要次序聚焦讨论的焦点。选项中A项是澄清，B项是摘要，D项是对质。"最困扰的问题"是对服务对象的问题重要次序进行聚焦谈论。故本题选C。

26.【答案】A。解析：本题考查小组的类型。小组工作的类型有教育小组、成长小组、支持小组和治疗小组。教育小组是通过帮助小组组员学习新知识、新方法，或补充相关知识不足，促使成员改变其原来对于自己的问题的不正确看法及解决方式，从而实现小组组员的发展目标；成长小组旨在帮助组员了解、认识和探索自己，从而最大限度地运用自己的内在及外在资源，充分发挥自己的潜能，解决存在的问题并促进个人正常健康地发展；支持小组是通过小组组员彼此之间提供信息、建议、鼓励和情感支持，达到解决某一问题和成员改变的效果；治疗小组的成员一般来自那些不适应社会环境，或其社会关系网络断裂破损而导致其行为出现问题的人群。题干中"为新手妈妈普及知识"属于教育小组。故本题选A。

27.【答案】C。解析：本题考查小组工作模式——发展模式的实施原则。发展模式的实施原则有：（1）积极参与原则，要协调和鼓励组员在小组活动中，主动表达自己的困惑或者对发展的建议，积极分享和学习自我发展的经验；（2）"使能者"原则，要支持、帮助小组组员通过各种活动，相互关心、相互帮助和分享，更要发展认知，激发潜能，提升组员寻求解决问题的办法、整合社会资源和自我发展的能力。题干中社会工作者老刘开设的这一小组是为了进行职业技能培训，来增强组员信心，属于"使能者"原则中的激发潜能。故本题选C。

28.【答案】A。解析：本题考查小组结束阶段社会工作者的主要任务。在小组工作的结束阶段，社会工作者的主要任务有：（1）处理组员的离别情绪与感受；（2）协助组员保持小组经验。"模拟生活环境，让组员巩固学习到的夫妻沟通技巧"是通过模拟练习的方式，协助组员保持小组经验。故本题选A。

29.【答案】C。解析：本题考查小组讨论技巧——主持小组讨论技巧。在小组讨论中，社会工作者可根据不同的情况和时机运用不同的提问方法。社会工作者在小组讨论中，通常有五种提问类型：（1）封闭式的提问，如"是不是"；（2）探究回答型的提问，社会工作者可以用"描述""告诉""解释"等词提问；（3）重新定向型的提问，如"刚才小李提到了这个问题，其他组员对这个问题是怎样想的？"；（4）反馈和阐述型的提问，如"我们已经讨论了一段时间，谁能对此总结一下吗？"；（5）开放式的提问，如用"怎样""为什么"等词提问。根据题干表述，老郑运用的提问技巧类型是反馈和阐述型的提问。故本题选C。

30.【答案】B。解析：本题考查小组工作的过程——开始阶段的任务。小组工作在开始阶段的任务首先是

31

协助小组组员彼此认识以消除陌生感。在开始阶段，社会工作者可以根据组员的个性特征及小组的类型，设计出有创意的、能够打破僵局的各种活动，恰当地使用一些游戏方法帮助小组组员之间相互认识，催化互动。题干中"相互认识一下"，可以看出社会工作者的这段话最有可能出现在小组工作的开始阶段。故本题选 B。

31.【答案】D。解析：本题考查主持小组讨论技巧——中立的技巧。小组工作中主持小组讨论的技巧有开场、了解、提问、鼓励、限制、沉默、中立、摘述、引导、讨论结束。在小组讨论中，可能因为某一个问题的观点不一致而发生争论，而争论的双方都希望社会工作者能支持自己的观点。此时，社会工作者保持中立很重要，应避免与组员争论，不偏袒或属意任何一方；仅不判断他人意见；仅提供问题，不给予答案；可以提供资料信息，但不予决断，仅做利弊分析或事实论述；随时保持中立的位置。题干中，社会工作者分别对小芬和小芳的观点进行论述并保持中立。故本题选 D。

32.【答案】B。解析：本题考查主持小组讨论技巧——引导的技巧。小组工作中主持小组讨论的技巧有开场、了解、提问、鼓励、限制、沉默、摘要、引导、讨论结束。小组成员讨论特别热烈，但是偏离了小组的主题，此时社会工作者要运用引导的技巧暗示讨论方向，保证小组的正常运行。故本题选 B。

33.【答案】C。解析：本题考查小组工作的评估——效果评估。效果评估是针对服务介入活动的效果进行评估，包括服务对象是否发生改变、改变程度以及实现服务目标的程度。过程评估是针对服务介入的具体过程进行评估，包括服务运用的策略、方法、技巧以及每次服务介入活动的影响因素。小组的效果评估一方面了解小组是否完成了自己预定的目标和任务，另一方面为以后主持类似的小组积累经验。故本题选 C。

34.【答案】A。解析：本题考查社区工作的目标——任务目标。罗斯曼将社区目标分为任务目标和过程目标。任务目标是指解决一些特定的社会问题，包括完成一项具体的工作，满足社区需要，达到一定的社会福利目标等，如修桥铺路、安置无家可归者、解决社区环境污染等。这些活动所带来的改善是具体而实在的。过程目标是指促进社区居民的一般能力，如加强社区居民对公民权利和义务的了解，增强居民解决社区问题的能力、信心和技巧，发现和培育社区居民骨干参与社区事务，建立社区内不同群体的合作关系等。题干中社会工作服务机构参与推进加装电梯工作，带来的改善是具体实在的。故本题选 A。

35.【答案】A。解析：本题考查社会策划模式中社会工作者扮演的角色。社会策划模式中社会工作者扮演的角色有：(1)技术专家。在社会策划模式中，社会工作者主要是扮演专家的角色，工作内容包括收集社区资料，进行社区分析、社区诊断、社会调查，对服务进行策划、组织运作和评估等。(2)方案实施者。社会工作者有责任执行有关方案，与有关机构、团体保持良好关系，以推动方案的实施。具体而言，社会工作者在项目的管理、监督实施、反馈等各环节承担领导责任，既要负责整个执行过程中的业务、财务、人事、物资等方面的管理工作，也要监督执行进度，收集执行过程中的意见和信息，并将其反馈给决策者和参与各方，及时根据实际情况对方案进行调整，以保证方案的顺利实施和目标达成。题干中社会工作者收集社区资料，进行社区分析，策划服务方案是扮演技术专家的角色。故本题选 A。

36.【答案】D。解析：本题考查社区照顾模式的特点。社区照顾模式强调协助服务对象融入社区，强调社区责任，强调非正式照顾的重要因素，提倡相互关怀的社区。其中，提倡建立相互关怀的社区强调动员家人、社区居民与志愿者开展服务，以在社区中建立互助互爱的关系。从定义中也可以看出，社区照顾的过程目标是要建立一个相互关怀的社区。社区照顾模式中强调非正式照顾，故 A、B 两项排除。理发是一项偏技术性服务，从安全和美观角度出发需要有经验的专业人士提供服务。故本题选 D。

37.【答案】C。解析：本题考查社区工作的评估策略。评估策略是运用符合性、可接受性、可行性三个指标去评估上一阶段提出的每个策略。符合性指策略必须符合机构的宗旨目标及赞助团体的期望。可接受性则关心策略是否被社区成员接受。可行性指的是在现实中实现该策略的可能性以及资源要满足策略的需要。题干中为精神障碍康复者家属提供相关支持网络，社区可接受性关键看社区成员的接受程度和认可程度。故本题选 C。

38.【答案】B。解析：本题考查社会工作者在社区组织管理中发挥的作用。管理社区组织主要应关注以下五个方面：(1)服务规划，包括长期的组织策略规划和短期的服务方案设计；(2)行销管理，包括服务产品行销、社会行销、观念行销和组织行销；(3)财务管理，包括经费筹措、制定预算、总务与会计；(4)人力资源管理，包括专职工作人员以及志愿者的招募、聘用、工作分配、培训、报酬、激励和奖惩;(5)研究与发展,包括服务方案的评估、新服务方案的开发、组织的评估、适应和引领组织变迁等。社会工作者在社区组织的管理中所扮演的角色应随着组织的发展而有所不同。在组织成立之初,社会工作者可能需要亲自承担较多的管理工作。发展过程中,社会工作者应注重建立和完善组织的内部规章制度,发现和培养组织的领导者。最终,社会工作者不再直接担负组织的管理工作,只在必要时为组织提供咨询服务,实现社区组织的自我管理。推动社区社会组织的规范化建设,是对建立和完善组织的内部规章制度的延伸。故本题选 B。

39.【答案】C。解析:本题考查与社区居民接触过程中的技巧——维持对话的技巧。在维持对话过程中,可以运用多种技巧,如聆听、同理、体谅、分享感受、澄清、寻找和提供资料等。聆听是要求社会工作者认真倾听,同理心与聆听关系密切,是积极主动地发问、理解和测试。社会工作者要能够跨越年龄、性别、信仰、种族乃至家庭背景差异,去理解居民的内心世界,感受居民的感觉。体谅是要求社会工作者能够在意居民,并顾及居民的情况,为居民着想。如在居民吃饭时间,不勉强入户访问;尽量在先前预定的时间内完成谈话;感谢居民的付出和意见等,显示社会工作者对人的关怀。A 项是社会工作者介绍自己,B 项是在展开对话,D 项是对话快结束时应提出的。故本题选 C。

40.【答案】D。解析:本题考查社区工作主持会议技巧——摘要、综合和总结。综合的技巧是指将有关的意见串联和综合到一起,找出共同点,丰富各方意见,降低分歧,使讨论更系统、更清晰。摘要的技巧是指将某些长篇的发言简化为几点重要意见,在讨论已进行一段或者将结束时把意见摘要归纳出来,使与会者清楚地掌握会议和意见的重点。总结的技巧是指将之前所讨论的意见、观点和决定再清晰地复述一次,以便与会者清晰地了解会议的最后决定。题干中社会工作者将张大爷和李大妈的观点进行综合,找到了共同点,用的是综合的技巧。故本题选 D。

41.【答案】B。解析:本题考查社区活动策划的过程。活动策划指的是运用既定的原则或标准,按照实际的环境和需要,协调不同资源,制订出活动的一系列环节与步骤。(1)掌握活动的基本目标;(2)衡量服务对象的特点、需要、兴趣;(3)符合机构的宗旨、赞助团体的期望;(4)评估本身拥有的资源以及可以动员的资源;(5)制订初步计划;(6)评估可行性;(7)确立详细计划;(8)预期困难及解决方法。考生要注意各个环节与步骤的顺序。故本题选 B。

42.【答案】C。解析:本题考查社会服务方案的策划——目标制定阶段。影响性目标是社会工作干预所要达到的目标。为了保证服务的介入,可将影响性目标细化为服务性目标,再根据服务性目标确定后勤保障目标。A、B、D 三项中没有体现社会工作者干预后的影响性目标。故本题选 C。

43.【答案】A。解析:本题考查社会工作评估——效果评估。效果评估是针对服务介入活动的效果进行评估,包括服务对象是否发生改变、改变的程度以及实现服务目标的程度等。过程评估则是针对服务介入的具体过程进行评估,包括服务运用的策略、方法和技巧以及影响每次服务介入活动的影响因素等。B、C、D 三项属于过程评估。故本题选 A。

44.【答案】A。解析:本题考查服务机构的运作——授权。授权是指上级主管部门适当地将职权移交给下属的过程。授权的主要目的是让社会服务机构发挥最大效率,授权也有助于提高下属或员工的满意度、工作动机。协调是将社会服务机构中各部门的活动化为一致性行动的过程,通过发挥团队精神,顺利执行各部门的活动,达到共同目标。控制是指社会行政组织在动态变化的环境中,为确保实现既定目标而进行的检查、监督、纠偏等管理活动。沟通是指通过各种渠道传播消息、事实、观念、感觉和态度,来达到共同了解目的的活动。沟通在各项管理功能中都占有重要的地位。社会服务机构的管理者在沟通方面扮演着非常重要的角色,包括上情下达、下情上传、与同事协调、向公众交代等。B 项是沟通,C 项是协调,D 项沟通方式有很多种,都是并列关系,无所谓主次。故本题选 A。

45.【答案】B。解析:本题考查志愿者参与服务的动机评估。志愿者参与社会服务的动机包括以自我为中心的动机、以利他和社会为中心的动机。以利他和社会为中心的动机有以下七点:一是希望帮助别人,希望世界变好;二是以行动表达对他人的同情心;三是喜欢认识不同年龄层的新朋友,参与一些活动,扩大接触面;四是受亲人、朋友、老师和同学的影响参与服务;五是基于宗教信仰,为人民服务的理念;六是想尽一点社会责任;七是想以行动尽力谋求改变。A、C、D三项属于以自我为中心的动机,B项属于以利他和社会为中心的动机。故本题选B。

46.【答案】B。解析:本题考查志愿者绩效评估。志愿者绩效评估的目的有两个方面:一方面,对于志愿者而言,绩效评估可以帮助他们了解自己的服务表现是否符合机构的要求,帮助志愿者发展自我潜能,以更深入地参与机构的服务工作;另一方面,对机构而言,绩效评估可以保证机构服务质量,了解志愿者对机构志愿者管理制度的满意程度,改进志愿者管理。评估的标准与程序应该在事前以书面方式说清楚,评估资料的收集应侧重于志愿者动机的满足方面。需要说明的是,志愿者绩效评估最重要的不是要判定志愿者的好坏,而是要反省机构的志愿者管理是否合理,志愿者的使用是否对服务使用者有利。故本题选B。

47.【答案】A。解析:本题考查社会工作督导的内容——行政性督导。行政性督导工作的主要内容有以下几项:(1)社会工作者的招募和选择;(2)安置和引导工作人员;(3)工作计划和分配;(4)工作授权、协调与沟通;(5)工作监督、总结和评估;(6)督导者扮演多种角色。B、C两项属于教育性督导的内容,D项属于支持性督导的内容,A项"参与面试工作,评估应聘者对机构目标的认同程度"属于行政性督导的内容。故本题选A。

48.【答案】B。解析:本题考查定量研究和定性研究。定量研究的研究设计旨在排除研究者带给研究对象的"观察者偏差",研究者往往被研究对象视为外人,并要求在过程中体现价值中立,故A项错误。定量研究主要进行演绎推理,依托某些原理,形成在特殊场景中的假设,通过收集资料和分析数据来验证假设,因此是一种理论检验,故B项正确。定性研究不一定要事先设定假设,其理论假设可以在研究过程中逐步形成和完善,其过程发现需要进行抽象的提炼和归纳,因此是一种理论建构,故C项错误。定量研究注重研究问题的普遍性、代表性及其普遍指导意义,故D项错误。故本题选B。

49.【答案】A。解析:本题考查问卷填答方式。根据填答方式,问卷分为自填问卷和访问问卷两种。自填问卷在收集资料时由被调查者填写答案。其问题和答案应用词精准和通俗,题型不能过于复杂,题量适度,版面设计利于激发被调查者的兴趣。访问问卷在收集资料时由访问员向被调查者提问并记录其回答,适合于被调查者文化水平不高、调查问题较复杂的情况,但不太适合了解敏感问题。题干中是对社区贫困家庭的老年人进行调查,不适合运用自填问卷的方式,考虑到准确性的问题,运用调查者当面询问被调查者会更好一些。故本题选A。

50.【答案】D。解析:本题考查问卷结构——封面信。封面信是研究者致被调查者的短信,旨在说明研究者身份、研究的目的和内容、对象选择方法、保密原则,并署名研究机构。封面信位于标题之后,要素明确,语言精练。A项是对保密原则的说明,B项是研究目的的表述,C项是研究者身份的表述,D项是关于对象选择方法的表述。为了不会让被填写问卷的老人不理解,问卷上标明随机抽样这一方法会更好,利于消除老人的误解。故本题选D。

51.【答案】C。解析:本题考查问卷设计中问题和答案设计的注意事项。问卷设计过程中问题排列的注意事项如下:(1)一般而言,个人背景居首;较敏感的问题放在问卷后面。(2)客观题在前,主观题在后;问卷设计中对单选题和多选题没有明确的规定,可以单选多选穿插。(3)熟悉、简单、对方感兴趣、封闭式问题置于前面。(4)行为、态度、敏感的问题放在后面。故本题选C。

52.【答案】D。解析:本题考查个案研究。个案研究是对单个对象(如家庭、团体、机构、组织、社区、学校或部落等)的某项特定行为或问题进行探索研究。个案研究过程中收集资料是以观察和访谈为主,两种方法之间没有先后顺序之分,故A项错误。个案研究中横向研究和纵贯研究均可使用且具体方法较多,题干中关于"发展历程"的研究侧重于纵贯研究,故B项错误。题干中主体是"暖心服务队"而不是单个队员,故C项错误。个案研究的一般步骤可以归入定性研究的相应阶段,确定研究对象可以视为研究准备,获准进入、取得信任和建立友善关系、收集资料(观察和访谈为主)到整理和分析资料可以归于收集、整理、分析阶段。故本题选D。

53.【答案】A。解析:本题考查《中华人民共和国老年人权益保障法》。《中华人民共和国老年人权益保障法》第五条指出,国家建立多层次的社会保障体系,逐步提高对老年人的保障水平。国家建立和完善以居家为基础、社区为依托、机构为支撑的社会养老服务体系。故本题选A。

54.【答案】B。解析：本题考查《社会救助暂行办法》。《社会救助暂行办法》第十条指出，最低生活保障标准，由省、自治区、直辖市或者设区的市级人民政府按照当地居民生活必需的费用确定、公布，并根据当地经济社会发展水平和物价变动情况适时调整。故本题选 B。

55.【答案】D。解析：本题考查《最低生活保障审核审批办法（试行）》——低保的认定。《最低生活保障审核审批办法（试行）》第四条指出，户籍状况、家庭收入和家庭财产是认定低保对象的三个基本要件。持有当地常住户口的居民，凡共同生活的家庭成员人均收入低于当地低保标准，且家庭财产状况符合当地人民政府规定条件的，可以申请低保。故本题选 D。

56.【答案】B。解析：本题考查《女职工劳动保护特别规定》——产假天数。《女职工劳动保护特别规定》第七条指出，女职工生育享受 98 天产假，其中产前可以休假 15 天；难产的，应增加产假 15 天；生育多胞胎的，每多生育 1 个婴儿，可增加产假 15 天。女职工怀孕未满 4 个月流产的，享受 15 天产假；怀孕满 4 个月流产的，享受 42 天产假。小陆怀孕 3 个月流产，未满 4 个月，可享受 15 天产假，故 A 项错误。小贾怀孕 6 个月流产，满 4 个月，享受 42 天产假，故 B 项正确。小王，难产，可以增加产假 15 天，可以休产假 113 天，故 C 项错误。生育多胞胎的，每多生育 1 个婴儿，可增加产假 15 天。小吴怀的是双胞胎，可多休产假 15 天，而不是产前可休假 30 天，故 D 项错误。故本题选 B。

57.【答案】B。解析：本题考查《中华人民共和国劳动法》。《中华人民共和国劳动法》第六十一条指出，不得安排女职工在怀孕期间从事国家规定的第三级体力劳动强度的劳动和孕期禁忌从事的劳动。对怀孕七个月以上的女职工，不得安排其延长工作时间和夜班劳动。不得安排女职工在哺乳未满一周岁的婴儿期间从事国家规定的第三级体力劳动强度的劳动和哺乳期禁忌从事的其他劳动，不得安排其延长工作时间和夜班劳动。故本题选 B。

58.【答案】A。解析：本题考查《中华人民共和国村民委员会组织法》——村务监督委员会成员的产生方式。《中华人民共和国村民委员会组织法》第三十二条指出，村应当建立村务监督委员会或者其他形式的村务监督机构，负责村民民主理财，监督村务公开等制度的落实，其成员由村民会议或者村民代表会议在村民中推选产生，其中应有具备财会、管理知识的人员。村民委员会成员及其近亲属不得担任村务监督机构成员。村务监督机构成员向村民会议和村民代表会议负责，可以列席村民委员会会议。故本题选 A。

59.【答案】C。解析：本题考查《城市社区卫生服务中心、站基本标准》。《城市社区卫生服务中心、站基本标准》规定，社区卫生服务中心建筑面积不少于 1000 平方米，社区卫生服务站不少于 150 平方米。设病床的，每设一床位至少增加 30 平方米建筑面积。故本题选 C。

60.【答案】C。解析：本题考查《关于建立城镇职工基本医疗保险制度的决定》。该决定指出，城镇所有用人单位，包括企业（国有企业、集体企业、外商投资企业、私营企业等）、机关、事业单位、社会团体、民办非企业单位及其职工，都要参加基本医疗保险。乡镇企业及其职工、城镇个体经济组织业主及其从业人员是否参加基本医疗保险，由各省、自治区、直辖市人民政府决定。故本题选 C。

二、多项选择题

61.【答案】BDE。解析：本题考查社会工作的功能——服务对象层面功能。社会工作的功能分为对服务对象的功能和对社会的功能。社会工作在服务对象层面的功能有：（1）促进服务对象正常生活；（2）恢复弱化的功能；（3）促进人的发展；（4）促进人与社会环境的相互适应。社会工作对社会的功能有：（1）维持社会秩序；（2）构建社会资本；（3）促进社会和谐；（4）推动社会进步。A 项是社会层面的功能，C 项是无中生有。故本题选 BDE。

62.【答案】CDE。解析：本题考查社会工作伦理守则——保密的例外原则。社会工作者有保护服务对象隐私的责任和义务，未经服务对象允许不得透露服务对象隐私，但是当服务违反法律、可能伤害到他人和自己的情况下，社会工作者也有权利打破保密规定。吸毒是违法行为，社会工作要遵守法制，维护社会正义，所以要将其吸毒行为告知公安机关，且应秉持真诚原则，不能欺骗服务对象，故 A、B 两项错误，C、E 两项符合题意；吸毒是否告知家人不在法律规定之内，故应尊重服务对象自决原则，由服务对象自己决定，故 D 项正确。故本题选 CDE。

63.【答案】BC。解析:本题考查社会工作实践中的伦理难题。伦理难题有:(1)保密问题;(2)人情与法制及规定的冲突问题;(3)价值介入与客观性的矛盾;(4)社会工作者的个人利益满足与职业的社会责任之间的冲突;(5)自我决定问题。王奶奶请小范保密,可王奶奶违反规定的情况不应被保密,故 B 项正确。在规定上,王奶奶的做法违反了机构的规定,是不对的,但在情理上,王奶奶希望入住养老院的心情可以理解,属于人情与法制及规定的冲突问题,故 C 项正确。故本题选 BC。

64.【答案】BCE。解析:本题考查人类行为与社会环境的基本关系。人类行为与社会环境的基本关系有:(1)人们要适应社会环境;(2)社会环境影响个人行为;(3)社会环境和生物遗传共同对人类行为产生影响;(4)人类能够改变社会环境;(5)人类行为与社会环境关系的非平衡性。留守儿童抗逆力的激发可以增强其自身对社会环境的适应能力,而不是改善社会环境,故 A 项错误。题干中小明在老师带领下正确应对环境,说明人类可以适应环境,故 B 项正确。题干中小明有时候闷闷不乐,说明社会环境对个人会产生影响,故 C 项正确,D 项错误。小明爸爸说"这孩子的领导能力超过我了啊",说明遗传自父亲的领导能力在环境的作用下而变得更强,体现的是社会环境和生物遗传共同对人类行为产生影响,故 E 项正确。故本题选 BCE。

65.【答案】BDE。解析:本题考查中年阶段面临的主要问题。"经常加班加点"说明工作压力大;"要跟他离婚"说明婚姻出现危机;"下班后还要喝酒应酬,导致血脂、血压都不正常"说明生活习惯不良。故本题选 BDE。

66.【答案】BDE。解析:本题考查个案服务协议的基本内容。服务协议通常包括五个方面的基本内容:(1)服务目标;(2)服务的内容和采用的方法;(3)服务双方应有的权利和义务;(4)服务的地点、时间、期限和次数;(5)服务双方的签字。故本题选 BDE。

67.【答案】ADE。解析:本题考查专业关系的建立。在与服务对象出现关系疏远情况时,社会工作者需要对自身与服务对象间的关系进行剖析,随着社会工作服务过程的开展,服务对象的需求可能也是有变化的。因此,社会工作者需要时刻了解服务对象的需求,理解服务对象的态度变化,也可以通过与服务对象分享个人感受的方法激发服务对象内心的想法,拉近与服务对象之间的专业关系,利于服务的正常开展。社会工作者是专业的服务提供者,有专业的价值观和方法做支撑,迎合服务对象的情绪状态可能会使整个服务工作偏离正确的方向,故 B 项错误。社会工作是一个专业助人的职业,在服务过程中要保持真诚,不能随意评价服务对象,题干中"评价服务对象的退化现象"不恰当,故 C 项错误。为了保持良好的专业合作关系,社会工作者在与服务对象的交往中需要做到:(1)接纳。无论服务对象面临什么问题,社会工作者都愿意理解服务对象,不是关注服务对象的问题,而是关心问题背后服务对象的发展要求,故 A 项正确。(2)无条件关怀。在服务开展过程中社会工作者不评价服务对象,尊重服务对象的价值,并且相信服务对象是可以改变的,故 D 项正确。(3)真诚。社会工作者在服务开展过程中对自己的感受保持开放的态度,并且愿意与服务对象交流和分享自己的真实感受,故 E 项正确。故本题选 ADE。

68.【答案】ABE。解析:本题考查专业角色的扮演。在社会工作者扮演的专业角色中,常见的有以下五种,分别为使能者、联系人、教育者、倡导者、治疗者。使能者是指社会工作者运用自身拥有的专业知识和技巧调动服务对象自身的能力和资源,发挥服务对象的潜在能力,促使服务对象发生有效改变。在本题中,社会工作者小徐为小季提供个案管理服务,激发她自立自强的潜能,主要充当使能者的角色。联系人是指社会工作者帮助服务对象与拥有资源的服务机构联系,保证服务对象能够获得合适的服务,特别是那些面临多重生活困扰或者需要转介的服务对象。在本题中,社会工作者小徐发动志愿者帮助小季销售产品,主要充当联系人的角色。倡导者是指社会工作者利用自己的身份和权利,倡议机构实行必要的改革,为缺乏资源的服务对象争取更合理的服务,或者动员服务对象一起争取一些合理的资源和服务。在本题中,社会工作者小徐动员小季积极向当地政府部门争取就业资源,主要充当倡导者的角色。故本题选 ABE。

69.【答案】ABC。解析:本题考查小组准备阶段的工作。小组准备阶段的工作有:(1)组员的招募及遴选;(2)确定工作目标;(3)制订工作计划;(4)申报并协调资源;(5)小组的规模与工作时间;(6)活动场地及设施的选择和安排。"消除组员陌生感并制定小组规范"属于开始阶段的任务;"确定并促进形成相对稳定的小组结构"属于后期成熟阶段的任务。故 D、E 两项排除。故本题选 ABC。

70.【答案】ACD。解析:本题考查中期转折阶段社会工作者的任务。中期转折阶段社会工作者的任务有:(1)处理抗拒行为;(2)协调和处理冲突;(3)保持组员对整体目标的意识;(4)协助组员重新建构小组;(5)适当控制小组进程。抗拒是小组过程中不可避免的现象,是组员在参与小组时的自然反应,社会工作者要帮助组员了解小组是分享和表达感受的重要场所,同时营造一种开放的气氛,帮助成员探索自己的恐惧和防卫,鼓励他们承认和解决自己所体验到的焦虑和犹豫。请其他组员来劝黄奶奶,有可能引发黄奶奶和其他组员的冲突,故 B 项错误;黄奶奶的问题,主要是因为对游戏内容不了解,不了解游戏背后的价值,因此可以帮助其澄清问题的本质,故 E 项错误。故本题选 ACD。

71.【答案】ABDE。解析:本题考查小组工作技巧——小组活动设计的技巧。在设计小组活动时,社会工作者应该掌握和考虑以下几点:(1)扣紧小组目标。(2)考虑组员的特征及能力。在设计小组活动时,社会工作者需要综合分析每一位组员的生理、心理、情绪、教育程度等个体性特征,认识和把握组员的社会关系背景及文化背景,了解其以往的成长经历及成长过程中的主要问题。(3)小组活动的基本要素有,小组活动的目标,包括总体性目标(最终目标)和阶段性目标;小组活动的参与者,包括年龄、性别、职业、文化背景等;小组活动的规模;小组活动的时间分配;组员的角色扮演和角色互换;小组活动的环境设计;小组活动的资源供应与经费预算;小组活动的强度分布;小组活动的预期结果;防止和处理意外事件的预案;总结与奖励。(4)经验分享环节。故本题选 ABDE。

72.【答案】ABD。解析:本题考查社区工作各个阶段的工作重点——进入社区。进入社区的方式有,(1)积极参与社区重要活动。(2)主办社区活动。社会工作者所在的机构可以出面主办一些社区活动,邀请居民和其他社区团体参加,主动营造与社区其他成员互动的机会,也可借此宣传介绍自己所在机构的服务。(3)积极介入社区事务。(4)经常出现在社区居民之中。社会工作者应经常在社区内走动,尤其应注意在居民聚集的公共场所稍做停留,如社区广场、花园、健身设施周边等地方,主动与居民打招呼、聊家常,拉近与居民的距离。对居民骨干、潜在的服务对象等"重点"居民,社会工作者也可以采取登门拜访的方式。(5)报道社区活动。"搞好私人关系""招募大学实习生,开展问卷调查,了解居民的需要"是在认识社区阶段的工作,故 B、E 两项错误。故本题选 ABD。

73.【答案】BCD。解析:本题考查社区工作各个阶段中的工作重点——认识社区。在认识社区阶段要做好社区基本情况的分析、社区问题分析、社区需求分析。社区基本情况包括以下几方面:(1)社区的地理环境。社区地理区域面积和地理环境资料一般可以通过区政府和街道办事处取得,主要包括区位与边界、环境设计与土地使用、交通、基础设施、社会服务、商业服务和经济情况等。(2)社区内的人口状况,主要包括社区内的总人口数、性别比例、年龄分布、居住群体的特征(包括少数民族情况,流动人口情况)等。这些资料可从当地的社区居委会或公安派出所获得。但当前因新房购买、房屋出租等情况,社区里经常会有人户分离的情况。(3)社区内的资源,主要包括社区里的公共设施、教育机构、医疗单位、社区组织、金融机构、商业场所等。(4)社区内的权力结构。(5)社区的文化特色。其中 A、E 两项是对社区问题的分析,B、C、D 三项是对社区基本情况分析。故本题选 BCD。

74.【答案】AE。解析:本题考查收集社区资料的方法。收集社区资料的方法包括文献分析法、观察法、访问法、问卷调查法和社区普查法。在本题中,老林运用一些量表评估优抚对象的现状,运用的是问卷调查法;老林去学校向老师了解优抚对象子女在学校的表现,运用的是访问法。故本题选 AE。

75.【答案】ABCE。解析:本题考查项目申请书的内容。项目申请书的内容:(1)向政府或基金会申请这笔经费支持的意义,或申请这笔经费(有时是实物)要做什么,其用途要符合社会福利或社会公益目标,符合政府或基金会的资助目标;(2)资助的重要性,即这笔资助对于项目对象的必要性;(3)资助额及申请这一数量资助的原因,需要列出较细致的项目预算;(4)怎样使用这笔资助,即怎样将这笔资助运用于机构的服务;使用这笔资助可能达到的预期效果;(5)使用这笔资助的社会交代的方法,即如何向资助者报告资助项目的结果。故本题选 ABCE。

76.【答案】ABC。解析:本题考查社会工作督导的内容——教育性督导。社会工作督导还可以通过教育性督导,有效缓解社会工作者压力。教育性督导的工作内容:(1)教导时间管理技巧。在减轻社会工作者工作负荷努力中,督导除了要调整工作量、摸索合理工作分配外,教导时间管理技巧也非常必要,通过综合考虑重要性和紧迫性因素,排列服务的优先次序。(2)教导沟通技巧。社会工作的沟通技巧在建立专业信赖关系、发展良好工作、协调整合社会资源等助人过程中是必备的且重要的能力,因此督导应适时给被督导者提供同理心技巧、处理冲突技巧、自我肯定表达技巧等方面的培训。(3)培养价值伦理抉择能力。督导也应该协助社会工作者厘清自己的价值与专业价值、与其他团队成员价值存在的冲突,并帮助他(她)认识价值伦理判断的先后次序,引导其在服务工作作出最适当的选择。(4)发展压力管理培训课程。督导应在"在职训练"中安排压力管理训练课程,介绍冥想、放松等技巧,预防社会工作者职业倦怠和职业枯竭。D、E 两项属于支持性督导的内容。故本题选 ABC。

77.【答案】ACE。解析:本题考查定量研究和定性研究。题干中小林使用的是定量研究方法,小王使用的是定性研究方法。定性研究方法主要获取的是描述性信息,故 A 项正确。小林调查的是全村所有的留守儿童生活照料情况,运用的是普查法,没有体现抽样调查,故 B 项错误。小林可以通过调查全村的留守儿童生活照料情况发现这一群体的普遍需求,故 C 项正确。量表需要在调查前进行试用和修改,在调查过程中进行随意修改的话,会影响到问卷调查的信度和效度,故 D 项错误。定性研究旨在从丰富繁杂的资料中,由表及里、去伪存真、由浅入深地提炼某个概念、变量关系乃至理论,故 E 项正确。故本题选 ACE。

78.【答案】BDE。解析:本题考查问卷设计的步骤——探索性工作。一般情况下,经过四个步骤才能完成问卷设计工作,即进行探索性工作、设计问卷初稿、试用和修改、定稿和印制。进行探索性工作是指通过文献回顾、实地考察、访问专家等方式认识待研究的问题。如研究者希望对失业人士的社会支持进行研究,经过文献回顾,发现这方面的研究成果比较少。在与失业人员的交流中,研究者发现他们的社会支持涉及情感支持、社会交往、实际协助、经济协助、指导、建议等方面,从而就可以设计相应问题。A、C 两项属于设计问卷初稿时可用的方法。故本题选 BDE。

79.【答案】ACE。解析:本题考查社会政策的功能。社会政策重要的社会功能体现在:(1)收入再分配功能;(2)社会投资和社会建设功能;(3)社会控制功能。B、D 两项属于经济方面的功能。故本题选 ACE。

80.【答案】BD。解析:本题考查《中华人民共和国人民调解法》。《中华人民共和国人民调解法》第二十三条规定,当事人在人民调解活动中享有下列权利:(1)选择或者接受人民调解员;(2)接受调解、拒绝调解或者要求终止调解;(3)要求调解公开进行或者不公开进行;(4)自主表达意愿、自愿达成调解协议。王大爷在可以在调解中途要求换调解员,故 A 项错误,B 项正确。《中华人民共和国人民调解法》第三十条规定,口头调解协议自各方当事人达成协议之日起生效,故 C 项错误;《中华人民共和国人民调解法》第三十一条规定,经人民调解委员会调解达成的调解协议,具有法律约束力,当事人应当按照约定履行。人民调解委员会应当对调解协议的履行情况进行监督,督促当事人履行约定的义务,故 D 项正确。《中华人民共和国人民调解法》第三十三条规定,经人民调解委员会调解达成调解协议后,双方当事人认为有必要的,可以自调解协议生效之日起三十日内共同向人民法院申请司法确认,人民法院应当及时对调解协议进行审查,依法确认调解协议的效力,故 E 项错误。故本题选 BD。

社会工作综合能力(初级)2018年真题参考答案及解析

一、单项选择题

1.【答案】C。解析:本题考查专业社会工作的基本内涵,社会工作的目标、功能、前提。题干"打造共建共治共享的社会治理格局……促进社会组织、专业社会工作、志愿服务健康发展"的意思是打造共建共治共享的社会治理格局,要运用"促进社会组织、专业社会工作、志愿服务健康发展"等手段,因此C项正确;社会工作的目标体现在服务对象、社会和文化三个层面,故A项错误;服务对象的存在是社会工作存在的前提,故B项错误;社会工作的职能主要体现在对服务对象和对社会两个层面,维护社会安全是公安部门的相关职能,故D项错误。故本题选C。

2.【答案】B。解析:本题考查社会工作的特点。互动合作是社会工作六大特点之一,互动合作是指社会工作者开展服务的过程是双方合作、共同面对困难、分析问题成因、寻找解决问题的方法、进而解决困难的过程。社会工作是对人的工作,其过程是社会工作者与服务对象的互动过程,也是社会工作者与服务对象一同工作的过程。没有社会工作者与服务对象之间的良好配合与合作,就很难有效地实现"助人自助"的目标。A项强调的是多方协同,社会工作者在帮助服务对象解决问题的过程中要与医护人员合作。C、D两项只是社会工作者单方面的努力,没有提到和服务对象之间的互动合作。故本题选B。

3.【答案】B。解析:本题考查社会工作在社会层面的目标。社会工作目标有三个层面,分别是服务对象层面、社会层面、文化层面。A、C两项是社会工作在服务对象层面的目标,与题干不符,故排除;D项,弘扬人道主义精神是指社会工作竭诚为困难群体服务的行动和精神,可以通过向社会宣传,倡导互助、助人精神,促进人们互相关爱、相互扶助,与题干不符,故排除;"促进社区与环境的可持续性"体现的是社会工作在社会层面的目标。故本题选B。

4.【答案】C。解析:本题考查社会工作对社会的功能。社会工作对社会的功能主要体现在维持社会秩序、建构社会资本、促进社会和谐、推动社会进步四个方面。题干中社会工作服务机构解决社区问题,促进了邻里和谐,体现了促进社会和谐发展的功能。A项,促进服务对象正常生活是社会工作对服务对象的功能,故排除。B、D两项,缓解困难和激发潜能,是社会工作在服务对象层面的目标,故排除。故本题选C。

5.【答案】B。解析:本题考查社会工作的基本对象。社会工作服务对象有基本服务对象,也有服务对象范围扩大的趋势。社会工作首先帮助的都是社会上最边缘、最困难、从道义上来讲最需要帮助的人。这些人包括:(1)孤儿、无依无靠的老人和残疾人。(2)精神病患者。由于心理上、精神上患有疾病,他们难以自理,他们的家庭也难以照顾他们。(3)因失业而沦为生存困难者。A项,"让人同情的人"不一定是社会上最边缘、最困难的人,故排除。C、D两项属于扩大的社会工作对象,主要表现为从物质生活上的最困难逐步扩展到基本生活遇到困难,从贫困的个体和家庭到扩展有问题、欠发达的社区,从困难民众扩展到一般公众。故本题选B。

6.【答案】A。解析:本题考查社会工作的要素。社会工作有五大要素,分别为服务对象、社会工作者、价值观、专业方法和助人活动。社会工作价值观既可以通过专业的社会工作教育形成,也可以在服务实践中养成,故B项错误。社会工作的工作方法不仅有个案工作、小组工作、社区工作,还有社会工作行政和社会工作督导,故C项错误。助人活动是双向互动的过程,D项错误。故本题选A。

7.【答案】D。解析:本题考查社会工作者的角色。在助人过程中,社会工作者可以提供直接服务,也可以提供间接服务与合并服务。当社会工作者在服务过程中发现某些问题具有普遍性时,就应该向有关政府部门提出建议,制定、修订和完善政策,这样可以避免社会问题的再次发生,也能减缓社会问题。在这种情况下,社会工作者就扮演着政策影响者的角色。社会工作者对适时地制定和改善社会政策负有一定责任。A、C两项是服务的提供者,提供组织相关活动劳务服务,B项是资源筹措者应提供的服务。故本题选D。

8.【答案】B。解析:本题考查企业社会工作者的工作内容。企业社会工作者的工作目标是在促进职工发展和福利目标实现的基础上,保障职工利益,提高劳动效率,促进企业与职工共同发展。职工的技术培训、绩效发放和档案管理工作不应该由企业社会工作者来做,而应该由企业中的人力资源人员负责。故本题选B。

9.【答案】D。解析:本题考查我国的社会工作价值观。社会工作价值观在形成和发展过程中不仅要借鉴国际上社会工作发展的经验,也要考虑我国本土化实践。我国社会工作价值观:以人为本,回应需要;接纳和尊重;个别化和非评判;注重和谐,促进发展;平等待人,注重民主参与;权利与责任并重;个人发展与社会发展相结合。接纳和尊重指在社会工作实践过程中,社会工作者首先就要通过初步的接触与沟通等专业活动与服务对象建立相互的信任关系,从而开展进一步的专业服务。对所有社会工作者而言,对服务对象的接纳是一种一贯和统一的原则或立场。我国社会工作价值观中没有涉及对质和保密的相关内容,故A、B两项排除。社会工作者在工作过程中,首先从内心真诚地对待服务对象,对服务对象采取宽容、尊重的态度,与此同时,不能忽视服务对象的问题,要做出具体的诊断并协助其解决问题,恢复其正常生活,故C项排除。故本题选D。

10.【答案】A。解析:本题考查社会工作实践中面临的伦理难题。社会工作在实践中的伦理难题包括:(1)保密问题;(2)人情法制及规定的冲突问题;(3)价值介入与客观性的矛盾;(4)社会工作者个人利益与职业责任之间的冲突;(5)自我决定问题。社会工作者在处理家庭、邻里等内部成员矛盾时,往往会遇到情、理、法之间的纠葛,如何正确和有效地区分人情、法制与规定的影响及后果,常常使社会工作者陷入困境,这体现了社会工作实践中面临的伦理难题中的人情与法制及规定的冲突问题。故本题选A。

11.【答案】C。解析:本题考查伦理难题的基本处理原则。伦理难题的基本处理原则包括:保护生命原则;差别平等原则;自由自主原则;最小伤害原则;生命质量原则;隐私保护原则;真诚原则。在社会工作实践领域,社会工作者要尽量通过服务来改善服务对象的身体及心理状况,通过提供经济帮助、心理辅导服务来满足服务对象的需要,从而改善服务对象的生活质量,提高服务对象的身体及心理健康指数。题干中社会工作者小刘与相关人员讨论后,决定降低康复训练难度,并开展个案辅导,满足了服务对象的要求,是以服务对象的利益优先的表现,体现了伦理难题的基本处理原则中的生命质量原则。故本题选C。

12.【答案】B。解析:本题考查社会工作者应遵守的职业道德。社会工作者的职业道德包括:尊重服务对象,全心全意服务;信任支持同事,促进共同成长;践行专业使命,促进机构发展;提升专业能力,维护专业形象;承担社会责任,增进社会福祉。题干中社会工作者在维护赵奶奶的合法权益的同时也要维护孙奶奶的合法权益,平等地对待所有服务对象,不因民族、种族、性别、年龄、职业、宗教信仰、社会地位、教育程度、身体状况、财产状况、居住期限等因素区别对待服务对象。因此,社会工作者应找到她们发生矛盾的原因,积极进行调解,化解她们之间的矛盾。故本题选B。

13.【答案】A。解析:本题考查马斯洛的需要层次理论。马斯洛认为人有五种基本需要,分别是生理需要、安全需要、归属与爱的需要、尊重的需要、自我实现的需要,这五种需要依次构成需要的层次。生理需要是人类维持自身生存的最基本需要,包括衣、食、住、行等方面的需要。本题中为服务对象提供送餐服务满足的是基本的需要,即生理需要。故本题选A。

14.【答案】A。解析:本题考查家庭的类型。根据家庭内部结构的不同,可以将家庭划分为核心家庭、主干家庭、联合家庭、单亲家庭和丁克家庭等类型。核心家庭是指由一对夫妇及其未婚子女组成的家庭类型,这种家庭规模较小,家庭关系较为简单,是现代社会最主要的家庭形式。本题中,小张和妻子带着孩子搬出去住,是典型的核心家庭的特征。故本题选A。

15.【答案】D。解析:本题考查同辈群体的特点。同辈群体的特点有平等性、开放性、认同性、独特性。同辈群体的认同性是指同辈群体是个人自由选择结合的结果,群体成员之间的交往是在自然随意的过程中进行的,成员之间相互依赖,对群体有较高的心理归属感和较强的认同性。故本题选D。

16.【答案】A。解析:本题考查学龄前阶段的主要特征。小女儿突然要妈妈抱抱,这是依恋的情感反应,而大女儿的反应是一种嫉妒情感的反应。在学前期,儿童的情绪、情感虽有了进一步的发展,但由于皮层下中枢

40

的活动仍占优势,故此阶段儿童的情绪易激动、不稳定,情感也具有易变性和冲动性。如抢别人的玩具、故意弄坏别人心爱的东西、不良的情绪反应等,这些应视为儿童的嫉妒心理的情感反应。故本题选 A。

17.【答案】D。解析:本题考查校园欺凌。社会工作者针对校园欺凌问题可以从学校层面、个体层面(受欺负者、欺负者、旁观者)、家庭层面开展干预工作,其中从家庭层面开展的干预工作有:(1)社会工作者可对欺凌者与受欺凌者的家庭进行访视,评估家庭在欺凌行为发生中的作用,对父母进行教育和培训,提高父母的认识水平;(2)改善亲子关系,纠正不当的教养方式;(3)减少家庭中暴力行为的出现,为儿童树立行为榜样;(4)要求父母对儿童的欺凌行为进行监督,配合学校和社会工作者开展活动等。A 项属于个体层面,C 项属于学校层面。B 项描述的行为并不能实际解决问题,还会造成一些不良影响,不建议使用。故本题选 D。

18.【答案】A。解析:本题考查心理社会治疗模式的特点。心理社会治疗模式要注重在人际交往的场景中了解服务对象、要注重运用综合的诊断方式确定服务对象问题产生的原因、要采用多层次的服务介入方式帮助服务对象。对服务对象的有关资料进行整理和分析,寻找服务对象问题产生的原因阶段,我们称之为心理社会治疗模式的诊断阶段。心理社会治疗模式的诊断包括心理动态诊断、缘由诊断和分类诊断。心理动态诊断是对服务对象人格的各部分之间的互动关系进行评估,如意识与无意识之间的关系。故本题选 A。C 项缘由诊断是对服务对象的困扰产生、变化的过程进行分析。例如,服务对象的困扰是什么时候产生的、有什么重要的影响事件、在服务对象成长过程中有什么样的变化等,是对服务对象个人历史的考察。D 项分类诊断是对服务对象问题的生理、心理、社会三个方面的影响因素做出判断,B 项为无中生有。故本题选 A。

19.【答案】C。解析:本题考查的是危机介入的基本原则。危机介入的原则有及时处理、限定目标、输出希望、提供支持、恢复自尊、培养自主能力。危机的发生通常会导致服务对象身心的混乱,使服务对象的自尊感下降。因此,社会工作者在着手解决服务对象的危机时,首先需了解服务对象对自己的看法,帮助服务对象恢复自信。故本题选 C。

20.【答案】B。解析:本题考查预估与问题诊断。收集完服务对象的资料后,社会工作者就需要依据收集的资料对服务对象的问题及形成原因和发展变化过程进行分析,整理出服务对象的问题的形成和变化的逻辑。社会工作者通常需要从横向和纵向两个方面进行分析。只有结合横向和纵向两个方面的分析,社会工作者才能对服务对象的问题做出准确的预估。故本题选 B。

21.【答案】A。解析:本题考查结案阶段的任务。在结案阶段,社会工作者要做好以下工作:预先告知服务对象,让其对服务结束做好准备;巩固服务对象已获得的改变和进步;与服务对象一起探讨影响问题解决的因素,做好之后面对问题的准备;鼓励服务对象表达结案情绪,与服务对象一起探讨结案后的跟进服务。在个案服务的结案阶段,社会工作者需要完成的主要任务是以服务方案目标为基准,巩固服务对象的改善状况,处理离别情绪,提前告知结案时间,让服务对象做好心理准备。B 项属于申请与接案阶段;C 项属于开展服务阶段;D 属于制定计划阶段。故本题选 A。

22.【答案】A。解析:本题考查个案会谈的定义及类型。个案会谈是指社会工作者与服务对象进行面对面的、有目的的专业谈话,故 A 项正确。根据会谈的目的和功能,可以把个案会谈分成建立关系的会谈、收集资料的会谈、诊断性会谈、治疗性会谈及一般性咨询会谈五种类型。会谈是一个双方相互了解的过程,在后续确定服务目标、签订服务协议之后,签协议的双方才有一定的责任和义务关系,故 B 项错误。在会谈过程中,社会工作者和服务对象是平等沟通交流的关系,不存在谁的权力大、谁的权力小的问题,故 D 项错误。故本题选 A。

23.【答案】D。解析:本题考查个案工作技巧——个案会谈的技巧。同理心是指社会工作者设身处地体会服务对象的内心感受,理解服务对象的想法和要求。澄清是指社会工作者引导服务对象重新整理模糊不清的经验和感受。题干中"你真不容易! 这些年你为家庭付出那么多,却感觉没有被承认和尊重"表明,社会工作者理解了服务对象的想法,并且引导其重新整理感受,体现出了同理心技巧。在结尾用了"是吗"体现了澄清的技巧。故本题选 D。

24.【答案】C。解析:本题考查个案工作技巧——个案会谈的技巧。个案会谈有支持性技巧、引导性技巧、影响性技巧三大类。支持性技巧有专注、倾听、同理心;引导性技巧有澄清、对焦、摘要;影响性技巧有提供信息、自我披露、建议、忠告、对质。忠告是指社会工作者向服务对象指出某些行为的危害性或者必须采取的行为。题干中"会激化矛盾,关系恶化"就是在告诉郭奶奶其行为的危害性。鼓励是社会工作者运用口头语言和身体语言的方式肯定服务对象的一些积极的表现,与案例情况不符,故 A 项排除。B 项对质是影响性的技巧,D 项无中生有。故本题选 C。

25.【答案】B。解析:本题考查个案工作常用技巧——收集资料。收集资料是社会工作者通过自己的观察以及对服务对象和周围他人的接触和会谈,调查、了解和分析服务对象的基本特征以及问题产生的原因和发展变化的过程。无论采用什么样的资料收集方式,社会工作者都要纳服务对象自己看待问题的方式和界定问题的逻辑,避免根据社会工作者自己的逻辑推论服务对象对问题的理解,同时也要避免用周围其他人的看法概括服务对象的问题。故本题选 B。

26.【答案】A。解析:本题考查小组工作的模式。小组工作有两大模式,分别是互动模式和发展模式。互动模式是基于人与环境和人际关系而建立的一种小组模式,旨在通过组员之间、组员与小组及社会环境之间、小组与社会环境之间的互动关系,促使组员在小组这个共同体的相互依存中得到成长,增加组员的社会功能,提升其发展能力。行为治疗模式属于个案工作模式范畴,故 B 项排除。发展模式也叫过程模式或发展性小组模式,旨在解决和预防服务对象社会功能的衰退问题,恢复和发展服务对象的社会功能,和题干不符,故 C 项排除。社会目标模式强调组员之间的社会责任、社会参与和社会行动能力的培养,以谋求整个社区居民和整个社区的发展,不符合题意,故 D 项排除。故本题选 A。

27.【答案】B。解析:本题考查小组的类型。社会工作中关于小组分类的标准很多,一般依据小组的目标、服务对象的特点、实际需要等划分不同类型。常见的四种小组类型分别是教育小组、成长小组、支持小组、治疗小组。支持小组一般是由具有某一共同性问题的小组成员组成的,通过小组组员彼此之间提供信息、建议、鼓励和情感支持,达到解决某一问题和成员改变的效果。故本题选 B。

28.【答案】D。解析:本题考查小组工作过程。小组工作过程划分为五个阶段:准备阶段、开始阶段、中期转折阶段、后期成熟阶段和结束阶段。在小组工作的后期成熟阶段,社会工作者的工作重点在于协助组员解决问题,主要包括四个方面:(1)维持小组的良好互动;(2)协助组员从小组中获得新的认知;(3)协助组员把认知转变为行动;(4)协助组员解决有关问题。题干中"协助组员进一步自我探索,获得新认知"体现的就是后期成熟阶段社会工作者的工作任务。故本题选 D。

29.【答案】C。解析:本题考查小组工作技巧——小组讨论的技巧。在主持小组讨论过程中,社会工作者应该掌握的技巧有开场、了解、提问、鼓励、限制、沉默、中立、摘要、引导、讨论结束等。讨论中社会工作者要以某种方式暗示讨论的方向,提示讨论的重点或再次强调讨论的程序,从而保证讨论正常有序地进行。引导小组讨论时,要避免指定发言,以免造成以社会工作者为中心的讨论;避免轮流发言,防止因小组组员没有准备好而简单应对或产生抵触情绪。故本题选 C。

30.【答案】B。解析:本题考查小组工作技巧——小组讨论的技巧。在主持小组讨论过程中,社会工作者应该掌握的技巧有开场、了解、提问、鼓励、限制、沉默、中立、摘要、引导、讨论结束等。在小组讨论中,组员可能会因为对某一问题的观点不一致而发生争论,而争论的双方都希望社会工作者能支持自己的观点。此时,社会工作者的中立很重要,具体可以做到以下五点:(1)避免与组员讨论,不偏袒或属于任意一方;(2)不判断他人意见;(3)仅提供问题,不给予答案;(4)可以提供资料信息,但不予决断,仅作利弊分析或事实论述;(5)随时保持中立的位置。故本题选 B。

31.【答案】A。解析:本题考查小组工作的过程——后期成熟阶段。社会工作者在后期成熟阶段的责任和角色有:(1)信息、资源的提供者和链接者;(2)小组及组员能力的促进者;(3)小组的引导者和支持者。题干中"致力于提升组员的自我管理和自我决策能力"是促进组员能力提升的体现。故本题选 A。

32.【答案】B。解析:本题考查小组工作技巧——小组评估的技巧。在评估过程中,服务对象可以采用口头方式呈现自我评价,表达每次小组活动给自己带来的变化和影响。不同阶段的小组活动方案,都应该包含经验分享环节,都必须预留一定的时间让组员分享彼此的经验,鼓励组员发表参与小组活动的感受,讨论彼此在小组活动中的成长经验,总结有益的启示。经验分享的环节,也是社会工作者评估小组活动是否达到预期目的的环节之一。故本题选 B。

33.【答案】D。解析:本题考查小组工作技巧——主持讨论的技巧。在主持小组讨论过程中,社会工作者应该掌握的技巧有开场、了解、提问、鼓励、限制、沉默、中立、摘要、引导、讨论结束等技巧。主持小组讨论的提问技巧:(1)封闭式提问;(2)探究回答型提问;(3)重新定向型提问;(4)反馈或阐释式提问。其中,重新定向型的提问是指在小组过程中,社会工作者想要把话题转给其他小组成员时使用的提问,如"刚才小李提到了这个问题,其他组员对这个问题是怎样想的"。故本题选 D。

34.【答案】C。解析:本题考查社区社会工作主要模式——地区发展模式。地区发展模式的实施策略:促进居民的个人发展、团结邻里、社区教育、提供服务和发展资源、社区参与。社区参与主要是处理社区面对的部分共同问题,如环境和设施问题等。社会工作者一般会通过动员居民集体参与来解决问题,还会建立居民小组来改善社区的动力系统。社会工作者不仅应鼓励居民表达不满,更重要的是要鼓励居民提出改善的建议和方法。A、B 两项是社会工作者直接提出了改进方案,没有体现居民参与。D 项是由专家规划设施分配方案,也没有体现居民的参与。故本题选 C。

35.【答案】D。解析:本题考查社区社会工作主要模式——社会策划模式。社会策划模式的特点:(1)社会策划模式注重任务目标的实现;(2)社会策划模式强调运用理性原则处理问题;(3)社会策划模式体现的是一种由上而下的改变;(4)社会策划模式控制和指导着社区未来。A、B 两项属于地区发展模式,强调调动人的主观能动性和参与性。C 项中"呼吁""尽快"没有体现社会策划模式中的理性原则。社会策划模式注重任务目标,以任务为导向,制定社区服务方案。故本题选 D。

36.【答案】D。解析:本题考查社区照顾模式的实施策略——"在社区照顾"。"在社区照顾"是将一些服务对象留在社区内并向其提供服务,强调的是服务的"非机构化",即将照顾者放回社区内进行照顾,在他们熟悉的社区环境中生活,协助他们融入社区生活。例如,将大型机构改造为社区小型机构,将远离市区的机构迁回社区内,使服务对象有机会接触社区,方便亲友探访。A、B、C 三项强调的是"由社区照顾",都是由社区中的非正式照顾资源提供照顾和服务。故本题选 D。

37.【答案】A。解析:本题考查社区各个阶段工作重点——实施社区工作计划。在社区工作的实施阶段有两大工作重点,分别是社区资源的管理和社区工作方案的执行。社区资源管理包括对资源现状的分析、资源的开发、资源的链接以及资源的维系等方面的工作。社会工作者需要了解自己现有的资源,即对自己现在拥有或能够调动的资源类型、数量、质量、便利程度等有所了解,并将这些信息与实施社区工作计划所需的资源进行对照,以便及时了解目前资源方面的欠缺,有针对性地进行资源开发。故本题选 A。一般筹措资金、招募志愿者属于资源的开发,与其他个人、机构、组织进行合作、互通有无是资源的链接,与资源提供者建立良好而稳定的关系属于资源的维系。故本题选 A。

38.【答案】B。解析:本题考查社区工作评估的分类。根据评估目的的不同,可以将评估分为三大类:过程评估、成果评估、效益评估。成果的评估主要是考察工作成果在多大程度上实现了预定的目标。例如:工作取得了哪些成果?这些成果是否达到了预期的目标?工作的成果是否由于工作之外的因素而达到?工作是否带来了预期之外的成果?题干中"为了更深入地了解该项目实施后是否达到预期目标"体现了成果评估。故本题选 B。

39.【答案】D。解析:本题考查社区工作常用技巧——主持会议技巧。主持会议也需要一些基本的技巧,让与会者充分表达自己的意见,保证会议的顺利进行。当需要特定人士的意见或者需要阻止个别人垄断发言机会时,社会工作者可以通过个别点名的方式提问和邀请发言。故本题选 D。

40.【答案】D。解析:本题考查社区工作常用技巧——居民骨干培养技巧。居民骨干中有相当一部分人缺乏管理知识,依靠热情工作,不懂得权责分工,将许多工作集中在自己身上。这会造成分工不明、权责不清,导致居民骨干之间出现摩擦或工作效率低下等情况。社会工作者应加强居民骨干的权责分工意识,让他们认识到只有分工合作,才能做好社区工作。故本题选 D。

41.【答案】C。解析:本题考查社区工作常用技巧——社区动力分析。社区内各个系统并非静态、孤立地存在,他们处在不断的互动过程中,相互联系,相互依赖。社区各系统之间通常出现的关系有以下有几种:交换关系、权利依赖关系、授权式关系、联盟式关系、竞争关系。交换关系是指系统之间按各自的需要和动机与对方分享资源,以实现各自的目标和期望。这种类型的关系建立在互惠的基础上,通常表现为友好的、伙伴式的、合作的、相互依存的状态。题干中"物业公司和社区居委会联合举办社区活动",在这个过程中,居委会发挥对居民的影响力,物业公司发挥自己的场地优势,双方都能够在活动中分享资源并与居民发展友好关系。故本题选C。

42.【答案】D。解析:本题考查社会服务方案策划的形式。常见的社会服务方案策划有:战略性策划、方案性策划、问题解决策划、创新策划。A、B两项为无关项。战略性策划的主要过程:需要评估→明确机构的使命→预测→设计可行的战略→选择机构的战略→将战略转变为服务方案目标→方案发展→评估。"结合机构总目标选择可行方法"说的是方案发展策划,故C项错误。创新性策划的主要过程:认识特殊问题或状态→列出清楚的目标→收集其他机构创新的方法→提供资讯给机构的决策者思考→考虑政治、经济、社会方面的阻力→选择理想的方法→发展计划用作评估和拓展。故本题选D。

43.【答案】D。解析:本题考查服务的评估。方案的评估一般采用两种方法:过程评估和效果评估。过程评估关注方案进行过程中服务对象和人数的变化,服务方案中必须完成的主要工作项目的完成情况、资源使用情况、经费支出情况、是否按照预定的日期进行。效果评估主要测量的是方案实施后所产生的效果。故本题选D。

44.【答案】B。解析:本题考查社会工作服务机构的运作。社会服务机构运作主要依靠机构内部的动态机制,有授权、协调、沟通、控制等过程。A项"促进各部门的密切配合"是协调。C项"加强各层级之间的互动"是沟通。D项"保证行政计划实施方向"是控制。授权机制的主要目的是让社会服务机构发挥最大效率。故本题选B。

45.【答案】C。解析:本题考查志愿者管理的内容和过程。有效的志愿者管理有以下8个步骤:需要评估与方案规划、工作发展与设计、招募、面谈与签约、迎新说明与训练、督导与激励、奖励表扬、评估。志愿者开始服务后,机构一般都会指定一位社会工作者对其进行督导。督导要适时为志愿者提供帮助和反馈,协助志愿者处理困难和解决问题,及时表扬工作优良的志愿者,给予志愿者自我成长的机会,适当规划志愿者的工作等,题中小张的做法属于监督与激励。故本题选C。

46.【答案】B。解析:本题考查企业捐款的动机。企业捐款的动机可以分为以下5种:(1)市场营销。企业愿意将钱财和实物捐给公益事业,认为这个过程可以为企业带来新的利益和新的顾客,让企业在市场上占据优势。(2)公共关系。当一个企业将其利润中的相当一部分用于捐款时,一般情况下是为了提升公司形象,表明自己是一个"有社会责任感"的企业,是为社会和民众尽义务的企业。(3)自我利益。在一些情况下,企业捐助(做善事)的原因是为了使自己获利。(4)税法策略。缴纳税款的额度也会影响公司的捐款行为,一些企业会为了合理避税而捐款。(5)社会联谊(俱乐部)。企业的捐款也可能被当作一种赢得他人赞美和认可的理由。题干中"以企业名称冠名运动会"是为了获得更好的社会声誉,从而间接宣传自己的品牌形象。故本题选B。

47.【答案】C。解析:本题考查社会工作督导的内容——支持性督导。志愿者督导的支持功能的主要目标是促使志愿者能有强烈的动机持续地参与服务工作,协同行政督导和教育督导实现最终目标——为服务对象提供最有效和最有品质的服务。通常的做法是给予志愿者适当的支持和关怀、激发志愿者的工作潜能与工作能力、帮助志愿者适应压力和稳定情绪、协助志愿者发展社会关系网络和适应环境、增强志愿者的自我功能和信心。题干中小张没能协助组员解决实际问题,所以我们这里建议开展人际沟通技巧相关的训练。故本题选C。

48.【答案】B。解析:本题考查定量研究的特点。定量研究是在严格的设计基础上,采用定量测量工具,收集资料并对资料进行统计分析。定量研究注重问题的普遍性、代表性及其普遍指导意义。定性研究注重研究独特现象,收集和分析非数字化资料,描述回答者所经历的现实,探索社会关系,从而对个体进行理解、阐述和深度描述,因此A项排除。定性研究注重具体的研究对象,有助于研究的个别性和特殊性。"注重理论建构"和"注重研究过程中问题的修正"都是定性研究的特征,因此C、D两项排除。故本题选B。

49.【答案】C。解析:本题考查问卷设计的原则。问卷设计的原则:问卷要有信度和效度;要考虑研究目的和研究类型;以回答者的视角为主;保证操作的可行性。问卷的良好效度是指每个问题都能够很好地揭示所测的变量。题目中说问卷不能很好地反映老年餐桌的实际运营情况,正是在说问卷的效度不好。问卷信度说的是问卷测量不受时间、地点和对象变化的影响,故 D 排除。A 项"保证问卷调查的可行性"要综合调查目的、调查内容、样本特征和资料分析等多种因素保证问卷调查的操作质量。B 项"从回答者的视角"是说在设计问卷过程中要关注回答者的受教育程度和语言习惯,要考虑回答者的回答意愿和能力。故本题选 C。

50.【答案】B。解析:本题考查问卷设计的步骤。问卷设计的步骤:进行探索性工作、设计问卷初稿、试用和修改、定稿和印制。其中试填问卷发生在问卷的试用和修改阶段,可以选择请专家进行主观评价,也可以利用小样本进行客观评价。故本题选 B。

51.【答案】C。解析:本题考查问卷结构中的问题和答案。问题和答案是问卷的核心。其中问题有态度、行为、状态三种。态度指对问题的看法,行为指实际行动状况,状态指人口社会特征、个人经历及其他信息。其中 A、B 两项属于状态,D 项属于态度。故本题选 C。

52.【答案】A。解析:本题考查抽样方式的选择。大规模的问卷调查通常采用随机抽样,随机抽样有简单随机抽样、系统抽样、分层抽样、整群抽样等。方便抽样、判断抽样、滚雪球抽样属于非随机抽样。故本题选 A。

53.【答案】A。解析:本题考查《社会救助暂行办法》——城乡低保的申请与审核。可以单独申请低保的有:(1)困难家庭中丧失劳动能力且单独立户的成年重度残疾人;(2)脱离家庭、在宗教场所居住三年以上(含三年)的生活困难的宗教教职人员。故本题选 A。

54.【答案】C。解析:本题考查《社会救助暂行办法》——城乡低保的申请与审核。《社会救助暂行办法》规定,申请低保要以家庭为单位,由户主或者其代理人以户主的名义向户籍所在地乡镇人民政府(街道办事处)提出书面申请。故本题选 C。

55.【答案】C。解析:本题考查《国务院关于加快发展养老服务业的若干意见》——老年人获得社会服务的权利。《国务院关于加快发展养老服务业的若干意见》规定,各地在制定城市总体规划时,必须按照人均用地不少于 0.1 平方米的标准,分区分级规划设置养老服务设施。故本题选 C。

56.【答案】A。解析:本题考查《中华人民共和国残疾人保障法》——残疾人合法权益的主要内容。我国对残疾军人、因公致残人员以及其他维护国家和人民利益致残的人员实行特别保障,给予抚恤和优待。故本题选 A。

57.【答案】D。解析:本题考查《中华人民共和国劳动法》——工作时间的规定。《中华人民共和国劳动法》规定,对怀孕 7 个月以上或哺乳未满 1 周岁婴儿的女职工,用人单位不得安排延长工作时间。故本题选 D。

58.【答案】C。解析:本题考查《中华人民共和国婚姻法》——救助措施的规定。《中华人民共和国婚姻法》规定,实施家庭暴力或虐待家庭成员,受害人提出请求的,公安机关要依照治安管理处罚的法律规定予以行政处罚。故本题选 C。

59.【答案】A。解析:本题考查《中华人民共和国劳动合同法》——劳动合同规定。《中华人民共和国劳动合同法》规定,集体合同订立后,应当报送劳动行政部门,劳动行政部门自收到集体合同文本之日起 15 日内未提出异议的,集体合同即行生效。故本题选 A。

60.【答案】C。解析:本题考查《关于改革社会组织管理制度促进社会组织健康有序发展的意见》——社会团体的成立。法律类社会团体需要经主管单位前置审查才能够登记成立。故本题选 C。

二、多项选择题

61.【答案】BE。解析:本题考查社会工作者的核心能力。社会工作者的核心能力:(1)沟通与建立关系的能力;(2)促进和使能的能力;(3)评估与计划的能力;(4)提供服务与干预的能力;(5)在组织中工作的能力。"向同事了解机构的宗旨、策略、服务内容和特点"是沟通能力,"深入社区开展入户探访,了解社区居民的问题和需求"是评估能力。故本题选 BE。

62.【答案】ACE。解析:本题考查社会工作专业伦理的内容。社会工作者对服务对象的伦理责任有对服务对象的承诺负责、自我决定、知情同意、能力、文化敏感性与多样性、隐私和保密性。社会工作者作为专业人员的伦理责任有适当的工作认知、专业能力的表现、提供专业的服务、维持服务的品质、公正与服务、专业知识的拓展。社会工作者对社会的伦理责任有促进整体的社会福利、鼓励公民参与、倡导社会与政治行动。题中小王在机构申请开展结对志愿服务属于促进整体的社会福利。小王查阅志愿者管理政策文件,属于专业知识的拓展,体现了小王作为专业人员的伦理价值责任。小王的整个方案的想法来源于他在为社区中的高龄老年人服务过程中的发现,体现了小王对服务对象进行承诺的伦理责任。故本题选ACE。

63.【答案】BCE。解析:本题考查社会工作的伦理守则。社会工作者在遇到伦理问题时,要遵循社会工作的伦理守则。当社会工作者遇到因宣传要用到案主的一些私人信息时,一定要尊重案主的个人选择,并要征得案主的同意,在宣传报道过程中对有关的情况、案主个人信息进行保密处理。由于老赵并没有提前和案主沟通,并不清楚案主对于宣传的看法,如果让街道说服其同意,会让案主处于一种被动的地位,违背了尊重案主的原则,故 A 项排除。D 项错在“直接拒绝”,没有让大李知道此事,违背了知情同意的原则。故本题选 BCE。

64.【答案】BCDE。解析:本题考查人类行为与社会环境的基本关系。人类行为与社会环境基本关系:(1)人类要适应社会环境;(2)社会环境在影响着人类行为;(3)社会环境与生物遗传共同对人类行为产生影响;(4)人类能够改变社会环境;(5)人类与社会环境是非平衡的。B 项体现了好的环境对人有好的影响。C 项体现了人类行为影响着环境。D、E 两项体现了人类要适应环境的变化。A 项体现了固定不变的宿命论,不符合社会工作的价值理念。故本题选 BCDE。

65.【答案】ABCE。解析:本题考查弃婴问题。对于社会中的弃婴问题我们要做好以下五点工作:(1)要进一步健全完善相关法律法规;(2)完善弃婴救济制度;(3)建立贫困家庭医疗救助体系;(4)积极发挥慈善部门、基金会和其他民办机构的作用,开展多种形式的专项救助;(5)开展宣传服务,利用媒体进行相关报道,提升社会对于弃婴这一社会极弱群体的关注程度。D 项制定更严格的弃婴收养制度,将会使弃婴的收养程序、流程变得更加烦琐,为收养弃婴增加更多的限制,进而会降低弃婴收养数量,不利于弃婴救济工作,故排除。故本题选 ABCE。

66.【答案】BCD。解析:本题考查个案社会工作中的非反思直接治疗技巧。非反思性的直接治疗技巧是指社会工作者直接向案主提供某种服务,而服务对象处于被动服从的位置来接受服务。非反思直接服务技巧包括支持、直接影响、探索-描述-宣泄。B 项属于直接影响,直接表达了自己的意见。C 项属于支持,直接通过了解、接纳、同感来表达对服务对象的处境的理解。D 项属于探索-描述-宣泄。故本题选 BCD。

67.【答案】ACDE。解析:本题考查结案时社会工作者需要做的工作。结案时社会工作者需要做到以下几点:(1)预先告知案主,让其做好心理准备;(2)巩固服务对象在已经开展的服务工作中获得的改变和进步;(3)与服务对象一起进一步探讨影响问题解决的因素,为服务对象结案之后独立面对问题做好准备;(4)鼓励服务对象表达结案时的情绪,与服务对象一起探讨结案后的跟进工作。故本题选 ACDE。

68.【答案】BCD。解析:本题考查治疗性会谈的概念。治疗性会谈的主要目的是帮助社会工作者针对服务对象的困扰施加有目的的影响,从而促使服务对象发生积极的改变。在治疗性会谈中,社会工作者要及时根据服务对象的反应,及时调整服务介入的策略和方案。A 项了解案主的学习生活情况,属于收集资料性会谈。B、C、D 三项属于治疗性会谈。E 项属于一般性咨询会谈。故本题选 BCD。

69.【答案】BC。解析:本题考查小组规范的种类。小组的规范有三类:(1)秩序性规范,用来界定组员之间的互动准则;(2)角色规范,用来界定和明确组员所期望的具体角色和行为;(3)文化规范,用来澄清和说明小组的信念和基本价值,强调开放、平等、保密、非批判和团结合作等原则。A 项属于文化规范。D、E 两项属于角色规范。故本题选 BC。

70.【答案】AB。解析:本题考查小组活动设计技巧。在小组工作的中期转折阶段,可设计角色扮演、角色互换、角色冲突的情景剧,引导组员学会换位思考,化解矛盾。其中 C、D 两项可用于小组工作开始阶段。E 项可用于后期成熟阶段。故本题选 AB。

71.【答案】CDE。解析:本题考查小组评估方案的制订。制订一个评估方案需要考查以下几个方面:目的、对象、评估者、评估者的假设、指标、方法等。故本题选CDE。

72.【答案】ABC。解析:本题考查非正式照顾的含义。非正式照顾通常是由服务对象的家人、朋友、邻居承担的,社会工作者与这些非正式照顾领域中的群体进行联系,动员其加强对服务对象的社会支持。D项送餐员属于无关人员或者陌生人。E项社会工作者属于正式照顾系统。故本题选ABC。

73.【答案】CDE。解析:本题考查社区工作方法的特点。A、B两项属于个人层面的微观视角,体现的是个案工作方法的特点,不能体现社区工作方法的特点。社区工作方法的特点:(1)分析问题的视角更加趋向结构取向;(2)介入问题的层面更加宏观;(3)具有政治性;(4)富有反思和批判精神。C项家风建设介问题更加宏观,注重价值观等范畴。D项宣传法律,使弱势群体的求助途径多元化,体现了社区工作的政治性特点。社区工作的内容更加政治化,更加关注社区居民,尤其是困难群体,强调从多种角度去帮助他们维权。主要的形式有个人、家庭的能力提升,外来务工子女的多元化服务,政策倡导等。E项属于增能,为弱势群体提供能力建设培训,也具有一定的政治性。故本题选CDE。

74.【答案】BC。解析:本题考查SWOT分析法。SWOT分析法能够对策略实施的内部条件和外部条件进行综合考量,其中S代表社会工作者及机构自身的优势,W代表弱点,O代表外部环境中的机遇,T代表威胁。题目问的是机构外部的机会因素,因此B、C两项正确。故本题选BC。

75.【答案】ABCE。解析:本题考查需要评估与方案规划的过程。服务方案的评估主要有对志愿者的评估,对机构的评估,对服务对象的评估。志愿者方面只评估参与动机。服务对象方面的评估要考虑其对志愿服务的接受程度、对志愿者的个性化需求。机构方面评估主要评估志愿者给机构带来的利益及风险。故本题选ABCE。

76.【答案】AE。解析:本题考查项目申请书的主要内容。机构要想从政府、基金会获得经费支持,在项目申请书中要说明以下内容:(1)向政府或基金会申请这笔经费支持的意义,或申请这笔经费(有时是实物)要做什么,其用途要符合社会福利或社会公益目标,符合政府或基金的资助目标;(2)资助的重要性,即这笔资助对于项目对象的必要性;(3)资助数额及申请这一数量资助的原因,需要列出较细致的项目预算;(4)怎样使用这笔资助,即怎样将这笔资助运用于机构的服务;(5)使用这笔资助可能达到的预期效果;(6)使用这笔资助的社会交代的方法,即如何向资助者报告资助项目的结果。故本题选AE。

77.【答案】ACE。解析:本题考查社会工作研究——个案研究。个案研究作为一种研究方法,更多地体现研究的"对象"维度品性,强调研究对象的个别性,因此A项正确;由于可以采用多种研究方法,个案研究难以仅仅参照某种方法的操作步骤进行各项工作,因此B项错误;个案研究有助于进行探索性研究,有助于发现重要的变项以及提供有用的范畴,从而拟定假设或建立理论,因此C项正确;个案研究由于样本很少和对象缺乏代表性,研究发现不能进行推论,因此D项错误;个案研究旨在全面了解研究对象,研究者可以进行多角度测量,针对多类相关主体,运用多种工作技术(如访问法、观察法、文献法、调查法)横剖研究、纵贯研究),记载多方面资料。访问记录、观察记录、个人文稿、官方文献、新闻报道、他人评论等都是其重要的资料载体,因此E项正确。故本题选ACE。

78.【答案】CE。解析:本题考查社会工作研究——问卷设计的原则。A项不满足穷尽性要求,且(3)和(4)之间存在包含关系,因此A项错误。B项中出现的"多子多福"带有倾向性,故B项错误。D项中(3)和(4)语义重复,故D项错误。故本题选CE。

79.【答案】ABC。解析:本题考查《工伤保险条例》——工伤认定。在可认定工伤方面,《工伤保险条例》规定,职工有下列情形之一的,应当认定为工伤:一是在工作时间和工作场所内,因工作原因受到事故伤害的;二是工作时间前后在工作场所内,从事与工作有关的预备性或者收尾性工作受到事故伤害的;三是在工作时间和工作场所内,因履行工作职责受到暴力等意外伤害的;四是患职业病的;五是因公外出期间,由于工作原因受到伤害或者下落不明的;六是上下班途中受到非本人主要责任的交通事故伤害的;七是法律、行政法规规定应当认定为工伤的其他情形。《工伤保险条例》中视同认定工伤的情形有:一是在工作时间和工作场所内,突发疾病死亡或在48小时内抢救无效死亡的;二是在抢险救灾等维护国家利益、公益活动中受

47

到伤害的;三是职工原在军队服役、因公负伤致残,已取得革命残疾军人证,到用人单位后旧伤复发的。E项中的自残不属于意外伤害,故排除。故本题选 ABC。

80.【答案】ABCD。解析:本题考查《中华人民共和国婚姻法》——离婚的条件。《中华人民共和国婚姻法》对现役军人、女方怀孕期间、分娩后一年内或终止妊娠后六个月内四种情况的离婚进行了特殊规定。故本题选 ABCD。

社会工作综合能力(初级)2017年真题参考答案及解析

一、单项选择题

1.【答案】D。解析:本题考查社会工作在文化层面的目标。社会工作在文化层面的目标是弘扬人道主义,促进社会团结。邻里相互关爱、相互扶助是促进社会团结的目标体现。故本题选 D。

2.【答案】D。解析:本题考查社会工作的要素。社会工作的要素包括社会工作的对象、社会工作者、社会工作价值观、专业助人方法、助人活动。助人活动是社会工作者依据其价值观,利用专业方法向服务对象提供帮助或服务的行动,也是社会工作者与服务对象互动及合作的过程。因此 D 项正确。A 项混淆了专业社会工作与普通社会工作。社会工作的价值观是利他主义,即以帮助他人、服务他人、促进社会福利和社会公正为自己行动的目标,因此 B 项错误。社会工作价值观是通过专业教育形成的,也是在服务实践中养成的,C 项说法过于绝对。故本题选 D。

3.【答案】B。解析:本题考查社会工作者的角色定位。支持者即社会工作者面对服务对象(受助者),不但要提供直接服务或帮助,也要鼓励其在可能的情况下自强自立、克服困难、自我决策,即"助人自助"。因此,社会工作者应该成为服务对象积极反应的支持者、鼓励者,并尽量创造条件使服务对象自立或自我发展。题目中,小王作为"老来乐"小组的支持者,在开展活动时,应该鼓励老年人分享人生经验,帮助他们更好地进行沟通,融入社区。故本题选 B。

4.【答案】A。解析:本题考查人与环境相互适应的功能。社会工作主要从两方面促成人与社会环境的良性互动:一方面,通过解决问题和增强能力使服务对象能应对来自环境的压力和挑战;另一方面,通过调动环境中的资源和改善环境,向服务对象提供更多支持。题干中的关键信息是"能维持基本生活,但小蕾觉得自己会被社区其他孩子看不起,一直郁郁寡欢"。促进人与社会环境相适应的功能主要体现在小蕾家庭与社区的关系上,因此可以排除 B、C、D 三项。故本题选 A。

5.【答案】B。解析:本题考查社会工作者促进和使能的能力。使能的重点在于使服务对象具备某种能力,协助服务对象改善其生活机会,所以实质就是挖掘和发挥服务对象自身的潜能。故本题选 B。

6.【答案】A。解析:本题考查社会工作的主要领域。家庭社会工作是因社会或家庭成员方面的原因使正常的家庭生活陷入困境,而由社会工作者提供的支持性服务。本题中,"社会工作者小陈在评估后发现李女士与丈夫之间存在沟通障碍,决定对他们开展辅导服务",这属于家庭中父母的问题。故本题选 A。

7.【答案】B。解析:本题考查学校社会工作模式。学校社会工作主要有三种模式,即社区型学校社会工作、变迁型学校社会工作和治疗型学校社会工作。社区型学校社会工作是指在做工作时侧重家-校联系、社区-学校联系,故排除 A 项。变迁型学校社会工作是为了解决孩子因为环境变迁而带来的不适应,故排除 C 项。治疗型学校社会工作是为了矫正学生偏差行为而进行的工作,与题干中"介入校园欺凌事件"相符。故本题选 B。

8.【答案】D。解析:本题考查社会工作者对社会的伦理责任。社会工作者对社会的伦理责任主要有促进整体社会福利、鼓励公民参与和倡导社会与政治行动三方面。社会工作者参与社会公共事务,促进社会福利事业就是社会伦理责任的表现。故本题选 D。

9.【答案】D。解析:本题考查社会工作实践中的伦理难题的含义。社会工作实践中的伦理难题不仅包括资源本身的缺乏,也包括体制和政策的限制,还涉及伦理原则自身的相互制约。社会工作实践中伦理难题的产生是目标冲突、价值观冲突、身份与角色冲突以及利益冲突等原因造成的。社会工作者在实际工作中一方面受社会工作专业价值观影响,另一方面受现实客观状况影响,当两种价值观产生冲突,社会工作者就面临伦理难题。故本题选 D。

10.【答案】A。解析:本题考查社会工作实践中的伦理决定。在社会工作实践中,保护生命原则高于其他所有伦理原则,社会工作者不仅有义务保护服务对象的生命,也有义务保护其他所有人的生命。本题中,齐奶奶独自在家存在着危险隐患,可能危及生命,从安全防护优先的角度出发,应马上将齐奶奶送至社区日间照料中心,故 A 项符合题意。本题如果不考虑安全防护优先,选项 C 也符合题意,当服务对象因生理、心理和其他原因没有能力做出决定时,社会工作者需要与伦理专家、同事等商议,帮助服务对象作出一个适当的伦理决定。故本题选 A。

11.【答案】D。解析:本题考查社会工作伦理难题的基本处理原则。伦理难题的基本处理原则有保护生命原则、差别平等原则、自由自主原则、最小伤害原则、生命质量原则、隐私保密原则、真诚原则。差别平等原则是指社会工作者在实践中既要以平等的方式对待服务对象,同时又要注重服务对象的差异,在助人过程中充分把握好平等待人和个别化服务的理念。故本题选 D。

12.【答案】B。解析:本题考查社会工作者对服务对象的伦理责任。社会工作者对服务对象的伦理责任包含六个方面:(1)对服务对象的承诺;(2)自我决定;(3)知情同意;(4)能力;(5)文化敏感性与多样性;(6)隐私与保密性。主动向案主介绍服务的相关信息,告知案主接受服务过程中应有的权利和义务,体现的伦理责任是知情同意。故本题选 B。

13.【答案】D。解析:本题考查马斯洛需要层次理论。归属与爱的需要包括两方面的内容:(1)归属的需要,即人都有一种归属于一个群体的感情,希望成为群体中的一员,并相互关心和照顾;(2)友爱的需要,即人人都需要伙伴之间、同事之间的关系融洽或保持友谊和忠诚,人人都希望得到爱情,希望爱别人,也渴望别人爱自己。本题中,小明参加小组活动,作为小组的一员,本身就是归属小组的表现。在小组中,组员志趣相投,十分开心,说明其在小组中得到了爱,故 D 项最为合适。故本题选 D。

14.【答案】A。解析:本题考查莱恩·多亚尔和伊恩·高夫的需要理论。莱恩·多亚尔和伊恩·高夫列举了十一种中介需要,包括有营养的食物和洁净的水、具有保护功能的住房、无害的工作环境、无害的自然环境、适当的保健、童年期的安全、重要的初级关系、环境上的安全、经济上的安全、适当的教育、安全的生育控制与分娩。本题中,地震中的孩子与母亲分离,作为孩子的重要初级关系(亲朋好友),母亲的角色很重要。所以,此时小明最需要的就是重要的初级关系。故本题选 A。

15.【答案】C。解析:本题考查家庭的类型。联合家庭是指父母与多对已婚子女共同居住生活的家庭类型,在联合家庭中至少有两对同代的夫妇,除直系家属关系外还存在着旁系亲属关系,如姑娌关系,比较容易产生家庭矛盾。本题中,爷爷、婶婶、堂妹三种身份的构成代表三个家庭的结合,所以应该是联合家庭。故本题选 C。

16.【答案】A。解析:本题考查教养模式。专制型的家长对于孩子的管理简单粗暴,缺少耐心,所以李先生的教养模式属于典型的专制型模式。故本题选 A。

17.【答案】D。解析:本题考查学龄阶段儿童面临的主要问题。学龄阶段儿童面临的主要问题包括意外伤害、校园欺负以及性伤害等。其中,学龄阶段儿童意外伤害是指突然发生的各种事件或事故对儿童所造成的损伤。本题中,小李针对煤气使用、交通出行、游泳等日常生活中的安全隐患进行教育,是为了防止外在的环境因素对学龄期儿童造成意外伤害。故本题选 D。

18.【答案】D。解析:本题考查心理社会治疗模式的特点。心理社会治疗模式的诊断分为心理动态、分类和缘由三类。心理动态诊断侧重人格各部分之间的关系。分类诊断侧重从"生理—心理—社会"等多重因素进行分解。缘由诊断则关注问题产生的原因、持续的时间等。题目中的内容属于缘由诊断。故本题选 D。

19.【答案】B。解析:本题考查危机介入的基本原则。危机介入有六个原则:及时处理、限定目标、输入希望、提供支持、恢复自尊、培育自主能力。根据题目内容,社会工作者应遵循"及时处理"的原则。及时处理是指社会工作者及时接案、及时处理,抓住有利的、可改变的时机,尽可能减少对服务对象及其周围他人的伤害。故本题选 B。

20.【答案】C。解析:本题考查专业关系的建立。共同行动、案主自决是社会工作者要遵循的首要原则。本题服务对象李女士虽然患有抑郁症,但并不影响其对自身情况进行判断。因此,转介首先要经过服务对象本人的同意。故本题选 C。

21.【答案】B。解析:本题考查个案工作中服务工作协议的签订。根据服务对象的情况和第一阶段的会谈,社会工作者确定和服务对象之间开展专业服务,就需要签订服务协议,在协议里面,需要明确双方的权利和义务,确保工作开展的有效性。故本题选 B。

22.【答案】D。解析:本题考查个案会谈技巧之引导性技巧。对于服务对象较为笼统和宽泛的话题,社会工作者需要收窄和明确问题。本题社会工作者的提问"您最想谈什么",即将宽泛的话题缩小。故本题选 D。

23.【答案】C。解析:本题考查个案会谈之影响性技巧。常见的对质在于言行不一致,前后不一等。C 项言行不一致,社会工作者需要对服务对象说话的质量进行确定和把控,因此需要对质技巧。故本题选 C。

24.【答案】C。解析:本题考查个案工作之支持性技巧。社会工作者在与服务对象交流沟通的过程中,一边聆听,一边鼓励,不断鼓励服务对象敞开心扉,解决思想问题。故本题选 C。

25.【答案】A。解析:本题考查收集资料的技巧。参与观察是社会工作者在观察过程中直接参与观察服务对象的活动。这种观察方式让社会工作者与服务对象有直接的互动和交流,比较适合那些有关服务对象或者周围他人内心想法和感受的资料收集。故本题选 A。

26.【答案】A。解析:本题考查小组工作的类型。教育小组负责教导组员学习相关知识和技巧,与题意相符。故本题选 A。

27.【答案】C。解析:本题考查小组工作的模式。小组工作的互动模式强调组员与组员之间进行充分的互动和交流,彼此帮助,通过交流增加经验,获得支持。故本题选 C。

28.【答案】B。解析:本题考查小组活动设计技巧。小组目标是维系小组组员和开展活动的有效载体。题干中反映的问题是亲子关系问题,即儿童养育中父亲的参与程度不够,所以社会工作者应优先考虑该小组的目标。围绕目标,设计活动,开展服务。故本题选 B。

29.【答案】B。解析:本题考查小组开始阶段社会工作者的任务。小组规范由组员共同讨论,共同制定,起着维护小组正常开展的重要作用。社会工作者在面对组员出现问题的时候,不得背后议论组员。社会工作者可以依靠小组规范约束和再次重申等做法确保小组工作开展的有序性。故本题选 B。

30.【答案】A。解析:本题考查小组工作中与组员沟通的技巧。积极回应是指社会工作者在组员发言之后,要站在同理心的角度,向发言者表达对其发言的高度重视,认真了解和把握发言者的用意与感受,并伴以积极的回应。可以通过复述组员讲述的内容,让发言者感受到被理解和被重视。故本题选 A。

31.【答案】C。解析:本题考查小组工作的技巧中限制的技巧。小组组员话题过多,发言太长时,社会工作者需要及时加以限制。故本题选 C。

32.【答案】C。解析:本题考查小组的后期成熟阶段。小组后期社会工作者的一大任务就是帮助组员获得新的认知,再次将认知转变为行动,本题 C 项属于社会工作者帮助组员获得新的认知。A、B 两项属于小组开始阶段的活动。D 项属于小组中期阶段的活动。故本题选 C。

33.【答案】A。解析:本题考查小组五大阶段之小组开始阶段。在开始阶段,社会工作者首先需要招募组员。故本题选 A。

34.【答案】D。解析:本题考查社区工作的目标。社区工作的目标分为任务目标和过程目标。所谓过程目标,是指促进社区居民的一般能力。故本题选 D。

35.【答案】D。解析:本题考查社会工作者主持会议的技巧。社会工作者需要在每次会议结束之际,进行简单的总结和摘要,以强化成果意识,让居民感受到社会工作者工作的有效性。故本题选 D。

36.【答案】B。解析:本题考查社会问题的分析。社会工作者引导居民就停车难问题进行讨论。其中就问题的严重性和紧迫性进行讨论的目的在于全面准确地界定该问题,以此深化对问题的认识,从而解决问题。故本题选 B。

37.【答案】A。解析:本题考查社区工作的第二阶段(认识阶段)。社会工作者小梁在社区开展项目,即已经进入社区。在该阶段,社会工作者需要做的首先是对社区基本情况进行分析,其中就包括分析资源情况,之后再建立和发展社区组织。故本题选 A。

38.【答案】B。解析:本题考查过程评估。过程评估是对工作过程质与量的评估,重点在于对有关的工作过程进行描述,包括投入的资源和人员配置、一系列工作的优先次序、各个程序的进展状况等。本题中,社会工作者对活动开展的次数和频率进行考查属于评估整个工作的过程。故本题选B。

39.【答案】B。解析:本题考查居民骨干的培养技巧。培养居民骨干的技巧:(1)鼓励参与。社会工作者在发现居民骨干后应主动邀请他们参与组织工作,对他们在实践中的突出表现要给予鼓励和肯定。(2)建立民主领导风格。居民骨干也应受到监督并按照居民的意愿和利益行动,因此社会工作者应积极培养居民骨干的民主意识,多组织居民会议,共同协商处理社区问题。另外,社会工作者也要促进居民骨干对民主原则的全面理解和认同,民主不仅仅是少数服从多数,更包含着充分沟通、理性讨论和尊重少数等内容。(3)培训工作技巧。要想居民骨干能够独当一面,社会工作者就要根据居民骨干的能力给予适当的培训。(4)增强管理能力。社会工作者应加强居民骨干的权责分工意识,让他们认识到只有分工合作,才能做好社区工作。故本题选B。

40.【答案】C。解析:本题考查收集社区资料的方法。问卷是一套标准化的收集资料的工具,如果采用问卷调查法收集社区信息,需要在问卷的设计、发放、回收和分析等环节做到严谨和科学,符合问卷调查的规范。故本题选C。

41.【答案】D。解析:本题考查活动策划的过程。为了保证居民的参与率,在项目策划时,要衡量考虑服务对象的背景,包括服务对象的特点、需要和兴趣,以保证活动的适切性和居民的参与率。常言道"事不关己,高高挂起",只有关注居民的兴趣和需要,才能最大程度调动居民的积极性,引导居民参与机构事务。故本题选D。

42.【答案】B。解析:本题考查问题认识和分析的方法。问题认识的方法包括:(1)"问题认识工作表",即人们所关注的问题是什么?在哪里发生?谁受问题影响?问题何时发生?人们对此问题的感受程度如何?(2)"分支法",即确定要解决的全面性问题,分析列明形成这个问题的"明确问题",建议机构集中解决处理那些"明确问题"。社会工作者小刘层层分解问题,不断细化问题,即将整体问题进行分解,化成若干问题。故本题选B。

43.【答案】A。解析:本题考查服务的评估。效果评估主要测量的是方案实施后所产生的效果。题干中,社会工作者在项目开展前后分别进行问卷调查的目的就是检验服务的效果。通过前后的对比,发现专业服务对于服务对象的重要作用。故本题选A。

44.【答案】B。解析:本题考查社会服务机构的一般结构类型。职能式组织结构是在特定工作范围内,可以直接对其他管理人员下达命令的结构。职能部门具有较大的权力,不仅收集信息和提供意见,而且可以做决定和执行。故本题选B。

45.【答案】C。解析:本题考查社会服务机构的团队式结构。个案管理适用于复杂的个案服务对象。对于特殊的服务对象,单纯地靠社会工作者无法解决问题,因此需要跨专业团队集中智慧,利用多元资源解决问题。故本题选C。

46.【答案】A。解析:本题考查企业捐款的动机。公共关系动机是指当一个企业将其利润中的相当部分用于捐款时,一般情况下是为了提升公司形象,表明自己是一个"有社会责任感"的企业,是为社会和民众尽义务的企业。题干中的英语辅导机构开展免费英语辅导服务,表明了其自身是一个"有社会责任感的企业",成功地创造了企业的知名度和美誉度。故本题选A。

47.【答案】D。解析:本题考查社会服务机构的筹资方法。该机构巧妙利用五周年的特殊时间点,开展工作,进行义卖,获取项目费用,因此属于特别事件筹资。故本题选D。

48.【答案】C。解析:本题考查定性研究的特点。定性研究遵循反实证主义和建构主义的思想,强调调查者的经验、阅历等,如访谈和观察。定性研究还注重资料的特殊性和差异性。故本题选C。

49.【答案】C。解析:本题考查问卷结构。指导语即告诉被填者如何填写问卷。故本题选C。

50.【答案】A。解析:本题考查问卷设计的原则。问卷设计的原则:(1)问卷要有信度与效度;(2)考虑研究目的或研究类型;(3)以回答者视角为主;(4)保证操作可行性。问卷题目的数量直接事关回答者的回答意愿,一般来说,问卷应保证能让回答者在 30 分钟内完成。故本题选 A。

51.【答案】C。解析:本题考查问题和答案的设计。问卷的问题设置一般是客观题在前,主观题在后。故本题选 C。

52.【答案】C。解析:本题考查个案研究的优点。专业的个案研究有利于把握特殊的实情,可以针对具有特殊性的服务对象提出具体的解决方案。故本题选 C。

53.【答案】B。解析:本题考查《社会工作专业人才队伍建设中长期规划(2011—2020)》。根据《社会工作专业人才队伍建设中长期规划(2011—2020)》,到 2015 年,社会工作专业人才总量增加到 50 万人,其中具有社会工作师职业水平证书或达到同等能力素质的中级社会工作专业人才达到 5 万人,具有高级社会工作师职业水平证书或达到同等能力素质的高级社会工作专业人才达到 1 万人。到 2020 年,社会工作专业人才总量增加到 145 万人,其中级社会工作专业人才达到 20 万人、高级社会工作专业人才达到 3 万人。故本题选 B。

54.【答案】A。解析:本题考查老年人合法权益的保障方式。《中华人民共和国老年人权益保障法》第四十四条规定:设立公益性养老机构应当向县级以上人民政府民政部门申请行政许可;经许可的,依法办理相应的登记。设立经营性养老机构应当在工商行政管理部门办理登记后,向县级以上人民政府民政部门申请行政许可。故本题选 A。

55.【答案】B。解析:本题考查劳动就业政策法规中工作时间的规定。《女职工劳动保护特别规定》规定,女职工怀孕未满 4 个月流产的,享受 15 天产假;怀孕满 4 个月流产的,享受 42 天产假。故本题选 B。

56.【答案】B。解析:本题考查未成年犯罪的预防。《中华人民共和国预防未成年人犯罪法》第十九条规定,未成年人的父母或者其他监护人,不得让不满十六周岁的未成年人脱离监护单独居住。故本题选 B。

57.【答案】D。解析:本题考查最低生活保障制度对象资格。确定低保的三个基本条件是户籍状况、家庭收入和家庭财产。故本题选 D。

58.【答案】A。解析:本题考查工资保障规定。按照《最低工资规定》,最低工资标准每两年至少调整一次。根据《最低工资规定》第十条"最低工资标准发布实施后,如本规定第六条所规定的相关因素发生变化,应当适时调整。最低工资标准每两年至少调整一次"。故本题选 A。

59.【答案】A。解析:本题考查劳动就业规定。对怀孕 7 个月以上或哺乳未满 1 周岁婴儿的女职工,用人单位不得延长劳动时间或安排夜班劳动。怀孕女职工在劳动时间内进行产前检查,所需时间计入劳动时间。用人单位应当在每天的劳动时间内为哺乳期女职工安排 1 小时哺乳时间,D 项错误。故本题选 A。

60.【答案】D。解析:本题考查失业保险金领取的期限。失业人员失业前所在单位和本人按照规定累计缴费时间满 1 年不足 5 年的,领取失业保险金的期限最长为 12 个月;累计缴费时间满 5 年不足 10 年的,领取失业保险金的期限最长为 18 个月;累计缴费时间在 10 年以上的,领取失业保险金的期限最长为 24 个月。重新就业后再次失业的,缴费时间重新计算,领取失业保险金的期限可以与前次失业应领而尚未领取的失业保险金的期限合并计算,但是最长不得超过 24 个月。故本题选 D。

二、多项选择题

61.【答案】DE。解析:本题考查社会工作的特点。社会工作的特点:(1)专业助人活动;(2)注重专业价值;(3)强调专业方法;(4)注重实践;(5)互动合作;(6)多方协同。社会工作目标分为服务对象层面目标、社会层面目标、文化层面目标,故 A 项说法错误。社会工作应当遵循助人自助的服务理念,故 B 项说法错误。团队合作解决问题是社会工作的一个重要方法,但不是必要的方法,故 C 项说法错误。故本题选 DE。

62.【答案】ACDE。解析:本题考查社会工作价值观的作用。社会工作价值观的作用主要体现在:(1)保护服务对象的权益;(2)帮助社会工作者解决伦理难题;(3)促进专业的健康发展;(4)促进社会服务机构的能力建设;(5)维护社会正义。故本题选 ACDE。

63.【答案】ABCE。解析:本题考查伦理难题的基本处理原则。伦理难题的基本处理原则:(1)保护生命原则。(2)差别平等原则。(3)自由自主原则。(4)最小伤害原则。(5)生命质量原则。(6)保护隐私原则。(7)真诚原则。D 项违背保护隐私原则。故本题选 ABCE。

64.【答案】ADE。解析:本题考查阿尔德弗尔的 ERG 理论。B 项属于莱恩和伊恩的需要理论。ERG 理论中的 E 属于生存,对应生理安全;R 属于关系,对应马斯洛需要层次理论中归属与爱和自尊一部分;G 属于成长,对应自尊和自我实现。故本题选 ADE。

65.【答案】BCDE。解析:本题考查学龄阶段面临的主要问题。A 项错误。对于欺凌同学这种行为,应该对欺凌者和被欺凌者都进行教育。故本题选 BCDE。

66.【答案】ADE。解析:本题考查个案工作的阶段。此时属于接案和预估阶段,主要进行界定问题和预估问题阶段。B、C 两项属于介入阶段。故本题选 ADE。

67.【答案】BC。解析:本题考查个案工作的结案处置。结案时,案主出现离别焦虑情绪,主要是因为案主不自信,且依赖社会工作者。社会工作者应当接纳这种情绪,与其分享经验、增强服务对象的自信心。故本题选 BC。

68.【答案】CD。解析:本题考查个案会谈的技巧。社会工作者:"听了您刚才说的话,我的理解是您既想照顾好家庭,又想继续学习音乐,是这样吗?"属于摘要。社会工作者:"我听出来您有很多想谈的话,但咱们这次时间有限,您说说看,您这次最想谈的是什么?"属于对焦。故本题选 CD。

69.【答案】ACE。解析:本题考查小组开始阶段社会工作者的任务。B 项错误,在小组初期阶段,组员沉默,为了打破这种氛围,应该鼓励彼此积极发言,而不应该指定。D 项错误,社会工作者应该注重提高组员能力。故本题选 ACE。

70.【答案】AC。解析:本题考查营造小组氛围的方法。营造小组氛围在于让小组组员相互沟通,消除陌生感。故本题选 AC。

71.【答案】ABCE。解析:本题考查小组活动的设计技巧。在设计小组活动时,社会工作者应该掌握和考虑以下几点:(1)扣紧小组目标;(2)考虑组员的特征和能力;(3)小组活动的基本要素;(4)经验分享环节。故本题选 ABCE。

72.【答案】ABCE。解析:本题考查社区照顾模式的实施策略。社区照顾模式分为:在社区照顾,主要强调远机构变成近机构,大机构变成小机构;由社区照顾,主要强调非正式支持网络照顾;对社区照顾主要强调正式支持网络。所以 D 项错误。故本题选 ABCE。

73.【答案】ABE。解析:本题考查进入社区的方式。进入社区的方式:(1)积极参与社区重要活动;(2)主办社区活动;(3)积极介入社区事务;(4)经常出现在社区居民之中;(5)报道社区活动。C、D 两项属于组织社区工作阶段。此题考认识社区阶段,即通过各种活动来让社区居民认识自己。故本题选 ABE。

74.【答案】ACD。解析:本题考查感觉性需要。感觉性需要是指他人问,居民通过语言表达出来,或者居民基于客观事实自己说出来。B 项非参与式观察并不能了解居民内心想法。E 项属于表达性需要。居委会会议记录是居民侧面表达出来的。故本题选 ACD。

75.【答案】BCDE。解析:本题考查社会服务策划的形式。问题解决策划的主要过程:(1)认识现有的问题;(2)界定问题;(3)探索可行的解决方法;(4)认识各种可能的限制;(5)选取解决办法;(6)设计完整的计划;(7)发展评估计划。故本题选 BCDE。

76.【答案】AB。解析:本题考查志愿者参与服务机构的动机。以自我为中心的动机:(1)想获得工作经验,学习新技术;(2)希望感觉到被需要、被感激、被欣赏、受他人尊敬或被人引以为傲;(3)填补心灵空虚,减少心理的寂寞;(4)有机会体验新的生活方式和文化;(5)能表现和证明自己的成就,如良好的工作技巧和工作胜任能力;(6)现在帮助别人,将来会"善有善报";(7)自我成长、发展与成熟。故本题选 AB。

77.【答案】CE。解析:本题考查定量研究与定性研究的特点。A 项,定量研究可以排除观察者偏差,定性研究不可以排除观察者偏差。B 项错误,定量研究是先形成假设,通过演绎推理验证假设。D 项,定性研究适用不熟悉系统和没有大量资料的。故本题选 CE。

78.【答案】BE。解析:本题考查问卷的类型。自填问卷需要受访者具备一定的能力,低年级学生、失智老人、身心障碍者不具备自理能力。故本题选 BE。

79.【答案】BCDE。解析:本题考查社会救助政策法规。凡认为符合当地救助条件的城乡居民家庭或个人,均可以向所在乡镇人民政府(街道办事处)提出临时救助申请;受申请人委托,村(居)民委员会或其他单位、个人可以代为提出临时救助申请。对于具有本地户籍、持有当地居住证的,由当地乡镇人民政府(街道办事处)受理;对于上述情形以外的,当地乡镇人民政府(街道办事处)应当协助其向县级人民政府设立的救助管理机构(即救助管理站、未成年人救助保护中心等)申请救助;当地县级人民政府没有设立救助管理机构的,乡镇人民政府(街道办事处)应当协助其向县级人民政府民政部门申请救助。申请临时救助,应按规定提交相关证明材料,无正当理由,乡镇人民政府(街道办事处)不得拒绝受理;因情况紧急无法在申请时提供相关证明材料的,乡镇人民政府(街道办事处)可先行受理。乡镇人民政府(街道办事处)或县级人民政府民政部门、救助管理机构在发现或接到有关部门、社会组织、公民个人报告救助线索后,应主动核查情况,对于其中符合临时救助条件的,应协助其申请救助并受理。对于情况紧急、需立即采取措施以防止造成无法挽回的损失或无法改变的严重后果的,乡镇人民政府(街道办事处)、县级人民政府民政部门应先行救助,紧急情况解除之后,应按规定补齐审核审批手续。故本题选 BCDE。

80.【答案】ABC。解析:本题考查医疗保障政策法规。根据《关于开展城镇居民基本医疗保险试点的指导意见》,城镇居民基本医疗保险制度参保对象包括技校学生,不包括从业人员,以家庭缴费为主,政府适当补助。故本题选 ABC。

社会工作综合能力（初级）2016年真题参考答案及解析

一、单项选择题

1.【答案】C。解析：本题考查专业社会工作的概念。专业社会工作是由受过社会工作教育和训练的人以专业理念为指导，运用社会工作的专业知识和方法对困难人群开展的服务工作。他们以社会工作服务机构、医院、学校和社区等为载体开展服务。专业社会工作不是一般的助人活动，而是以困难群体为主要对象的、专业的、职业性的助人活动。故本题选C。

2.【答案】A。解析：本题考查社会工作的特点。社会工作的特点包括：(1)专业助人活动；(2)注重专业价值；(3)强调专业方法；(4)注重实践；(5)互动合作；(6)多方协同。社会工作的专业价值强调平等、博爱，要帮助所有有困难、有需要的人。在本题中，小林始终秉持着"服刑人员未成年子女是祖国的花朵，应该受到保护，得到教育，健康快乐地成长"的理念服务，这体现了社会工作的专业价值。故本题选A。

3.【答案】D。解析：本题考查社会工作在服务对象层面的目标。社会工作在服务对象层面的目标有：解救危难、缓解困难、激发潜能、促进发展。其中促进发展的目标是指通过增加知识、学习技能、学习建立人际关系等方式，使个人或群体得到发展，实现自己的人生目标。在本题中，社会工作者邀请大学生志愿者为有兴趣的老年人举办智能手机使用培训班，帮助老年人跟上时代的发展，正是体现了社会工作促进发展的目标。故本题选D。

4.【答案】C。解析：本题考查社会工作建构社会资本的功能。社会工作建构社会资本的功能是指：通过举办关爱困难群体的公益活动，链接社会资源，增进社会成员的互相信任，促进社会成员之间良好关系的建立，促使社会资本的增加或使社区的社会资本更加丰厚，有助于建立一个相互关怀的社会。在本题中，老田联系电影院为视力障碍人士举办听影活动，链接了社会资源，促进其支持网络的建立，体现了建构社会资本的功能。故本题选C。

5.【答案】B。解析：本题考查社会工作者的角色。倡导者是指社会工作者向服务对象倡导某种合理行为，并指导他们获得成功。当然，这里的倡导不是不顾服务对象接受程度的强行推动，而是在认真评估了服务对象的能力和状况，评价了社会工作者对他的支持和效果的基础上做出的。合适的倡导可以增强受助者的信心和勇气。在本题中，建议依赖手机的学生每天减少玩手机的时间，是社会工作者在向学生倡导一种合理的行为，体现了社会工作者倡导者角色。故本题选B。

6.【答案】C。解析：本题考查社会工作者的核心能力。社会工作是做与人有关的工作，这要求社会工作者拥有良好的沟通交流能力。社会工作者要同服务对象建立专业关系，要同机构成员及其他机构建立工作关系，并发展和维护这种关系，以提高社会工作服务的质量，推进社会服务。在本题中，社区居民之间互不认识，对社会工作服务也缺乏了解，小王作为新入职人员，首先要与社区居民建立良好的关系，应该提升沟通和建立关系的能力。故本题选C。

7.【答案】D。解析：本题考查社会救助社会工作的内容。社会救助是政府或社会服务机构对物质生活面临危机的社会成员提供的物质及社会关系方面的支持和帮助。其目的是保障当事人的生命安全和基本权利。在本题中，社会工作者老林协助老张向街道办事处申请医疗救助金，保障了老张最基本的就医权利，属于社会救助社会工作的内容。故本题选D。

8.【答案】A。解析：本题考查我国社会工作价值观。社会工作的个别化原则是：由于社会工作实践提供的是与人有关的专业服务活动，社会工作者应充分尊重每个服务对象的个性与人格，充分理解服务对象之间存在的差异。对社会工作者来说，即使是提供同一类的专业服务，他们也要注意将服务对象看作是不同的个体，要充分考虑个人特质对服务需求和服务模式的潜在影响。在本题中，强调要尊重服务对象，充分考虑到服务对象的年龄、性别、种族、文化背景和社会地位等差异。本题体现了社会工作的个别化原则。故本题选 A。

9.【答案】A。解析:本题考查社会工作实践中的伦理难题。社会工作者有责任和义务保护服务对象的隐私不受侵害,这是社会工作伦理的基本原则。但在具体的工作实践中,这一原则会受到各种因素的制约,并不容易把握。在本题中,子女要求医务社会工作者小杨和他们一起向吴大爷隐瞒病情,但吴大爷希望其告知病情,这是保密实践中的伦理困境。故本题选 A。

10.【答案】D。解析:本题考查社会工作伦理难题。社会工作的实践中鼓励服务对象自决,以发挥服务对象的潜能,但在特殊情况下,服务对象没有自决能力,这时需要社会工作者代替服务对象做决定。但是未成年人、精神病患者等特殊人群一般都会有监护人,应该由其监护人来做决策,除非监护人做的决策危害了服务对象自身的利益,我们才会选择社会工作者代替服务对象作决定。故本题选 D。

11.【答案】B。解析:本题考查社会工作专业伦理守则。我国《社会工作者职业道德指引》的主要内容包括:(1)尊重服务对象,全心全意服务,社会工作者不得利用与服务对象的专业关系,牟取私人利益或其他不当利益,损害服务对象的合法权益;(2)信任支持同事,促进共同成长;(3)践行专业使命,促进机构发展;(4)提升专业能力,维护专业形象;(5)勇担社会责任,增进社会福祉。根据社会工作伦理守则,社会工作者不能接受服务对象及其家人的私人馈赠礼物。在本题中,社会工作者综合考虑中国文化中的人情和社会工作专业伦理守则,在接受服务对象家人所赠送的礼物之后,又回赠了价值相近的礼物给服务对象,避免了利用与服务对象的专业关系牟取私人利益或其他不当利益,体现了妥善处理与服务对象的利益关系。故本题选 B。

12.【答案】C。解析:本题考查社会工作者对服务对象的伦理责任。社会工作者对服务对象的伦理责任包括六个方面:(1)对服务对象的承诺负责;(2)自我决定;(3)知情同意;(4)能力;(5)文化敏感性与多样性;(6)隐私和保密性。在本题中,老张遵循知情同意的伦理责任,首先应该做的是征询王女士意见。故本题选 C。

13.【答案】D。解析:本题考查人类需要的类型。人类的需要有物质需要和精神需要。其中精神需要是指人对自己的智力、道德和审美等方面的发展条件的需要,如人对学习提高的需要、创造发明的需要、贡献能力的需要、独立自尊的需要等。"三人行,必有我师焉"出自《论语》。意思是:别人的言行举止,必定有值得我学习的地方。体现出的正是人对学习提高的需要。故本题选 D。

14.【答案】B。解析:本题考查家庭教养模式。支配型家庭教养模式是指:家长过分溺爱与严加管束结合。在本案例中,小玲的父母在生活上对小玲无微不至、包揽一切,学习上又严格要求,正是过分溺爱与严加管束相结合,体现了支配型家庭教养模式。故本题选 B。

15.【答案】C。解析:本题考查划分正常行为和偏差行为的标准。行为适应性标准是指在正常情况下,人体维持着生理和心理的平衡状态,能依照社会生活的需要适应环境和改造环境。因此,正常人的行为符合社会的准则,能根据社会要求和道德规范行事就是适应性行为。如果由于器质或功能的缺陷使个体能力受损,不能按照社会认可的方式行事,致使其行为后果对本人或社会带来不适,则被认为是偏差行为。在本题中,王大爷由于最近突发中风瘫痪在床,导致一系列偏差行为。故本题选 C。

16.【答案】C。解析:本题考查青少年阶段的主要特征。青少年社会化的核心任务是自我意识、道德观和社会交往的进一步发展。情绪发展的两极性使青少年经常出现反抗情绪,这就需要加强情绪的自我调节。正常的家庭应尊重青少年的个性与独立性,与青少年加强沟通,并提出建设性的意见。而不是一味地让青少年按着家长的意愿走。在本题中,"身心发展的特点"不是专指"生理"和"心理",而是泛指"青少年阶段的主要特征"。小涛的个人情绪、学习和同伴关系等状况体现了"心理发展"的两极化发展特征和"社会性发展的特点",即自我意识进一步发展,需加强人际沟通,但青少年经常出现反抗情绪,需要加强情绪的自我调节而非严格管控,严格管控的做法不符合社会工作的专业理念。故本题选 C。

17.【答案】B。解析:本题考查青少年阶段心理发展。青少年阶段,个体的各种生理机能逐步增强,心理状态进一步发展,需要引起关注和重视。在本题中,小强的父母常因吵架而闹离婚,家庭成员之间关系紧张,家庭气氛压抑。小强在压抑的家庭氛围中得不到关注和重视,会导致其缺乏心理上的安全感。故本题选 B。

18.【答案】B。解析:本题考查心理社会治疗模式的理论假设。心理社会治疗模式的假设中,"对人的价值的假设"认为每个人都是有价值的,即使是暂时面临困扰的服务对象,也具有自身待开发的潜能。心理社会治疗模式的目标就是帮助服务对象发掘自己的潜在能力,促进自身健康地成长。根据本题情境,从心理社会治疗模式来看,一方面,社会工作者尊重社区矫正对象,相信他有改变自我的愿望与能力,体现的是心理社会治疗模式的"对人的价值的假设";另一方面,社会工作者积极促进服务对象外部环境的改善,促使服务对象积极成长改变、融入社区,体现了心理社会治疗模式的"对人的成长发展的假设"。故本题选 B。

19.【答案】A。解析:本题考查危机介入的基本原则。由于危机的意外性强、伤害性大,而且时间有限,强调的是突发性和严重性,需要社会工作者及时接案、及时处理,抓住有利的、可改变的时机,尽可能尽快解决危机,减少对服务对象及其周围他人的伤害。在本题中,当服务对象面临严重危机时,主要原则是及时处理。故本题选 A。

20.【答案】D。解析:本题考查申请与接案。在本题中,赵女士在之前的交流中已经几次透露出厌世倾向,根据保护生命原则,社会工作者应引起重视,对其危险性进行评估,必要的话要立即进行介入和帮助。故本题选 D。

21.【答案】A。解析:本题考查预估与问题诊断。预估与问题诊断是指详细收集与服务对象问题有关的资料,并对服务对象问题的成因和发展变化过程进行评估,从而对服务对象的问题做出诊断的过程。它包括三个方面的工作重点:(1)服务对象有关资料的收集;(2)服务对象问题的预估;(3)服务对象问题的诊断。在本题中,社会工作者小张热情接待了李大爷,并听他讲述了事情发展的整个过程,这体现了收集资料与建立关系的过程,接下来的阶段应该是预估与问题诊断。故本题选 A。

22.【答案】B。解析:本题考查社会工作者的角色。联系人就是社会工作者通过联络政府有关部门、福利服务机构的负责人或同事、志愿组织甚至广大社会群体,向他们争取服务对象所需要的资源,并将它们传递到服务对象手中,以解决实际问题。在本题中,社会工作者小马协助孙大爷联系了社区食堂送餐,并安排社区志愿者老李陪同孙大爷就医,在这一过程中小马扮演的正是联系人的角色。故本题选 B。

23.【答案】D。解析:本题考查个案会谈的支持性技巧。社会工作者借助友好的视线接触、开放的姿势及专心的态度表达对服务对象的关注,体现的是社会工作支持性技巧中的专注,这是个案会谈中常用到的技巧。例如,社会工作者在与服务对象的对话交流过程中眼睛需要看着对方,保持视线的交流;身体略微前倾,让服务对象感受到社会工作者的关心和专注。故本题选 D。

24.【答案】D。解析:本题考查个案会谈的影响性技巧。对质是指社会工作者通过直接提问等方式让服务对象面对自己在行为、情感、认识等方面不一致的地方。当服务对象发现自己的行为、情感和认识不一致时,通常会有一些不愉快的感受,社会工作者需要通过对质把服务对象的注意力集中在未来可改变的方面,而不是仅仅关注谁的责任。在本题中,社会工作者针对服务对象所描述的、想好好学习的想法和实际行动中上网打游戏的不一致的情况,通过直接提问的方式引发其思考,体现的正是"对质"的会谈技巧。故本题选 D。

25.【答案】A。解析:本题考查结案形式。结案的常见形式有以下三种:(1)直接告诉服务对象。在最后一次服务面谈中,社会工作者根据双方商讨的结果直接告诉服务对象需要结束服务。(2)延长服务间隔的时间。社会工作者可以根据实际情况延长服务间隔的时间,如从原来的一周一次延长到两周一次,让服务对象逐渐适应个案工作的结束。(3)变化联系的方式。社会工作者可以根据个案服务工作的开展状况把面对面的直接服务转变成非面对面的一般帮助。如从原来的直接面谈转变成电话或者网络交流。故本题选 A。

26.【答案】C。解析:本题考查小组工作的类型。支持小组一般是由具有某一共同性问题的小组组员组成的。通过小组组员彼此之间提供信息、建议、鼓励和情感支持,达到解决某一问题和成员改变的效果。在本题中,组员们聚在一起,讨论病情,获得医疗信息,分享自己在治疗中的经验和体会,在交流中不断提升生活的信心,相互支持,这些都符合支持小组的特点。故本题选 C。

27.【答案】A。解析:本题考查小组工作的模式。发展模式,也可以称为过程模式或发展性小组模式,旨在解决和预防服务对象社会功能的衰减问题,恢复和发展服务对象的社会功能。在本题中,小李计划让组员交流在志愿服务中积累的经验和体会,表达遇到的困惑,依托集体的力量,激发组员的潜能,促进组员的发展,体现了发展模式的理念。故本题选 A。

28.【答案】D。解析：本题考查确定小组目标时应遵循的原则。在确定小组工作的目标时，有以下几个原则需要遵循：(1)目标清楚，可以测量和评估；(2)要有明确的时间限定，以便小组组员清楚应该在什么时间完成什么目标；(3)目标要适合小组组员的实际能力；(4)具体目标之间的相容性，不能相互冲突；(5)目标的表述尽量使用正面的肯定性语言或词语，以便小组组员明确地知道他们需要做的事情，而非强调不该做什么事情。在本题中，小组目标要可测量且可评估，符合目标确定原则。故本题选 D。

29.【答案】A。解析：本题考查开始阶段社会工作者的任务。在小组的开始阶段，社会工作者可以根据组员的个性特征以及小组的类型，设计出有创意性的打破僵局的各种活动，恰当地使用一些破冰游戏，帮助小组组员互相认识，催化相互之间的互动，以增进组员间的相互了解、相互信任，推动形成良好的小组关系。在本题中，面对组员的沉默、谨慎和被动，社会工作者的工作重点是帮助组员建立信任关系。故本题选 A。

30.【答案】C。解析：本题考查后期成熟阶段小组及组员的一般特点。后期成熟阶段是小组工作与活动的理想阶段。这个时候，小组的关系结构稳定，小组活动运作状态良好，组员之间更愿意了解和被了解，更愿意接纳他人，更愿意相互合作、相互支持、相互肯定，提出的建议或计划也更加现实。这是因为组员能够更紧密地联合与互动，更容易达成有共识的决策，能够更顺畅和有效地开展活动。在本题中，组员的关系更加亲密，凝聚力大大提高，组员对解决这些问题充满信心和希望，也更加具有责任意识，这些都是后期成熟阶段的表现。故本题选 C。

31.【答案】C。解析：本题考查社会工作者协助组员保持小组经验的方法。在结束阶段，社会工作者应协助组员保持已经改变了的行为，并在日常生活中运用在小组中获得的成长经验。主要方法有如下五种：(1)模拟练习，即模拟现实的生活情景，让组员在小组中练习他们学到的行为规范等；(2)树立信心，即对组员表示鼓励和肯定，让他们对离开小组后的生活充满信心；(3)寻求支持，即帮助组员寻求其家人、朋友、社区或其他资源的支持，以确保在组员身上产生的变化能够得以维持；(4)鼓励独立，即鼓励组员独立地完成工作，逐步降低小组对组员的吸引力，以避免其在结束时对小组的过度依赖；(5)跟进服务，如转介、跟进聚会、安排探访等。故本题选 C。

32.【答案】C。解析：本题考查开始阶段社会工作者的主要任务。社会工作者要组织一些能够有助于组员之间相互了解的活动，促进组员之间尽快建立相对熟悉的关系。在本题中，社会工作者鼓励组员通过唱家乡的民歌向其他组员介绍自己的家乡，以促进组员表达，增进组员的了解和支持。故本题选 C。

33.【答案】A。解析：本题考查限制的技巧。限制的手段包括：社会工作者用"是不是"的言辞询问其他善于发言的成员或者其他未发言的组员；及时切断话题，给予适时的打岔；也可以限定发言时间，或者调整发言的次序。当一些小组组员垄断小组讨论时，或当组员的发言太抽象时，或当小组讨论脱离主题范围时，社会工作者要采取限制的手段来处理小组或小组组员的行为。在本题中，社会工作者适时插话，切断组员时间过长的发言，是限制技巧的运用。故本题选 A。

34.【答案】B。解析：本题考查地区发展模式的特点。地区发展模式强调社区成员通过参与和合作，以集体的形式来挖掘和利用社区资源，共同解决社区问题，满足社区需求，增强社区凝聚力和归属感。其主要特点有：(1)较多关注社区共同性问题；(2)注意通过建立社区自主能力来实现社区的重新整合；(3)在地区发展模式中，过程目标的地位和重要性超过任务目标；(4)地区发展模式特别重视居民的参与。在本题中，注重培育社区自主能力属于地区发展模式的特点。故本题选 B。

35.【答案】B。解析：本题考查社区照顾模式的实施策略。英国学者沃克在对社区照顾进行系统划分时，提出除了"在社区照顾"和"由社区照顾"外，还应包括"对社区照顾"。他认为要成功地进行社区照顾，单靠社区及家人的力量是不够的，为了不至于使这些照顾者被"耗尽"，还需要充足的支援性社区服务辅助，才能使社区照顾持续下去。这些社区服务包括日间医院、日间护理中心、家务助理、康复护士、多元化的老人社区服务中心、暂托服务、关怀访问及定期的电话慰问等。只有这些服务的充分提供，才能辅助社区人士把需要照顾的人留在社区里生活。显然，"对社区照顾"更加明确地指出了正规照顾和非正规照顾相互融合的重要性。故本题选 B。

36.【答案】D。解析：本题考查自我评估的内容。社会策划模式的实施策略中，自我评估要求社会工作者要评估自己所在社会服务组织的优点和不足,同改变社区的任务相比较,以清楚地确定服务目标、限定自己的工作范围。在本题中,分析所属社会服务机构的优点和不足属于自我评估的内容。故本题选 D。

37.【答案】B。解析:本题考查社区的文化特色。每一个社区都有它的发展历史,并在发展过程中形成文化特色。了解社区文化特色主要包括以下两方面:(1)哪些文化价值、传统或信念是社区重视的,其对社区不同群体的影响又如何;(2)哪些习俗或者活动是社区居民普遍重视的。在本题中,居民的生活习惯最能体现社区文化特色。故本题选 B。

38.【答案】D。解析:本题考查规范性需要的含义。规范性需要是指:专业人员、行政人员或专家学者依据专业知识和现有规定或规范,所指出的特定需要标准。如民政部颁布的《全国社区服务示范城区标准》规定,每个街道都要建有一个 1000 平方米左右的社区服务中心,同时规定了社区服务中心应配备的服务项目。当服务设施与服务项目不符合规定时,就存在规范性需要不被满足的情况。在本题中,社区中的规范性需要没有得到满足,服务设施不符合政府规定标准。故本题选 D。

39.【答案】C。解析:本题考查过程评估的含义。过程评估是对工作过程质与量的评估,重点在于对有关的工作过程进行描述,包括投入的资源和人员配置、一系列工作的优先次序、各个程序的进展状况等。在本题中,链接就业资源的方式正是对社区青年就业援助项目的过程评估。故本题选 C。

40.【答案】C。解析:本题考查居民骨干培养技巧。居民骨干培养是社区工作的常用技巧,其方式有:(1)鼓励参与;(2)建立民主领导风格;(3)培训工作技巧;(4)增强管理能力。在本题中,小陈鼓励刘大姐与新队员进行充分的沟通讨论是解决问题最恰当的做法。故本题选 C。

41.【答案】C。解析:本题考查活动策划的过程。策划的基本过程:(1)掌握活动的基本目标。确定目标时,可以从以下不同角度进行思考:①服务对象的特点;②组织的目的;③问题的解决;④提升居民意识。(2)衡量服务对象的特点、需要、兴趣。(3)符合机构的宗旨、赞助团体的期望。(4)评估本身拥有的资源以及可以动员的资源。(5)制订初步计划。(6)评估可行性。(7)确立详细计划(形成方案计划书)。(8)预期困难及解决方法。故本题选 C。

42.【答案】B。解析:本题考查志愿者绩效评估的核心目的。志愿者绩效评估的目的有两个方面:(1)对于志愿者而言,可以帮助他们了解自己的服务表现是否符合机构的要求,帮助志愿者发展自我潜能,以更深入地参与机构的服务工作。(2)对于机构而言,绩效评估可以保证机构服务质量,了解志愿者对机构志愿者管理制度的满意程度,改进志愿者管理。评估的标准与程序应该在事前以书面方式说清楚,评估资料的收集应侧重于志愿者动机的满足方面。故本题选 B。

43.【答案】C。解析:本题考查社会服务机构的资金来源。政府奖励一般可分为补助和协议合作。补助是政府拨出一笔经费直接协助社会服务机构提供服务,政府扮演奖励者角色。协议合作则是由政府与社会服务机构共同决策并拿出经费给社会服务机构提供服务,政府扮演的是伙伴角色。本题属于政府奖励中的补助。故本题选 C。

44.【答案】C。解析:本题考查个人捐款的动机。个人捐款的动机可以分为三种:(1)个人需要。部分捐款人认为捐款可以满足自尊的需要,通过捐款施惠于人有快乐的感觉,并可以建立自尊和自我肯定。部分捐款人认为捐款可以得到别人的肯定,有利于建立社会形象。还有部分人已形成捐款习惯。(2)外界影响。有些捐款者是受亲戚、朋友、同事的影响而捐款。(3)利他动机。部分捐款人完全以利他为中心,愿意雪中送炭,帮助他人。故本题选 C。

45.【答案】D。解析:本题考查支持性督导的工作内容。支持性督导的工作内容:(1)疏导情绪。督导者协助被督导者适应和处理服务过程中所产生的挫折、不满、失望、焦虑等各种情绪,增强被督导者的自我功能。(2)给予关怀。督导者通过给予关怀与支持,让被督导者在工作过程中有安全感,并愿意尝试新工作。(3)发现成效。督导者协助被督导者发现工作成效,并能自我欣赏,激发被督导者的工作士气,并逐渐产生对机构的认同感和归属感。(4)寻求满足。督导者给予被督导者从事专业的满足感和价值感,促进其对专业的认同,进而愿意持续投身于社会服务工作。本题中,D 项的做法属于疏导情绪。故本题选 D。

46.【答案】B。解析:本题考查社会服务机构的运作——授权。授权的主要目的是让社会服务机构发挥最大效率,授权也有助于提高下属或员工的满意度、工作动机。协调是将社会服务机构中各部门的活动化为一致性行动的过程,发挥团队精神,顺利执行各部门的活动,达到共同目标。故本题选 B。

47.【答案】A。解析:本题考查教育性督导的内容。教育性督导的内容:(1)教导有关"服务对象群"的特殊知识。例如,当被督导者不太熟悉老年人服务时,督导者要告诉他老年人面临老化时期价值态度会转换,要发展更乐观的态度,将那些鄙视、厌恶、绝望等负面印象转化成能表达老年人的优点和自我价值的陈述。(2)教导"社会服务机构"的知识。(3)教导有关"社会问题"的知识。(4)教导有关"工作过程"的知识。(5)教导有关"工作者本身"的知识。(6)提供专业性"建议和咨询"。通过教育性督导,有效缓解社会工作者压力。本题中,小姚刚毕业不久,不太熟悉老年人服务,这时督导最合适的做法是向小姚介绍独居老人的心理特征,指导她改善专业关系,即教导有关"服务对象群"的特殊知识。故本题选 A。

48.【答案】A。解析:本题考查定量研究与定性研究的特点。定量研究主要进行演绎推理,依托某些原理,形成在特殊场景中的假设,通过收集资料和分析数据来验证假设,是一种理论检验。定性研究不一定事先设定假设,其理论假设可以在研究过程中逐步形成和完善,其过程发现需要进行抽象的提炼和归纳,是一种理论建构。故本题选 A。

49.【答案】B。解析:本题考查指导语的相关知识。指导语主要说明问题细节及回答要求,有不同形式。在实际设计时,研究者应根据研究目标、问卷特性等予以综合考虑。本题中,老许写的这段话就属于指导语。故本题选 B。

50.【答案】A。解析:本题考查设计问卷的原则。设计问卷时一般要遵循以下原则:(1)问卷要信度与效度。(2)考虑研究目的或研究类型。(3)以回答者视角为主。关注其教育程度及语言习惯,避免过长和过于复杂,保持卷面简洁明快,让回答者认可、容易理解和回答,也应该考虑问卷调查的可能障碍因素,如被调查者回答意愿、能力等。(4)保证操作可行性。本题属于以回答者视角为主。故本题选 A。

51.【答案】B。解析:本题考查个案研究的特点。个案研究的特点之一是手段和资料多元化,手段和资料多元化是指个案研究旨在全面了解研究对象研究者可以进行多角度测量,针对多类相关主体,运用多种工作技术(如访问法、观察法、文献法、调查法、横剖研究、纵贯研究),记载多方面资料。故本题选 B。

52.【答案】D。解析:本题考查个案研究的步骤。个案研究的步骤包含确定研究对象、获准进入、取得信任和建立友善关系、收集资料(观察和访谈为主)、整理和分析资料、报告研究结果等几方面内容。本题中,老王选择 A 村作为研究对象,并获准进入 A 村,接下来应该了解 A 村的语言和文化,与村民们建立信任关系。故本题选 D。

53.【答案】B。解析:本题考查民政部门的职责。《关于加强社会工作专业人才队伍建设的意见》提出,要建立健全社会工作专业人才队伍的领导体制和工作格局,建立组织部门牵头抓总,民政部门具体负责,机构编制、教育、公安、司法、财政、人力资源和社会保障、信访、扶贫等部门以及工会、共青团、妇联、残联等组织密切配合,社会力量广泛参与的工作格局。故本题选 B。

54.【答案】B。解析:本题考查老年人合法权益的主要内容。在家庭赡养方面,《中华人民共和国老年人权益保障法》规定,老年人养老以居家为基础,家庭成员应当尊重、关心和照料老年人。赡养人应当履行对老年人经济上供养、生活上照料和精神上慰藉的义务,照顾老年人的特殊需要。具体的赡养内容包括以下一些方面:(1)赡养人应当使患病的老年人及时得到治疗和护理,对生活不能自理的老年人,赡养人应当承担照料责任。(2)赡养人应当妥善安排老年人的住房,不得强迫老年人居住或者迁居条件低劣的房屋。老年人自有的或者承租的住房,子女或者其他亲属不得侵占,不得擅自改变产权关系或者租赁关系。(3)赡养人有义务耕种或者委托他人耕种老年人承包的田地,照管或者委托他人照管老年人的林木和牲畜等,收益归老年人所有。(4)家庭成员应当关心老年人的精神需求,不得忽视、冷落老年人。与老年人分开居住的家庭成员,应当经常看望或者问候老年人。用人单位应当按照国家有关规定保障赡养人探亲休假的权利。故本题选 B。

55.【答案】A。解析:本题考查妇女合法权益的主要内容。妇女享有与男子平等的财产继承权,丧偶妇女对公婆尽了主要赡养义务的,作为公婆的第一顺序法定继承人,其继承权不受子女代位继承的影响。故本题选 A。

56.【答案】C。解析:本题考查学校保护。学校保护包括实施素质教育,关爱与尊重,开展成长教育,确保健康与安全,对有严重不良行为的未成年学生可以将其送至专门学校继续接受教育。故本题选C。

57.【答案】D。解析:本题考查残疾人的总体康复方针。残疾人康复工作应当从实际出发,将现代康复技术与我国传统康复技术相结合;以社区康复为基础,康复机构为骨干,残疾人家庭为依托;以实用、易行、受益广的康复内容为重点,优先开展残疾儿童抢救性治疗和康复;发展符合康复要求的科学技术,鼓励自主创新,加强康复新技术的研究、开发和应用,为残疾人提供有效的康复服务。故本题选D。

58.【答案】D。解析:本题考查社会救助政策法规的内容。根据《社会救助暂行办法》,对符合条件的救助申请不予批准的,由上级行政机关或监察机关责令改正。故本题选D。

59.【答案】A。解析:本题考查失业保险金领取的期限。《失业保险条例》规定,失业人员失业前所在单位和本人按照规定累计缴费时间满1年不足5年的,领取失业保险金的期限最长为12个月。故本题选A。

60.【答案】D。解析:本题考查劳动就业政策法规的内容。因特殊原因需要延长工作时间的,在保障劳动者身体健康的条件下延长工作时间每日不超过3小时,但每月不得超过36小时。但对于发生自然灾害、事故或者其他原因,威胁劳动者生命健康和财产安全,需要紧急处理的;生产设备交通运输线路、公共设施发生故障,影响生产和公众利益,必须及时抢修的以及法律规定的其他情形不受上述规定的限制。故本题选D。

二、多项选择题

61.【答案】ABCE。解析:本题考查企业社会工作的服务内容。企业社会工作的主要服务内容包括:职工职业生涯规划、职工情绪管理、职工素质提升、职业安全与健康、组织职工参与企业管理、职工的工作生活平衡、劳动关系协调、企业文化建设、困难群体关怀、企业履行社会责任。A项属于职工情绪管理,B项属于职工素质提升,C项属于职工职业生涯规划,E项属于职工的工作生活平衡。D项不属于企业社会工作的服务内容。故本题选ABCE。

62.【答案】ACE。解析:本题考查社会工作专业伦理难题。社会工作者在具体的工作实践中会面临诸多的伦理难题,其中包括保密问题、人情与法制的冲突问题、价值介入与客观性的矛盾、个人利益与社会责任的矛盾、自我决策问题等。医务社会工作者属于医疗团队的一分子,是医院的组成部分,当得知服务对象准备起诉医院和相关医生时,该医务社会工作者一方面要遵守为服务对象保密的原则,另一方面又要承担对团队和同事的责任,于是就会面临着是否对医院和相关医生保密的矛盾,因此A、C两项正确。社会工作者一方面要遵循服务对象自决的原则,另一方面又要维护自己所在医院和同事的利益,于是就陷入一种矛盾冲突中,因此E项正确。故本题选ACE。

63.【答案】CE。解析:本题考查社会工作价值观。服务对象小王继续在学业和创业之间存在一定的认知误区,放弃学业而盲目创业是一种不够成熟、急于求成的心态,又与父母意见不合,不听父母的劝阻。社会工作者帮助小李与其父母进行沟通,有利于缓解亲子关系产生的矛盾;帮助小李分析继续学业和创业的利弊,有助于小李走出之前的认知误区,积极调整心态,做出更合理的人生规划。故本题选CE。

64.【答案】CDE。解析:本题考查中年阶段的主要特征。中年阶段的主要特征主要表现在:(1)生理上,个体的认知发展错综复杂。个体的固定智力继续上升,流动智力缓慢下降;智力技巧保持相对稳定,实用智力不断增长。更年期容易出现情绪波动、性格改变、烦躁易怒、消沉抑郁等。(2)心理上,中年人能熟练处理各种社会关系,在解决问题时更加充满智慧。(3)社会性,一方面中年人情感趋于深沉稳定,性格也完全定型,意志成熟坚毅,情感控制能力加强,道德和理智感上升;婚姻中责任感已经超越情感,婚姻更加务实。另一方面处于事业成败的关键期,中年人在事业、地位和财富上基本达到人生的巅峰状态。由此可见,中年人的婚姻更务实,因此A项错误。固定智力上升,因此B项错误。故本题选CDE。

65.【答案】ABCD。解析:本题考查学龄阶段的校园欺负。社会工作者应协助学校管理者推行校园文化建设,在学校树立零欺凌的良好风气,制定相应的惩戒制度,加强校园安全监管,为学生提供安全的学习环境。E项的文化建设不符合题中的实际要求。故本题选ABCD。

66.【答案】ACD。解析:本题考查个案工作中专业关系的建立。社会工作者在提供专业服务时,要承担起支持者、鼓励者的角色,多支持和鼓励服务对象,因此A项正确。社会工作者应该对服务对象无条件接纳,但这并不等同于完全接纳其所有的观点,因此 B 项错误。社会工作者与服务对象之间专业关系的建立,是专业服务得以顺利开展的前提和基础,缺乏信任牢靠的专业关系,社会工作服务就无法正常继续下去,因此 C、D 两项正确。在个案工作专业关系中,社会工作者与服务对象之间是一种平等互动的关系,专业关系的建立和维系需要服务对象的配合,同时对社会工作者自身的工作能力和服务意识也提出更高的要求,因此 E 项错误。故本题选 ACD。

67.【答案】ABDE。解析:本题考查个案结案会谈涉及的重要工作。A、B、D、E 四项都是结案会谈中应当涉及的重要内容。社会工作者与服务对象在结案阶段要与服务对象顺利地解除专业关系,不再继续提供专业服务,而不是商量确定继续保持交往的方式,因此 C 项错误。故本题选 ABDE。

68.【答案】ABDE。解析:本题考查制定服务目标时应注意的原则。个案服务的目标主要体现了社会工作服务所要达成的效果,应是前后一致,不可随意改变的,一经制定出来应该严格遵守和执行,因此 C 项错误。A、B、D、E 四项都是在制定个案服务目标时应该注意的原则,故当选。故本题选 ABDE。

69.【答案】ABE。解析:本题考查组员自评的内容。小组自评包括三个方面的内容:参与小组的目标是否达成、参加小组过程的感受如何、小组的效能如何。C、D 两项没有涉及。故本题选 ABE。

70.【答案】ACE。解析:本题考查与组员沟通的技巧。社会工作者小柳与组员分享自己上大学的生活,体现了自我表露的技巧,因此 C 项正确。能够简要复述组员发言中的主要观点和重要信息,说明小柳认真听取了组员的发言内容,体现了专注与倾听的技巧,因此 A 项正确。小柳在组员发言之后能够简要复述组员发言,使其具有条理性和逻辑性,体现了及时进行小结的技巧,因此 E 项正确。B、D 两项没有体现。故本题选 ACE。

71.【答案】ADE。解析:本题考查小组开始阶段社会工作者的任务。相似性是组员具有相似的经历,强调相似性能够拉近组员之间的距离,让他们放下防备,因此 A 项正确。相互表达内心想法,加深了解能够促进彼此之间的信任,增进凝聚力,因此 D 项正确。社会工作者主动与组员沟通并真诚回应,促进良好关系的建立,有助于营造良好的小组气氛,因此 E 项正确。B、C 两项与问题无关,是干扰项。故本题选 ADE。

72.【答案】AD。解析:本题考查社区动力分析。社区动力分析主要从两个方面展开,即社区系统分析和社区互动分析,前者的重点在于描摹社区的静态构成,后者侧重对社区各个构成部分之间的关系进行动态分析。社区系统分析主要侧重对社区内部团体和组织的分析,因此 A、D 两项正确。社区互动分析侧重对社区内组织之间互动关系进行分析,B、C 两项属于社区互动分析。E 项是社区系统分析和社区互动分析的综合。故本题选 AD。

73.【答案】BCDE。解析:本题考查社区工作方法的特点。社区工作作为社会工作的重要方法之一,与个案工作和小组工作相比具有独特性,具体表现在:分析问题的视角更加趋于结构取向,具有政治性、富有批判和反思精神,介入问题的层面更具有宏观性。故本题选 BCDE。

74.【答案】BCD。解析:本题考查主持会议的技巧。"大家刚才都说得很好"表明老魏运用了关注、赞赏和鼓励的技巧,因此 B 项正确。"现在的意见主要集中在买菜不方便和路面容易积水这两个问题上"表明老魏运用了摘要、综合和总结的技巧,因此 D 项正确。"大家还有没有其他方面的问题想要反映"表明老魏运用了提问和邀请发言的技巧,因此 C 项正确。故本题选 BCD。

75.【答案】ABC。解析:本题考查志愿者管理的内容。志愿者是指那些没有报酬,到公立或志愿服务组织自由奉献的人们,他们从事各种类型的社会福利服务。志愿者没有薪酬和岗位津贴,无须签订正式劳动合同,只需要签订约定或协议,以肯定和提高志愿者的自我价值。故本题选 ABC。

76.【答案】ABE。解析:本题考查项目申请书的内容。社会工作服务机构项目申请书的基本内容包括:(1)机构名称;(2)项目名称、背景和意义;(3)项目目标;(4)经费预算;(5)预期效果;(6)实施步骤。故本题选 ABE。

77.【答案】BC。解析:本题考查问题的类型。A、D 两项属于状态类问题,E 项属于态度类问题。只有 B、C 两项属于行为类问题。故本题选 BC。

78.【答案】ACE。解析:本题考查个案研究的特点。个案研究的特点为:一是收集的信息更加深入。了解研究对象各方面的状况,进而对其有全面和深刻的认识。二是沟通的过程更加有效。有助于澄清概念和确定变量,从而有利于做进一步实证研究,因此 A 项正确。三是研究的过程有创造性。有助于进行探索性研究,发现重要的变项及提供有用的范畴,从而拟定假设和建立理论。四是研究的结果具有可操作性。有利于客观、深入、准确地把握研究对象的问题、需要及其原因机制,有利于提出有效和具体的处理方法或解决方案,因此 C、E 两项正确。B 项说法错误,D 项不属于个案研究的特点,因此 B、D 两项排除。故本题选 ACE。

79.【答案】BCE。解析:本题考查认定或视同工伤的情形。工伤是指劳动者在从事职业活动或者与职业活动有关的活动时所遭受的不良因素的伤害和职业病伤害。《工伤保险条例》规定,"在工作时间和工作场所内,因工作原因受到事故伤害的"属于工伤,因此 C 项正确。"在工作时间和工作场所内,因履行工作职责受到暴力等意外伤害的"属于工伤,因此 E 项正确。"在上下班途中,受到非本人主要责任的交通事故或者城市轨道交通、客运轮渡、火车事故伤害的"属于工伤,因此 B 项正确。故本题选 BCE。

80.【答案】BCE。解析:本题考查地方各级人民政府予以供养的残疾人具备的条件。《中华人民共和国残疾人保障法》规定,国家和社会对生活确有困难的残疾人,通过多种渠道给予救济、补助。国家和社会对无劳动能力、无法定扶养人、无生活来源的残疾人,按照规定予以供养、救济。故本题选 BCE。

社会工作综合能力(初级)2015年真题参考答案及解析

一、单项选择题

1.【答案】B。解析:本题考查社会工作的特点。社会工作的特点包括:专业助人活动,注重专业价值,强调专业方法,注重实践,互动合作和多方协同。其中,多方协同是指社会工作者介入的大多是比较复杂的问题,在解决这些问题的过程中常常既需要社会工作者之间的分工,也需要他们之间的合作,很多时候社会工作者也要与其他人员合作,共同解决服务对象遇到的比较复杂的问题。因此,多方协同、合作努力解决问题是社会工作的一个特征。注重专业实践是指社会工作者通过对科学方法的运用,与服务对象一起帮助他们改变自己的困境,增进其社会功能。专业价值是指社会工作者在从事社会服务时所遵循的理念、指导思想和伦理。故本题选B。

2.【答案】D。解析:本题考查社会工作的目标。社会工作在服务对象层面的目标包括:解救危难、缓解困难、激发潜能和促进发展。其中,促进发展的意思是社会要发展,个人也追求发展。人类发展理论指出,随着人的成长和变化,人们总在试图克服困难,实现自己的发展目标。这种目标就是要实现人与社会环境的相互协调,使个人和社会都能更好地发挥功能。当一个人或一群人遇到困难时,社会工作者就会施以援手,通过增加知识、学习技能、学习建立人际关系等方式,使个人或群体得到发展,实现自己的人生目标。故本题选D。

3.【答案】B。解析:本题考查社会工作对服务对象的功能。社会工作对服务对象的功能有促进服务对象正常生活、恢复弱化的功能、促进人的发展、促进人与社会环境的相互适应。社会工作对社会的功能有维持社会秩序、建构社会资本、促进社会和谐、推动社会进步。故排除A、C、D三项。故本题选B。

4.【答案】A。解析:本题考查社会工作者的角色。社会工作者的直接服务角色包括:服务提供者、治疗者、支持者、关系协调者、倡导者。社会工作者的间接服务角色包括:行政管理者、资源筹措者、政策影响者。其中,治疗者是指当某些服务对象因贫困、离婚、吸毒和药物依赖、犯罪和违法等原因,而使自己的行为发生偏离时,社会工作者就要帮助服务对象发现自己行为的问题,重塑其行为,以及对他们的行为进行矫正,以帮助他们建立正确的行为方式和生活方式。题干中,社会工作者对李奶奶进行的哀伤辅导就是在帮助李奶奶重新回归到正常的生活。故本题选A。

5.【答案】B。解析:本题考查社会工作的要素。社会工作的要素包括:服务对象、社会工作者、社会工作价值观、专业助人方法、助人活动。其中,社会工作价值观是通过专业教育形成的,也是在服务实践中养成的,故A项错误。服务对象(也称受助者、案主或工作对象)是社会工作者直接服务或帮助的对象,是物质上、精神上、社会关系上遇到困难,需要社会工作者提供帮助的个人或群体。社会工作的服务对象不但包括在生活上遇到困难、难以自我解脱的个人、贫困和成员关系严重失调的家庭,也包括陷入困境的社会群体以及内部关系不佳、缺乏发展活力的社区,故C项错误。助人活动是双方围绕困难和问题而展开的持续互动,在这种互动过程中,双方互相理解对方的行动,相互合作,共同去完成克服困难、解决问题的目标,故D项错误。故本题选B。

6.【答案】A。解析:本题考查专业助人方法。题干中,针对不同的服务对象的不同需求,运用不同的方法提供服务,体现的是专业助人方法的使用。故本题选A。

7.【答案】A。解析:本题考查学校社会工作的模式。学校社会工作主要有三种模式:治疗型学校社会工作,是针对"问题学生"失常的心理和行为而开展的工作,其目的是帮助他们解决问题、正常发展;变迁型学校社会工作,是帮助学生适应剧烈的社会变迁而开展的工作,包括各种辅导活动;社区-学校型社会工作是把社会工作延伸到学校之外,包括联系学生家长、实现家-校沟通、对离校学生提供追踪服务、开展社区教育以利于学生学习与成长等。题干中,未体现社会变迁以及家庭、社区的作用,体现了帮助网瘾学生树立正确的观念。

故本题选 A。

8.【答案】C。解析:本题考查社会工作价值观的作用。社会工作价值观的作用有:保护服务对象的权益、帮助社会工作者解决伦理难题、促进专业的健康发展、促进社会服务机构的能力建设、维护社会正义。社会工作价值观的维系和发展,不仅强调社会对个人的责任,也强调社会中不同群体在发展与分配中的平等机会,故 A 项排除。社会工作是社会学的二级学科,更加注重实践,因此二者的价值观始终保持一致,故 B 项排除。社会工作价值观指出,社会工作者要保护服务对象的权益,这里的权益指的是社会工作职能范围之内的基本需求的满足,而不是所有需求,故 D 项排除。故本题选 C。

9.【答案】C。解析:本题考查社会工作伦理难题。社会工作者一旦与服务对象签订了服务协议,就要在提供服务的各个环节,始终遵守保护受助者个人隐私和有关信息的承诺,绝不能轻易泄露服务对象的私人信息及同服务相关的隐秘信息,以保护服务对象的个人权益。但在实践中,这一原则并不容易把握。在不同环境、不同情境下,社会工作者会面对不同的对象,处理不同的问题,可能涉及不同人际关系和权利关系,并在如何处理个人信息以及如何透露信息等环节上很容易遇到难以决断的局面。题干中的服务对象有盗窃行为,其行为违反了国家法律。所以,社会工作者对服务对象的保密原则需要被打破,因此 C 项正确。故本题选 C。

10.【答案】D。解析:本题考查社会工作者的伦理责任。社会工作者对社会服务机构的伦理责任主要包括以下五个方面:(1)社会工作者有责任维护机构的政策与立场;(2)社会工作者应对机构的相关资料和信息进行保管;(3)社会工作者应妥善使用和保存机构的文件信息和其他相关资料;(4)社会工作者有责任促进机构与政府及其他机构的合作关系;(5)社会工作者有责任协调服务对象与机构的关系。题干中,社会工作者向机构负责人汇报后接受采访,体现的是对机构的伦理责任。故本题选 D。

11.【答案】A。解析:本题考查社会工作专业伦理守则。社会工作者应以服务对象的正当需求为出发点,全心全意为服务对象提供专业服务,最大限度地维护服务对象的合法权益。不得利用与服务对象的专业关系,牟取私人利益或其他不当利益,损害服务对象的合法权益。故本题选 A。

12.【答案】D。解析:本题考查社会工作专业伦理守则。社会工作者对社会的伦理责任主要有以下四个方面:(1)促进社会福利的发展;(2)促进公共参与;(3)在公共危机情形下,提供介入与救助措施;(4)通过社会与政治行动减少不平等,反对歧视和促进社会正义。社会工作者的任务就是协助有困难、有需求的服务对象解决问题,同时对社会有促进福利发展和促进公共参与的责任。故本题选 D。

13.【答案】B。解析:本题考查马斯洛的需要层次理论。马斯洛认为人有五种基本需要,它们依次构成需要的层次,分别是:(1)生理需要:人类维持自身生存的最基本需要,包括衣、食、住、行等方面的需要。(2)安全需要:人类要求保障自身安全、摆脱失业和丧失财产、避免职业病的侵袭、解除严酷的监督等方面的需要。(3)归属与爱的需要:一是归属的需要,即人都有一种归属于一个群体的感情,希望成为群体中的一员,并与其他成员相互关心和照顾。二是友爱的需要,即人人都需要伙伴之间、同事之间的关系融洽或保持友谊和忠诚;人人都希望得到爱情,希望爱别人,也渴望别人爱自己。(4)尊重的需要:人人都希望自己有稳定的社会地位,希望个人的能力和成就得到社会的承认。(5)自我实现的需要:实现个人理想、抱负,发挥个人的最大潜能,完成与自己的能力相称的一切事情的需要,也是一种自我价值得到体现的需要。题干中,小丽追求的是更好地融入当地社会工作者群体,因此 B 项正确。故本题选 B。

14.【答案】C。解析:本题考查莱恩·多亚尔和伊恩·高夫的需要理论。莱恩·多亚尔和伊恩·高夫认为人类存在共同的、客观的需要,他们把人类的需要分为基本需要和中介需要。中介需要是指那些在所有文化中能够促进身体健康和人的自主的产品、服务、活动和关系的特性。莱恩·多亚尔和伊恩·高夫列举了11种中介需要,即有营养的食物和洁净的水、具有保护功能的住房、无害的工作环境、无害的自然环境、适当的保健、童年期的安全、重要的初级关系、环境上的安全、经济上的安全、适当的教育、安全的生育控制与分娩。题干中体现的是对无害的自然环境的需要。故本题选 C。

15.【答案】C。解析:本题考查人类行为和社会环境的关系。人类是在社会环境之中生活的,同时人类又具有能动性,人类行为和社会环境相互影响。题干中,体现的是人类的"骑车出游"活动对社区邻里关系的影响。故本题选 C。

16.【答案】D。解析:本题考查家庭教养模式。家庭教养模式分为六类,分别为冲突型、支配型、民主型、放任型、骄纵型、专制型。A项的冲突型,家庭成员间人际关系紧张、不和谐,家庭气氛失调,价值导向不一致,便构成了冲突型的家庭教养方式。B项中的支配型,家长过分溺爱与严加管束结合,构成支配型家庭教养模式。C项中的民主型,家庭成员间互相尊重、平等交流,家长对子女既有约束,又有鼓励。D项中的放任型,家长既缺少爱心、耐心,也缺乏责任感,对孩子放任自流构成了放任型家庭教养模式。故本题选D。

17.【答案】D。解析:本题考查学龄阶段儿童面临的主要问题。校园欺负是在学校内发生的儿童间的暴力、攻击行为。欺负会对儿童的身心健康和学习产生不良影响。社会工作者针对校园欺负问题可以在不同层面进行干预工作:一是针对学校进行干预工作;二是针对受欺负者、欺负者和旁观者开展的个体干预,应对欺负的原因、特点和后果进行评估与诊断,制订可行的干预方案;三是针对家庭开展干预工作。题干中,只有D项是针对学校进行的干预措施。故本题选D。

18.【答案】A。解析:本题考查社会工作价值观。接纳意味着社会工作者不因服务对象的年龄、性别、种族、生理及心理状况、宗教信仰、政治倾向等对他们采取歧视的态度或拒绝提供专业服务。无论服务对象好的方面还是不好的方面,社会工作者都需要采取接纳的态度,关注服务对象本身。故本题选A。

19.【答案】A。解析:本题考查心理社会治疗模式。心理社会治疗模式将个人与环境之间的这种关系概括为"人在情境中",要求社会工作者既需要深入个人的内心,了解他(她)的感受、想法和需求,也需要仔细观察周围环境对他(她)施加的影响,分析个人适应环境的具体过程。故本题选A。

20.【答案】B。解析:本题考查个案会谈技巧。引导性技巧有对焦、澄清和摘要。对质属于影响性技巧,故D项排除。对焦是指社会工作者对服务对象偏离的话题或者宽泛的讨论进行收窄,集中讨论的焦点。澄清是指社会工作者引导服务对象重新整理模糊不清的经验和感受。摘要指社会工作者将服务对象长段谈话或者不同部分的话题进行整理,概括和归纳其中的要点。故本题选B。

21.【答案】C。解析:本题考查心理社会治疗模式的诊断。心理社会治疗模式的诊断包括心理动态诊断、缘由诊断和分类诊断。心理动态诊断是对服务对象的人格的各部分之间的互动关系进行评估。例如,意识与无意识之间的关系,就是心理动态诊断的重要内容。缘由诊断则是对服务对象困扰产生、变化的过程进行分析。例如,服务对象的困扰是什么时候产生的、有什么重要的影响事件、在服务对象的成长过程中有什么样的变化等,是对服务对象个人历史的考察。分类诊断是对服务对象问题的生理、心理和社会三个方面的影响因素做出判断。故本题选C。

22.【答案】A。解析:本题考查个案工作阶段。申请与接案,即接受求助对象的申请,并且把有需要的求助对象纳入个案工作的工作程序中。具体而言,这个过程包括求助者的服务申请、接案和专业关系的建立。从题干中可以看出。故本题选A。

23.【答案】C。解析:本题考查个案会谈的技巧。同理心:社会工作者设身处地体会服务对象的内心感受,理解服务对象的想法和要求。故本题选C。

24.【答案】D。解析:本题考查个案工作方法中的危机介入模式。危机介入的基本原则:(1)及时处理。社会工作者及时接案、及时处理,抓住有利的、可改变的时机,尽可能减少对服务对象及其周围他人的伤害。(2)限定目标。只有把精力集中在目前有限的目标上,社会工作者才能与服务对象共同协商和处理面临的危机。(3)输入希望。给服务对象输入新的希望,让服务对象重新找回行动的动力。(4)提供支持。充分利用服务对象拥有的周围他人的资源,如父母亲的关心、朋友的支持等,为服务对象提供必要的支持。(5)恢复自尊。了解服务对象对自己的看法,帮助服务对象恢复自信。(6)培养自主能力。帮助服务对象增强自主面对和克服危机的能力。故本题选D。

25.【答案】C。解析:本题考查危机介入模式中危机的定义。对个人生活的影响而言,危机通常可以划分为两类:普通生活经历的危机和特殊生活经历的危机。普通生活经历的危机是指每个人在成长过程中必然遭遇的困难,如上学、工作、恋爱、结婚、抚养子女、赡养父母及退休等,它们本身就是个人成长的组成部分。特殊生活经历的危机与普遍生活经历的危机不同,它只是特殊人群遭遇的困难,如家庭破裂、战争和自然灾害等。题干中的升学事件属于普通生活经历危机。故本题选C。

26.【答案】B。解析:本题考查小组工作的类型。教育小组:通过帮助小组组员学习新知识、新方法,或补充相关知识不足,促使成员改变其原来对于自己问题的不正确看法并找到解决措施,从而实现小组组员的发展目标。成长小组:成长小组旨在帮助组员了解、认识和探索自己,从而最大限度地运用自己的内在及外在资源,充分发挥自己的潜能,解决所存在的问题并促进个人正常健康地发展。支持小组:支持小组一般是由具有某一共同性问题的小组组员组成的。通过小组组员彼此之间提供信息、建议、鼓励和情感支持,达到解决某一问题和成员改变的效果。治疗小组:治疗小组组员一般来自那些不适应社会环境,或其社会关系网络断裂、破损而导致其行为出现问题的人群。题干中服务对象都是"自闭症儿童"的妈妈,具有很强的同质性,而且小组的目的在于分享经验,互相扶持。因此题干中的小组类型属于支持小组。故本题选 B。

27.【答案】A。解析:本题考查小组开始阶段。每个小组成员对自己的家乡都是熟悉的,社会工作者通过这个游戏可以引起组员的回忆,从而促进他们的积极表达。故本题选 A。

28.【答案】B。解析:本题考查小组工作阶段。在转折阶段,组员之间沟通和互动比小组初期有所增强,但自我肯定、安全感受与真诚的互动尚未完全实现,组员之间会在价值观、权力位置、角色扮演等方面产生矛盾和冲突。这一阶段组员最常见的显著特征是:对小组具有较强的认同感、互动中的抗拒与防卫心理、角色竞争中的冲突。面对小组的特点,社会工作者在转折阶段的工作重点在于处理小组冲突。故本题选 B。

29.【答案】A。解析:本题考查小组工作模式。小组工作的模式主要有互动模式和发展模式。互动模式亦称交互模式或互惠模式,是基于人与环境和人际关系而建立的一种小组模式,旨在通过组员之间、组员与小组之间、小组与社会环境之间的互动关系,促使组员在相互依存中得到成长,增强组员的社会功能,提升其发展能力。互动模式下的小组工作,焦点在于互动关系及其效果。发展模式旨在解决和预防服务对象社会功能的衰退问题,恢复和发展服务对象的社会功能。题干中小陈的主要目的是让服务对象相互认识,增进了解,适合使用互动模式。故本题选 A。

30.【答案】C。解析:本题考查发展模式的原则。社会工作者在运用发展模式时,应坚持贯彻以下两个原则:一是积极参与原则,即要协调和鼓励组员在小组活动中,主动表达自己的困惑或者对发展的建议,积极分享和学习自我发展的经验;二是"使能者"原则,即要支持、帮助小组组员通过各种活动,相互关心、相互帮助和分享,更要发展认知,激发潜能,提升组员寻求解决问题的办法、整合社会资源及自我发展的能力。题干体现的是居民的积极参与。故本题选 C。

31.【答案】A。解析:本题考查小组讨论技巧。在小组讨论中,社会工作者对某些性格内向,或者容易害羞的组员要给予支持,不要逼他发言,而是注意他们,向他们投以鼓励的眼光,等他们获得了勇气再让他发言。对他们的发言,社会工作者可以重复他们的意见,对正确的方面给予积极的鼓励,树立起他们的信心和安全感。故本题选 A。

32.【答案】D。解析:本题考查小组工作中期转折阶段。中期转折阶段是组员关系走向紧密化的时期,也是小组内部权力竞争开始的时期。这个阶段社会工作者的工作重点在于,通过专业辅导,协调和处理组员之间的竞争及各种可能产生的冲突,促进小组内部的良性竞争与和谐发展,推动小组关系走向紧密化。针对小组的特点,社会工作者在转折阶段的工作重点在于处理小组冲突。具体来说就是处理抗拒行为,协调和处理冲突。在解决冲突时,社会工作者可以运用这样一些具体措施:(1)帮助组员澄清冲突的本质,特别是澄清冲突背后的价值观差异;(2)增进小组组员对自我的理解,如运用角色扮演的方法,复制或重现类似冲突情境,以增进自我了解和对他人处境的敏感度;(3)重新调整小组规范和契约;(4)协助组员面对和解决由冲突带来紧张情绪和人际关系紧张;(5)运用焦点回归法,即将问题抛回给组员,让他们自己解决。D 项角色扮演是中期转折阶段开展的活动。故本题选 D。

33.【答案】D。解析:本题考查支持小组。支持小组一般是由具有某一共同性问题的小组组员组成的。通过小组组员彼此之间提供信息、建议、鼓励和情感支持,达到解决某一问题和成员改变的效果。在支持小组中,最重要的是小组组员的关系建构、相互交流和相互支持。因此题干中,针对组员之间交流很少的问题,适合的做法是促进组员间的相互表达和回馈。故本题选 D。

34.【答案】A。解析:本题考查社区工作的目标分类。美国著名社区工作专家罗斯曼将社区工作的目标分

68

为任务目标和过程目标。所谓任务目标,是指解决一些特定的社会问题,包括完成一项具体的工作,满足社区需要,达到一定的社会福利目标等,如修桥铺路、安置无家可归者、解决社区环境污染问题等。所谓过程目标,是指促进社区居民的一般能力。例如,加强社区居民对公民权利和义务的了解,增强居民解决社区问题的能力、信心和技巧,发现和培育社区居民骨干参与社区事务,建立社区内不同群体的合作关系等。故本题选 A。

35.【答案】B。解析:本题考查社区工作中的地区发展模式。地区发展模式强调社区成员通过参与和合作,以集体的形式来挖掘和利用社区资源,共同解决社区问题、满足社区需求,增强社区凝聚力和归属感。故 B 项正确。A 项中运用专业知识推动社区改变的是社会策划模式,C 项体现的是社区照顾模式,D 项表述错误。故本题选 B。

36.【答案】D。解析:本题考查社区策划模式。社会策划模式是在了解社区问题的基础上,依靠专家意见和知识,通过理性、客观和系统化的分析,对解决社区问题的过程和方法进行计划的工作模式。社会策划模式的实施策略:了解组织的使命和目标,分析环境和形势,自我评估,界定和分析问题,确定社区需要,确定目标和达到目标的标准,寻找、比较并选择好的方案,测试方案,执行方案,评估结果。因此,在分析环境和形势的过程中,社会工作者要收集环境发展趋势方面的资料,了解对新计划有影响力的人士和团体,分析他们的利益和需要。此外,还要考虑如何获得财政支持和人力支持,并预测整体环境的改变和发展趋势,了解新计划可能面对的机会、竞争和障碍。故本题选 D。

37.【答案】A。解析:本题考查社区照顾模式中的非正式照顾。家庭、亲朋好友、邻居提供的关照是非正式照顾,它可以为人们提供重要的精神、物质、服务方面的支援,与机构提供的正式照顾相对应。故本题选 A。

38.【答案】C。解析:本题考查社会工作者扮演的角色。在社区照顾模式中,社会工作者扮演的角色有治疗者、辅导者和教育者、经纪人、倡导者、顾问。分析选项可知,使能者不属于社会工作者在社区照顾中扮演的角色,因此 B 项排除。A 项中的治疗者是为服务对象提供行为治疗或其他心理治疗,也开展家庭治疗和小组治疗。D 项中的教育者是为照顾者提供培训课程,教授有关的照顾技巧。C 项中的经纪人是为服务对象寻找有关的服务,如为智力障碍儿童寻找特殊学校,协助其接受文化教育;为照顾者小组的活动寻找社区资源,如活动场地;推动照顾者协助服务机构推行服务;向照顾者小组提供财政或社区资源的资料和申请渠道;等等。本题中,社会工作者为残障儿童联系特殊学校,协助其接受文化教育,这些做法属于经纪人这一角色的工作内容。故本题选 C。

39.【答案】B。解析:本题考查社区工作阶段。了解社区内的权力结构,对于社会工作者未来的组织及动员策略具有重要意义。社会工作者可以通过街道办事处、社区居委会了解社区内各类组织情况,包括辖区单位、业主委员会、物业管理公司、社会团体、居民的自助小组和互助小组等,并了解和分析社区内的权力结构。故本题选 B。

40.【答案】B。解析:本题考查社区问题分析。分析社区问题时需要弄清楚问题的范围,以判断问题的大小和严重程度。为此,社会工作者有必要了解以下情况:受到这一社区问题影响的居民人数有多少,居民在社区生活的哪些方面受到了怎样的影响,该问题持续的时间有多久,问题集中出现在哪些地点和哪些人群身上,涉及哪些价值观冲突,现状的改变会对居民个体和社区整体带来怎样的得失和影响。题干中老钱的做法有助于明确社区问题的范围。故本题选 B。

41.【答案】C。解析:本题考查居民骨干培养技巧。居民骨干中相当部分的人缺乏管理知识,依靠热情工作,不懂得权责分工,将许多工作集中在自己身上。这会造成分工不明、权责不清,导致居民骨干之间出现摩擦和工作效率低下等情况。社会工作者应加强居民骨干的权责分工意识,让他们认识到只有分工合作,才能做好社区工作。故本题选 C。

42.【答案】B。解析:本题考查社会服务策划的形式。战略性策划的主要过程是:需求评估→明确机构的使命→预测→设计可行的战略→选择机构的战略→将战略转变为服务方案目标→方案发展→评估。方案发展策划的主要过程是:需求评估→目标制定→考虑机构的总目标→方案目标的修订→探索各种可行方法→认识机构的局限性→选择可行性方法→方案活动的详细发展。问题解决策划的主要过程是:认识现有的问题→界定问题→探索可行的解决方法→认识各种可能的限制→选取解决办法→设计完整的计划→发展评估计划。

创新策划的主要过程是:认识特殊问题或状态→列出清楚的目标→收集其他机构创新的方法→提供资讯给机构的决策者思考→考虑政治、经济、社会方面的阻力→选择理想的方法→发展计划用作评估和拓展。故本题选B。

43.【答案】B。解析: 本题考查社会服务方案的策划步骤和方法。当服务计划被批准后,必须先将服务方案的目标分解成若干具有可操作性的执行目标,执行目标需有方法及其完成的服务内容,并充分考虑下列问题:完成服务方案的重要活动是什么,谁负责完成每项活动或任务,哪些重要的活动应在何时开始、何时完成,要完成每一项活动所需要的基本资源是什么。故本题选B。

44.【答案】D。解析: 本题考查志愿者的培训内容。题干中的项目是"关爱社区失独老人",为了给服务对象提供更高质量的服务,为志愿者提供的培训内容中应该包含服务对象的身心发展特点。故本题选D。

45.【答案】C。解析: 本题考查引导性技巧。题干中,志愿者对家教有自己的看法,而家长不赞同志愿者的做法。因此,此时社会工作者适当的做法是澄清。故本题选C。

46.【答案】A。解析: 本题考查志愿者督导的功能。行政督导的主要目的是使志愿服务能够切实符合社会服务机构的期望和政策,并能有效地实现工作目标。志愿者督导必须执行如下职责和任务:协助拟订志愿者工作计划,建立清晰的工作说明书,完成志愿者的遴选、引导和安置工作,妥善进行工作分配和授权,开展持续性的工作监督、总结和评价,积极与各使用志愿者部门进行沟通、联系和调解冲突,发展评估志愿者管理体制等。故本题选A。

47.【答案】D。解析: 本题考查社会服务机构的运作。授权是指上级主管部门适当地将职权移交给下属的过程。协调是将社会服务机构中各部门的活动化为一致性行动的过程,通过发挥团队精神,顺利执行各部门的活动,达成共同目标。协调的主要目的是促进各部门的密切配合、分工合作,以便如期达到工作目标;推动各部门和员工步调一致,化个别努力为集体合作的行动,增进组织效率。沟通是指通过各种渠道传播消息、事实、观念、感觉和态度,达到共同了解活动的目的。控制是指社会行政组织在动态变化的环境中,为确保实现既定目标而进行的检查、监督、纠偏等管理活动。故本题选D。

48.【答案】C。解析: 本题考查定量研究的特点。定量研究通过文献回顾和实地探索,归纳提炼出研究问题和研究框架,然后进行研究设计,再依托问卷、量表等工具标准化、系统化地收集资料,并对所得资料进行统计分析,以发现变量之间的关系;其追求研究资料和研究结论的精确性。故本题选C。

49.【答案】A。解析: 本题考查问卷结构。封面信是研究者致被调查者的短信,旨在说明研究者身份、研究的目的和内容、对象选择方法、保密原则,并署名研究机构。封面信位于标题之后,要素明确,语言精练。故本题选A。

50.【答案】C。解析: 本题考查问卷设计。封闭式问题的答案必须满足答案的穷尽性和互斥性,其中穷尽性指答案包含所有可能,互斥性指不同答案并不交叉。题干中设计的答案选项未包含所有可能性。故本题选C。

51.【答案】D。解析: 本题考查问题的分类。问题的指标属性分为状态、行为与态度三种。状态类说明被访者在访问时的状况,一般不会轻易变化;行为类说明被访者在访问前做了什么;态度类说明被访者对某些事项的看法或感受。故本题选D。

52.【答案】A。解析: 本题考查问卷设计的问题和答案。封闭式问题的答案必须满足答案的穷尽性和互斥性,开放式问题的答案应注意空间大小的适当性。其中,穷尽性指答案包含所有可能,互斥性指不同答案并不交叉。B、C、D三项的答案均未同时满足这两个条件。故本题选A。

53.【答案】C。解析: 本题考查社会工作者在社会政策制订与实施过程中的角色。社会政策是一个由制订、实施、评估和调整四个阶段构成的过程,社会工作者在这个过程的各个阶段中均扮演一定的角色,发挥一定的作用,但在制订和实施阶段中的角色与作用更为明显。具体来讲,社会工作者在制订阶段通常扮演政策倡导者的角色,在实施阶段通常扮演政策实施者的角色。故本题选C。

54.【答案】D。解析: 本题考查老年人的合法权益。《中华人民共和国老年人权益保障法》规定,赡养人有义务耕种或者委托他人耕种老年人承包的田地,照管或者委托他人照管老年人的林木和牲畜等,收益归老年人所有。故本题选 D。

55.【答案】B。解析:本题考查医疗救助政策法规。《关于进一步完善城乡医疗救助制度的意见》规定,城市医疗救助的对象主要有两类:一是城市居民最低生活保障对象中未参加城镇职工基本医疗保险的人员;二是已参加城镇职工基本医疗保险但个人负担仍然较重的人员和其他特殊困难群众。农村医疗救助的对象主要有两类:一是农村五保户和农村贫困户家庭成员;二是地方政府规定的其他符合条件的农村贫困农民。在切实将城乡低保家庭成员和五保户纳入医疗救助范围的基础上,逐步将其他经济困难家庭人员纳入医疗救助范围。其他经济困难家庭人员主要包括低收入家庭重病患者及当地政府规定的其他特殊困难人员。故本题选 B。

56.【答案】A。解析:本题考查残疾人公共服务。《中华人民共和国残疾人保障法》规定,县级以上人民政府对残疾人搭乘公共交通工具,应当根据实际情况给予便利和优惠。残疾人可以免费携带随身必备的辅助器具;盲人持有效证件免费乘坐市内公共汽车、电车、地铁、渡船等公共交通工具;盲人读物邮件免费寄递;国家鼓励和支持提供电信、广播电视服务的单位对盲人、听力残疾人、言语残疾人给予优惠;各级人民政府应当逐步增加对残疾人的其他照顾和扶助。故本题选 A。

57.【答案】C。解析:本题考查妇女合法权益的主要内容。《中华人民共和国妇女权益保障法》规定,父母双方对未成年子女享有平等的监护权。父亲死亡、丧失行为能力或者有其他情形不能担任未成年子女的监护人的,任何人不得干涉母亲的监护权。故本题选 C。

58.【答案】B。解析:本题考查劳动能力鉴定。在劳动能力鉴定的期限要求和再次鉴定申请方面,《工伤保险条例》规定,设区的市级劳动能力鉴定委员会应当自收到劳动能力鉴定申请之日起 60 日内作出劳动能力鉴定结论,必要时,作出劳动能力鉴定结论的期限可以延长 30 日;申请鉴定的单位或者个人对设区的市级劳动能力鉴定委员会做出的鉴定结论不服的,可以在收到该鉴定结论之日起 15 日内向省、自治区、直辖市劳动能力鉴定委员会提出再次鉴定申请。省、自治区、直辖市劳动能力鉴定委员会做出的劳动能力鉴定结论为最终结论。故本题选 B。

59.【答案】A。解析:本题考查劳动争议的处理程序。《中华人民共和国劳动争议调解仲裁法》规定,发生劳动争议,劳动者可以与用人单位协商,也可以请工会或者第三方共同与用人单位协商,达成和解协议。发生劳动争议,当事人不愿协商、协商不成或者达成和解协议后不履行的,可以向调解组织申请调解;不愿调解、调解不成或者达成调解协议后不履行的,可以向劳动争议仲裁委员会申请仲裁;对仲裁裁决不服的,除该法另有规定的外,可以向人民法院提起诉讼。故本题选 A。

60.【答案】D。解析:本题考查失业保险金的领取条件。《失业保险条例》规定,具备下列条件(缺一不可)的失业人员,可以领取失业保险金:一是按照规定参加失业保险,所在单位和本人已按照规定履行缴费义务满 1 年的;二是非因本人意愿中断就业的;三是已办理失业登记,并有求职要求的。此外,失业人员在领取失业保险金期间,按照规定同时享受其他失业保险待遇。故本题选 D。

二、多项选择题

61.【答案】ACD。解析:本题考查社会工作的领域。社会工作的主要领域有:儿童及青少年社会工作、老年社会工作、妇女社会工作、残疾人社会工作、矫正社会工作、优抚安置社会工作、社会救助社会工作、家庭社会工作、学校社会工作、社区社会工作、医务社会工作、企业社会工作等。题干中的服务对象是郑奶奶,符合老年社会工作和妇女社会工作的范围。同时,郑奶奶参与社区活动,这属于社区社会工作的范围。故本题选 ACD。

62.【答案】BDE。解析:本题考查自我决定问题。社会工作实践中强调社会工作者尽力鼓励服务对象自我决定,以发挥服务对象的潜能,使其在自助中获得成长和变化。然而,在一些特定情形下,社会工作者却要面对特殊的服务对象,如因生理、心理和其他原因,他们可能没有能力做决定,难以对自身的处境做出清晰的判断。这时便需要专业社会工作者来代替服务对象做决定,尽管如此,社会工作者应该尽可能避免代替服务对象作伦理决定,因为这显然是与尊重服务对象的自决相违背的。如果实在不能避免此种情形,社会工作者则需要与伦理专家和同事等商议,集体做出一个适当的伦理决定,以避免出现负面后果和风险。故 A、C 两项

71

排除。故本题选 BDE。

63.【答案】BCD。解析：本题考查社会工作者的伦理责任。社会工作者对服务对象的伦理责任有：(1)对服务对象的承诺或负责；(2)自我决定；(3)知情同意；(4)能力；(5)文化敏感性与多样性；(6)隐私和保密性。社会工作者对同事的伦理责任一般涵盖了以下七个方面：(1)尊重；(2)保密性；(3)合作；(4)利益冲突与争议的处置；(5)咨询；(6)教育与培训；(7)服务转介。社会工作者对社会工作专业的发展有着不可推卸的责任，社会工作者要不断通过学习和实践，努力推进专业的发展，通过研究与专业评估，不断改善专业服务的水准，从而改善社会福利和社会服务水平，具体包括：(1)注重专业的品性；(2)加强专业评估与研究。社会工作者对社会服务机构的伦理责任主要包括以下五个方面：(1)社会工作者有责任维护机构的政策与立场；(2)社会工作者应对机构的相关资料和信息进行保管；(3)社会工作者应妥善使用和保存机构的文件信息和其他相关资料；(4)社会工作者有责任促进机构与政府及其他机构的合作关系；(5)社会工作者有责任协调服务对象与机构的关系。社会工作者对社会的伦理责任主要有以下四个方面：(1)促进社会福利的发展；(2)促进公共参与；(3)在公共危机情形下提供介入与救助措施；(4)通过社会与政治行动减少不平等、反对歧视和促进社会正义。社会工作者要尽可能避免代替服务对象作伦理决定，故 A 项排除；服务对象需求与机构服务宗旨冲突时，应协调服务对象与机构的关系，而不是一味地遵守机构的规定，故 E 项排除。故本题选 BCD。

64.【答案】CDE。解析：本题考查学龄前阶段的主要特征。生理发展：6~7 岁儿童的脑重量已经接近成年人的水平，这为儿童智力的迅速提高及接受教育奠定了基础，因此 E 项正确。学龄前儿童的语言发展，主要体现在从以表达机能为中心向以思维机能为中心的转换上，因此 A 项错误。学龄前儿童已经逐渐从以自我为中心，发展到学会区分他人与自我，因此 B 项错误。学龄前儿童已经能从人的外表来认识性别，开始了性别认同的发展过程。在这一阶段，儿童建立了性别角色判断的标准，取得对同性父母的认同，并形成了对性别角色的偏爱，因此 C 项正确。学龄期儿童开始了道德的发展，主要包括道德认识、道德情感和道德行为的发展，因此 D 项正确。故本题选 CDE。

65.【答案】DE。解析：本题考查大众传媒的内涵。大众传媒是指在信息传播过程中处于传播者和大众之间的媒介体，包括复制、传递信息的设备、传播组织、团体及其出版物和影视、广播节目。大众传媒主要是指报纸、杂志、书籍、广播、电视和互联网等。故本题选 DE。

66.【答案】ACE。解析：本题考查心理社会治疗模式。心理社会治疗模式包括直接治疗技巧和间接治疗技巧两大类。直接治疗技巧是指对服务对象进行辅导、治疗的具体方法。分析可知 A、C、E 三项符合题意。故本题选 ACE。

67.【答案】ACD。解析：本题考查转介的具体内容。转介需要办理必要手续，因此 A 项正确。结案阶段，当存在不能实现目标的客观和实际原因时，结案的形式也可以转介，因此 B 项错误。对于服务对象来说，寻求服务机构的帮助是一件不容易的事，社会工作者应尽可能减少对服务对象的伤害，在转介之前需要征得服务对象的同意，并且说明转介的理由。通常只有在以下两种情况下才允许转介：一是服务对象需要解决的问题不属于本机构的服务范围；二是服务对象生活在本机构的服务区域之外。因此 C、D 两项正确，E 项错误。故本题选 ACD。

68.【答案】ABE。解析：本题考查社会工作者的角色。A 项中的使能者，社会工作者运用自身拥有的专业知识和技巧调动服务对象自身的能力和资源，发挥服务对象的潜在能力，促使服务对象发生有效改变。B 项中的经纪人，社会工作者帮助服务对象与拥有资源的服务机构联系，保证服务对象能够获得合适的服务。C 项中的治疗者，社会工作者运用专业的方法和技巧消除或者减轻服务对象的困扰。D 项中的倡导者，社会工作者利用自己的身份和权利倡导机构实行必要的改革，为缺乏资源的服务对象争取更合理的服务，或者动员服务对象一起争取一些合理的资源和服务。E 项中的教育者，社会工作者指导服务对象学习处理问题的新知识、新方法，调整原来的行为方式。题干中，小刘扮演的角色有使能者、教育者和经济人。故本题选 ABE。

69.【答案】ABE。解析：本题考查小组工作中的沟通与互动技巧。专注与倾听能有效地传达对组员的尊重和接纳的信息。社会工作者要通过语言的和非语言的专注，让组员感受到自己处在一个比较安全的关系之中,从而鼓励组员自由、放松地表达自己的感受。同时,社会工作者在倾听时,要注意组员所说的重点,尤其是一些没有预料到的信息。在未完全听懂对方的真正意思前,一定不要与之争辩。A、B两项体现出对组员的接纳与专注;E项鼓励组员放松表达自己的感受。故本题选ABE。

70.【答案】BCD。解析:本题考查小组工作的评估技巧。在小组需求评估中,必须考虑的因素有:小组的整体需求、组员的需求和小组的环境需求。准确评估小组需求,既能满足小组发展的需要,又能满足组员的个体需要,是小组发展的关键环节。故本题选BCD。

71.【答案】ABD。解析:本题考查小组工作各阶段重点。后期成熟阶段是小组工作与活动的理想阶段,这一时期小组的特点主要表现是:小组的凝聚力大大增强、组员关系的亲密程度更高、组员对小组充满了信心和希望、小组的关系结构趋于稳定。故本题选ABD。

72.【答案】ABC。解析:本题考查实施社区工作计划的社区资源开发。在社区工作中的资源开发通常涉及人力和资金,尤其是志愿者的招募和活动经费的筹措。招募志愿者时,可以通过发布广告、张贴海报、散发宣传单等方式向社区或社会公开招募,也可以通过已有的志愿者或社区团体及组织进行招募。如果活动经费不足,可以采用寻找赞助、私人劝募、公益募款等方式筹措资金,但要注意公益募款应遵守相关的法规。故本题选ABC。

73.【答案】ACDE。解析:本题考查地区发展模式的实施策略。地区发展模式的实施策略有:促进居民的个人发展、团结邻里、社区教育、提供服务和发展资源。在发展资源方面,社会工作者要挖掘社区中的人力资源,包括发现、挖掘和培养居民骨干;引进一些社区以外的专业人士或知名人士做顾问,指导社区工作;采取合作互利的方式,推动本社区各类团体关注和参与社区事务等社区参与。故本题选ACDE。

74.【答案】ACE。解析:本题考查社区工作者与居民接触的技巧。一般而言,初次与居民的接触宜短不宜长,结束谈话时,一要感谢居民对社会工作者的信任,感谢居民能够付出时间并提供一些有益的经验和资料;二要总结刚才彼此的谈话,并给予对方一些积极的反馈;三要留下"尾巴",即离开前要告诉居民会进一步联系他们,社会工作者也留下自己和机构的联络方式,鼓励居民主动联系自己。故本题选ACE。

75.【答案】BCD。解析:本题考查的社会服务机构的筹资方法。机构要想从政府、基金会获得经费支持,在项目申请书中要说明以下内容:向政府或基金会申请这笔经费支持的意义,或申请这笔经费(有时是实物)要做什么,其用途要符合社会福利或社会公益目标,符合政府或基金会的资助目标;要说明资助的重要性,即这笔资助对于项目对象的必要性;说明资助额及申请这一数量的原因,需要列出较细致的项目预算;要说明怎样使用这笔资助,即怎样将这笔资助运用于机构的服务;要说明使用这笔资助可能达到的预期效果;要说明使用这笔资助的社会交代的方法,即如何向资助者报告资助项目的结果。故本题选BCD。

76.【答案】ABDE。解析:本文考查的是社会服务方案安排阶段。"社会工作"是由英文Social Work翻译过来的,指的是非营利的、服务于他人和社会的专业化、职业化的活动,故C项错误。故本题选ABDE。

77.【答案】BDE。解析:本题考查问卷资料收集。问卷研究的质量一般通过几个环节予以控制。一是调查过程的督导:在调查员收集资料的过程中,研究者派督导进行同步指导,随时接受调查员的咨询,以保证资料收集的质量。调查员首日完成的调查问卷必须立即递交,督导必须在其递交时当场检查,发现可能存在的问题,予以直接指导。二是资料回收后的检查:调查员递交问卷后,督导或质量检查员要从每个调查员负责的问卷中选择一定比例的问卷进行检查和回访,以判断其问卷质量。对于质量较差的问卷及质量较差调查员完成的问卷,予以相应处理。问卷资料分析前,研究者还应该利用专门软件对所输入的原始资料进行技术检查,以保证准备分析的资料具有可靠性。故本题选BDE。

78.【答案】BCD。解析:本题考查个案研究。个案研究具有以下几个特点:凸显研究的"对象"维度、手段和资料多元化、研究步骤不甚严格、资料详尽深入。故本题选BCD。

79.【答案】ABCD。解析:本题考查家庭可支配收入。《低保审核审批办法》将家庭经济状况界定为申请人及其家庭成员拥有的全部可支配收入和家庭财产。家庭可支配收入是指扣除缴纳的个人所得税及个人按规定缴纳的社会保障性支出后的收入。主要包括工资性收入、家庭经营净(纯)收入、财产性收入、转移性收入,以及其他应当计入家庭收入的项目。家庭财产主要包括银行存款和有价证券、机动车辆(残疾人功能性补偿代步机动车辆除外)和船舶、房屋、债权、其他财产。故本题选 ABCD。

80.【答案】ABDE。解析:本题考查社会救助法规。《城市生活无着的流浪乞求人员救助管理办法》规定,救助站主要提供以下救助服务:(1)提供符合食品卫生要求的食物;(2)提供符合基本条件的住处;(3)对在站内突发疾病的,及时送医院救治;(4)帮助其与亲属或者所在单位联系;(5)对没有交通费返回其住所地或者所在单位的,提供乘车凭证。故本题选 ABDE。

社会工作综合能力(初级)2014年真题参考答案及解析

一、单项选择题

1.【答案】B。解析:本题考查社会工作的特点。社会工作专业价值观的内容:社会工作者对服务对象的看法,在实践中,社会工作应将服务对象看作是一个与自己有平等价值的人,是有潜力改变且有能动性的个体,社会工作者要充分相信服务对象自身所具有的优势,并在工作过程中注意倾听服务对象的声音,将他们视为合作伙伴,确立与服务对象的民主关系。本题中,小李的做法正体现了社会工作注重专业价值的特点。故本题选B。

2.【答案】A。解析:本题考查社会工作的相关内容。本土社会工作的伦理实践与国际社会工作专业伦理相结合,源自西方发达国家的社会工作专业标准和伦理体系在中国文化和社会里应作出相应的调整,应与中国本土社会相结合起来,要以务实的态度处理好国际与本土之间的差异,故B项错误。在助人活动中,社会工作者经过分析求助者或服务对象的问题,选择科学的、合适的专业方法提供服务。因为助人活动所要解决的问题是比较复杂的,服务对象的需求也不同,所以技术的运用也应是复杂多样的。社会工作的实践性不但要求社会工作者有理论联系实际的能力,而且要有根据情况的变化不断改变工作方法与技巧的能力,故C项错误。社会工作机构存在于政府、家庭、学校、企业、医院、公益慈善(社会组织和事业单位)等多个领域,在许多情况下,社会工作者要通过联络其他人或政府、服务机构才能执行具体任务,故D项错误。故本题选A。

3.【答案】A。解析:本题考查社会工作的目标。危难是社会或个人原因,个体的身体受到严重损伤、个人的基本生活能力受到严重削弱,致使其自身生存遭受严重威胁以致生命遭遇危机的状态。当个体的生命受到威胁、个人的基本生活受到严重损害时,政府和社会有责任帮助他们解除危机,帮助他们生存下来、生活下去。社会工作的目标之一就是帮助受助者脱离危难。故本题选A。

4.【答案】C。解析:本题考查社会工作对社会的功能。社会和谐是社会各构成要素之间良性互动,社会成员之间相互接纳、平等相处的生活状态。故本题选C。

5.【答案】D。解析:本题考查社会工作的主要服务领域。社会工作的主要服务领域包括:儿童及青少年服务、老人社会服务、妇女社会服务、康复服务、社会救助、就业服务、心理健康服务、家庭服务、医疗社会工作、学校社会工作、矫治服务、城乡社区发展、军队社会工作、企业社会工作。A项属于老年人社会服务,C项属于妇女社会服务,D项属于儿童及青少年服务、心理健康服务和家庭服务三个领域。故本题选D。

6.【答案】C。解析:本题考查人类行为和社会环境的关系。人类行为和社会环境的关系:(1)人类要适应社会环境;(2)社会环境影响个人行为;(3)社会环境和生物遗传共同对人类行为产生影响;(4)人类行为能够改变社会环境;(5)人类行为与社会环境相互影响。故本题选C。

7.【答案】A。解析:本题考查学校社会工作。学校社会工作主要有三种方式:(1)治疗型学校社会工作,是针对"问题学生"失常的心理和行为而开展的工作,其目的是帮助他们解决问题、正常发展;(2)变迁型学校社会工作,是帮助学生适应剧烈的社会变迁而开展的工作,包括各种辅导活动;(3)社区-学校型学校社会工作,是把社会工作延伸到学校之外,包括联系学生家长、实现家校沟通、对高校学生提供追踪服务、开展社区教育以利于学生学习与成长。学校对学生进行分班,算不上剧烈的社会变迁,故不应采用变迁型学校社会工作。故本题选A。

8.【答案】A。解析:本题考查国际社会工作界认同的专业价值观。国际社会工作界认同的专业价值观是:(1)服务大众。社会工作者应当将服务社会中有需要的困难人群作为自己的首要任务,要超越个人利益为社会大众提供专业的社会服务。(2)践行社会公正。社会工作者追求社会公正,在服务中与服务对象一同工作,并了解他们的问题和需要,在社会政策过程中倡导公正并寻求积极的社会变革。(3)强调服务对象个人的尊严和价值。社会工作者对每一位服务对象都给予关心和尊重,应充分认识和理解服务对象个体在生理、心理和社会文化等各方面存在的差异,同时对文化和种族的多元性保持开放与敏锐的意识。(4)注重服务中人与人之间关系的重要性。(5)待人真诚和守信。社会工作者应坦诚地对待服务对象,并敢于认识到自身的不足,能真诚地分享自我问题和需要,坚持专业的使命、价值观、伦理原则与标准,并有效地运用它们开展社会服务。(6)注重能力培养和再学习。故本题选 A。

9.【答案】C。解析:本题考查社会工作价值观的操作原则。在专业服务过程中,社会工作者要从内心接纳服务对象,将他们看作是工作过程中的重要伙伴,对服务对象的价值偏好、习惯、信仰等都应保持宽容与尊重的态度,绝不因为服务对象的生理、心理、种族(或民族)、性别、年龄、职业、社会地位、信仰等因素对他们有任何歧视,更不能因为上述原因而拒绝为服务对象提供社会服务。在这里,接纳不等于认同,它是指社会工作者对服务对象的价值与个人背景特征的一种包容,也是专业社会工作者对社会大众统一的服务态度,是建立专业助人关系的重要前提。对服务对象而言,他们每个人都有权利获得专业社会工作者提供的专业服务。故本题选 C。

10.【答案】D。解析:本题考查我国社会工作专业实践的价值观。我国社会工作专业实践的价值观包括平等待人,注重参与社会工作的实践建立在专业的工作关系基础上,它要求社会工作者与服务对象相互理解与合作,形成有效的工作关系,共同面对问题,共同寻找问题的解决途径和方法。在这一过程中,社会工作者要充分尊重服务对象的意愿和想法,主动询问服务对象对问题的看法,尽量减少自己的主观判断和意见。在对服务对象的需要满足和问题的解决策略上,社会工作者要试图与服务对象进行良好的沟通,尊重服务对象个人的意见和决定,避免因个人的主观臆测和偏见对服务对象造成伤害。在本题中,社区内是否应该可以养狗应该由居民自己决定。故本题选 D。

11.【答案】D。解析:本题考查社会工作专业的伦理守则。社会工作者应遵守恪守公私界限的专业伦理守则,不应随便接受服务对象给予的礼物或其他好处。故本题选 D。

12.【答案】A。解析:本题考查社会工作实践中面临的伦理困境。价值观是人们对世界、社会及自然的根本看法。每个人的价值观念是不同的,每个人也有每个人的价值追求,因此价值观的内容是多样的。在社会工作中若遇到当案主的行为违反一般道德或当案主的价值与社会工作的价值相左时,不能用自己的价值观念或用明确的价值判断和道德判断来标定案主,这些都是违反专业价值的接纳原则的。社会工作者小周对于家庭暴力行为一直持痛恨的态度,但是在专业服务过程中,要求社会工作者从内心接纳服务对象,所以就产生了个人价值观和专业价值观的冲突。故本题选 A。

13.【答案】C。解析:本题考查社区对人类行为的影响。社区对人类行为的影响主要有四个方面:(1)社区成员具有某些共同特征,如相似的社会经济地位、生活方式、文化和风俗习惯等;(2)社会成员之间存在复杂的社会交往关系,在交往中影响彼此的行为方式;(3)社区本身是一种社会组织,有本身的社会规范,对社区成员的行为具有约束作用;(4)社区成员对社区具有强烈认同感和归属感,这也影响社区成员的行为。故本题选 C。

14.【答案】D。解析:本题考查青年阶段面临的主要问题。根据家庭生命周期理论,小陆处于学龄前子女家庭阶段,此时的任务要求是学习父亲和母亲的角色,调整夫妻的角色。故本题选 D。

15.【答案】B。解析:本题考查马斯洛的需要层次论。马斯洛认为,只有满足了低级需要之后才会产生高级需要,最占优的需要将支配一个人的意识和行为,因此 A、D 两项错误。尊重的需要又可分为内部尊重和外部尊重,内部尊重即自尊,外部尊重是指一个人希望有地位、有威信,受到别人的尊重、信赖和高度评价,因此 B 项正确。马斯洛需要层次理论也存在局限和不足,离开了人的社会历史条件,离开了人的社会实践,抽象地谈人性和人性的自我实现,没有看到个人需要和历史条件、制度等社会因素的关系,因此 C 项错误。故本题选 B。

16.【答案】A。解析:本题考查家庭教养模式。民主型家庭教养方式,家庭成员间相互尊重、平等交流,对子女既有约束,又有鼓励。民主型教养方式下的孩子自尊、自信、自律强,具有创造性,社交力强,具有成就动机等良好社会适应性的个性特征。故本题选 A。

17.【答案】A。解析：本题考查中年阶段的主要特征。中年阶段的社会性发展变化主要表现在：第一，感情深沉稳定，性格也完全定型，意志成熟坚毅，情感控制能力加强，道德和理智感上升；第二，婚姻中责任感已经超越情感，婚姻更加务实；第三，处于事业成败的关键期。A项正确，B项是老年阶段社会性发展特征，C项是青年阶段社会性发展特征，D项是青少年阶段社会性发展特征。故本题选A。

18.【答案】C。解析：本题考查间接治疗技巧。间接治疗技巧是指通过辅导第三者或者改善环境间接影响服务对象的具体技巧。C项即属于间接治疗。故本题选C。

19.【答案】D。解析：本题考查危机的分类。危机通常分为两类：一是成长危机，即每个人在成长过程中需要面对不同的任务而产生的危机；二是情境危机，即因生活情境的突然改变而引发的危机。本题中，张先生因经历工厂火灾这一情境而引起的身心紧张，属于情境危机。故本题选D。

20.【答案】A。解析：本题考查个案工作过程。个案工作过程包括两个方面的工作重点：收集与服务对象问题有关的资料和对服务对象问题进行评估。故本题选A。

21.【答案】B。解析：本题考查个案工作的工作重点。对于那些需要立即获得帮助的求助者，社会工作者应给予必要的鼓励，增强他的改变动力和信心，促使其成为能够获得机构有效服务的服务对象。故本题选B。

22.【答案】D。解析：本题考查会谈的支持性技巧。同理，即社会工作者设身处地体会服务对象的内心感受，理解他的想法和要求。故本题选D。

23.【答案】C。解析：本题考查会谈的引领性技巧。澄清，即社会工作者引导服务对象重新整理模糊不清的经验和感受。故本题选C。

24.【答案】D。解析：本题考查影响性技巧。影响性技巧是社会工作者为服务对象提供必要的信息或者建议，让服务对象采取不同的理解和解决方法的一系列技巧，主要包括提供信息，自我披露，建议忠告和对质。D项属于影响性技巧中的建议。故本题选D。

25.【答案】C。解析：本题考查心理社会治疗模式的特点。对服务对象的有关资料进行整理和分析，寻找服务对象问题产生、变化的原因和过程，这个阶段称为心理社会治疗模式的诊断阶段。心理社会治疗模式的诊断包括心理动态诊断、缘由诊断和分类诊断。心理动态诊断是对服务对象的人格的各部分之间的互动关系进行评估。故本题选C。

26.【答案】C。解析：本题考查小组的类型。支持小组一般是由某一共同性问题的小组组员组成的。通过小组组员彼此之间提供的信息、建议、鼓励和感情上的支持，达到解决某一问题和改变成员的效果。在支持小组中，最重要的是小组组员的关系建构、相互交流和相互支持。本题中的单亲爸爸小组属于支持小组。故本题选C。

27.【答案】C。解析：本题考查小组工作的模式。互动模式亦称交互模式或互惠模式，是基于人与环境和人与人之间的关系而建立的一种小组模式，旨在通过组员之间、组员与小组及社会环境之间、小组与社会环境之间的互动关系，促使组员在小组这个共同体的相互依存中得到成长，增强组员的社会功能，提升其发展能力。社会工作者通过组织小组活动及组员之间的互动，可以发掘组员的自身潜能，增强他们社会交往与社会生活的信心、知识和能力。本题中，小李最宜采用的小组工作模式为互动模式。故本题选C。

28.【答案】B。解析：本题考查与组员沟通的技巧。适当自我表露，即社会工作者可以有选择地将亲身的经历、体会、态度和感受向组员坦白，向组员传递真诚，让组员感受到"你"的信任。通过这种信任关系情境的建构，促使成员也能够坦白陈述自己的问题和需要，从而使社会工作者和组员双方在组员问题及需求上达成共同的认识。故本题选B。

29.【答案】C。解析：本题考查主持小组讨论的工作技巧。当一些小组组员垄断小组讨论时，或当小组的发言太抽象时，或当小组讨论脱离主题范围时，社会工作者要采取限制的手段来处理小组或小组组员的行为。在讨论预防措施时，小李却讨论歧视现象，属于脱离主题范围，故社会工作者小马可采取限制手段来处理小李的行为。故本题选C。

30.【答案】A。解析：本题考查小组中期转折阶段社会工作者的任务。小组中期转折阶段社会工作者的任务：(1)处理抗拒行为；(2)协调和处理冲突；(3)保持组员对整体目标的意识；(4)协助组员重新构建小组；

(5)适当控制小组的进程。故本题选A。

31.【答案】C。解析:本题考查小组工作后期成熟阶段的特征。后期成熟阶段,小组的关系结构稳定,小组活动运作状态良好,组员之间更愿了解和被了解,更愿意接纳他人,更愿相互合作、相互支持、相互肯定,提出的建议或计划也更加现实。小组及组员的一般特点表现为:(1)小组的凝聚力大大增强;(2)组员关系的亲密程度更高;(3)组员对小组充满了信心和希望;(4)小组的关系结构趋于稳定。故本题选C。

32.【答案】A。解析:本题考查后期成熟阶段社会工作者的任务。社会工作者要协助和鼓励组员进一步自我表露,更深地自我探索,以获得更正确的自我认识。同时通过他人的回馈反省自己,让组员对事务有更客观的了解,对自己问题的形成原因和可能改变的方法,以及对环境、对自己与环境的关系有更深的认知。故本题选A。

33.【答案】B。解析:本题考查社会工作者与组员沟通的技巧。社会工作者与组员沟通的技巧包括:(1)营造轻松、安全的氛围;(2)专注与倾听;(3)积极回应;(4)适当自我表露;(5)对信息进行磋商;(6)适当帮助梳理;(7)及时进行小结。故本题选B。

34.【答案】A。解析:本题考查社区工作的过程目标。所谓过程目标,是指促进社区居民的一般能力:加强社区居民对公民权利和义务的了解;增强居民解决社区问题的能力、信心和技巧;发现和培育社区居民骨干参与社区事务;建立社区内不同群体的合作关系等。故本题选A。

35.【答案】B。解析:本题考查社会策划模式的实施策略。自我评估,即社会工作者要评估所在社会服务机构组织的优点和不足,以清楚地确定目标、界限或范围。故本题选B。

36.【答案】B。解析:本题考查社区照顾模式的特点。社区照顾模式的特点有以下四点:(1)协助服务对象正常地融入社区。(2)强调社区责任。(3)非正规照顾是重要因素。社区照顾模式认为,社区内存在着许多人际关系网络,这些关系网络对社区成员的生活有很大影响,它可以为人们提供重要的精神、物质、服务方面的援助。由家庭、亲朋好友、邻居提供的关照是非正式照顾。(4)提倡建立相互关怀的社区。故本题选B。

37.【答案】D。解析:本题考查社区照顾模式中社会工作者的工作对象。社区照顾模式中社会工作者的工作对象有两类:一是传统的服务对象,如老人、残疾儿童、精神病人;二是家庭中照顾对象的照顾者,如不能自理的高龄老人的子女、弱智儿童的家长等。故本题选D。

38.【答案】C。解析:本题考查社区需要分析。比较性需要,即需要的产生是基于与某种事物所作的比较。如一些居民获得了服务,但另一些相类似的人却没有得到同样的服务,后者知道了这些情况便会产生新的需要。这种与其他个人和社区比较而产生的需要称为比较性需要。故本题选C。

39.【答案】D。解析:本题考查社区工作技巧。以招募为目的的居民接触技巧,即社会工作者通常以居民的需要和问题为介入点,运用探索感受、反映感受、重述、鼓动等沟通技巧了解居民的态度和立场,鼓励居民参与。本题中小黄运用的技巧是鼓动。故本题选D。

40.【答案】B。解析:本题考查主持会议的技巧。转述即用自己的话将发言者所说意见的主要内容精简地表达出来。通过转述,社会工作者可以试探自己是否理解了对方的意思,也可以协助其他与会者清晰地了解发言者的感受和意见。本题中老刘所使用的技巧正是转述。故本题选B。

41.【答案】C。解析:本题考查居民会议的步骤。一般居民会议分为四个步骤:(1)会议前的主要工作是明确开会的目的,准备会议议程和会议所需文件资料,邀请和确保会议关键人物出席,布置会场、设备准备和座位安排。(2)会议中的主要工作是:尽可能按照会议议程一项一项地讨论,每项议程的时间分配尽量严格掌握,适当分配发言和讨论的时间;对与会者的意见,会议主持人应引导大家回应、讨论;会议主持人要多做聚焦、归纳、摘要和总结工作;会议中要有集体气氛,鼓励更多居民表达意见,但要控制开小会的情形;会议要有效率,时间不要拖得太长;会议结束前,要做简短总结,让与会者知道这次会议有什么决定、收获,让居民感到会议是有成效的。(3)会议后的主要工作是:要所有与会者清楚会议的决定;着手立即要做的工作,把重要内容和决定告诉没有参加会议的人;尽快做好会议记录,分发给有关人员,以便工作的开展。(4)行动是要根据会议的决定落实工作;如果有突发情况,要考虑召开紧急会议或征询意见;要及时将工作进展告诉居民。题目中B项为会议前的工作内容,A、D两项为会议后的工作。故本题选C。

42.【答案】A。解析：本题考查社会服务方案的策划步骤。对那些社会网络资源不足或者利用社会网络能力不足的高龄老人，社会工作者应首先给他们以必要的帮助，帮助他们扩大社会网络资源，为其提供养老服务。故本题选 A。

43.【答案】A。解析：本题考查社会服务机构的一般结构类型。直线式组织结构是最简单的组织方式，组织由上而下分为若干层级，各层级中每一个部门地位相等、权责相符，层级间只有直线和垂直关系。直线式的职权是赋予主管指挥其下属的权利，是一种由上而下的指挥关系，主管在其所属的范围内具有绝对的指挥权，各级工作的部署都必须绝对服从其主管，而主管也承担有关活动和实现组织目标的责任。结构比较简单，责任分明，命令统一，适合小张他们这种人员较少的社会工作机构。故本题选 A。

44.【答案】D。解析：本题考查授权的含义。授权是指上级主管部门适当地将职权移交给下属的过程。授权的主要目的是让社会服务机构发挥最大效率，授权也有助于提高下属或员工的满意度、工作动机。社会服务机构主管可授权的内容包括如下三个方面：(1)可以授权任务；(2)可以授予权力；(3)对所授权力要进行明确的限制，强调这个权力仅限于从事某一特定任务。A、B 两项不属于授权，C 项属于授权任务，均不选。只有 D 项属于授予权力。故本题选 D。

45.【答案】B。解析：本题考查督导的含义。社会工作督导是专业训练的一种方法，它是由机构内自身的工作者，对机构新进入的工作人员、一线初级社会工作者、实习学生及志愿者，通过一种定期和持续的监督、指导，传授专业服务的知识和技术，以提高其专业技巧，进而促进他们成长并确保服务质量的活动。本题中，小张的做法即是督导。故本题选 B。

46.【答案】D。解析：本题考查支持性督导。支持性督导的工作内容包括：(1)协助被督导者适应和处理服务工作中所带来的挫折、不满、失望、焦虑等各种情绪，帮助被督导者增强自我功能；(2)给予关怀和支持，让被督导者在工作过程中产生安全感，并愿意尝试新工作；(3)协助被督导者发现工作成效，并能自我欣赏；(4)给予被督导者从事专业的满足感和价值感，促进其对专业的认同，进而愿意持续投身社会服务工作。本题中老蔡应为小李提供支持性督导，D 项的回应，既安抚了小李的情绪，同时又为小李的下一步工作指明了方向，故是最合适的。故本题选 D。

47.【答案】C。解析：本题考查教育性督导的内容。社会工作督导的教育性功能要求督导者不仅要为被督导者提供完成工作所需的知识，并要协助社会工作者由"知"转为"做"，督导通过个别督导或团体会谈，发挥知识能力学习与自我觉醒反馈的效能。老王向小刘教导有关"工作过程"的知识，小刘应该如何行动，这一工作过程属于教育性督导。故本题选 C。

48.【答案】B。解析：本题考查定性研究的特点。定性研究注重具体独特的现象，注重收集和分析非数字化资料，故 A 项错误。在定性研究中，理论往往是研究结果的提炼产品，研究者通过观察、访问等非控制性的、自然的手法收集非数量的资料，故 C 项错误。定性研究不一定要事先设定假设，其理论假设可以在研究过程中逐步形成和完善，其过程发现需要进行抽象的提炼和归纳，才有可能达到理论层面，故 D 项错误。故本题选 B。

49.【答案】C。解析：本题考查问卷设计。访问问卷是由访问员向被调查者提问并记录其回答的问卷。当被调查者文化水平较低或调查问题较复杂时，使用访问问卷特别合适，故 A 项错误。问卷调查收集数据的内容、时间、格式基本统一，从而资料处理相对容易并便于比较，故 B 项错误。描述性研究的问卷应多围绕基本问题展开，故 D 项错误。故本题选 C。

50.【答案】B。解析：本题考查问题和答案的设计。所谓"双重含义"是指一句提问中有两个或多个问题，"您的亲戚和朋友多吗?"该问题就包含了亲戚多少和朋友多少两个问题。故本题选 B。

51.【答案】D。解析：本题考查问题的指标属性。问题的指标属性可以分为状态、行为与态度三种。状态说明被访者在访问时的状况，一般不会轻易变化；行为说明被访者在访问前做了什么；态度说明被访者对某些事项的看法或感受。A 项属于状态，B、C 两项属于态度，D 项属于行为。故本题选 D。

52.【答案】B。解析：本题考查定量研究中资料整理阶段的工作。资料整理与分析是整个研究工作的重要环节，可以去伪存真、由表及里，把握真实、可靠、全面、深入的资料。资料整理：第一，给答案编上数字代号；第二,将完成编码的问卷资料输入电脑。故本题选 B。

53.【答案】C。解析:本题考查对未成年人的社会保护。营业性歌舞娱乐场所、互联网上网服务营业场所等不适宜未成年人活动的场所,不得允许未成年人进入,故 C 项错误。故本题选 C。

54.【答案】D。解析:本题考查劳动争议的处理程序。《劳动争议调解仲裁法》规定,发生劳动争议,劳动者可以与用人单位协商,也可以请工会或者第三方共同与用人单位协商,达成和解协议。发生劳动争议,当事人不愿协商、协商不成或者达成和解协议后不履行的,可以向调解组织申请调解;不愿调解、调解不成或者达成调解协议后不履行的,可以向劳动争议仲裁委员会申请仲裁;对仲裁裁决不服的,除该法另有规定外,可以向人民法院提起诉讼。故本题选 D。

55.【答案】A。解析:本题考查家庭关系中夫妻关系的规定。夫妻在婚姻关系存续期间所得的下列财产归夫妻共同所有:(1)工资、奖金,指在夫妻关系存续期间一方或双方的工资、奖金收入及各种福利性政策性收入、补贴;(2)生产、经营的收益,指的是在夫妻关系存续期间,夫妻一方或双方从事生产、经营的收益;(3)知识产权的收益,指的是在夫妻关系存续期间,夫妻一方或双方拥有的知识产权的收益;(4)继承或赠予所得的财产,是指在夫妻关系存续期间一方或双方因继承遗产和接受赠予所得的财产。对于继承遗产的所得,指的是财产权利的取得而不是对财产的实际占有。即使婚姻关系终止前并未实际占有,但只要继承行为发生在夫妻关系存续期间,所继承的财产也是夫妻共同财产;(5)其他应当归共同所有的财产。有下列情形之一的,为夫妻一方的财产:(1)一方的婚前财产;(2)一方因身体受到伤害获得的医疗费、残疾人生活补助费等费用;(3)遗嘱或赠予合同中确定只归夫或妻一方的财产;(4)一方专用的生活用品;(5)其他应当归一方的财产。因此B、C、D 三项均为夫妻一方财产。故本题选 A。

56.【答案】A。解析:本题考查最低生活保障对象认定的基本条件。户籍状况、家庭收入和家庭财产是认定最低生活保障对象的三个基本条件。故本题选 A。

57.【答案】B。解析:本题考查工资保障规定。在最低工资保障方面,国家实行最低工资保障制度。劳动者与用人单位形成或建立劳动关系后,在法定工作时间内提供了正常劳动的,其所在用人单位应当支付其不低于最低工资标准的工资。故本题选 B。

58.【答案】D。解析:本题考查工伤的认定。(1)工伤的认定条件包括:①在工作时间和工作场所内,因工作原因受到事故伤害的;②工作时间前后在工作场所内,从事与工作有关的预备性或者收尾性工作受到事故伤害的;③在工作时间和工作场所内,因履行工作职责受到暴力等意外伤害的;④患职业病的;⑤因工外出期间,由于工作原因受到伤害或者发生事故下落不明的;⑥在上下班途中,受到机动车事故伤害的;⑦法律、行政法规规定应当认定为工伤的其他情形。(2)可视同为工伤的条件包括:①在工作时间和工作岗位,突发疾病死亡或者在 48 小时之内经抢救无效死亡的;②在抢险救灾等维护国家利益、公共利益活动中受到伤害的;③职工原在军队服役,因战、因公负伤致残,已取得革命伤残军人证,到用人单位后旧伤复发的。(3)不认同为工伤的条件包括:①因犯罪或者违反治安管理伤亡的;②醉酒导致伤亡的;③自残或者自杀的。题中 D 项,老王连续加班致死,符合工伤认定条件。故本题选 D。

59.【答案】B。解析:本题考查失业保险金的标准。失业保险金的标准,按照低于当地最低工资标准、高于城市居民最低生活保障标准的水平,由省、自治区、直辖市人民政府确定。故本题选 B。

60.【答案】D。解析:本题考查城乡居民最低生活保障制度。我国政府针对家庭贫困而无法入学的学生建立了教育救助制度。不同的教育阶段有不同的教育救助政策。在义务教育阶段,主要是减免学费、教科书费,补助困难学生住宿费用和午餐费等;在中、高等教育阶段,主要是提供学校报到路费,发放国家助学金、励志奖学金等。故本题选 D。

二、多项选择题

61.【答案】BCD。解析:本题考查社会工作的要素。社会工作的助人方法不只是指在实际工作中所使用的一般方法,而且还指社会工作者群体在长期的助人实践中形成的、经过实践检验行之有效的做法,因此 A 项错误。对于助人活动,不能将其简单地理解为社会工作者对服务对象的单项支持。实际上,助人活动是双方围绕解决困难和问题而展开的活动,因此 E 项错误。故本题选 BCD。

62.【答案】BCDE。解析:本题考查社会工作价值观的操作原则。每个人都应当有权利和机会发展个性,社会工作者应当尊重服务对象的个体差异,不应当使用一般或统一的服务方法回应他们的独特需要,要充分考虑到服务对象在性别、年龄、职业、社会地位、政治信仰、宗教以及精神或生理残疾状况等方面存在的差异,A项错误。B、C、D、E四项均正确。故本题选BCDE。

63.【答案】AB。解析:本题考查社会工作专业伦理的主要内容。社会工作专业伦理的主要内容:(1)对服务对象的伦理责任。对服务对象的义务、自我决定、知情同意、文化能力、实践能力、隐私和保密等。(2)对同事的伦理责任。尊重、保密、合作、咨询、服务的转介等。(3)对服务机构的伦理责任。督导与辅导、教育与培训、服务对象的档案管理、服务对象的转介、行政管理等。(4)作为专业人员的伦理责任。实践能力、个人道德等。(5)对社会工作专业的伦理责任。专业的完整性、评估和研究等。(6)对全社会的伦理责任。社会福利、公众参与、公共紧急事件、社会行动等。C项违背了对服务对象的保密责任;E项违背了对服务对象的义务;D项违背了对全社会的伦理责任。故本题选AB。

64.【答案】ACE。解析:本题考查大众传媒对人类行为的影响。大众传媒对人类行为的影响主要表现在六个方面:(1)可以为受众提供支持其固有立场、观点和行为的有关情况,从而增强受众的固有观念和行为。A项正确。(2)在争议不大且没有其他因素干扰的情况下,大众传媒只要重复传播内容,就能直接改变受众的行为。没有说改变是变好还是变坏。因此B项错误。(3)可以使受众不断改变其原有立场。因此C项正确。(4)可以为受众提供支持其已有行为的信息。(5)可以提供有行为起引导作用的信息。因此E项正确。(6)为受众指出行为规范,其结果是形成某种文化规范。因此D项错误。故本题选ACE。

65.【答案】CD。解析:本题考查马斯洛需求层次理论。马斯洛需求层次理论:(1)生理上的需要。这是人类维持自身生存的最基本要求,包括饥、渴、衣、住、行等方面的要求。(2)安全上的需要。这是人类要求保障自身安全、摆脱事业和丧失财产的威胁、避免职业病的侵袭、接触严酷的监督等方面的需要。(3)感情上的需要。这一层次的需要包括两个方面的内容。一是友爱的需要,二是归属的需要。(4)尊重的需要。人人都希望自己有稳定的社会地位,要求个人的能力和成就得到社会的承认。(5)自我实现的需要。这是最高层次的需要,它是指实现个人理想抱负,发挥个人的能力到最大程度,完成与自己的能力相称的一切事情的需要。本题中,学校社会工作者的服务满足了外来务工人员子女的尊重的需要及爱与归属的需要。故本题选CD。

66.【答案】CDE。解析:本题考查收集资料的技巧。收集资料的技巧包括:(1)会谈的运用;(2)调查表的运用;(3)观察的运用;(4)现有资料的运用。故本题选CDE。

67.【答案】ABCE。解析:本题考查个案服务结案时社会工作者的工作。为了帮助服务对象顺利面对服务工作的结束,社会工作者需要做好以下四项工作:(1)预先告知服务对象,让服务对象对服务结束做好准备;(2)巩固服务对象在已经开展的服务工作中获得的改变和进步;(3)与服务对象一起进一步探讨影响问题解决的因素,为服务对象结案之后独立面对问题做好准备;(4)鼓励服务对象表达结案时的情绪,与服务对象一起探讨结案后的跟进工作。结案最常用的有以下三种:(1)直接告诉服务对象;(2)延长服务间隔的时间;(3)变化联系方式。故本题选ABCE。

68.【答案】BD。解析:本题考查个案工作的引领性技巧。引领性技巧是社会工作者主动引导服务对象探索自己过往经验的一系列技巧,主要包括:(1)澄清。社会工作者引导服务对象重新整理模糊不清的经验感受。(2)对焦。社会工作者将服务对象偏离的话题或者宽泛的讨论收窄,集中讨论焦点话题。(3)摘要。社会工作者将服务对象过长的对话或者不同部分的话题进行整理,概括和归纳其中的要点。A项采用了同理心的技巧,B项采用了澄清的技巧,C项采用了忠告的技巧,D项采用了对焦的技巧,E项采用了对质的技巧。故本题选BD。

69.【答案】ABD。解析:本题考查开始阶段小组工作的重点。开始阶段小组工作的重点在于帮助小组成员之间建立信任关系。因此,社会工作者应重点做好下列工作:(1)协助小组组员彼此认识以消除陌生感;(2)帮助小组组员厘清对小组的期望;(3)讨论保密原则和建立契约;(4)制定小组规范;(5)营造信任的小组氛围;(6)形成相对稳定的小组关系结构。故本题选ABD。

70.【答案】BDE。解析:本题考查小组工作准备阶段的任务。小组工作准备阶段的任务包括:(1)组员的

81

招募及甄选;(2)确定工作目标;(3)制定工作计划;(4)申报并协调资源;(5)小组的规模与工作时间;(6)活动场地及设施的选择和安排。A、C两项是开始阶段小组工作的主要任务。故本题选BDE。

71.【答案】AC。解析：本题考查互动模式的实施原则。互动模式的实施原则:(1)开放性的互动。互动模式下的小组目标是促使组员之间、组员与小组和社会系统之间达到开放,实现良性互动。小组目标的焦点既在于个人,也在于环境,更在于个人、小组、环境之间的开放和互动。(2)平等性的互动模式要求组员在小组中养成平等的关系,通过与其他组员的沟通理解、互动达成共识,共同实现小组的目标并由此获得个人的发展。该模式强调小组组员间的平等及个体独立性。(3)"面对面"的互动。组员之间密切的互动关系是小组存在和发展的动力。作为小组的指导者和协调者,社会工作者尤其要促使成员之间"面对面"澄清其苦恼的问题、尚未满足的需求,认清其在小组中承担的角色。同时,通过这种"面对面"的沟通、协商、讨论,促使组员寻找小组的共同需求,挖掘小组的正向动力,主动思考和解决问题,整合社会资源,实现组员个人及小组的发展目标。A项符合开放性的互动原则,C项符合"面对面"的互动原则。故本题选AC。

72.【答案】ABD。解析：本题考查社区照顾模式的实施策略。"由社区照顾"的重点是积极协助困难群体和有需要的人士在社区中重新建立支持网络。网络大致可以分为三类:(1)提供直接服务的网络,这类服务较多的是以社区为基础,在同一社区内动员亲人、邻居、居民组织或志愿者等去关怀社区内有需要的人士,借此建立一个支援系统,因此A项正确。(2)服务对象自身的互助网络,这是指建立服务对象本身的互动小组,使他们能够以助人自助的方式相互支持,因此D项正确;(3)社区紧急支援网络,这是帮助个人及家庭预防突发事故或危机而建立的支持网络,因此B项正确。C、E两项为对社区照顾的服务内容。故本题选ABD。

73.【答案】ACD。解析：本题考查社区工作准备阶段的重点。社区工作准备阶段的重点有:(1)社区基本情况分析:社区的地理环境,社区内的人口状况,社区内的资源,社区内的权力结构,社区的文化特色。因此A项正确。(2)社区需求分析:社会工作者常常因为社区存在迫切的需要而组织居民共同解决问题,社区居民也因共同解决社区需要和问题而建立了社区意识。因此C项正确。(3)社会工作者常用访问法和社区普查了解居民对社区的看法和需要。访问法,通过与各类社区居民面对面的谈话,能深入了解社区的需要;社区普查,通过调查问卷或访问对社区中每一个家庭进行调查,了解他们对社区需要的想法。因此D项正确。故本题选ACD。

74.【答案】CD。解析：本题考查居民骨干培养技巧。居民骨干中相当部分的人缺乏管理知识,依靠热情工作,不懂得权责分工,将许多工作集中在自己身上,造成分工不明、责权不清,导致居民骨干之间出现摩擦和工作效率低下。社会工作者应加强居民骨干的权责分工意识,让他们认识到只有分工合作,才能做好社区工作。故本题选CD。

75.【答案】BCD。解析：本题考查"可行性方案模型"的筛选标准。"可行性方案模型"有六个筛选标准:(1)效率;(2)效果;(3)可行性;(4)重要性;(5)公平;(6)附加结果。故本题选BCD。

76.【答案】ABC。解析：本题考查社会服务机构的资金来源。获得省级示范养老机构的政府奖励,属政府资助;服务收费140万元,属经营收入;基金会慈善捐款20万元,属民间捐助。故本题选ABC。

77.【答案】ACD。解析：本题考查定性研究。社会工作者小林进行的"员工帮助计划"需求评估属于定性研究。因为其目的是帮助解决员工及其家庭成员的各种心理和行为问题,所以他的研究注重的是具体独特的现象,收集和分析的是非数字化资料,描述回答者所经历的现实,探索社会关系,从而对个体进行理解、阐释和深度描述,因此A项正确。定性研究不一定要事先设定假设,其理论可以在研究过程中逐步形成和完善,其过程发现需要进行抽象的提炼和归纳,才有可能达到理论层面,因此C项正确。定性研究注重研究对象,有助于发现研究问题的个别性和特殊性,因此D项正确。故本题选ACD。

78.【答案】BCDE。解析：本题考查个案研究的优点。个案研究的优点主要包括:可以了解研究对象各方面的状况,进而对其有全面和深入的认识;有助于澄清概念和确定变量,从而有利于进一步的实证研究;有助于进行探索性研究,发现重要的变项以及提供有用的范畴,从而拟定假设或建立理论;由于资料广泛深入,个案研究有利于客观、深入、准确地把握研究对象的问题、需要及其原因机制,有利于提出有效和具体的处理办法或解决方案。故本题选BCDE。

79.【答案】ABCD。解析:本题考查具体医疗救助标准的制定依据。在切实将城乡低保家庭成员和五保户纳入医疗救助范围的基础上,逐步将其他经济困难家庭人员纳入医疗救助范围。其他经济困难家庭人员主要包括低收入家庭重病患者以及当地政府规定的其他特殊困难人员。具体救助对象界定标准由地方民政部门会同财政等有关部门,根据本地经济条件和医疗救助基金筹集情况、困难群众的支付能力以及基本医疗需求等因素制定,并报同级人民政府批准。故本题选 ABCD。

80.【答案】ACE。解析:本题考查失业保险金领取的期限。《失业保险条例》规定,失业人员失业前所在单位和本人按照规定累计缴费时间满 1 年不足 5 年的,领取失业保险金的期限最长为 12 个月;累计缴费时间满 5 年不足 10 年的,领取失业保险金的期限最长为 18 个月;累计缴费时间 10 年以上的,领取失业保险金的期限最长为 24 个月;重新就业后再次失业的,缴费时间重新算,领取失业保险金的期限可以与前次失业应领取而尚未领取的失业保险金的期限一并计算,但是最长不得超过 24 个月。故本题选 ACE。

社会工作综合能力(初级)2013年真题参考答案及解析

一、单项选择题

1.【答案】C。解析:本题考查社会工作者的直接服务角色。社会工作者在对受助者提供服务时,不但要提供直接服务或帮助,也要鼓励其在可能的情况下自强自立,克服困难,自我决策,即"助人自助"。故本题选 C。

2.【答案】A。解析:本题考查社会工作职业助人的特点。社会工作是一种专业助人活动,专业助人是它的一个特点。社会工作以社会上极度困难和比较困难的群体为主,决定了这种助人活动的艰巨性,而国家和社会对这种活动的较高要求使其走向职业化。与王大妈相比,小杜从事的专业助人活动的特点是职业性。故本题选 A。

3.【答案】B。解析:本题考查社会工作多方协同的特点。社会工作者介入的大多是比较复杂的问题,在解决这些问题的过程中常常既需要社会工作者之间的分工,也需要他们之间的合作,很多时候社会工作者也要与其他人员合作,共同解决服务对象遇到的比较复杂的问题。题目中体现的就是社会工作的多方协同性。故本题选 B。

4.【答案】B。解析:本题考查社会工作在服务对象层面的目标。社会工作在服务对象层面的目标包括解救危难、缓解困难、促进发展。A、C 两项为社会工作在社会层面的目标,这两项排除;危难是因社会或个人原因,人体的身体受到严重损伤、个人的基本生活能力受到严重削弱,致使其自身生存受到严重威胁、生命遭遇危机的状态,排除 D 项。故本题选 B。

5.【答案】A。解析:本题考查社会工作在服务对象层面的功能。社会工作者通过为服务对象提供帮助可以达到促进服务对象正常生活,促进其与社会环境的相互适应。其中促进服务对象正常生活是指社会工作者向服务对象提供各种具体的帮助和服务,解决其困难,增强其能力,帮助他们能正常生活。题目中社会工作者的工作就体现了这一点。故本题选 A。

6.【答案】A。解析:本题考查社会工作的要素。专业价值观是社会工作的要素之一。社会工作的价值观是利他主义,即以帮助他人、服务于他人、促进社会福利和社会公正为自己行动的目标。价值观是社会工作的灵魂,只有在为他人服务的价值观的指导下,社会工作者才会自觉地、持久地开展工作,才会尽最大可能去帮助他人。故本题选 A。

7.【答案】C。解析:本题考查社会工作主要服务领域中的家庭服务。家庭服务是因社会或家庭成员方面的原因使正常的家庭生活陷入困境而由社会工作者提供的支持性服务。家庭服务以家庭整体为服务对象,其目的是通过协调家庭成员之间、家庭与环境之间的关系,帮助恢复家庭成员的正常生活,发挥家庭的正常功能。题目中,社会工作者所进行的是社会工作的家庭服务。故本题选 C。

8.【答案】D。解析:本题考查社会工作价值观的操作原则。在专业实践活动中,社会工作者可从以下五个主要方面来实践专业价值观:(1)对服务对象的接纳,但接纳不等于认同,它是指社会工作者对服务对象的价值观与个人背景特征等的一种包容,因此 A 项错误;(2)对服务对象的尊重与包容,在服务过程中,社会工作者不应将自身的价值观强加于服务对象,更不应指责和批判服务对象的言行和价值观,因此 C 项错误;(3)注重个别化原则,社会工作者应当尊重服务对象的个体差异,不应当使用一般或统一的服务方法回应他们的独特需要,要充分考虑服务对象在性别、年龄、职业、社会地位、政治信仰、宗教以及精神或生理残疾状况等方面存在的价值差异,及其与社会主流价值之间可能存在的冲突,因此 D 项正确,在提供服务时,不能仅依据信仰来决定提供服务的方式,因此 B 项错误;(4)自我决定与知情同意;(5)强调为服务对象保密。故本题选 D。

9.【答案】B。解析:本题考查社会工作者对服务对象的看法。在实践中,社会工作者应将服务对象看作是一个与自己一样有同等价值的人,是有潜力改变且有能动性的个体,社会工作者要充分相信服务对象自身所具有的优势,并在工作过程中注意倾听服务对象的声音,将他们视为合作伙伴,确立与服务对象的民主工作关系。题目中,小王帮助小强重新建立自信,提高其学习成绩,就是因为小王相信小强有改变的潜力。故本题选B。

10.【答案】D。解析:本题考查社会工作实践过程中的伦理困境和伦理决定。对社会工作者来说,在伦理决定过程中,应当遵循努力促成受助者的自我决定的核心价值观。在专业实践中,应鼓励受助者个人对自己负责并做出适当的决定,同时社会工作者在某种程度上也要尊重他人的选择。社会工作的伦理过程涉及不同的人,甚至不同的制度环境和机构,因此,对决策的专业人员来说,应该尽力收集更多的信息,同时列出可能实现的方案,最后统一做出抉择。题目中D项的做法最为恰当。故本题选D。

11.【答案】C。解析:本题考查危机介入的基本原则。根据危机介入的及时处理原则,由于危机的意外性强,造成的危害性大,而且时间有限,需要社会工作者及时接案、及时处理,抓住有利的、可改变的时机,尽可能地减少对服务对象及其周围人的伤害。故本题选C。

12.【答案】D。解析:本题考查社会工作价值观的操作原则。在社会工作实践中,社会工作者要与服务对象保持良好的沟通。社会工作者有义务向服务对象提供必要的信息。服务对象有权利在充分知情的前提下选择服务的内容、方式并在事关自身利益的决策中起到主导作用。如果服务对象没有能力进行选择和决策,社会工作者应根据法律或有关规定由他人代为进行选择和决策权利。题目中的失智老人没有能力进行选择和决策,因此小马需向福利院相关部门报告此事。故本题选D。

13.【答案】B。解析:本题考查马斯洛的需要层次论。马斯洛认为人有五种基本需要,即生理需要、安全需要、归属与爱的需要、尊重的需要、自我实现的需要。其中归属与爱的需要包括两方面的内容:一是归属的需要,即人都有归属于某个集体的感情,希望成为群体中的一员,并相互关心和照顾;二是友爱的需要,即人人都需要伙伴之间、同事之间的关系融洽或保持友谊和忠诚。题目中小影的这种想法是出于归属与爱的需要。故本题选B。

14.【答案】A。解析:本题考查婴幼儿阶段的主要特征。婴幼儿的自我意识的发展要经历三个不同的阶段:游戏伙伴阶段、退缩阶段和自我意识出现阶段。在婴幼儿自我意识发展的过程中,依恋被认为是一个重要的原因。依恋产生于婴儿与其照顾人的相互作用过程,是一种感情上的联结和纽带。拥有安全型依恋的婴儿往往有更多的探索行为,而这能够促进他更早地形成自我认识。故本题选A。

15.【答案】C。解析:本题考查老年阶段面临的主要问题。老年阶段面临的主要问题主要包括:退出就业领域可能产生的无用感;经济收入减少会产生生活上的困难;退出社会生活的主要领域会使人际关系淡化,进而产生孤独感;老年疾病增加,使老年人身心受到折磨;面对疾病和死亡产生的无奈和恐惧感。题目中的张大爷面临的主要问题是对疾病和死亡产生的恐惧感。故本题选C。

16.【答案】D。解析:本题考查家庭教养模式。家庭教养模式主要包括:骄纵型、支配型、专制型、放任型、冲突型、民主型。其中民主型家庭成员间互相尊重、平等交流,对子女既有约束,又有鼓励。这种民主型教养方式下的孩子,自尊、自信、自律性强,具有创造性,社交能力强,具有成就动机等良好社会适应性的个性特征。题目中,小波父母的教养模式即属于民主型教养方式。故本题选D。

17.【答案】D。解析:本题考查阿尔德弗尔的ERG理论。阿尔德弗尔把人的需要分为三类:生存需要、关系需要和成长需要。其中关系需要是指发展人际关系的需要。这种需要通过工作中或工作以外与其他人的接触和交往得到满足。题目中该服务机构的做法满足了员工的关系需要。故本题选D。

18.【答案】C。解析:本题考查心理社会治疗模式的治疗技巧。它包括直接治疗技巧和间接治疗技巧两大类。其中间接治疗技巧是指通过辅导第三者或者改善环境间接影响服务对象的具体技巧,间接治疗技巧的运用对象很广,包括服务对象的父母、朋友、同事、亲属、邻里和社区管理人员等,这就把个案工作服务介入的焦点从服务对象个人扩展到服务对象周围的其他社会成员。题目中,社会工作者运用的就是间接治疗技巧。故本题选C。

19.【答案】B。解析:本题考查心理社会治疗模式的诊断。心理社会治疗模式的诊断包括心理动态诊断、缘由诊断和分类诊断。其中缘由诊断是对服务对象困扰的产生、变化过程进行分析。例如,服务对象的困扰是什么时候产生的、有什么重要的影响事件、在服务对象的成长过程中有什么样的变化等,是对服务对象个人历史的考察。故本题选 B。

20.【答案】A。解析:本题考查危机的类型。危机通常可以分为两类:一是成长危机,即每个人在成长过程中需要面对不同的任务而产生的危机;二是情境危机,即因生活情境的突然改变而引发的危机。题目中,小茜所遇到的危机即是情境危机。故本题选 A。

21.【答案】C。解析:本题考查个案工作中服务工作计划的基本内容。个案工作中服务工作计划的基本内容,涉及以下六个方面:(1)服务对象的基本情况;(2)服务对象希望解决的问题,包括主要问题及其他一些相关的问题;(3)工作计划的目标,包括总目标和每一阶段的子目标;(4)服务开展的基本阶段和采取的主要方法,包括各阶段需要发掘和运用的资源;(5)服务开展的期限,包括每一阶段的时间安排和总的时间期限;(6)联系方式,包括直接见面和不直接见面的联系方式。故本题选 C。

22.【答案】D。解析:本题考查个案工作中与服务对象建立关系的技巧。建立关系是指社会工作者与服务对象初次接触建立相互信任的专业合作关系,以便个案工作的顺利开展。主要有以下技巧:感同身受、建立有利于服务对象积极表达的关系模式、制造气氛、积极主动。根据积极主动的技巧,服务对象寻求帮助时通常内心充满矛盾,社会工作者积极主动的态度和友善的行为可以减轻服务对象的紧张和不安,增强服务对象的改变信心。分析选项可知,D 项最适宜。故本题选 D。

23.【答案】D。解析:本题考查个案工作中的会谈技巧。对焦是引领性技巧之一,是指社会工作者将服务对象偏离的话题或者宽泛的讨论收窄,集中讨论的焦点。对焦技巧最符合题目中社会工作者运用的技巧。故本题选 D。

24.【答案】A。解析:本题考查个案工作中的会谈技巧。自我披露是社会工作者有选择地袒露自己的亲身经历或者处理事情的方法,为服务对象提供参考的一种影响性技巧。故本题选 A。

25.【答案】B。解析:本题考查个案工作中的会谈技巧。摘要是引领性技巧之一,社会工作者将服务对象长段谈话或者不同部分的话题进行整理,概括和归纳其中的要点。故本题选 B。

26.【答案】C。解析:本题考查小组工作中社会工作者的小组契约的任务。小组契约是社会工作者与组员之间共同商定的有关小组目标及工作方式的一种协议约定。它可以采用书面或口头承诺的形式,大致涵盖小组程序和组员目标两方面的内容。其中,小组程序包括小组的基本要求,如出席会议的注意事项、有关保密的规定、召开小组会议的时间等;组员目标则包括预期行为的正向变化以及用来评估结果的标准等。故本题选 C。

27.【答案】D。解析:本题考查小组工作中的治疗小组。治疗小组的组员一般来自那些不适应社会环境,或其社会关系网络断裂破损而导致其行为出现问题的人群。社会工作者通过小组工作的活动过程,帮助小组组员了解自己的问题及其背后的社会原因,利用小组的经验交流和分享,辅以一定的资源整合或社会支持网络,达到对小组组员的心理和社会行为问题的治疗,从而改变小组组员的行为,重塑其人格,开发其潜能,促使其成为健康、健全的社会人。题目中的小组即为治疗小组。故本题选 D。

28.【答案】D。解析:本题考查小组中期转折阶段协调和处理冲突的方法。社会工作者在中期转折阶段的工作重点在于处理小组冲突。解决冲突的具体措施包括:(1)帮助组员澄清冲突的本质,特别是澄清冲突背后的价值观差异;(2)增进小组组员对自我的理解;(3)重新调整小组规范和契约;(4)协助组员面对和解决由冲突带来的紧张情绪和人际关系紧张;(5)运用焦点回归法,即将问题抛给组员,让他们自己解决。面对题目中出现的冲突,社会工作者最宜采取的措施是请小刘直接回应小张的质疑,以澄清冲突背后的价值观差异。故本题选 D。

29.【答案】C。解析:本题考查小组工作的准备阶段中社会工作者的任务。在小组工作的准备阶段,社会工作者必须精心遴选小组组员,了解他们的问题所在及真实需求,并在此基础上制定具体的工作方案。故本题选 C。

30.【答案】B。解析:本题考查小组工作开始阶段。这一阶段小组工作的重点在于帮助小组组员之间建立信任关系。因此,社会工作者应重点做好下列工作:(1)协助小组组员彼此认识以消除陌生感;(2)帮助小组组员厘清对小组的期望,提高他们对小组目标的认识;(3)讨论保密原则和建立契约;(4)制定小组规范。题目中,社会工作者与组员正在制定小组规范,因此属于小组工作开始阶段。故本题选B。

31.【答案】B。解析:本题考查小组工作的社会目标模式。社会目标模式主要有以下实施原则:致力于培养并提升小组组员的社会意识和社会责任;致力于发展小组组员的自我发展能力、社会参与和社会行动的能力;致力于小组领袖的培养;致力于保持小组工作目标与社区发展目标的一致性。因此,B项符合题目中的内容。故本题选B。

32.【答案】C。解析:本题考查小组工作中与组员沟通的技巧。积极回应是其技巧之一,即社会工作者在组员发言之后,要站在同理心的角度,向发言者表达对其发言的高度重视,认真了解和把握发言者的用意与感受,并伴以积极的回应。可以通过复述组员讲述的内容,让发言者感受到被理解和被重视。故本题选C。

33.【答案】B。解析:本题考查小组工作的中期转折阶段的特点。这一阶段组员最常见的显著特征是:对小组具有较强的认同感;互动中的抗拒与防卫心理;角色竞争中的冲突。题目中老王与老张的冲突属于角色竞争中的冲突,随着熟悉程度的增加,一些组员希望更真实地表达自己不同的意见和分歧,有时也会对别人进行批评和指责。同时,随着自我意识和权力意识的增强,一些组员可能会通过权力竞争来争取自己在小组中的位置。故本题选B。

34.【答案】C。解析:本题考查地区发展模式所采用的策略。地区发展模式所采用的策略主要有:促进居民的个人发展,团结邻里,社区教育,提供服务和发展资源,社区参与。其中社区教育主要解决的是居民对社区资源不熟悉、社区认同感不强的问题。故本题选C。

35.【答案】B。解析:本题考查社区工作启动阶段的介入策略和工作方法。发掘资源和进行社区教育是社区工作启动阶段的方法之一,即通过社区服务和活动,发现居民中有影响力、权威感和号召力的带头人,社会工作者可以通过一对一的训练工作,培养这些人成为各个社区小组的带领者。故本题选B。

36.【答案】B。解析:本题考查"在社区照顾"的实施策略。其服务形式有:(1)将照顾者迁回他们熟悉的社区中的家庭里生活,并辅以社区支援性服务,如家务助理、社区护士及社区中心等;(2)将社区内的大型机构改造为更接近社区的小型机构,如老人庇护所、小型儿童之家等;(3)将远离市区的大型机构迁回社区内,使服务对象有机会接触社区,方便亲友探访见面。故本题选B。

37.【答案】A。解析:本题考查社会策划模式的特点。其特点有以下四个方面:(1)社会策划模式注重任务目标的实现。在社会策划模式中,任务目标是解决实质性的社区问题,过程目标是收集和分析资料,系统地分配时间和动员资源。社会策划模式注重任务目标的实现,以解决实质社会问题为主要工作取向,因此B、D两项错误。(2)社会策划模式强调运用理性原则处理问题。(3)社会策划模式体现的是一种由上而下的改变。社会工作者扮演着专家的角色,运用知识、科学的决策能力及其权威,推动及策划改变,因此A项正确、C项错误。(4)社会策划模式控制和指导着社区未来。故本题选A。

38.【答案】D。解析:本题考查社区工作中与居民接触的技巧。其技巧包括聆听、同理、体谅、分享感受、澄清、寻找和提供资料等。其中体谅要求社会工作者能够在意居民,并顾及居民的情况,为居民着想。例如,在居民吃饭时间,不勉强入户访问;尽量在先前预定的时间内完成谈话;感谢居民的付出和意见等,显示社会工作者对人的关怀。故本题选D。

39.【答案】C。解析:本题考查社会工作的会议技巧。当与会者在参与讨论的过程中出现离题或者纠缠于枝节问题或后续问题的情况时,需要社会工作者运用聚焦的技巧,将与会者的注意力集中到讨论的主题上来,将会议带回既定的议程。故本题选C。

40.【答案】A。解析:本题考查地区发展模式的特点。地区发展模式的主要特点有:(1)较多关注社区共同性问题;(2)注意通过建立社区自主能力来实现社区的重新整合;(3)过程目标的地位和重要性超过任务目标;(4)特别重视居民的参与。地区发展模式的工作重点在于过程目标,题目中的A项是在协助社区成员分析问题,而不是直接替代性地去解决问题,属于过程目标。故本题选A。

41.【答案】D。解析:本题考查在小组工作的开始阶段社会工作者的主要任务。塑造信任的小组气氛是小组工作开始阶段的任务之一,有以下技巧:(1)主动与组员沟通,建立信任关系;(2)创造机会让组员表达自己的想法,通过组员间的相互回馈和关怀自然地产生信任;(3)寻找并强调组员之间的相似性;(4)澄清组员之间的可能误解;(5)培养组员积极倾听他人意见的良好习惯。题目中,D项是在创造机会让组员表达自己的想法。故本题选D。

42.【答案】D。解析:本题考查社会服务策划的形式。其中方案发展策划的主要过程是:需求评估→目标制定→考虑机构的总目标→方案目标的修订→探索各种可行方法→认识机构的局限性→选择可行性方法→方案活动的详细发展。题目中小王的服务计划就属于方案发展策划。故本题选D。

43.【答案】B。解析:本题考查社会服务方案策划中建立目标的优先次序。目标优先次序的界定主要需要考虑的是可拥有和可动员的资源,包括环境因素和情境状态,还有人力、财力、物力配置等。故本题选B。

44.【答案】B。解析:本题考查志愿管理中的志愿者评估。志愿者评估主要是针对其参与社会服务的动机评估。故本题选B。

45.【答案】C。解析:本题考查志愿管理中的志愿者训练。志愿者训练的主要内容包括:(1)让志愿者认识志愿服务的意义,了解机构政策目标和理想使命,促进志愿者个人目标和机构目标达到一致;(2)根据服务岗位的要求,对志愿者进行实务训练,包括相关知识、技巧和态度,以确保服务质量达到应有的水平;(3)通过训练提升志愿者的服务信心,帮助他们挖掘潜能,促进志愿者个人发展。题目中,根据招募志愿者的目的,即帮助城市中的外来务工人员子女融入城市生活,则要考虑他们的需求,对志愿者进行有关服务对象特点的培训。故本题选C。

46.【答案】C。解析:本题考查社会服务机构的筹资管理的项目申请。在项目申请书中要说明以下内容:(1)向政府或基金会申请这笔经费支持的意义,或申请这笔经费(有时是实物)要做什么;(2)要说明资助的重要性,即这笔资助对于项目对象的必要性;(3)说明资助额及申请这一数量资助的原因,这里需要列出较细致的项目预算;(4)要说明使用这笔资助可能达到的预期效果;(5)要说明使用这笔资助的社会交代的方法,即如何向资助者报告资助项目的结果。故本题还需说明的是项目的社会交代方法。故本题选C。

47.【答案】B。解析:本题考查社会服务机构的筹资管理的企业捐款动机。市场营销是企业捐款动机之一,即企业愿意将钱财和实物捐给公益事业,认为这个过程可以为企业带来新的利益和新的顾客,让企业在市场上占有优势,B项即属于此类动机。A项为公共关系动机,C项为税法策略动机,D项为社会联谊动机。故本题选B。

48.【答案】D。解析:本题考查定量研究与定性研究的特点。定量研究基本排除了研究者对研究对象的影响,研究者往往被研究对象视为外人,因此A项错误;定量研究一般依托某些理论,形成假设,通过收集资料和分析数据来验证假设,因此B项错误;定量研究主要收集和分析量化资料,定性研究则主要获取描述性的、非数字的信息,因此C项错误。定性研究注重研究对象,有助于发现研究问题的个别性和特殊性,研究发现不做推论,因此D项正确。故本题选D。

49.【答案】C。解析:本题考查调查问卷中问题和答案的设计。封闭式问题的答案必须满足穷尽性和互斥性。其中,穷尽性指答案包含所有可能,互斥性指不同答案并不交叉。题目中的答案满足互斥性,但是个人的生活自理还包括"半自理"的可能,不满足穷尽性。故本题选C。

50.【答案】B。解析:本题考查调查问卷中问答的设计。问题和答案的设计需要注意以下两点:(1)关于答案。封闭式问题的答案必须满足穷尽性和互斥性,穷尽性指答案包含所有可能,互斥性指不同答案并不交叉。A项中答案不能满足穷尽性和互斥性。B项答案满足穷尽性和互斥性,正确。(2)关于语言。问题语言应该简短明了,避免双重含义,不要有倾向性,对敏感问题注意提问方式。C项带有比较强烈的倾向性。D项中"你父母支持你去北京工作吗?"的问题就包含了父亲支持与否和母亲支持与否两个问题,带有双重含义。故本题选B。

51.【答案】C。解析:本题考查调查问卷问题按序排列的设计。关于答案排序的设计要注意以下内容:一般而言,被访者熟悉或感兴趣的、简单的、封闭式的问题可以置于前面,行为、态度、背景、敏感的问题放在后面。这利于被调查者较快进入状态,提高问卷回答的完整度。题目中问题(3)是封闭式问题且最容易回答,应放在最前面,问题(2)为开放式问题,应放在最后面。所以顺序为(3)(1)(2)。故本题选C。

52.【答案】A。解析：本题考查个案研究的特点。个案研究偏重于探讨当前的事件，强调对事件的真相、原因等方面做深入、周详的考察，了解其详细状况、发展过程及与社会环境的联系，提出处理问题的方法。寻找原因、提出策略、建构理论、协助发展和提升绩效是个案研究的目标。题目中小于所做的个案研究内容属于帮助社会工作服务机构完善服务输送过程。故本题选A。

53.【答案】D。解析：本题考查社会政策的功能。社会政策主要有社会功能、经济功能、政治功能三个方面。其社会功能，首先就是收入再分配功能。政府通过税收、社会保障和福利供应等措施来降低初次分配中出现的不平等效应，尤其是通过社会政策来弥补困难群体在市场性分配中的不利地位，以便构建相对平等、公平与和谐的阶级和阶层关系。故本题选D。

54.【答案】B。解析：本题考查妇女合法权益的主要内容。《中华人民共和国妇女权益保障法》规定，妇女的劳动权益表现在妇女在岗位录用、薪酬、晋升晋级、专业技术职务评定等各方面享有与男子平等的权利，因此B项正确，D项错误。各单位在录用、晋职、晋级等方面，应当坚持男女平等的原则，不得歧视妇女，因此用人单位在劳动合同中不能规定限制女职工生育的内容，因此A项错误。妇女在经期、孕期、产期、哺乳期受特殊保护，任何单位不得以结婚、怀孕、产假、哺乳等为由，辞退女职工、降低其工资或者单面方解除劳动合同，因此C项错误。故本题选B。

55.【答案】C。解析：本题考查未成年人合法权益。我国法律规定年满18岁的人即为成年人，因此未成年人是通常所说的儿童和不满18周岁的青少年。故本题选C。

56.【答案】D。解析：本题考查《中华人民共和国婚姻法》对夫妻关系的规定。《中华人民共和国婚姻法》规定，夫妻之间有互相扶养的义务和相互继承遗产的权利，因此A项错误；子女可以随父姓，也可以随母姓，因此B项错误；孙子女、外孙子女对祖父母、外祖父母有赡养义务，因此C项错误；非婚生子女享有与婚生子女同等的权利，因此D项正确。故本题选D。

57.【答案】A。解析：本题考查城市最低生活保障法规政策。城市低保对象是指共同生活的家庭成员人均收入低于当地城市居民最低生活保障标准的非农业户口的城市居民。故本题选A。

58.【答案】B。解析：本题考查流浪乞讨人员救助法规政策。《城市生活无着的流浪乞讨人员救助管理办法》规定，救助站应当根据受助人员的情况确定救助期限，一般不超过10天；因特殊情况需要延长的，报上级民政主管部门备案。故本题选B。

59.【答案】C。解析：本题考查劳动争议调解程序。《中华人民共和国劳动争议调解仲裁法》规定，不愿调解、调解不成或者达成调解协议后不履行的，可以向劳动争议仲裁委员会申请仲裁，故C项正确。当事人申请劳动争议调解可以书面申请，也可以口头申请，故A项错误。劳动争议双方经调解达成协议的，应当制作调解协议书。调解协议书由双方当事人签名或者盖章，经调解员签名并加盖调解组织印章后生效，对双方当事人具有约束力，当事人应当履行。"应当履行"不是"必须遵守"，故B项错误。"双方当事人签名或者盖章后经调解员签名并加盖调解组织印章后生效"，故D项错误。故本题选C。

60.【答案】B。解析：本题考查城镇职工基本医疗保险制度。基本医疗保险可支付的医药服务范围主要有四个方面的限定：一是在指定的可选择的定点医疗机构和定点药店就医和购药，二是符合基本医疗保险药品目录范围，三是符合基本医疗保险诊疗项目范围，四是符合基本医疗保险医疗服务设施标准范围。对符合上述规定所发生的医疗费用，将由基本医疗保险基金按规定予以支付。题目中，A、C、D三项是基本医疗保险不予支付的生活服务项目和服务设施费用。故本题选B。

二、多项选择题

61.【答案】ABCD。解析：本题考查社会工作的主要领域。本题"乐学乐活发展计划"中的流动儿童逃学辍学干预服务和流动儿童父母情绪管理属于"心理健康服务"，流动儿童生活习惯培养属于"儿童及青少年服务"，流动儿童课业托管属于"学校社会工作"，亲子互动活动属于"家庭服务"。而妇女社会服务（或称女性社会工作）是针对女性需要、为了促进女性的正常生活和发展而开展的专业服务工作，排除E项。故本题选ABCD。

62.【答案】DE。解析：本题考查社会工作价值观的操作原则。在专业实践活动中，社会工作者可从以下三个主要方面来实践专业价值观:(1)对服务对象的接纳;(2)对服务对象的尊重与包容;(3)注重个别化原则。因此 A 项错误,社会工作者可以与服务对象分享其私人经历和感受。因此 B 项错误,不同的服务对象有不同的需要,社会工作者要根据服务对象的具体需要开展服务。社会工作者要遵循自我决定与知情同意的原则,因此 C 项错误。社会工作价值观操作原则强调为服务对象保密,因此 D 项正确。故本题选 DE。

63.【答案】BCD。解析:本题考查社会工作价值观的操作原则。社会工作者小李的做法充分说明了他从内心接纳服务对象,对服务对象的价值偏好、习惯、信仰都保持宽容与尊重的态度。故本题选 BCD。

64.【答案】BDE。解析:本题考查学龄前阶段的主要特征及其面临的主要问题。学龄前期儿童已经逐渐从以自我为中心,学会区分他人与自我。通过在环境中与他人进行互动,自我意识得到发展。学龄前期儿童的自我意识主要由自我评价、自我体验和自我控制三方面因素构成。故本题选 BDE。

65.【答案】CDE。解析:本题考查社会环境的主要构成要素。人类行为与社会环境就是描述个体生理-心理-社会发展的过程和特点以及个体发展受不同系统影响,展示与探究人类行为和社会环境之间的互动与影响的领域。从个体纵向发展的角度看,人类发展经历不同阶段;从横向角度看,家庭、朋辈群体、组织、社区和社会对个体发展有不同影响。本题中,小刚指出"爸爸妈妈忙着做生意养家,根本不管我""我的朋友都爱去游戏厅""这儿的游戏厅只要给钱,什么都不管",表明其主要受到家庭、朋辈群体和社区的影响。故本题选 CDE。

66.【答案】BCDE。解析:本题考查结案阶段的工作重点。在个案工作的结束阶段,服务对象面对专业服务的结束都会出现不同程度的心理矛盾。为了帮助服务对象顺利面对服务工作的结束,社会工作者需要做好以下四项工作:(1)预先告知服务对象;(2)巩固服务对象在已经开展的服务工作中获得的改变和进步;(3)与服务对象一起进一步探讨影响问题解决的因素,为服务对象结案之后独立面对问题做好准备;(4)鼓励服务对象表达结案时的情绪,与服务对象一起探讨结案后的跟进服务。故本题选 BCDE。

67.【答案】CDE。解析:本题考查会谈的常用技巧。引领性技巧是社会工作者主动引导服务对象探索自己过往经验的一系列技巧,主要包括澄清、对焦和摘要,A、B 两项分别运用的是影响性技巧中的对质和忠告。故本题选 CDE。

68.【答案】BCD。解析:本题考查危机介入的基本原则。由于危机介入模式是围绕服务对象的危机而展开的调适和治疗工作,它的目的是在有限的时间内快速、有效地帮助服务对象摆脱危机的影响,因而危机介入模式注重不同服务介入技巧的综合运用。在运用这些不同的服务介入技巧时,危机介入模式形成了有效调适和治疗危机工作的一些重要原则:及时处理、集中目标、注入希望、提供支持、恢复自尊、培养自主能力。不包括 A、E 两项。故本题选 BCD。

69.【答案】BCE。解析:本题考查促进组员沟通的技巧。促进组员沟通的技巧包括:提醒组员相互倾听、鼓励组员相互表达、帮助组员相互理解、促进组员相互回馈、示范引导。不包括 A、D 两项。故本题选 BCE。

70.【答案】ACDE。解析:本题考查小组活动的经验分享环节。不同阶段的小组活动方案,都应该包含经验分享环节,都须预留一定的时间让组员分享彼此的经验,鼓励组员发表参与小组活动的感受,讨论彼此在小组活动中的成长经验,总结有益的启示,因此 C、D、E 三项正确。另外,经验分享的环节也是社会工作者评估小组活动是否达到预期目的的环节之一,因此 A 项正确。B 项"调整小组目标和小组契约"是在小组活动开始阶段的主要任务,因此 B 项排除。故本题选 ACDE。

71.【答案】CDE。解析:本题考查小组工作中期转折阶段的工作重点。此时的重点工作在于处理小组冲突,主要有:处理抗拒行为、协调和处理冲突、保持组员对整体目标的意识、协助组员重新建构小组、适当控制小组的进程。A 项"制定小组规范"和 B 项"建立小组契约"是在小组活动开始阶段的主要任务,因此 A、B 两项排除。故本题选 CDE。

72.【答案】BCDE。解析:本题考查社区照顾模式。社区照顾是社会工作者动员社区资源,运用非正规支援网络,联合正规服务所提供的支援服务与设施,让有需要照顾的人士在家里或社区中得到照顾,过正常生活的活动。社区照顾模式的特点有以下几方面:协助服务对象正常地融入社区、强调社区责任、非正规照顾是重要因素、提倡建立相互关怀的社区。分析选项可知,不包括 A 项。故本题选 BCDE。

73.【答案】CDE。解析:本题考查社区工作的目标。美国学者罗斯曼将社区工作的目标分为任务目标和过程目标。所谓任务目标,是指解决一些特定的社会问题,包括完成一项具体的工作,满足社区需要,达到一定的社会福利目标等,如修桥铺路、安置无家可归者、解决社区环境污染问题等。所谓过程目标,是指促进社区居民的一般能力。如加强社区居民对公民权利和义务的了解,增强居民解决社区问题的能力、信心和技巧,发现和培育社区居民骨干参与社区事务,建立社区内不同群体的合作关系等。因此,A、B 两项为任务目标,C、D、E 三项为过程目标。故本题选 CDE。

74.【答案】BDE。解析:本题考查启动阶段的主要介入策略和工作方法。启动阶段的主要介入策略和工作方法如下:一是挖掘资源和进行社区教育,故 E 项正确;二是开展互助合作,故 D 项正确;三是推动成立居民小组,故 B 项正确;四是提供服务。A、C 两项属于社区工作准备阶段的重点工作,故排除。故本题选 BDE。

75.【答案】ABC。解析:本题考查志愿者训练。志愿者训练对促进志愿者的工作表现,增进工作满足感和提升志愿服务工作整体质量具有重要意义。志愿者训练包括知识、技巧和态度三方面的灌输和交流,其主要内容包括:一是让志愿者认识志愿服务的意义,了解机构政策目标和理想使命,促进志愿者个人目标和机构目标达到一致;二是根据服务岗位的要求,对志愿者进行实务训练,包括相关知识、技巧和态度,以确保服务质量达到应有的水平;三是通过训练提升志愿者的服务信心,帮助他们挖掘潜能,促进志愿者个人发展。题目中,督导需要让志愿者认识志愿服务的意义,所以需要培训志愿服务的意义和价值的内容,另外,督导还需根据服务岗位的要求,对志愿者进行实务训练,即需要培训自闭症儿童身心发展的特点及建立关系的技巧等。故本题选 ABC。

76.【答案】BCD。解析:本题考查社会服务方案策划。策划者可选用"可行性方案模型"来筛选理想方案,这个模型中有六个"筛选标准":一是效率;二是效果;三是可行性;四是重要性;五是公平;六是附加结果。故本题选 BCD。

77.【答案】BCDE。解析:本题考查定量研究与定性研究。定性研究注重具体独特的现象,收集和分析非数字化资料,描述回答者所经历的现实,探索社会关系,从而对个体进行理解、阐释和深度描述。观察、访问是常用的方法。定量研究基于实证主义方法论,在严格设计的基础上,采用定量测量手段,注重变量的操作与测量,收集资料并对此进行统计分析。其功能在于揭示和描述社会现象的相互关系。问卷调查、实验研究都是定量研究的常用方法。A 项为定量研究特点,故排除。故本题选 BCDE。

78.【答案】ABCE。解析:本题考查问卷调查。问卷包括标题、封面信、指导语、问题和答案、编码等内容结构。其中封面信,旨在说明调查者的身份、研究目的和内容、调查对象选择方法、保密原则,并署名研究机构。D 项问卷标题不属于封面信内容。故本题选 ABCE。

79.【答案】ABCD。解析:本题考查残疾人合法权益的主要内容。《中华人民共和国残疾人保障法》规定,国家保障残疾人的劳动权利。国家实行按比例安排残疾人就业制度,国家机关、社会团体、企事业单位、民办非企业单位应当按比例安排残疾人就业,并为其选择适当的工种和岗位。不包括 E 项个体户。故本题选 ABCD。

80.【答案】CDE。解析:本题考查老年人合法权益的主要内容。老年人获得家庭赡养与扶养的权利包括五项具体权利:(1)享受家庭赡养与扶养的权利;(2)住房权;(3)婚姻自由权;(4)财产所有权;(5)继承权。故本题选 CDE。

社会工作综合能力（初级）全真模拟试卷（一）参考答案及解析

一、单项选择题

1.【答案】B。解析：本题考查我国对社会工作的三种理解。当前我国存在着对社会工作的三种不同理解：普通社会工作、行政性社会工作和专业社会工作。普通社会工作是指工作人员在本职工作之外从事的、不计报酬的服务性或公益性工作。行政性社会工作是指在政府部门、企事业单位和群众团体中，那些专门从事职工福利、社会救助的人所从事的助人活动，这些活动有的面向全社会，如民政部门的社会救助、老人福利和儿童福利工作。专业社会工作是指由那些受过社会工作专业训练的人开展的助人活动。在本题中，小关的奶奶退休之前在市里的儿童福利院工作，可见她所从事的工作属于行政性社会工作。故本题选 B。

2.【答案】A。解析：本题考查社会工作的服务对象。社会工作最初的工作是救助穷人，其对象是物质生活最困难的群体。随着社会问题的复杂化、社会进步和社会福利制度的发展，社会工作的对象也在扩大。虽然不是极度贫困者，但在基本生活上遇到困难且难以自我解脱的人也逐渐被纳入社会工作的服务领域。比如受到虐待的妇女、学业上遭遇困境的学生、因退休而陷入孤独的老人。故本题选 A。

3.【答案】C。解析：本题考查社会工作的功能。功能是指一个系统中某个部分所发挥的作用，即某一部分的存在和变化对整体及其他部分所发挥的作用。在社会生活中，大至宏观的社会系统，小至个人、家庭都具有相应的社会功能。对生活上有困难的人给予必要的帮助是社会工作的重要任务，社会工作的功能是通过服务来恢复和促进困难群体、有需要群体的正常生活。功能可以分为正功能和负功能。正功能是指所发挥的正面的、积极的、支持性的作用。负功能是指所发挥的负面的、消极的作用。社会工作对服务对象的功能包括促进服务对象正常生活和促进人与社会环境的相互适应。社会工作对社会的功能包括维持社会秩序、促进社会和谐。故本题选 C。

4.【答案】A。解析：本题考查社会工作的目标。社会工作在服务对象层面的目标有四个，分别是解救危难、缓解困难、激发潜能和促进发展。解救危难一般是指社会工作者帮助生命受到危害的服务对象脱离危难。激发潜能是指社会工作者帮助服务对象增强内在能力，发挥未被发掘的潜能。本题中，服务对象小光由于遭遇车祸，生命垂危，社会工作者的做法应该属于解救危难这一目标。故本题选 A。

5.【答案】C。解析：本题考查社会工作的功能。社会工作在社会层面的功能为维持社会秩序、建构社会资本、促进社会和谐、推动社会进步。本题中，某社会工作服务机构的做法正是体现了社会工作的促进社会和谐的功能。社会和谐是社会各构成要素之间良性互动，社会成员之间相互接纳、平等相处的生活状态。故本题选 C。

6.【答案】B。解析：本题考查社会工作的主要服务领域。社会工作的主要服务领域包括儿童及青少年社会工作、老年社会工作、妇女社会工作、残疾人社会工作、司法社会工作、优抚安置社会工作、社会救助社会工作、减贫社会工作、家庭社会工作、学校社会工作、社区社会工作、医务社会工作、企业社会工作。在减贫过程中，社会工作者与贫困群体一起，评估贫困群体的贫困状况、生存环境、基本需要和可用资源，扶志增智，建立社会支持网络，增加贫困群体的经济收入，阻断贫困的代际传递，使贫困群众彻底走出贫困状态。故本题选 B。

7.【答案】C。解析：本题考查社会工作领域的扩展。社会工作所关注的人群范围在逐渐扩大。最初，社会工作关心的主要是贫困群体，特别是极度贫困和处于严重困境中的老人、残疾人、孤儿。后来，社会工作将服务范围扩大至其他遭遇生活困难而不能自拔的人群，如在学习中遇到挫折的青少年学生、在婚姻家庭方面陷入困境的人等。当代社会工作范围已经大大超越了传统领域，越来越多地进入促进人的发展的领域。例如，社会工作可以在青少年能力发展方面开展工作，也可以在进城务工人员适应城市生活和老人适应退休生活及他们各自的能力发展方面有所作为。故本题选 C。

8.【答案】A。解析:本题考查社会工作价值观的实践原则。社会工作价值观的实践原则包括接纳、非评判、个别化、保密、当事人自决。A项能够站在小梁的角度上,尊重他的意愿,理解和支持他的人生规划,体现了"接纳"的实践原则,因此A项正确。本题未提到小梁的住处是需要保密的信息,因此排除B项。C项违背了"当事人自决"的实践原则,D项没有遵循"非评判"的实践原则,两种做法均会对小梁造成情感上的伤害,不利于与小梁建立专业关系,更不利于解决问题。故本题选A。

9.【答案】C。解析:本题考查社会工作专业伦理。社会工作专业伦理的主要内容包括社会工作者对服务对象的伦理责任、社会工作者对服务机构的伦理责任、社会工作者对同事的伦理责任、社会工作者对全社会的伦理责任、社会工作者作为专业人员的伦理责任。在本题中,社会工作者将同事的电话透露给了服务对象,由此给同事带来了麻烦,违反了社会工作者对同事的伦理责任。故本题选C。

10.【答案】D。解析:本题考查社会工作专业价值观与伦理的关系。在社会工作服务中,如何面对与妥当地解决伦理难题,是社会工作专业面临的一个重大挑战。对社会工作者来说,解决实践中的伦理冲突并不存在一套固定的程序或方案。因此,社会工作者在实践中首先要清楚如何作出正确的伦理决定,其次再仔细分析如何解决相应的伦理难题问题。在本题中,社会工作者小苗在面对保密问题和生命安全问题的伦理难题时,首先应该判断这是什么伦理难题,自己有没有能力去处理此事。故本题选D。

11.【答案】C。解析:本题考查伦理议题的主要内容。伦理议题主要包括服务对象自决、保密议题、双重关系、知情同意、多元文化、专业能力。在本题中,社会工作者面临的问题是要不要将男孩打人的事情报告给相关的人员和部门,这里涉及的正是保密议题。故本题选C。

12.【答案】D。解析:本题考查社会工作实践中的伦理决定。社会工作实践中的伦理决定包括:保护生命原则、差别平等原则、自由自主原则、最小伤害原则、生命质量原则、隐私保密原则、真诚原则。在本题中,社会工作者小房为了让王爷爷可以高质量地度过剩余的时光,没有将实情告诉王爷爷,这里遵循的是生命质量的原则。故本题选D。

13.【答案】B。解析:本题考查家庭教养模式。家庭教养模式分为骄纵型、支配型、放任型、冲突型和民主型。在民主型教养方式中,家庭成员间相互尊重、平等交流,对孩子既有约束,又有鼓励。本题中,刘女士每天都会与孩子平等地交流,在女儿做错事的时候也会弄清楚原委后再进行教育,这种教养方式是民主型。故本题选B。

14.【答案】C。解析:本题考查社会环境的主要构成要素。社区是指以一定地域为基础的社会生活共同体。社区生活强化了人类的群体意识和共同体意识,并拥有社区成员共同遵守的社会规范。社区对人类行为的影响主要有四个方面:(1)社区成员具有某些共同特征,如相似的社会经济地位、生活方式、文化和风俗习惯等;(2)社区成员之间存在着复杂的社会交往关系,在交往中影响彼此的行为方式;(3)社区本身是一种社会组织,具有本身的社会规范,对社区成员的行为具有约束作用;(4)社区成员对社区具有强烈的认同感和归属感,这也影响着社区成员的行为。故本题选C。

15.【答案】C。解析:本题考查阿尔德弗尔需要理论的主要观点。阿尔德弗尔需要理论的主要观点是把人的需要分为生存需要、关系需要和成长的需要,其中成长的需要包括自我发展和完善的需要。阿尔德弗尔并不强调需要层次的顺序,认为当一种需要得到满足后,可能去追求更高层次的需要。某种需要在得到基本满足后,其强烈程度可能会增强。马斯洛的需要层次理论认为人有生理需要、安全需要、归属和爱的需要、尊重的需要、自我实现的需要。尊重的需要包括内部尊重,即自尊。马斯洛认为只有基本满足了低级需要才能产生高级需要。高级需要出现后,低级需要对行为的影响会减弱。所以,综合比较两种理论,A、B、D三项都是错误的,只有C项正确。故本题选C。

16.【答案】B。解析:本题考查中年阶段的主要特征。中年阶段的主要特征如下:(1)生理发展方面,如情绪波动大、性格改变、烦躁易怒、消沉抑郁等;(2)心理发展方面,固定智力继续上升,流动智力缓慢下降,智力技巧保持相对稳定,实用智力不断增长;(3)社会性发展方面,承担公民的责任和义务,承担家庭的责任,情感稳定、婚姻务实、事业巅峰。因此,B项正确。A项是青年阶段的主要特征,C项是老年阶段的主要特征,D项是青少年阶段的主要特征。故本题选B。

17.【答案】A。解析:本题考查学龄阶段儿童面临的主要问题。学龄阶段儿童面临的主要问题是儿童意外伤害、校园欺负和儿童性伤害。A项不属于学龄前阶段面临的主要问题。故本题选A。

18.【答案】D。解析：本题考查个案工作的主要模式。行为治疗模式是以服务对象的行为学习为中心展开的，具有注重服务对象行为的评估、关注服务对象行为的修正以及侧重服务对象修正后行为的评估等特点。对青少年的行为问题，应采用行为治疗模式帮助治疗。故本题选D。

19.【答案】D。解析：本题考查心理社会治疗模式的治疗技巧。人格发展反思是社会工作者帮助服务对象重新认识和评价自己的以往经历、调整自己人格的技巧。在本题中，社会工作者帮助黄女士与丈夫了解他们在成长过程中的重要影响事件，属于人格发展反思技巧。故本题选D。

20.【答案】D。解析：本题考查个案会谈的技巧——影响性技巧。影响性技巧是社会工作者为服务对象提供必要的信息或者建议，让服务对象采取不同的理解和解决办法的一系列技巧，主要包括提供信息、自我披露、建议、忠告和对质。分析选项可知，只有D项的做法是在披露自己的亲身经历。故本题选D。

21.【答案】D。解析：本题考查工作协议的签订。工作协议通常包括五个方面：服务目标、服务内容和方法、服务双方的权利和义务、服务地点、时间期限次数和服务双方签字。它规定了服务双方的权利和义务，保护和约束的是社会工作者与服务对象两者。故本题选D。

22.【答案】A。解析：本题考查社会工作者的工作任务。对那些立即需要帮助而本机构或者社会工作者无法给予及时帮助的服务对象应提供转介服务，即通过一些必要的手续把服务对象介绍给其他能够给予及时必要帮助的服务机构或其他社会工作者。故本题选A。

23.【答案】D。解析：本题考查个案会谈的技巧。对质是指社会工作者通过直接提问等方式让服务对象面对自己在行为、情感和认识上不一样的地方。故本题选D。

24.【答案】A。解析：本题考查服务计划的制订。社会工作者在制定工作目标时，应尽可能做到清晰易懂，最好以服务对象希望实现的具体行为作为标准，而且还需要根据服务对象的状况以及能力制定明确的任务完成时间表，保证工作目标明确、现实。故本题选A。

25.【答案】D。解析：本题考查评估与结案。评估通常有两种方式：对介入活动的效果评估和对所运用策略、方法和技巧的评估，故A项排除；社会工作者需要根据评估工作的要求以及服务对象的情况选择合理的评估方式，故B项排除；在评估过程中，社会工作者可以通过不在场、不记名等方式让服务对象有充分的空间表达自己的想法和感受，参与评估过程，故C项排除。故本题选D。

26.【答案】C。解析：本题考查危机介入的基本原则。根据危机介入及时处理原则，由于危机的意外性强、造成的危害性大，而且时间有限，因此需要社会工作者及时接案、及时处理，尽可能减小对服务对象及其周围他人的伤害，抓住有利的、可改变的时机。故本题选C。

27.【答案】D。解析：本题考查服务对象的伦理原则。服务对象有权利在充分知情的前提下选择服务的内容、方式，并在事关自身利益的决策中起到主导作用。如果服务对象没有能力进行选择和决策，社会工作者应根据法律或有关规定由他人代其进行选择和决策。显然，本题中失智老人并不知情，也没有能力进行选择和决策。因此小廖需向福利院相关部门报告此事。故本题选D。

28.【答案】C。解析：本题考查小组工作的类型。成长小组的工作是为了帮助组员了解、认识和探索自己，从而最大限度地启动和运用自己的内在资源及外在资源，充分发挥自己的潜能，解决所存在的问题并促进个人正常健康地发展。在本题中，大学生出现了适应问题，社会工作者帮助他们尽快适应并融入大学的校园生活，属于成长小组。故本题选C。

29.【答案】C。解析：本题考查小组活动的目标。小组活动的目标包括总体性目标和阶段性目标。该小组的主题是"调解情绪，一起向未来"，所以，总体性目标就是改善组员的情绪问题，与之相符合的是C项。阶段性目标则应该是围绕总目标所需要完成的、一步步实现总目标的中间目标，A、B、D三项属于阶段性目标。故本题选C。

30.【答案】A。解析：本题考查社会工作者在小组工作中期转折阶段的任务。在小组工作的中期转折阶段，社会工作者的任务是：(1)处理抗拒行为；(2)协调和处理冲突；(3)保持组员对整体目标的意识；(4)协助组员重新建构小组；(5)适当控制小组的进程。本题中，面对组员甲和乙的争执，小朱应当帮助双方找到发言的共同之处,协调和处理两人的冲突,因此 A 项正确。B 项的做法会激化冲突;C 项的做法是在逃避当前问题;D 项的做法不妥,且不属于社会工作者的任务。故本题选 A。

31.【答案】B。解析:本题考查与组员沟通的技巧。社会工作者可以有选择地将亲身的经历、体会向组员坦白,适当的自我表露可以让组员信任你。故本题选 B。

32.【答案】B。解析:本题考查主持小组讨论的技巧。在小组讨论中,可能因为某一问题的观点不一致而发生争论,而争论双方都希望社会工作者能支持自己的观点。此时,社会工作者应保持中立,避免与组员争论,不偏袒任何一方;不判断他人意见;仅提供问题,不给予答案;可以提供资料信息,但不予决断,仅做利弊分析或事实论述;随时保持中立的态度。故本题选 B。

33.【答案】D。解析:本题考查地区发展模式的实施策略。地区发展模式的实施策略包括促进居民的个人发展、团结邻里、协助居民了解社区、提供服务和发展资源、社区参与。分析环境和形式是社会策划模式的实施策略。故本题选 D。

34.【答案】D。解析:本题考查社会策划模式的特点。社会策划模式的特点如下:(1)注重任务目标的实现;(2)强调运用理性原则处理问题;(3)体现的是一种由上而下的改变;(4)控制和指导着社区未来。本题中,A、B 两项属于地区发展模式的特点,C 项属于社区照顾的特点,D 项属于社会策划模式的特点。故本题选 D。

35.【答案】C。解析:本题考查社会工作者扮演的角色。社会工作者在扮演中介者的角色中所起到的作用是协调各方面的社区团体和个人,促进他们之间的沟通和合作,调动社区资源,解决社区存在的问题。故本题选 C。

36.【答案】D。解析:本题考查社区工作评估。根据评估的目的,可以将评估分为过程评估、成果评估和效益评估三大类。其中成果评估主要是评估工作成果在多大程度上实现了预定的目标。本题中,社会工作者小凌评估的是敬老活动在多大程度上实现了预定的目标,属于成果评估的范围。故本题选 D。

37.【答案】B。解析:本题考查地区发展模式和社区照顾模式的共同点。社区照顾模式是为有需要的人群提供照顾和支援,但他们未必是多数人群,故 A 项错误。地区发展模式关注过程目标超过任务目标,故 C 项错误。帮助政府节约福利开支,这两个模式都不一定能做到,故 D 项错误。两者都动员居民参与。故本题选 B。

38.【答案】B。解析:本题考查社会工作者在社区照顾模式中的角色。经纪人的主要工作内容是为服务对象寻找有关服务,为被照顾者寻找社区资源,如活动场地等。本题中,社会工作者为老人寻找资源,如提供活动场地等,这些工作属于经纪人的工作内容。故本题选 B。

39.【答案】A。解析:本题考查社区需要分析。一般而言,社区需要分析分为四个类型,分别为规范性需要、感觉性需要、表达性需要和比较性需要。本题中,某市的社会工作服务机构是根据民政局的政策要求制定的居家养老服务方案,因此属于规范性需要。故本题选 A。

40.【答案】B。解析:本题考查会议技巧。会议应尽量准时开始,如果居民还没有到齐,可将重要的事项延后讨论。故本题选 B。

41.【答案】C。解析:本题考查社区工作目标。社区工作目标的分类将社区工作的目标分为任务目标和过程目标。任务目标是指解决一些特定的社会问题,包括完成一项具体的工作,满足社区需要,达到一定的社会福利目标等。过程目标是指促进社区居民的一般能力。如加强社区居民对公民权利和义务的了解,增强居民解决社区问题的能力、信心、掌握技巧,发现和培育社区居民骨干参与社区事务,以及建立社区内不同群体的合作关系等。故本题选 C。

42.【答案】B。解析:本题考查社会服务方案的策划步骤。社会服务方案的策划步骤包括:(1)问题的认识和分析阶段;(2)目标制定阶段;(3)方案安排阶段;(4)考虑服务的评估。在本题中,社会工作者小木首先应该做的工作是界定问题和评估需求。故本题选 B。

43.【答案】C。解析:本题考查社会服务机构的主要类型。社会服务类民间组织是在民政部门登记成立,由民间自筹资金,向有特殊困难的群体提供无偿或低偿服务的机构。故本题选 C。

44.【答案】D。解析:本题考查社会服务机构的一般类型。社会服务机构组织的一般结构和职权大致有三种类型,分别为直线式组织结构、直线参谋式组织结构和职能式组织结构。直线式组织结构是最简单的组织方式,组织由上而下分成若干层级,各层级中每一个部门地位相等、权责相符,层级间只有直线和垂直关系。直线式的职权赋予主管指挥其下属的权力,是一种由上而下的指挥关系,主管在其所属的范围内具有绝对的指挥权,各级部署必须绝对服从其主管,主管也承担有关活动和实现组织目标的责任。直线参谋式组织结构,是指组织层级之间存在水平和垂直的关系,而参谋作为专家有责任来协调直线部门的管理者。参谋的职权是主管授权的一种权力形式。职能式组织结构是职能部门在特定工作范围内,可以直接对其他管理人员下达命令的结构。职能部门具有较大的权力,不仅可以收集信息和提供意见,而且可以作决定和执行。在本题中,某机构特地聘请心理、法律、医疗等领域的专家学者组成研究团队,为机构管理层出谋划策。这一研究团队就是充当机构领导的参谋。故本题选D。

45.【答案】B。解析:本题考查社会服务机构的筹资方式。社会服务机构可以运用的筹资方法之一是特别事件筹资活动。特别事件使社会服务机构通过特殊事件的服务来引起社会大众对机构和相关事件的关注。这些特别事件包括重大灾害发生、社会危机事件、机构纪念活动等。一般通过召开记者会、研讨会、展览会、义卖会、演唱会等活动,增加社会服务机构与目标民众的接触机会,增加组织的筹款金额。故本题选B。

46.【答案】D。解析:本题考查社会工作督导的对象。社会工作督导的对象主要有四种:一是新进入社会服务机构的社会工作者,二是社会服务年限短、经验不足的初级社会工作者,三是在社会服务机构学习的社会工作专业学生,四是社会服务机构的非正式人员,主要是志愿者。故本题选D。

47.【答案】B。解析:本题考查支持性督导的工作内容。支持性督导的工作内容主要有四个方面,分别是疏导情绪、给予关怀、发现成效和寻求满足。在本题中,督导帮助小杨疏导情绪、缓解压力,并鼓励她转变工作方式,这属于支持性督导的工作内容。故本题选B。

48.【答案】A。解析:本题考查定量研究的特点。定量研究注重研究问题的普遍性、代表性及普遍指导意义。定性研究则关注研究对象,有助于发现研究问题的个别性和特殊性。分析选项可知,B、C、D三项属于定性研究,A项属于定量研究。故本题选A。

49.【答案】A。解析:本题考查行动研究的类型。根据参与研究的成员成分分类,行动研究可以分为三种模式,分别是合作模式、支持模式和独立模式。在这三种模式中,行动者或实际工作者的"研究"的介入越来越深。故本题选A。

50.【答案】C。解析:本题考查社会工作者的社会角色。支持者作为社会工作者的社会角色之一,是指社会工作者面对服务对象(受助者)不仅要直接提供服务或帮助,而且要鼓励其在可能的情况下自强自立,克服困难、自我决策,即"助人自助"。社会工作者一方面是服务对象积极反应的支持者、鼓励者,另一方面尽量创造条件使服务对象自立或自我发展。本题中,小强不但对小李进行心理辅导,而且为其推荐书籍,鼓励他自我调节和提高,正是扮演着支持者的角色。故本题选C。

51.【答案】A。解析:本题考查定量研究的逻辑方法。定量研究的逻辑方法是演绎法。演绎法首先通过文献回顾和实地探索,归纳提炼出研究问题和研究框架,然后进行研究设计,再依托问卷、统计表等工具收集资料。故本题选A。

52.【答案】C。解析:本题考查定性研究方法。案例中社会工作者依托研究对象的视角把握资料,通过观察、访问等非控制性的、自然的手法收集非数量的资料,属于定性研究。故本题选C。

53.【答案】B。解析:本题考查问卷设计的核心。问题和答案是问卷设计的核心。故本题选B。

54.【答案】D。解析:本题考查标准试验设计。单后测控制组设计认为随机分配已消除了实验组和控制组最初的重要差异,从而后测所得的两组间差异反映了自变量影响。故本题选D。

55.【答案】C。解析:本题考查家庭赡养的相关内容。《中华人民共和国老年人权益保障法》第十五条规定,赡养人应当使患病的老年人及时得到治疗和护理,对经济困难的老年人,应当提供医疗费。对生活不能自理的老年人,赡养人应当承担照料责任;不能亲自照料的,可以按照老年人的意愿委托他人或者养老机构等照料。因此,C项正确。第十六条规定,赡养人应当妥善安排老年人的住房,不得强迫老年人居住或者迁居条件低劣的房屋。因此 A 项错误。第十七条规定,赡养人有义务耕种或者委托他人耕种老年人承包的田地,照管或者委托他人照管老年人的林木和牲畜等,收益归老年人所有。因此 B 项错误。第十八条规定,家庭成员应当关心老年人的精神需求,不得忽视、冷落老年人。与老年人分开居住的家庭成员,应当经常看望或者问候老年人。因此 D 项错误。故本题选 C。

56.【答案】B。解析:本题考查女职工产假的规定。女职工生育期间,享受不少于 98 天的产假。故本题选 B。

57.【答案】D。解析:本题考查人身安全保护令的规定。根据《中华人民共和国反家庭暴力法》,当事人因遭受家庭暴力或者面临家庭暴力的现实危险,向人民法院申请人身安全保护令的,人民法院应当受理。故本题选 D。

58.【答案】A。解析:本题考查继承的一般规定。《中华人民共和国民法典》第一千一百二十九条规定,丧偶儿媳对公婆,丧偶女婿对岳父母,尽了主要赡养义务的,作为第一顺序继承人。故本题选 A。

59.【答案】B。解析:本题考查失业保险金领取的期限。《失业保险条例》第十七条规定:失业人员失业前所在单位和本人按照规定累计缴费时间满 1 年不足 5 年的,领取失业保险金的期限最长为 12 个月;累计缴费时间满 5 年不足 10 年的,领取失业保险金的期限最长为 18 个月;累计缴费时间 10 年以上的,领取失业保险金的期限最长为 24 个月。重新就业后,再次失业的,缴费时间重新计算,领取失业保险金的期限可以与前次失业应领取而尚未领取的失业保险金的期限合并计算,但是最长不得超过 24 个月。在本题中,小高缴纳失业保险的时间是两年多,因此领取失业保险金的时间应该是 12 个月。故本题选 B。

60.【答案】C。解析:本题考查用人单位的基本医疗保险费缴费率。《国务院关于建立城镇职工基本医疗保险制度的决定》确立的城镇职工基本医疗保险的缴费办法是:基本医疗保险费由用人单位和职工共同缴纳,用人单位缴费率应控制在职工工资总额的 6% 左右,职工缴费率一般为本人工资收入的 2%。故本题选 C。

二、多项选择题

61.【答案】ABD。解析:本题考查社会工作的定义。社会工作是一种专业助人活动,专业助人是它的第一个特点,它不是一般的助人活动,而是专业的、以困难群体为主要对象的、职业的助人活动。故本题选 ABD。

62.【答案】BC。解析:本题考查社会工作实践中的伦理决定。社会工作实践中的伦理决定包括:(1)保护生命原则。在社会工作实践中,保护生命原则高于其他所有伦理原则,社会工作者有义务不仅保护受助者的生命,也保护其他所有人的生命。(2)差别平等原则。社会工作者要在实践中把握好平等待人和个别化服务的理念,既要平等对待服务对象,又要尊重个体的特殊性。(3)自由自主原则。社会工作者在实践中应充分保障服务对象的自由和自主性,促进民主的专业关系的发展,从而提升服务对象的能动性和参与能力,保障服务对象的合法权益。(4)最小伤害原则。社会工作者在作伦理决定和提供服务中,要尽力保护服务对象的利益不受侵害,要最大可能地预防和减小伦理决定和服务对服务对象的身体、心理和精神上的可能伤害,尽可能实现利益最大化。(5)生命质量原则。社会工作者要本着通过专业服务不断提升服务对象生活质量的目标精神,在直接服务和间接服务两个层面,通过社会服务和政策干预,满足服务对象的需要,不断提升服务对象的福祉,促进服务对象生活水平的提高和社会融入的程度。(6)隐私保密原则。社会工作者一旦与服务对象签订了服务协议,就要在提供服务的各个环节,始终遵守保护受助者个人隐私和有关信息的承诺,绝能轻易泄露服务对象的私人信息以及同服务相关的隐秘信息,以保护服务对象的个人权益。(7)真诚原则。社会工作者在服务过程中要坦诚对待服务对象,适当地做到向服务对象呈现自我,以建立相互信任的工作关系。在本题中,社会工作者小邓与医院的医疗团队探讨减少疼痛的治疗方案,这里遵循的是最小伤害原则;社会工作者小邓劝说服务对象的家人多陪伴服务对象,让他可以开心地度过接下来的日子,这里遵循的是生命质量原则。故本题选 BC。

63.【答案】ABD。解析:本题考查社会工作专业价值观的影响因素。专业价值不仅受到一个社会的传统观念的影响,也受到科学技术本身发展及社会变迁等因素的影响。故本题选 ABD。

64.【答案】ABE。解析:本题考查人类行为与社会环境的基本关系。人类行为和社会环境相互影响,两者的基本关系如下:(1)人们要适应社会环境;(2)社会环境影响个人行为。儿童和青少年受社会环境的影响较

97

大,成年人受社会环境的影响相对较小;(3)人类环境和生物遗传共同对人类行为产生影响;(4)人类能够改变社会环境;(5)人类行为与社会环境关系的非平衡性。社会环境对人类行为的影响要更大一些。故本题选 ABE。

65.【答案】ABDE。解析:本题考查人类行为的特点。人类行为的特点主要有适应性、多样性、动态性、指向性、可控性、发展性等。在本案例中体现出了动态性、指向性、可控性、发展性的特点。动态性,人类行为一直处于变化之中,这种变化既可能来自行为者自身的变化,也可能由于社会生活条件改变而形成;指向性,人类行为不仅有原因,而且具有特定的目标指向;可控性,人类能有意识地控制和调节自身的行为,使其向着目标前进;发展性,人类行为是连续不断的发展过程。故本题选 ABDE。

66.【答案】BE。解析:本题考查个案工作中社会工作者的角色。在本题中,社会工作者建议服务对象利用自己的特长去创业,这一做法体现了使能者的角色;社会工作者积极协助服务对象去工商部门办理营业执照,向银行申请贷款,这一做法体现了联系者的角色。故本题选 BE。

67.【答案】BC。解析:本题考查个案会谈的技巧。个案会谈的引导性技巧包括澄清、对焦、摘要。对焦是指社会工作者将偏离的对话或宽泛的讨论做简要的总结,集中讨论问题的焦点。澄清是指社会工作者引导服务对象重新整理模糊不清的经验和感受。在本题中,社会工作者将讨论集中在最想解决的问题上,运用了对焦的技巧;社会工作者说出了自己的理解,并询问服务对象的意见,运用了澄清的技巧。故本题选 BC。

68.【答案】ABC。解析:本题考查策划方案——目标清晰而且现实。服务目标的制定需要符合的要求是可观察、可测量、积极正向。故本题选 ABC。

69.【答案】AB。解析:本题考查小组工作的模式。在本题中,C、D、E 三项属于互动模式的实施原则,A、B 两项属于发展模式的实施原则。社会工作者小戴鼓励组员主动表达自己的困惑或者提出自己的建议,体现了积极参与原则;社会工作者小戴让组员给年轻人分享和学习自我发展的经验,体现了"使能者"原则。故本题选 AB。

70.【答案】CDE。解析:本题考查社会环境主要构成要素对个体行为的影响。本题中,"爸爸妈妈忙着做生意养家,根本不管我"是来自家庭的影响;"我的朋友都爱去游戏厅"表示服务对象受到了"同辈群体"的影响;"这儿的游戏厅只要给钱,什么都不管"表示服务对象受到了"社区"的影响。故本题选 CDE。

71.【答案】BCD。解析:本题考查小组提问的技巧。在案例中,社会工作者应用了三种提问类型:封闭式的提问,"是不是";深究问答型的提问,"做出解释";开放式的提问,"怎样"。故本题选 BCD。

72.【答案】AC。解析:本题考查社区工作的目标分类。美国著名社区工作专家罗斯曼将社区工作的目标分为任务目标和过程目标。故本题选 AC。

73.【答案】ABE。解析:本题考查社区工作者了解社区资源的方式。社区工作者可以从以下几个方面了解社区资源:(1)它们所在的位置和日常运作,以及对社区居民生活的影响;(2)资源被利用情况;(3)社区居民参与状况。故本题选 ABE。

74.【答案】AC。解析:本题考查支持会议的技巧。社区工作者的第一句提问采用了提问和邀请发言的技巧,鼓励与会者发表意见;第二句提问采用了聚焦的技巧,在讨论离题或者纠缠于枝节问题的时候将会议讨论焦点拉回正题。故本题选 AC。

75.【答案】ABCE。解析:本题考查与社区居民接触的一般过程及技巧。其大体内容如下:一是介绍自己,主要可以通过居民的"熟人"引见自己。因此 A 项正确。二是展开话题,与居民就简单或者现实的问题进行讨论。因此 B 项正确。三是维持对话,技巧有聆听、同理、体谅、分享、澄清等。因此 C 项正确。四是结束对话,主要包括感谢居民的信任、总结彼此的谈话、留下话题方便下次联络等。因此 E 项正确。D 项的做法没有很好地体谅居民,如果居民有事情需要离开,应该让居民去办事,而不是一直挽留。因此排除 D 项。故本题选 ABCE。

76.【答案】ADE。解析:本题考查社会服务方案策划的步骤和方法。社会服务方案的策划包括问题的认识和分析阶段、目标制定阶段、方案安排阶段、考虑服务的评估四个阶段。其中问题的认识和分析方法有两种,一是问题认识工作表,其分析的主要内容包括:所关注的问题是什么、问题在哪里发生、谁受这个问题影响、这个问题何时发生、人们对这个问题的感受程度如何。二是分支法，首先确定要解决的全面性问题，其次列明形成这个问题的"明确问题"，再次逐一明造成这些明确问题产生的原因是什么，最后方案策划者可根据机构所拥有的资源情况，建议机构集中处理那些"明确的问题"。故本题选ADE。

77.【答案】AB。解析：本题考查个案研究的优点。个案研究的优点有以下四点。一是收集的信息更加深入，有助于了解研究对象各方面的状况，进而对其有全面且深刻的认识。因此A项正确。二是沟通的过程更加有效，有助于澄清概念和确定变量，从而有利于做进一步实证研究。三是研究的过程有创造性，有助于进行探索性研究，发现重要的变项及提供有用的范畴，从而拟定假设和建立理论。因此B项正确。四是研究的结果具有可操作性，有利于客观、深入、准确地把握研究对象的问题、需要及其原因机制，有利于提出有效且具体的处理方法或解决方案。C、D、E三项属于问卷调查的优点，因此排除。故本题选AB。

78.【答案】ABDE。解析：本题考查问卷设计的步骤。问卷设计一般经过四个步骤：一是进行探索性工作，通过文献回顾或实地考察认识待研究的问题；二是设计问卷初稿，问卷初稿的设计通常有两种方法——卡片法和框图法；三是试用和修改；四是定稿和印刷。故本题选ABDE。

79.【答案】BC。解析：本题考查无效婚姻的情形。《中华人民共和国民法典》第一千零五十一条规定，有下列情形之一的，婚姻无效：一是重婚；二是有禁止结婚的亲属关系；三是未到法定婚龄。第一千零四十七条规定，法定结婚年龄，男不得早于二十二周岁，女不得早于二十周岁。由题干可知，该乡村有的年轻人16岁就举办婚礼成家了，还未到法定结婚年龄，因此B项正确。该乡村存在让孩子与自家表姐、堂姐订婚的情况，属于有禁止结婚的亲属关系，因此C项正确。A项在本题中未涉及，D、E两项不属于无效婚姻的情形。故本题选BC。

80.【答案】AD。解析：本题考查工伤的认定。根据《工伤保险条例》，具体规定如下：(1)职工有下列情形之一的，应当认定为工伤，一是在工作时间和工作场所内，因工作原因受到事故伤害的；二是工作时间前后在工作场所内，从事与工作有关的预备性或者收尾性工作受到事故伤害的；三是在工作时间和工作场所内，因履行工作职责受到暴力等意外伤害的；四是患职业病的；五是因工外出期间，由于工作原因受到伤害或者发生事故下落不明的；六是在上下班途中，受到非本人主要责任的交通事故或者城市轨道、客运轮渡、火车事故伤害的；七是法律、行政法规规定应当认定为工伤的其他情形。(2)职工有下列情形之一的，视同工伤，一是在工作时间和工作岗位，突发疾病死亡或者在48小时之内经抢救无效死亡的；二是在抢险救灾等维护国家利益、公共利益活动中受到伤害的；三是职工原在军队服役，因战、因公负伤致残，已取得革命伤残军人证，到用人单位后旧伤复发的。(3)职工有下列情形之一的，不得认定为工伤或视同为工伤，一是故意犯罪；二是醉酒或吸毒；三是自残或者自杀的。分析本题的选项可知：A项的情况属于视同工伤；B项是由于自己的感情问题而自残，不属于工伤的范畴；C项的情况属于工伤；D项的情况属于视同工伤；《关于因履行工作职责感染新型冠状病毒肺炎的医护及相关工作人员有关保障问题的通知》规定，在新型冠状病毒肺炎预防和救治工作中，医护及相关工作人员因履行工作职责，感染新型冠状病毒肺炎或因感染新型冠状病毒肺炎死亡的，应认定为工伤，依法享受工伤保险待遇，因此E项的情况属于工伤。故本题选AD。

社会工作综合能力(初级)全真模拟试卷(二)参考答案及解析

一、单项选择题

1.【答案】C。解析:本题考查对社会工作的理解。志愿者和社会工作者不同,志愿者从事的活动不属于专业社会工作的范畴,属于普通社会工作的范畴,因此 A 项错误;社会工作的服务是一个双向互动的过程,因此 B 项错误;困难群体是专业社会工作的基本对象,因此 C 项正确;解决社会问题是社会工作在社会层面上的目标,因此 D 项错误。故本题选 C。

2.【答案】C。解析:本题考查我国对社会工作的三种理解。当前我国对社会工作存在着三种不同的理解:普通社会工作、行政性社会工作和专业社会工作。普通社会工作是指工作人员在本职工作之外从事的、不计报酬的服务性或公益性工作,如退休老人担任校外辅导员、志愿者从事公益活动等。在本题中,梅大妈扮演校外辅导员的角色,属于普通社会工作。故本题选 C。

3.【答案】A。解析:本题考查社会工作的功能。社会工作在社会层面上的功能包括维持社会秩序、构建社会资本、促进社会和谐、推动社会进步。在本题中,社会工作者小曾在某路口维持交通秩序,体现了社会工作维持社会秩序的功能。故本题选 A。

4.【答案】B。解析:本题考查社会工作的要素。社会工作的要素包括服务对象、社会工作者、社会工作价值观、专业助人方法和助人活动。故本题选 B。

5.【答案】A。解析:本题考查社会工作者的角色。当社会工作者在服务过程中发现某些问题具有普遍性时,就应该向有关政府部门提出建议,制定、修订和完善政策。这样可以避免社会问题的再次发生和减缓社会问题。在这种情况下,社会工作者就扮演着政策影响者的角色。在本题中,社会工作者小泽向政策制定部门提出这一问题的普遍性,希望政策制定部门能够完善政策,体现的是政策影响者的角色。故本题选 A。

6.【答案】D。解析:本题考查社会工作的主要服务领域。妇女社会工作是针对女性需求,促进女性的正常生活和发展而开展的专业服务工作。故本题选 D。

7.【答案】D。解析:本题考查社会工作服务的新领域。社会工作服务的新领域包括就业促进社会工作、减贫社会工作、精神卫生社会工作、发展性社会工作。故本题选 D。

8.【答案】D。解析:本题考查社会工作的哲学思想。根据社会工作专家布特雷姆的著作,社会工作的哲学思想主要来源于三个假设,分别为对人的尊重,相信人有独特的个性,坚守人有自我改变、成长和不断进步的潜质。故本题选 D。

9.【答案】C。解析:本题考查最小伤害原则的定义。最小伤害原则指的是,尽力保护服务对象的利益不受到侵害,最大可能地减小甚至预防可能的伤害,尽可能实现其利益的最大化。故本题选 C。

10.【答案】B。解析:本题考查社会工作者对服务对象的伦理责任。社会工作者对服务对象的伦理责任包括以下六个方面:(1)对服务对象的承诺负责;(2)自我决定;(3)知情同意;(4)能力;(5)文化敏感性与多样性;(6)隐私和保密性。分析选项可知,A 项做法错误,社会工作者不能胡乱猜测杜大爷的个人意愿,这是不负责任和不专业的体现。B 项做法正确,社会工作者不仅慰问杜大爷,还向杜大爷解释服务内容并根据杜大爷的意愿开展服务,这种做法体现了对服务对象负责的伦理责任。C、D 两项的做法是在推卸责任,可能会让杜大爷的邻居和儿女产生排斥心理。故本题选 B。

11.【答案】A。解析:本题考查伦理决定的核心价值观。伦理决定的核心价值观包括尊重受助者的尊严和独特性、努力促成受助者的自我决定。故本题选 A。

12.【答案】C。解析:本题考查社会工作价值观的实践原则。社会工作价值观的实践原则包括:(1)接纳。在专业服务过程中,社会工作者应对服务对象的价值偏好、习惯、信仰等保持宽容与尊重的态度。(2)非评判。

社会工作虽然是一种价值主导的专业实践，但社会工作者仍要避免将自己的价值观强加于服务对象，不应指责和批判服务对象的言行与价值观，更不应将自己的负面情绪发泄在服务对象身上。(3)个别化。每个人都应当有权利和机会发展个性，社会工作者应当尊重服务对象的个体差异，不应当使用统一的服务方法回应他们的独特需要。(4)保密。社会工作者应当保护服务对象的隐私。(5)当事人自决。在社会工作实践中，社会工作者要与服务对象保持良好的沟通，社会工作者有义务向服务对象提供必要的信息，社会工作者一般不干预服务对象的选择。在本题中，孙大妈身体硬朗、为人善良，想成为社区的志愿者，此时社会工作者小鲁应该遵循当事人自决的原则，尊重孙大妈的决定，并告知可能存在的风险。故本题选 C。

13.【答案】B。解析：阿尔德弗尔的 ERG 理论把人的需要分为三类，分别为生存的需要、关系的需要和成长的需要。马斯洛的需要层次论把人分为了五种需要，分别为生理需要、安全需要、归属与爱的需要、尊重的需要和自我实现的需要。因此 B 项中尊重的需要不属于 ERG 理论中人的需要。故本题选 B。

14.【答案】D。解析：本题考查划分正常行为和偏差行为的常用标准。划分正常行为和偏差行为的常用标准有统计学标准、社会规范和价值标准、行为适应性标准、个体主观体验。故本题选 D。

15.【答案】D。解析：本题考查社会环境的主要构成要素。社会环境的构成要素主要包括家庭、同辈群体、学校、工作单位社区、文化、大众传媒。在本题中，没有提及浩浩受到大众传媒的影响，因此社会工作者小平在评估浩浩的问题时，最需要关注的环境因素包括同辈群体、社区文化、家庭环境、学校氛围，不包括大众传媒。故本题选 D。

16.【答案】B。解析：本题考查家庭教养方式。家长过分溺爱与严加管束相结合，构成支配型家庭教养方式。在本题中，妙妙的父母在学习上严加管教，在生活上把妙妙照顾得无微不至，体现的是支配型家庭教养方式。故本题选 B。

17.【答案】A。解析：本题考查家庭对个体的影响。家庭对个体的影响主要是通过家庭教养模式。家庭教养模式包括纵向和横向两个方面。其中，横向影响主要是家庭成员间的互动对个体行为的影响，属于微观层面。在本题中，小良的父母整天忙于线上办公，平时很少关注小良，以至于他觉得在家没意思，偷看通宵电影，这正是家庭成员之间缺乏互动的表现和带来的后果。故本题选 A。

18.【答案】D。解析：本题考查中年阶段面临的主要问题。男女两性都有可能患上更年期综合征，但男性的症状表现一般比较轻微，女性的表现一般比较突出，在心脑血管、精神器官、泌尿生殖、骨骼肌肉、皮肤黏膜、消化吸收等各方面都会产生影响，从而出现一系列不同的症状，如月经变化、面色潮红、心悸、失眠、乏力、抑郁、多虑、情绪不稳定、易激动、注意力难以集中等。在本题中，妻子有乏力、情绪不稳定的症状，这正是进入更年期的表现。故本题选 D。

19.【答案】D。解析：本题考查人类需要的类型。社会性需要是人们在生理性需要的基础上形成的一种特有的需要，它是在维持人们的社会生产和社会交往的过程中形成的，如人对工作的需要、对知识的需要和实现理想的需要等。在本题中，小红为实现自己的理想奋斗，在工作之余还不断为自己充电，这是对知识的需要和实现理想的需要等。故本题选 D。

20.【答案】C。解析：本题考查行为治疗模式的治疗技术。满灌疗法又称快速脱敏法，是指从服务对象最害怕的情况开始，让服务对象处于最严重的紧张中，迫使服务对象直接面对最担心的处境，经过不断重复，让服务对象对害怕的处境变得习以为常。在本题中，社会工作者把小青放在一个恐惧的场景中，让小青直接面对害怕的情景，这一做法属于满灌疗法。故本题选 C。

21.【答案】C。解析：本题考查评估中的坦诚和保密。评估是对社会工作者的工作进行考核，服务对象通常会碍于面子或者害怕失去进一步的帮助而不愿意表达自己的真实想法。在评估之前，社会工作者就需要向服务对象说明评估是为了改进现有服务工作，表达自己的诚意，并且承诺为服务对象保密的原则，以减轻或消除服务对象的担心。故本题选 C。

22.【答案】C。解析：本题考查社会工作者专业角色的扮演。教育者是社会工作者指导服务对象学习、处理问题的新知识、新方法，调整原来的行为方式。通常，社会工作者可以运用行为预演、模仿及角色扮演等方法帮助服务对象学习新的知识和技能。在本题中，社会工作者教小月学习处理、缓解压力的新方法，体现的是教育者的角色。故本题选 C。

23.【答案】A。解析:本题考查结案形式。结案时可以采取不同的形式,最常用的有以下三种:(1)直接告诉服务对象。在最后一次服务面谈中,社会工作者根据双方商讨的结果直接告诉服务对象需要结束服务。(2)延长服务间隔的时间。社会工作者可以根据实际情况延长服务间隔的时间,如从原来的一周一次延长到两周一次,让服务对象逐渐适应个案工作的结束。(3)变化联系的方式。社会工作者可以根据个案服务工作的开展状况把面对面的直接服务转变成非面对面的一般帮助。例如,从原来的直接面谈转变成电话或者网络交流。在本题中,小顾采取的是变化联系的方式。故本题选 A。

24.【答案】D。解析:本题考查个案会谈中的支持性技巧。支持性技巧主要包括专注、倾听、同理心、鼓励。其中同理心要求社会工作者设身处地体会服务对象的内心感受,理解服务对象的想法和要求。在本题中,社会工作的话语包含了对服务对象小翠设身处地的理解,属于同理心的技巧。故本题选 D。

25.【答案】A。解析:本题考查小组工作的类型。支持小组一般是由具有共同性问题的小组组员组成,通过小组组员彼此之间提供的信息、建议、鼓励和情感上的支持,达到解决某一问题和成员改变的效果。在本题中,社会工作者小飞组建的小组成员都对书法感兴趣,并且组员可以在生活上相互帮助,这正是支持小组的特点。故本题选 A。

26.【答案】A。解析:本题考查与组员沟通的技巧。社会工作者与组员沟通的技巧包括:(1)营造轻松、安全的氛围;(2)专注与倾听;(3)积极回应;(4)适当自我表露;(5)对信息进行磋商;(6)适当帮助梳理;(7)及时进行小结。其中,积极回应是指社会工作者在组员发言之后,要站在服务对象的角度,向服务对象表达对其发言的高度重视,认真了解和把握发言者的用意与感受,并伴以积极的回应。故本题选 A。

27.【答案】B。解析:本题考查在转折阶段社会工作者的任务。小组中期转折阶段社会工作者的工作重点之一,是处理组员角色竞争中的冲突。故本题选 B。

28.【答案】C。解析:本题考查在结束阶段社会工作者的任务。在结束阶段,社会工作者的任务主要是处理好组员的离别情绪,帮助组员保持他们已经获得的小组经验。故本题选 C。

29.【答案】A。解析:本题考查社区工作的目标分类。社区工作的目标分为任务目标和过程目标。所谓任务目标是指解决一些特定的社会问题,包括完成一项具体的工作,满足社区需要,达到一定的社会福利目标等,如修桥铺路、安置无家可归者、解决社区环境污染问题等,这些活动所带来的改善是具体而实在的。而过程目标则是指促进社区居民的一般能力。故本题选 A。

30.【答案】B。解析:本题考查社会工作者在认识社区阶段的任务。题中准备阶段的介入策略和工作方法有发掘资源和进行社区教育。社会工作者通过社区服务和活动,发现居民中有影响力、权威感和号召力的带头人,并通过一对一的训练工作,培养这些人成为各个社区小组的带领者。故本题选 B。

31.【答案】C。解析:本题考查社区照顾模式的特点。社区照顾模式强调动员家人、社区居民与志愿者开展服务,在社区中建立互助互爱的关系。故本题选 C。

32.【答案】B。解析:本题考查社会策划模式的特点。社会策划模式是在了解社区问题的基础上,依靠专家的意见和知识,通过理性、客观和系统化的分析,对解决社区问题的过程和方法进行计划的工作模式。故本题选 B。

33.【答案】C。解析:本题考查主持会议的技巧。会议是社区工作中最常用的工作方式,社会工作者经常需要召集居民开会,或聚集居民一起讨论和社区有关的问题。与会者在参与讨论的过程中会出现离题或者纠缠于枝节问题或后续问题的情况,这时需要社会工作者运用聚焦的技巧,将与会者的注意力集中到讨论的主题上来,将会议带回既定的议程。故本题选 C。

34.【答案】D。解析:本题考查社区工作的主要模式。地区发展模式较多关注社区共同性问题,注意通过建立社区自主能力来实现社区的重新整合,且特别重视居民的参与。在本题中,社区内初中生的问题较为普遍,学校社会工作者小壮协调社区的各种力量解决问题,是充分发挥社会居民参与意识,建立社区自主能力的表现,运用了地区发展模式。故本题选 D。

35【答案】D。解析:本题考查过程目标和任务目标。地区发展模式的目标可以分为两个:一个是任务目标,即完成实际的工作或解决一些特定的社区问题,如提供某些服务,通过争取一些支持来改善社区生活质量;另一个是过程目标,是指希望通过社会工作的服务过程达到的目标,如建立各种社区支持网络,增加居民的互动和交往,改善邻里关系,重建居民与团体之间的紧密联系,帮助居民认识到参与的重要性,并愿意承担责任,使居民对社区更加认同等。在本题中,会议结束时双方没有达成一致的意见,即没有实现任务目标;但是彼此加深了了解,并同意会继续协商,即实现了过程目标。故本题选 D。

36.【答案】D。解析:本题考查社会工作者的角色。在地区发展模式中,社会工作者的角色有使能者、教育者、中介者和协调者。因此排除 A 项。中介者的任务是调动社区内外的各种资源,帮助实现资源链接,将资源有效地投入地区发展中,解决社区存在的问题。故本题选 D。

37.【答案】B。解析:本题考查建立目标的优先次序。方案策划者根据已经确定的"明确性问题",建立目标的优先次序。目标优先次序的界定主要需要考虑的是可拥有和可动员的资源,包括环境因素和情境状态,还有人力、财力、物力配置等。故本题选 B。

38.【答案】D。解析:本题考查创新策划的过程。创新策划的过程:认识特殊问题或状态→列出清楚的目标→收集其他机构创新的方法→提供资讯给机构的决策者思考→考虑政治、经济、社会方面的阻力→选择理想的方法→发展计划用作评估和拓展。故本题选 D。

39.【答案】B。解析:本题考查志愿者的管理。有效的志愿者管理应该对志愿者进行需要评估。组织评估一方面要评估志愿服务给组织带来的利益,如以降低成本获得额外的专业支持(如医生、护士、律师、志愿者),与社区有更良好的接触和联系,让服务对象获得更多利益和帮助等;另一方面也要考虑风险因素,如机构对志愿者的约束力不强,志愿者的可靠程度不一样,需要付出额外时间和精力对志愿者进行督导等。服务对象的评估主要看服务对象对志愿服务的接纳程度,以及对志愿者性格、年龄等个人特征的要求。故本题选 B。

40.【答案】D。解析:本题考查社会工作服务机构的运作——协调。协调是将社会服务机构中各部门的活动化为一致性行动的过程,通过发挥团队精神,顺利执行各部门的活动,达到共同目标。协调的主要目的是促进各部门的密切配合、分工合作,以便如期达到工作目标;推动各部门和员工步调一致,增进组织效率。故本题选 D。

41.【答案】A。解析:本题考查企业捐款的动机——公共关系。公共关系是当一个企业将其利润中的相当部分用于捐款时,一般是为了提升公司形象,表明自己是一个"有社会责任感"的企业,是为社会和民众尽义务的企业。这也是企业为了在本地赢得良好声誉的策略。故本题选 A。

42.【答案】D。解析:本题考查咨询式督导的内容。咨询式督导中,督导者与被督导者及其工作没有直接关系和责任,是纯粹的咨询角色。咨询式督导强调实务工作的完成及其服务质量,焦点集中在特殊议题上。从专业的角度看,被督导者自己承担更多的责任,被督导者根据实务工作的要求,主动寻求帮助和支持更为重要。故本题选 D。

43【答案】B。解析:本题考查社会工作服务机构筹款的方式。社会工作服务机构筹款的方式分为三类,分别是政府资助、社会捐助和低偿服务。社会捐助主要是指来自个人、企业、基金会的慈善捐款,支持社会工作服务机构开展服务工作。在本题中,机构的负责人积极申请基金会的慈善捐款,这一做法是在寻求社会捐助。故本题选 B。

44.【答案】D。解析:本题考查社会工作督导的功能。社会工作督导具有三大功能,即行政功能、教育功能和支持功能。所谓教育功能是督导为被督导者提供完成任务时所需要的知识与技能,指导、协助被督导者实现专业上的发展。在本题中,老丁对小蔡的督导主要是为了解决小蔡知识匮乏的问题,体现了督导的教育功能。故本题选 D。

45.【答案】A。解析:本题考查定性研究的特点。定性研究注重具体独特的现象,收集和分析非数字化资料,描述问答者所经历的现实,探索社会关系,从而对个体进行理解、阐释和深度描述。观察、访问是常用的方法。故本题选 A。

46.【答案】D。解析:本题考查社会工作研究的特征。社会工作研究的特征:(1)社会工作研究对象的视角多元;(2)采用社会工作视角;(3)恪守社会工作伦理和社会研究伦理;(4)体现研究者的角色多样性;(5)旨在促进实务、提升理论和推进福利。故本题选 D。

47.【答案】A。解析：本题考查问卷中的问题和答案。封闭式问题的答案必须满足答案的穷尽性和互斥性，其中穷尽性指答案包含所有可能，互斥性指不同答案并不交叉。故本题选 A。

48.【答案】A。解析：本题考查前后测控制组设计。前后测控制组设计，就是首先把对象随机分配到实验组和控制组，然后测量两组在某指标上的水平，再对实验组进行某种干预，此后对两组再测。实验组的前后变化与控制组的前后变化之间的差异就视为干预效果，如研究者希望了解工作见习对提升参与者就业信心的影响。故本题选 A。

49.【答案】C。解析：本题考查资料整理的任务。研究分析的第一步是资料整理，资料整理的工作程式分为两个，一个是给答案编数字代号，另一个是将完成编码的问卷资料输入电脑，并进行逻辑检查和幅度检查。故本题选 C。

50.【答案】D。解析：本题考查问卷问题和答案设计的原则。问卷问题和答案的设计需要注意多方面的细节，第一个是关于答案，开放式问题的答案应注意空间大小的适当性，封闭式问题中单项选择的答案必须满足穷尽性和互斥性。第二个是语言问题，语言应该简短明了，避免双重含义，不要有倾向性，对敏感问题注意提问方式。第三个是关于排序，一般而言，被访者熟悉或感兴趣的、简单的、封闭式的问题可以置于前面，行为、态度、背景、敏感的问题可以放在后面，这有利于被访者较快进入状态，提高问卷回答的完整度。第四个是关于题数，回答问卷所花费的时间越短越好，一般控制在 30 分钟左右。在本题中，"你父母支持您从事社会工作方面的工作吗?"这一问题包含了父亲支持与否和母亲支持与否两个问题，在父母意见不同时被访者难以回答。故本题选 D。

51.【答案】A。解析：本题考查定量研究和定性研究的结果范围。定量研究注重研究问题的普遍性、代表性，且注重普遍指导意义，其研究结论在随机抽样时可以推论，因此 B 项不正确。定量研究的资料是非整体的，因此 C 项不正确。定性研究的资料具有整体性，其结果只反映对象的情况，而不具有一般性和可推论性，因此 D 项不正确。故本题选 A。

52.【答案】C。解析：本题考查问卷的封面信。问卷调查中，问卷的封面信旨在说明调查者的身份、研究目的和内容、对象选择方法、保密原则，并署名研究机构。故本题选 C。

53.【答案】A。解析：本题考查问卷设计的步骤。问卷设计一般经过四个步骤:(1)进行探索性工作;(2)设计问卷初稿(卡片法和框图法);(3)试用和修改;(4)定稿和印刷。其中，试用和修改主要指将问卷初稿发给少数专家，请他们提出意见。同时，还要将问卷初稿发放给调查对象(不超过 30 份)，请他们试填。故本题选 A。

54.【答案】C。解析：本题考查问卷设计的原则。一般而言，被访者熟悉或感兴趣的、简单的、封闭式的问题可以置于前面，C 项即属于被访者熟悉的封闭式问题，可以放在问卷前面。有关行为、态度、背景、敏感的问题放在后面，A、B、D 三项即属于此类。故本题选 C。

55.【答案】B。解析：本题考查流浪乞讨人员的救助措施。《城市生活无着的流浪乞讨人员救助管理办法》规定，救助内容包括为无返乡交通费的救助对象提供乘车凭证。故本题选 B。

56.【答案】C。解析：本题考查事实无人抚养儿童的规范认定流程中的终止。《关于进一步加强事实无人抚养儿童保障工作的意见》中指出，规定保障情形发生变化的，事实无人抚养儿童监护人或受委托的亲属、村(居)民委员会应当及时告知乡镇人民政府(街道办事处)。乡镇人民政府(街道办事处)、县级民政部门要加强动态管理，对不再符合规定保障情形的，应当及时终止其保障资格。故本题选 C。

57.【答案】C。解析：本题考查救助站的救助内容。国务院《城市生活无着的流浪乞讨人员救助管理办法》规定，救助站主要提供以下救助服务:(1)提供符合食品卫生要求的食物;(2)提供符合基本条件的住处;(3)对在站内突发急病的，及时送医院救治;(4)帮助与其亲属或者所在单位联系;(5)对没有交通费返回其住所地或者所在单位的，提供乘车凭证;(6)救助站为受助人员提供的住处，应当按性别分室住宿，女性受助人员应当由女性工作人员管理;(7)救助站应当保障受助人员在站内的人身安全和随身携带物品的安全，维护站内秩序。故本题选 C。

58.【答案】D。解析:本题考查老年人合法权益的主要内容。根据《中华人民共和国老年人权益保障法》,赡养内容包括以下一些方面:(1)赡养人应当使患病的老年人及时得到治疗和护理,对生活不能自理的老年人,赡养人应当承担照料责任。(2)赡养人应当妥善安排老年人的住房,不得强迫老年人居住或者迁居条件低劣的房屋。老年人自有的或者承租的住房,子女或者其他亲属不得侵占,不得擅自改变产权关系或者租赁关系。(3)赡养人有义务耕种或者委托他人耕种老年人承包的田地,照管或者委托他人照管老年人的林木和牲畜等,收益归老年人所有。(4)家庭成员应当关心老年人的精神需求,不得忽视、冷落老年人,与老年人分开居住的家庭成员,应当经常看望或者问候老年人,用人单位应当按照国家有关规定保障赡养人探亲休假的权利。故本题选 D。

59.【答案】C。解析:本题考查作出人身安全保护令的相关规定。《中华人民共和国反家庭暴力法》第二十八条规定:人民法院受理申请后,应当在七十二小时内作出人身安全保护令或者驳回申请;情况紧急的,应当在二十四小时内作出。本题中的小雅遭受了家暴,而且受到了丈夫的威胁,因此属于情况紧急的情况,应当在二十四小时内作出。故本题选 C。

60.【答案】C。解析:本题考查失业保险金领取的条件。《失业保险条例》第十四条规定,具备下列条件的失业人员,可以领取失业保险金:一是按照规定参加失业保险,所在单位和本人已按照规定履行缴费义务满 1 年的。因此 A 项排除。二是非因本人意愿中断就业的。因此 B 项排除,C 项正确。三是已办理失业登记,并有求职要求的。因此 D 项排除。故本题选 C。

二、多项选择题

61.【答案】DE。解析:本题考查社会工作在服务对象层面的目标。社会工作在服务对象层面的目标为解救危难、缓解困难、激发潜能、促进发展。A 项中的解救危难是服务对象在生命受到威胁,基本生活受到严重危害时的目标,因此 A 项排除。B 项属于社会工作在文化层面的目标,因此 B 项排除。本题中,社会工作者小棋帮助小康发掘自己在数学方面的天赋,达到了激发潜能和促进发展的目标。本题中没有提到小康在生活和学习中遇到的困难,没有涉及缓解困难的目标,因此 C 项排除。故本题选 DE。

62.【答案】ACD。解析:本题考查社会工作专业伦理守则建立的原则。根据我国当前社会工作的发展特点,社会工作专业伦理守则建立的原则为现实需要和未来发展相结合、本土社会工作的伦理实践与国际社会工作专业伦理规则相结合、专业实践与政治实践互不冲突。故本题选 ACD。

63.【答案】CDE。解析:本题考查中年阶段的特征。在本题中,A、B 两项属于老年阶段的特征,C、D、E 三项属于中年阶段的特征。故本题选 CDE。

64.【答案】ABC。解析:本题考查收集资料的技巧。资料的收集过程是社会工作者与服务对象及其周围他人的接触、会谈和自己的观察,以及调查整理与分析服务对象问题产生的原因和发展变化的过程,其中涉及以下一些技巧:(1)会谈的运用;(2)调查表的运用;(3)观察的运用;(4)现有资料的运用。在本题中,医务社会工作者向护工了解情况,这一做法属于会谈的运用;医务社会工作者观察其家具的摆放,这一做法属于观察的运用;医务社会工作者还看了唐大爷的病历,这一做法属于现有资料的运用。故本题选 ABC。

65.【答案】BCD。解析:本题考查危机介入的原则。危机介入的原则有及时处理、限定目标、输入希望、提供支持、恢复自尊、培养自主能力。故本题选 BCD。

66.【答案】ABE。解析:本题考查与组员沟通的技巧。专注与倾听能有效地传达对组员的尊重和接纳的信息。社会工作者要通过语言的和非语言的专注,让组员感受到自己处在一个比较安全的关系之中,从而鼓励组员自由、放松地表达自己的感受。同时,社会工作者在倾听时要注意组员所说的重点,尤其是一些没有预料到的信息。故本题选 ABE。

67.【答案】ABC。解析:本题考查社会服务机构的资金来源。获得省级示范养老机构的政府奖励 10 万元,属政府资助;服务收费 140 万元,属经营收入;基金会慈善捐款 20 万元,属民间捐助。故本题选 ABC。

68.【答案】ABD。解析:本题考查社区照顾模式的特点。社区照顾模式认为,社区内存在许多人际关系网络。这些关系网络对社区成员的生活有很大影响,它可以为人们提供重要的精神、物质和就业方面的支援。由家庭、亲朋好友、邻居提供的关照是非正式照顾。社区照顾十分重视动员这些与服务对象有关的非正规照顾者系统,鼓励他们参与并提供帮助,建立有效的照顾网络,与正规的社会服务一起,支援和协助人们解决困难。故本题选 ABD。

69.【答案】AB。解析:本题考查社会工作者在准备阶段的工作内容。社会工作者在准备阶段的工作重点:(1)确定主要任务和行动方案,要联系当地街道办事处、社区居委会、辖区单位等社区组织和团体,与这些政府组织、居民自治组织、单位和居民建立互相信任的工作关系,做扎根社区的准备;(2)确定介入策略和工作方法,包括利用社区观察、街头访问、家庭访问等方法,认识社区和建立关系;通过提供服务接近社区居民,通过向居民介绍社会服务信息和资源(如服务信誉和品质优良的老人院、家政公司)获得居民信任,联系街道办事处、居民委员会、政府有关部门和社区团体共同商讨解决社区问题的方案,建立合作关系;(3)社会服务机构做好自己的准备,包括人员、资金、支持体系等。故本题选 AB。

70.【答案】AD。解析:本题考查小组结束阶段的任务。在小组的结束阶段,社会工作者的任务主要是:(1)处理好组员的离别情绪;(2)帮助组员保持他们获得的经验。故本题选 AD。

71.【答案】BCDE。解析:本题考查在确定小组目标时应该遵循的原则。在确定小组的工作目标时,要遵循以下五个原则:(1)目标清楚,可以测量和评估;(2)要有明确的时间限定,以便小组组员清楚在什么时间完成什么目标;(3)目标要适合小组组员的实际能力;(4)具体目标之间要有相容性,不能相互冲突;(5)目标的表述尽量使用正面的肯定性语言或词汇,以便小组组员明确他们需要做的事情,而非强调不该做什么事情。故本题选 BCDE。

72.【答案】BCE。解析:本题考查志愿者参与社会服务的动机。以自我为中心的动机包括:(1)想获得工作经验,学习新技术;(2)希望感受到被需要、被感激、被欣赏、受他人尊敬或被人引以为傲;(3)填补心灵空虚,减少心里的寂寞;(4)有机会体验新的生活方式和文化;(5)能表现和证明自己的成就,如良好的工作技巧和工作胜任能力;(6)现在帮助别人,将来会"善有善报";(7)自我成长、发展与成熟。分析选项可知,B、C、E 三项属于以自我为中心的动机。A、D 两项为以利他和社会为中心的动机。故本题选 BCE。

73.【答案】ABD。解析:本题考查社会工作研究的特征。社会工作研究属于社会工作和社会研究的交叉领域,从而社会工作研究与其他社会研究不同的特性应该与社会工作的要素有关。它们包括:(1)以弱势群体及其问题或需为主要对象;(2)注重采用社会工作视角;(3)体现社会工作伦理;(4)研究目的在于促进实务及提升理论,从而推进民众福利;(5)研究者可以是资料的收集者、分析者和结果应用者。故本题选 ABD。

74.【答案】BCE。解析:本题考查问卷结构。问卷结构包括标题、封面信、指导语、问题和答案、编码等。故本题选 BCE。

75.【答案】BCDE。解析:本题考查比较法应该遵循的原则。比较法应该遵循的原则为横向比较与纵向比较结合、比较共同点和差异点、注意可比性、发现和比较本质的异同。故本题选 BCDE。

76.【答案】BCD。解析:本题考查研究成果的公开形式。成果应用是社会工作研究与其他研究的最大不同。研究者要采用口头发表、内部书面发表、公开出版形式,与课题委托者、同行和社会人士分享研究成果,以使研究成果发挥最大社会效应,最终促进社会工作专业和职业的积极发展。故本题选 BCD。

77.【答案】DE。解析:本题考查设计问卷初稿的方法。问卷初稿通常有卡片法和框图法两种设计方法。故本题选 DE。

78.【答案】ADE。解析:本题考查实验设计的缺点。实验设计的缺点是实验设计场景是创造的,研究条件不自然从而在实务推进上有困难,太强调精细从而难以复制。由于社会工作中的实验研究往往以人为对象,研究者在实验人员的选择、实验刺激的应用等方面都会面临伦理难题。故本题选 ADE。

79.【答案】ABE。解析:本题考查产假的相关规定。《女职工劳动保护特别规定》第七条规定:女职工生育享受 98 天产假,其中产前可以休假 15 天;难产的,增加产假 15 天;生育多胞胎的,每多生育 1 个婴儿,增加产假 15 天。女职工怀孕未满 4 个月流产的,享受 15 天产假;怀孕满 4 个月流产的,享受 42 天产假。根据上述规定,小罗怀孕 2 个月人工流产,应享受 15 天产假,因此 A 项正确;小红怀孕 5 个月意外流产,应享受 42 天产假,因此 B 项正确;小晶顺产生产双胞胎,应享受 113 天(98 天+15 天)产假,因此 C 项不正确;小英难产生产单胎,应当享受 113 天(98 天+15 天)产假,因此 D 项不正确;小影顺产生产单胎,应享受 98 天产假,因此 E 项正确。故本题选 ABE。

80.【答案】ABC。解析:本题考查失业保险金领取的条件。《失业保险条例》第十四条规定,具备下列条件的失业人员,可以领取失业保险金:按照规定参加失业保险,所在单位和本人已按照规定履行缴费义务满一年的;非因本人意愿中断就业的;已办理失业登记,并有求职要求的。失业人员在领取失业保险金期间,按照规定同时享受其他失业保险待遇。故本题选 ABC。

图书在版编目（CIP）数据

社会工作综合能力（初级）历年真题及全真模拟试卷／李永新主编．—北京：世界图书出版公司北京公司,2014.3（2022.11重印）
全国社会工作者职业水平考试辅导用书
ISBN 978-7-5100-7245-1

Ⅰ.①社… Ⅱ.①李… Ⅲ.①社会工作-中国-水平考试-习题集 Ⅳ.①D632-44

中国版本图书馆 CIP 数据核字（2013）第 290117 号

书　　名	社会工作综合能力（初级）历年真题及全真模拟试卷
	SHEHUI GONGZUO ZONGHE NENGLI (CHUJI) LINIAN ZHENTI JI QUANZHEN MONI SHIJUAN
主　　编	李永新
责任编辑	夏　丹
特约编辑	许燕霜
出版发行	世界图书出版公司北京公司
地　　址	北京市东城区朝内大街 137 号
邮　　编	100010
电　　话	010-64038355（发行）　64037380（客服）　64033507（总编室）
网　　址	http://www.wpcbj.com.cn
邮　　箱	wpcbjst@vip.163.com
销　　售	各地新华书店
印　　刷	三河市恒彩印务有限公司
开　　本	787 mm×1092 mm　1/16
印　　张	20
字　　数	480 千字
版　　次	2014 年 3 月第 1 版
印　　次	2022 年 11 月第 15 次印刷
国际书号	ISBN 978-7-5100-7245-1
定　　价	40.00 元

如有质量或印装问题,请拨打售后服务电话 010-82838515

答 题 卡

姓 名 _____

条形码粘贴区域

考场记录	违纪 ▭ 缺考 ▭
	此栏由监考人员填涂

填涂样例	正确填涂 ■ 错误填涂 ☑ ⊠ ▱ ◪ ◖	注意事项	1.用黑色签字笔填写"姓名"和"准考证号"空白栏,并认真核对条形码上的姓名和准考证号; 2.用2B铅笔填涂 "准考证号",黑度以盖住框内数字为准; 3.修改时务必用橡皮擦干净,务必保持卡面整洁; 4.本卡严禁折叠! 严禁在本卡空白处做任何标记。

一、单项选择题

1. [A] [B] [C] [D] 6. [A] [B] [C] [D] 11. [A] [B] [C] [D] 16. [A] [B] [C] [D]
2. [A] [B] [C] [D] 7. [A] [B] [C] [D] 12. [A] [B] [C] [D] 17. [A] [B] [C] [D]
3. [A] [B] [C] [D] 8. [A] [B] [C] [D] 13. [A] [B] [C] [D] 18. [A] [B] [C] [D]
4. [A] [B] [C] [D] 9. [A] [B] [C] [D] 14. [A] [B] [C] [D] 19. [A] [B] [C] [D]
5. [A] [B] [C] [D] 10. [A] [B] [C] [D] 15. [A] [B] [C] [D] 20. [A] [B] [C] [D]

21. [A] [B] [C] [D] 26. [A] [B] [C] [D] 31. [A] [B] [C] [D] 36. [A] [B] [C] [D]
22. [A] [B] [C] [D] 27. [A] [B] [C] [D] 32. [A] [B] [C] [D] 37. [A] [B] [C] [D]
23. [A] [B] [C] [D] 28. [A] [B] [C] [D] 33. [A] [B] [C] [D] 38. [A] [B] [C] [D]
24. [A] [B] [C] [D] 29. [A] [B] [C] [D] 34. [A] [B] [C] [D] 39. [A] [B] [C] [D]
25. [A] [B] [C] [D] 30. [A] [B] [C] [D] 35. [A] [B] [C] [D] 40. [A] [B] [C] [D]

41. [A] [B] [C] [D] 46. [A] [B] [C] [D] 51. [A] [B] [C] [D] 56. [A] [B] [C] [D]
42. [A] [B] [C] [D] 47. [A] [B] [C] [D] 52. [A] [B] [C] [D] 57. [A] [B] [C] [D]
43. [A] [B] [C] [D] 48. [A] [B] [C] [D] 53. [A] [B] [C] [D] 58. [A] [B] [C] [D]
44. [A] [B] [C] [D] 49. [A] [B] [C] [D] 54. [A] [B] [C] [D] 59. [A] [B] [C] [D]
45. [A] [B] [C] [D] 50. [A] [B] [C] [D] 55. [A] [B] [C] [D] 60. [A] [B] [C] [D]

二、多项选择题

61. [A] [B] [C] [D] [E] 66. [A] [B] [C] [D] [E] 71. [A] [B] [C] [D] [E] 76. [A] [B] [C] [D] [E]
62. [A] [B] [C] [D] [E] 67. [A] [B] [C] [D] [E] 72. [A] [B] [C] [D] [E] 77. [A] [B] [C] [D] [E]
63. [A] [B] [C] [D] [E] 68. [A] [B] [C] [D] [E] 73. [A] [B] [C] [D] [E] 78. [A] [B] [C] [D] [E]
64. [A] [B] [C] [D] [E] 69. [A] [B] [C] [D] [E] 74. [A] [B] [C] [D] [E] 79. [A] [B] [C] [D] [E]
65. [A] [B] [C] [D] [E] 70. [A] [B] [C] [D] [E] 75. [A] [B] [C] [D] [E] 80. [A] [B] [C] [D] [E]

答 题 卡

姓 名 _____

	准 考 证 号												

[0] [0] [0] [0] [0] [0] [0] [0] [0] [0] [0] [0] [0] [0]
[1] [1] [1] [1] [1] [1] [1] [1] [1] [1] [1] [1] [1] [1]
[2] [2] [2] [2] [2] [2] [2] [2] [2] [2] [2] [2] [2] [2]
[3] [3] [3] [3] [3] [3] [3] [3] [3] [3] [3] [3] [3] [3]
[4] [4] [4] [4] [4] [4] [4] [4] [4] [4] [4] [4] [4] [4]
[5] [5] [5] [5] [5] [5] [5] [5] [5] [5] [5] [5] [5] [5]
[6] [6] [6] [6] [6] [6] [6] [6] [6] [6] [6] [6] [6] [6]
[7] [7] [7] [7] [7] [7] [7] [7] [7] [7] [7] [7] [7] [7]
[8] [8] [8] [8] [8] [8] [8] [8] [8] [8] [8] [8] [8] [8]
[9] [9] [9] [9] [9] [9] [9] [9] [9] [9] [9] [9] [9] [9]

考场记录	违纪 ▭	缺考 ▭

此栏由监考人员填涂

填涂样例	正确填涂 ■ 错误填涂 ☑ ☒ ⊟ ⊠ ◧	注意事项

1.用黑色签字笔填写"姓名"和"准考证号"空白栏，并认真核对条形码上的姓名和准考证号；

2.用2B铅笔填涂"准考证号"，黑度以盖住框内数字为准；

3.修改时务必用橡皮擦干净，务必保持卡面整洁；

4.本卡严禁折叠！严禁在本卡空白处做任何标记。

一、单项选择题

1. [A] [B] [C] [D]   6. [A] [B] [C] [D]   11. [A] [B] [C] [D]   16. [A] [B] [C] [D]
2. [A] [B] [C] [D]   7. [A] [B] [C] [D]   12. [A] [B] [C] [D]   17. [A] [B] [C] [D]
3. [A] [B] [C] [D]   8. [A] [B] [C] [D]   13. [A] [B] [C] [D]   18. [A] [B] [C] [D]
4. [A] [B] [C] [D]   9. [A] [B] [C] [D]   14. [A] [B] [C] [D]   19. [A] [B] [C] [D]
5. [A] [B] [C] [D]   10. [A] [B] [C] [D]   15. [A] [B] [C] [D]   20. [A] [B] [C] [D]

21. [A] [B] [C] [D]   26. [A] [B] [C] [D]   31. [A] [B] [C] [D]   36. [A] [B] [C] [D]
22. [A] [B] [C] [D]   27. [A] [B] [C] [D]   32. [A] [B] [C] [D]   37. [A] [B] [C] [D]
23. [A] [B] [C] [D]   28. [A] [B] [C] [D]   33. [A] [B] [C] [D]   38. [A] [B] [C] [D]
24. [A] [B] [C] [D]   29. [A] [B] [C] [D]   34. [A] [B] [C] [D]   39. [A] [B] [C] [D]
25. [A] [B] [C] [D]   30. [A] [B] [C] [D]   35. [A] [B] [C] [D]   40. [A] [B] [C] [D]

41. [A] [B] [C] [D]   46. [A] [B] [C] [D]   51. [A] [B] [C] [D]   56. [A] [B] [C] [D]
42. [A] [B] [C] [D]   47. [A] [B] [C] [D]   52. [A] [B] [C] [D]   57. [A] [B] [C] [D]
43. [A] [B] [C] [D]   48. [A] [B] [C] [D]   53. [A] [B] [C] [D]   58. [A] [B] [C] [D]
44. [A] [B] [C] [D]   49. [A] [B] [C] [D]   54. [A] [B] [C] [D]   59. [A] [B] [C] [D]
45. [A] [B] [C] [D]   50. [A] [B] [C] [D]   55. [A] [B] [C] [D]   60. [A] [B] [C] [D]

二、多项选择题

61. [A] [B] [C] [D] [E]   66. [A] [B] [C] [D] [E]   71. [A] [B] [C] [D] [E]   76. [A] [B] [C] [D] [E]
62. [A] [B] [C] [D] [E]   67. [A] [B] [C] [D] [E]   72. [A] [B] [C] [D] [E]   77. [A] [B] [C] [D] [E]
63. [A] [B] [C] [D] [E]   68. [A] [B] [C] [D] [E]   73. [A] [B] [C] [D] [E]   78. [A] [B] [C] [D] [E]
64. [A] [B] [C] [D] [E]   69. [A] [B] [C] [D] [E]   74. [A] [B] [C] [D] [E]   79. [A] [B] [C] [D] [E]
65. [A] [B] [C] [D] [E]   70. [A] [B] [C] [D] [E]   75. [A] [B] [C] [D] [E]   80. [A] [B] [C] [D] [E]

答 题 卡

姓 名 _____

准 考 证 号

[0]	[0]	[0]	[0]	[0]	[0]	[0]	[0]	[0]	[0]	[0]	[0]	[0]
[1]	[1]	[1]	[1]	[1]	[1]	[1]	[1]	[1]	[1]	[1]	[1]	[1]
[2]	[2]	[2]	[2]	[2]	[2]	[2]	[2]	[2]	[2]	[2]	[2]	[2]
[3]	[3]	[3]	[3]	[3]	[3]	[3]	[3]	[3]	[3]	[3]	[3]	[3]
[4]	[4]	[4]	[4]	[4]	[4]	[4]	[4]	[4]	[4]	[4]	[4]	[4]
[5]	[5]	[5]	[5]	[5]	[5]	[5]	[5]	[5]	[5]	[5]	[5]	[5]
[6]	[6]	[6]	[6]	[6]	[6]	[6]	[6]	[6]	[6]	[6]	[6]	[6]
[7]	[7]	[7]	[7]	[7]	[7]	[7]	[7]	[7]	[7]	[7]	[7]	[7]
[8]	[8]	[8]	[8]	[8]	[8]	[8]	[8]	[8]	[8]	[8]	[8]	[8]
[9]	[9]	[9]	[9]	[9]	[9]	[9]	[9]	[9]	[9]	[9]	[9]	[9]

考场记录 | 违纪 ▭ | 缺考 ▭

此栏由监考人员填涂

| 填涂样例 | 正确填涂 ■ 错误填涂 ☑ ☒ ⊟ ⊘ ◑ | 注意事项 |

1.用黑色签字笔填写"姓名"和"准考证号"空白栏，并认真核对条形码上的姓名和准考证号；

2.用2B铅笔填涂"准考证号"，黑度以盖住框内数字为准；

3.修改时务必用橡皮擦干净，务必保持卡面整洁；

4.本卡严禁折叠！严禁在本卡空白处做任何标记。

一、单项选择题

1. [A] [B] [C] [D]   6. [A] [B] [C] [D]   11. [A] [B] [C] [D]   16. [A] [B] [C] [D]
2. [A] [B] [C] [D]   7. [A] [B] [C] [D]   12. [A] [B] [C] [D]   17. [A] [B] [C] [D]
3. [A] [B] [C] [D]   8. [A] [B] [C] [D]   13. [A] [B] [C] [D]   18. [A] [B] [C] [D]
4. [A] [B] [C] [D]   9. [A] [B] [C] [D]   14. [A] [B] [C] [D]   19. [A] [B] [C] [D]
5. [A] [B] [C] [D]   10. [A] [B] [C] [D]   15. [A] [B] [C] [D]   20. [A] [B] [C] [D]

21. [A] [B] [C] [D]   26. [A] [B] [C] [D]   31. [A] [B] [C] [D]   36. [A] [B] [C] [D]
22. [A] [B] [C] [D]   27. [A] [B] [C] [D]   32. [A] [B] [C] [D]   37. [A] [B] [C] [D]
23. [A] [B] [C] [D]   28. [A] [B] [C] [D]   33. [A] [B] [C] [D]   38. [A] [B] [C] [D]
24. [A] [B] [C] [D]   29. [A] [B] [C] [D]   34. [A] [B] [C] [D]   39. [A] [B] [C] [D]
25. [A] [B] [C] [D]   30. [A] [B] [C] [D]   35. [A] [B] [C] [D]   40. [A] [B] [C] [D]

41. [A] [B] [C] [D]   46. [A] [B] [C] [D]   51. [A] [B] [C] [D]   56. [A] [B] [C] [D]
42. [A] [B] [C] [D]   47. [A] [B] [C] [D]   52. [A] [B] [C] [D]   57. [A] [B] [C] [D]
43. [A] [B] [C] [D]   48. [A] [B] [C] [D]   53. [A] [B] [C] [D]   58. [A] [B] [C] [D]
44. [A] [B] [C] [D]   49. [A] [B] [C] [D]   54. [A] [B] [C] [D]   59. [A] [B] [C] [D]
45. [A] [B] [C] [D]   50. [A] [B] [C] [D]   55. [A] [B] [C] [D]   60. [A] [B] [C] [D]

二、多项选择题

61. [A] [B] [C] [D] [E]   66. [A] [B] [C] [D] [E]   71. [A] [B] [C] [D] [E]   76. [A] [B] [C] [D] [E]
62. [A] [B] [C] [D] [E]   67. [A] [B] [C] [D] [E]   72. [A] [B] [C] [D] [E]   77. [A] [B] [C] [D] [E]
63. [A] [B] [C] [D] [E]   68. [A] [B] [C] [D] [E]   73. [A] [B] [C] [D] [E]   78. [A] [B] [C] [D] [E]
64. [A] [B] [C] [D] [E]   69. [A] [B] [C] [D] [E]   74. [A] [B] [C] [D] [E]   79. [A] [B] [C] [D] [E]
65. [A] [B] [C] [D] [E]   70. [A] [B] [C] [D] [E]   75. [A] [B] [C] [D] [E]   80. [A] [B] [C] [D] [E]

答 题 卡

姓 名 _____

准 考 证 号											
[0]	[0]	[0]	[0]	[0]	[0]	[0]	[0]	[0]	[0]	[0]	[0]
[1]	[1]	[1]	[1]	[1]	[1]	[1]	[1]	[1]	[1]	[1]	[1]
[2]	[2]	[2]	[2]	[2]	[2]	[2]	[2]	[2]	[2]	[2]	[2]
[3]	[3]	[3]	[3]	[3]	[3]	[3]	[3]	[3]	[3]	[3]	[3]
[4]	[4]	[4]	[4]	[4]	[4]	[4]	[4]	[4]	[4]	[4]	[4]
[5]	[5]	[5]	[5]	[5]	[5]	[5]	[5]	[5]	[5]	[5]	[5]
[6]	[6]	[6]	[6]	[6]	[6]	[6]	[6]	[6]	[6]	[6]	[6]
[7]	[7]	[7]	[7]	[7]	[7]	[7]	[7]	[7]	[7]	[7]	[7]
[8]	[8]	[8]	[8]	[8]	[8]	[8]	[8]	[8]	[8]	[8]	[8]
[9]	[9]	[9]	[9]	[9]	[9]	[9]	[9]	[9]	[9]	[9]	[9]

考场记录	违纪 ☐ 缺考 ☐
	此栏由监考人员填涂

| 填涂样例 | 正确填涂 ■ 错误填涂 ☑ ☒ ⊟ ⊘ ◑ | 注意事项 | 1.用黑色签字笔填写"姓名"和"准考证号"空白栏，并认真核对条形码上的姓名和准考证号；2.用2B铅笔填涂"准考证号"，黑度以盖住框内数字为准；3.修改时务必用橡皮擦干净，务必保持卡面整洁；4.本卡严禁折叠！严禁在本卡空白处做任何标记。 |

一、单项选择题

1. [A] [B] [C] [D]   6. [A] [B] [C] [D]   11. [A] [B] [C] [D]   16. [A] [B] [C] [D]
2. [A] [B] [C] [D]   7. [A] [B] [C] [D]   12. [A] [B] [C] [D]   17. [A] [B] [C] [D]
3. [A] [B] [C] [D]   8. [A] [B] [C] [D]   13. [A] [B] [C] [D]   18. [A] [B] [C] [D]
4. [A] [B] [C] [D]   9. [A] [B] [C] [D]   14. [A] [B] [C] [D]   19. [A] [B] [C] [D]
5. [A] [B] [C] [D]   10. [A] [B] [C] [D]   15. [A] [B] [C] [D]   20. [A] [B] [C] [D]

21. [A] [B] [C] [D]   26. [A] [B] [C] [D]   31. [A] [B] [C] [D]   36. [A] [B] [C] [D]
22. [A] [B] [C] [D]   27. [A] [B] [C] [D]   32. [A] [B] [C] [D]   37. [A] [B] [C] [D]
23. [A] [B] [C] [D]   28. [A] [B] [C] [D]   33. [A] [B] [C] [D]   38. [A] [B] [C] [D]
24. [A] [B] [C] [D]   29. [A] [B] [C] [D]   34. [A] [B] [C] [D]   39. [A] [B] [C] [D]
25. [A] [B] [C] [D]   30. [A] [B] [C] [D]   35. [A] [B] [C] [D]   40. [A] [B] [C] [D]

41. [A] [B] [C] [D]   46. [A] [B] [C] [D]   51. [A] [B] [C] [D]   56. [A] [B] [C] [D]
42. [A] [B] [C] [D]   47. [A] [B] [C] [D]   52. [A] [B] [C] [D]   57. [A] [B] [C] [D]
43. [A] [B] [C] [D]   48. [A] [B] [C] [D]   53. [A] [B] [C] [D]   58. [A] [B] [C] [D]
44. [A] [B] [C] [D]   49. [A] [B] [C] [D]   54. [A] [B] [C] [D]   59. [A] [B] [C] [D]
45. [A] [B] [C] [D]   50. [A] [B] [C] [D]   55. [A] [B] [C] [D]   60. [A] [B] [C] [D]

二、多项选择题

61. [A] [B] [C] [D] [E]   66. [A] [B] [C] [D] [E]   71. [A] [B] [C] [D] [E]   76. [A] [B] [C] [D] [E]
62. [A] [B] [C] [D] [E]   67. [A] [B] [C] [D] [E]   72. [A] [B] [C] [D] [E]   77. [A] [B] [C] [D] [E]
63. [A] [B] [C] [D] [E]   68. [A] [B] [C] [D] [E]   73. [A] [B] [C] [D] [E]   78. [A] [B] [C] [D] [E]
64. [A] [B] [C] [D] [E]   69. [A] [B] [C] [D] [E]   74. [A] [B] [C] [D] [E]   79. [A] [B] [C] [D] [E]
65. [A] [B] [C] [D] [E]   70. [A] [B] [C] [D] [E]   75. [A] [B] [C] [D] [E]   80. [A] [B] [C] [D] [E]

答 题 卡

姓 名 _____

考场记录	违纪 ▭	缺考 ▭
此栏由监考人员填涂		

	准 考 证 号											
[0]	[0]	[0]	[0]	[0]	[0]	[0]	[0]	[0]	[0]	[0]	[0]	[0]
[1]	[1]	[1]	[1]	[1]	[1]	[1]	[1]	[1]	[1]	[1]	[1]	[1]
[2]	[2]	[2]	[2]	[2]	[2]	[2]	[2]	[2]	[2]	[2]	[2]	[2]
[3]	[3]	[3]	[3]	[3]	[3]	[3]	[3]	[3]	[3]	[3]	[3]	[3]
[4]	[4]	[4]	[4]	[4]	[4]	[4]	[4]	[4]	[4]	[4]	[4]	[4]
[5]	[5]	[5]	[5]	[5]	[5]	[5]	[5]	[5]	[5]	[5]	[5]	[5]
[6]	[6]	[6]	[6]	[6]	[6]	[6]	[6]	[6]	[6]	[6]	[6]	[6]
[7]	[7]	[7]	[7]	[7]	[7]	[7]	[7]	[7]	[7]	[7]	[7]	[7]
[8]	[8]	[8]	[8]	[8]	[8]	[8]	[8]	[8]	[8]	[8]	[8]	[8]
[9]	[9]	[9]	[9]	[9]	[9]	[9]	[9]	[9]	[9]	[9]	[9]	[9]

填涂样例	正确填涂 ▬ 错误填涂 ☑ ☒ ▭ ⊘ ◑	注意事项	1.用黑色签字笔填写"姓名"和"准考证号"空白栏，并认真核对条形码上的姓名和准考证号； 2.用2B铅笔填涂"准考证号"，黑度以盖住框内数字为准； 3.修改时务必用橡皮擦干净，务必保持卡面整洁； 4.本卡严禁折叠！严禁在本卡空白处做任何标记。

一、单项选择题

1. [A] [B] [C] [D]   6. [A] [B] [C] [D]   11. [A] [B] [C] [D]   16. [A] [B] [C] [D]
2. [A] [B] [C] [D]   7. [A] [B] [C] [D]   12. [A] [B] [C] [D]   17. [A] [B] [C] [D]
3. [A] [B] [C] [D]   8. [A] [B] [C] [D]   13. [A] [B] [C] [D]   18. [A] [B] [C] [D]
4. [A] [B] [C] [D]   9. [A] [B] [C] [D]   14. [A] [B] [C] [D]   19. [A] [B] [C] [D]
5. [A] [B] [C] [D]   10. [A] [B] [C] [D]   15. [A] [B] [C] [D]   20. [A] [B] [C] [D]

21. [A] [B] [C] [D]   26. [A] [B] [C] [D]   31. [A] [B] [C] [D]   36. [A] [B] [C] [D]
22. [A] [B] [C] [D]   27. [A] [B] [C] [D]   32. [A] [B] [C] [D]   37. [A] [B] [C] [D]
23. [A] [B] [C] [D]   28. [A] [B] [C] [D]   33. [A] [B] [C] [D]   38. [A] [B] [C] [D]
24. [A] [B] [C] [D]   29. [A] [B] [C] [D]   34. [A] [B] [C] [D]   39. [A] [B] [C] [D]
25. [A] [B] [C] [D]   30. [A] [B] [C] [D]   35. [A] [B] [C] [D]   40. [A] [B] [C] [D]

41. [A] [B] [C] [D]   46. [A] [B] [C] [D]   51. [A] [B] [C] [D]   56. [A] [B] [C] [D]
42. [A] [B] [C] [D]   47. [A] [B] [C] [D]   52. [A] [B] [C] [D]   57. [A] [B] [C] [D]
43. [A] [B] [C] [D]   48. [A] [B] [C] [D]   53. [A] [B] [C] [D]   58. [A] [B] [C] [D]
44. [A] [B] [C] [D]   49. [A] [B] [C] [D]   54. [A] [B] [C] [D]   59. [A] [B] [C] [D]
45. [A] [B] [C] [D]   50. [A] [B] [C] [D]   55. [A] [B] [C] [D]   60. [A] [B] [C] [D]

二、多项选择题

61. [A] [B] [C] [D] [E]   66. [A] [B] [C] [D] [E]   71. [A] [B] [C] [D] [E]   76. [A] [B] [C] [D] [E]
62. [A] [B] [C] [D] [E]   67. [A] [B] [C] [D] [E]   72. [A] [B] [C] [D] [E]   77. [A] [B] [C] [D] [E]
63. [A] [B] [C] [D] [E]   68. [A] [B] [C] [D] [E]   73. [A] [B] [C] [D] [E]   78. [A] [B] [C] [D] [E]
64. [A] [B] [C] [D] [E]   69. [A] [B] [C] [D] [E]   74. [A] [B] [C] [D] [E]   79. [A] [B] [C] [D] [E]
65. [A] [B] [C] [D] [E]   70. [A] [B] [C] [D] [E]   75. [A] [B] [C] [D] [E]   80. [A] [B] [C] [D] [E]

答 题 卡

姓 名 _____

<table>
<tr><td colspan="13" align="center">准　考　证　号</td></tr>
<tr><td></td><td></td><td></td><td></td><td></td><td></td><td></td><td></td><td></td><td></td><td></td><td></td><td></td></tr>
<tr><td>[0]</td><td>[0]</td><td>[0]</td><td>[0]</td><td>[0]</td><td>[0]</td><td>[0]</td><td>[0]</td><td>[0]</td><td>[0]</td><td>[0]</td><td>[0]</td><td>[0]</td></tr>
<tr><td>[1]</td><td>[1]</td><td>[1]</td><td>[1]</td><td>[1]</td><td>[1]</td><td>[1]</td><td>[1]</td><td>[1]</td><td>[1]</td><td>[1]</td><td>[1]</td><td>[1]</td></tr>
<tr><td>[2]</td><td>[2]</td><td>[2]</td><td>[2]</td><td>[2]</td><td>[2]</td><td>[2]</td><td>[2]</td><td>[2]</td><td>[2]</td><td>[2]</td><td>[2]</td><td>[2]</td></tr>
<tr><td>[3]</td><td>[3]</td><td>[3]</td><td>[3]</td><td>[3]</td><td>[3]</td><td>[3]</td><td>[3]</td><td>[3]</td><td>[3]</td><td>[3]</td><td>[3]</td><td>[3]</td></tr>
<tr><td>[4]</td><td>[4]</td><td>[4]</td><td>[4]</td><td>[4]</td><td>[4]</td><td>[4]</td><td>[4]</td><td>[4]</td><td>[4]</td><td>[4]</td><td>[4]</td><td>[4]</td></tr>
<tr><td>[5]</td><td>[5]</td><td>[5]</td><td>[5]</td><td>[5]</td><td>[5]</td><td>[5]</td><td>[5]</td><td>[5]</td><td>[5]</td><td>[5]</td><td>[5]</td><td>[5]</td></tr>
<tr><td>[6]</td><td>[6]</td><td>[6]</td><td>[6]</td><td>[6]</td><td>[6]</td><td>[6]</td><td>[6]</td><td>[6]</td><td>[6]</td><td>[6]</td><td>[6]</td><td>[6]</td></tr>
<tr><td>[7]</td><td>[7]</td><td>[7]</td><td>[7]</td><td>[7]</td><td>[7]</td><td>[7]</td><td>[7]</td><td>[7]</td><td>[7]</td><td>[7]</td><td>[7]</td><td>[7]</td></tr>
<tr><td>[8]</td><td>[8]</td><td>[8]</td><td>[8]</td><td>[8]</td><td>[8]</td><td>[8]</td><td>[8]</td><td>[8]</td><td>[8]</td><td>[8]</td><td>[8]</td><td>[8]</td></tr>
<tr><td>[9]</td><td>[9]</td><td>[9]</td><td>[9]</td><td>[9]</td><td>[9]</td><td>[9]</td><td>[9]</td><td>[9]</td><td>[9]</td><td>[9]</td><td>[9]</td><td>[9]</td></tr>
</table>

条形码粘贴区域

考场记录	违纪 ☐	缺考 ☐

此栏由监考人员填涂

填涂样例

正确填涂 ■

错误填涂 ☑ ☒ ⊟ ◨ ◖

注意事项

1.用黑色签字笔填写"姓名"和"准考证号"空白栏，并认真核对条形码上的姓名和准考证号；

2.用2B铅笔填涂"准考证号"，黑度以盖住框内数字为准；

3.修改时务必用橡皮擦干净，务必保持卡面整洁；

4.本卡严禁折叠！严禁在本卡空白处做任何标记。

一、单项选择题

1. [A] [B] [C] [D]
2. [A] [B] [C] [D]
3. [A] [B] [C] [D]
4. [A] [B] [C] [D]
5. [A] [B] [C] [D]
6. [A] [B] [C] [D]
7. [A] [B] [C] [D]
8. [A] [B] [C] [D]
9. [A] [B] [C] [D]
10. [A] [B] [C] [D]
11. [A] [B] [C] [D]
12. [A] [B] [C] [D]
13. [A] [B] [C] [D]
14. [A] [B] [C] [D]
15. [A] [B] [C] [D]
16. [A] [B] [C] [D]
17. [A] [B] [C] [D]
18. [A] [B] [C] [D]
19. [A] [B] [C] [D]
20. [A] [B] [C] [D]

21. [A] [B] [C] [D]
22. [A] [B] [C] [D]
23. [A] [B] [C] [D]
24. [A] [B] [C] [D]
25. [A] [B] [C] [D]
26. [A] [B] [C] [D]
27. [A] [B] [C] [D]
28. [A] [B] [C] [D]
29. [A] [B] [C] [D]
30. [A] [B] [C] [D]
31. [A] [B] [C] [D]
32. [A] [B] [C] [D]
33. [A] [B] [C] [D]
34. [A] [B] [C] [D]
35. [A] [B] [C] [D]
36. [A] [B] [C] [D]
37. [A] [B] [C] [D]
38. [A] [B] [C] [D]
39. [A] [B] [C] [D]
40. [A] [B] [C] [D]

41. [A] [B] [C] [D]
42. [A] [B] [C] [D]
43. [A] [B] [C] [D]
44. [A] [B] [C] [D]
45. [A] [B] [C] [D]
46. [A] [B] [C] [D]
47. [A] [B] [C] [D]
48. [A] [B] [C] [D]
49. [A] [B] [C] [D]
50. [A] [B] [C] [D]
51. [A] [B] [C] [D]
52. [A] [B] [C] [D]
53. [A] [B] [C] [D]
54. [A] [B] [C] [D]
55. [A] [B] [C] [D]
56. [A] [B] [C] [D]
57. [A] [B] [C] [D]
58. [A] [B] [C] [D]
59. [A] [B] [C] [D]
60. [A] [B] [C] [D]

二、多项选择题

61. [A] [B] [C] [D] [E]
62. [A] [B] [C] [D] [E]
63. [A] [B] [C] [D] [E]
64. [A] [B] [C] [D] [E]
65. [A] [B] [C] [D] [E]
66. [A] [B] [C] [D] [E]
67. [A] [B] [C] [D] [E]
68. [A] [B] [C] [D] [E]
69. [A] [B] [C] [D] [E]
70. [A] [B] [C] [D] [E]
71. [A] [B] [C] [D] [E]
72. [A] [B] [C] [D] [E]
73. [A] [B] [C] [D] [E]
74. [A] [B] [C] [D] [E]
75. [A] [B] [C] [D] [E]
76. [A] [B] [C] [D] [E]
77. [A] [B] [C] [D] [E]
78. [A] [B] [C] [D] [E]
79. [A] [B] [C] [D] [E]
80. [A] [B] [C] [D] [E]

答 题 卡

姓 名 _____

<table>
<tr><td colspan="13" align="center">准　考　证　号</td></tr>
<tr><td>[0]</td><td>[0]</td><td>[0]</td><td>[0]</td><td>[0]</td><td>[0]</td><td>[0]</td><td>[0]</td><td>[0]</td><td>[0]</td><td>[0]</td><td>[0]</td><td>[0]</td></tr>
<tr><td>[1]</td><td>[1]</td><td>[1]</td><td>[1]</td><td>[1]</td><td>[1]</td><td>[1]</td><td>[1]</td><td>[1]</td><td>[1]</td><td>[1]</td><td>[1]</td><td>[1]</td></tr>
<tr><td>[2]</td><td>[2]</td><td>[2]</td><td>[2]</td><td>[2]</td><td>[2]</td><td>[2]</td><td>[2]</td><td>[2]</td><td>[2]</td><td>[2]</td><td>[2]</td><td>[2]</td></tr>
<tr><td>[3]</td><td>[3]</td><td>[3]</td><td>[3]</td><td>[3]</td><td>[3]</td><td>[3]</td><td>[3]</td><td>[3]</td><td>[3]</td><td>[3]</td><td>[3]</td><td>[3]</td></tr>
<tr><td>[4]</td><td>[4]</td><td>[4]</td><td>[4]</td><td>[4]</td><td>[4]</td><td>[4]</td><td>[4]</td><td>[4]</td><td>[4]</td><td>[4]</td><td>[4]</td><td>[4]</td></tr>
<tr><td>[5]</td><td>[5]</td><td>[5]</td><td>[5]</td><td>[5]</td><td>[5]</td><td>[5]</td><td>[5]</td><td>[5]</td><td>[5]</td><td>[5]</td><td>[5]</td><td>[5]</td></tr>
<tr><td>[6]</td><td>[6]</td><td>[6]</td><td>[6]</td><td>[6]</td><td>[6]</td><td>[6]</td><td>[6]</td><td>[6]</td><td>[6]</td><td>[6]</td><td>[6]</td><td>[6]</td></tr>
<tr><td>[7]</td><td>[7]</td><td>[7]</td><td>[7]</td><td>[7]</td><td>[7]</td><td>[7]</td><td>[7]</td><td>[7]</td><td>[7]</td><td>[7]</td><td>[7]</td><td>[7]</td></tr>
<tr><td>[8]</td><td>[8]</td><td>[8]</td><td>[8]</td><td>[8]</td><td>[8]</td><td>[8]</td><td>[8]</td><td>[8]</td><td>[8]</td><td>[8]</td><td>[8]</td><td>[8]</td></tr>
<tr><td>[9]</td><td>[9]</td><td>[9]</td><td>[9]</td><td>[9]</td><td>[9]</td><td>[9]</td><td>[9]</td><td>[9]</td><td>[9]</td><td>[9]</td><td>[9]</td><td>[9]</td></tr>
</table>

条形码粘贴区域

考场记录	违纪□　　缺考□
	此栏由监考人员填涂

填涂样例

正确填涂 ■

错误填涂 ☑ ☒ ⊟ ⊘ ◗

注意事项

1.用黑色签字笔填写"姓名"和"准考证号"空白栏，并认真核对条形码上的姓名和准考证号；

2.用2B铅笔填涂 "准考证号"，黑度以盖住框内数字为准；

3.修改时务必用橡皮擦干净，务必保持卡面整洁；

4.本卡严禁折叠！严禁在本卡空白处做任何标记。

一、单项选择题

1. [A] [B] [C] [D]　　6. [A] [B] [C] [D]　　11. [A] [B] [C] [D]　　16. [A] [B] [C] [D]
2. [A] [B] [C] [D]　　7. [A] [B] [C] [D]　　12. [A] [B] [C] [D]　　17. [A] [B] [C] [D]
3. [A] [B] [C] [D]　　8. [A] [B] [C] [D]　　13. [A] [B] [C] [D]　　18. [A] [B] [C] [D]
4. [A] [B] [C] [D]　　9. [A] [B] [C] [D]　　14. [A] [B] [C] [D]　　19. [A] [B] [C] [D]
5. [A] [B] [C] [D]　　10. [A] [B] [C] [D]　　15. [A] [B] [C] [D]　　20. [A] [B] [C] [D]

21. [A] [B] [C] [D]　　26. [A] [B] [C] [D]　　31. [A] [B] [C] [D]　　36. [A] [B] [C] [D]
22. [A] [B] [C] [D]　　27. [A] [B] [C] [D]　　32. [A] [B] [C] [D]　　37. [A] [B] [C] [D]
23. [A] [B] [C] [D]　　28. [A] [B] [C] [D]　　33. [A] [B] [C] [D]　　38. [A] [B] [C] [D]
24. [A] [B] [C] [D]　　29. [A] [B] [C] [D]　　34. [A] [B] [C] [D]　　39. [A] [B] [C] [D]
25. [A] [B] [C] [D]　　30. [A] [B] [C] [D]　　35. [A] [B] [C] [D]　　40. [A] [B] [C] [D]

41. [A] [B] [C] [D]　　46. [A] [B] [C] [D]　　51. [A] [B] [C] [D]　　56. [A] [B] [C] [D]
42. [A] [B] [C] [D]　　47. [A] [B] [C] [D]　　52. [A] [B] [C] [D]　　57. [A] [B] [C] [D]
43. [A] [B] [C] [D]　　48. [A] [B] [C] [D]　　53. [A] [B] [C] [D]　　58. [A] [B] [C] [D]
44. [A] [B] [C] [D]　　49. [A] [B] [C] [D]　　54. [A] [B] [C] [D]　　59. [A] [B] [C] [D]
45. [A] [B] [C] [D]　　50. [A] [B] [C] [D]　　55. [A] [B] [C] [D]　　60. [A] [B] [C] [D]

二、多项选择题

61. [A] [B] [C] [D] [E]　　66. [A] [B] [C] [D] [E]　　71. [A] [B] [C] [D] [E]　　76. [A] [B] [C] [D] [E]
62. [A] [B] [C] [D] [E]　　67. [A] [B] [C] [D] [E]　　72. [A] [B] [C] [D] [E]　　77. [A] [B] [C] [D] [E]
63. [A] [B] [C] [D] [E]　　68. [A] [B] [C] [D] [E]　　73. [A] [B] [C] [D] [E]　　78. [A] [B] [C] [D] [E]
64. [A] [B] [C] [D] [E]　　69. [A] [B] [C] [D] [E]　　74. [A] [B] [C] [D] [E]　　79. [A] [B] [C] [D] [E]
65. [A] [B] [C] [D] [E]　　70. [A] [B] [C] [D] [E]　　75. [A] [B] [C] [D] [E]　　80. [A] [B] [C] [D] [E]

答 题 卡

姓 名 _____

准 考 证 号															
[0]	[0]	[0]	[0]	[0]	[0]	[0]	[0]	[0]	[0]	[0]	[0]	[0]	[0]	[0]	[0]
[1]	[1]	[1]	[1]	[1]	[1]	[1]	[1]	[1]	[1]	[1]	[1]	[1]	[1]	[1]	[1]
[2]	[2]	[2]	[2]	[2]	[2]	[2]	[2]	[2]	[2]	[2]	[2]	[2]	[2]	[2]	[2]
[3]	[3]	[3]	[3]	[3]	[3]	[3]	[3]	[3]	[3]	[3]	[3]	[3]	[3]	[3]	[3]
[4]	[4]	[4]	[4]	[4]	[4]	[4]	[4]	[4]	[4]	[4]	[4]	[4]	[4]	[4]	[4]
[5]	[5]	[5]	[5]	[5]	[5]	[5]	[5]	[5]	[5]	[5]	[5]	[5]	[5]	[5]	[5]
[6]	[6]	[6]	[6]	[6]	[6]	[6]	[6]	[6]	[6]	[6]	[6]	[6]	[6]	[6]	[6]
[7]	[7]	[7]	[7]	[7]	[7]	[7]	[7]	[7]	[7]	[7]	[7]	[7]	[7]	[7]	[7]
[8]	[8]	[8]	[8]	[8]	[8]	[8]	[8]	[8]	[8]	[8]	[8]	[8]	[8]	[8]	[8]
[9]	[9]	[9]	[9]	[9]	[9]	[9]	[9]	[9]	[9]	[9]	[9]	[9]	[9]	[9]	[9]

考场记录	违纪 ☐	缺考 ☐
此栏由监考人员填涂		

填涂样例	正确填涂 ■ 错误填涂 ☑ ☒ ⊟ ⧄ ◑	注意事项	1.用黑色签字笔填写"姓名"和"准考证号"空白栏，并认真核对条形码上的姓名和准考证号； 2.用2B铅笔填涂 "准考证号"，黑度以盖住框内数字为准； 3.修改时务必用橡皮擦干净，务必保持卡面整洁； 4.本卡严禁折叠！严禁在本卡空白处做任何标记。

一、单项选择题

1. [A] [B] [C] [D]
2. [A] [B] [C] [D]
3. [A] [B] [C] [D]
4. [A] [B] [C] [D]
5. [A] [B] [C] [D]

6. [A] [B] [C] [D]
7. [A] [B] [C] [D]
8. [A] [B] [C] [D]
9. [A] [B] [C] [D]
10. [A] [B] [C] [D]

11. [A] [B] [C] [D]
12. [A] [B] [C] [D]
13. [A] [B] [C] [D]
14. [A] [B] [C] [D]
15. [A] [B] [C] [D]

16. [A] [B] [C] [D]
17. [A] [B] [C] [D]
18. [A] [B] [C] [D]
19. [A] [B] [C] [D]
20. [A] [B] [C] [D]

21. [A] [B] [C] [D]
22. [A] [B] [C] [D]
23. [A] [B] [C] [D]
24. [A] [B] [C] [D]
25. [A] [B] [C] [D]

26. [A] [B] [C] [D]
27. [A] [B] [C] [D]
28. [A] [B] [C] [D]
29. [A] [B] [C] [D]
30. [A] [B] [C] [D]

31. [A] [B] [C] [D]
32. [A] [B] [C] [D]
33. [A] [B] [C] [D]
34. [A] [B] [C] [D]
35. [A] [B] [C] [D]

36. [A] [B] [C] [D]
37. [A] [B] [C] [D]
38. [A] [B] [C] [D]
39. [A] [B] [C] [D]
40. [A] [B] [C] [D]

41. [A] [B] [C] [D]
42. [A] [B] [C] [D]
43. [A] [B] [C] [D]
44. [A] [B] [C] [D]
45. [A] [B] [C] [D]

46. [A] [B] [C] [D]
47. [A] [B] [C] [D]
48. [A] [B] [C] [D]
49. [A] [B] [C] [D]
50. [A] [B] [C] [D]

51. [A] [B] [C] [D]
52. [A] [B] [C] [D]
53. [A] [B] [C] [D]
54. [A] [B] [C] [D]
55. [A] [B] [C] [D]

56. [A] [B] [C] [D]
57. [A] [B] [C] [D]
58. [A] [B] [C] [D]
59. [A] [B] [C] [D]
60. [A] [B] [C] [D]

二、多项选择题

61. [A] [B] [C] [D] [E]
62. [A] [B] [C] [D] [E]
63. [A] [B] [C] [D] [E]
64. [A] [B] [C] [D] [E]
65. [A] [B] [C] [D] [E]

66. [A] [B] [C] [D] [E]
67. [A] [B] [C] [D] [E]
68. [A] [B] [C] [D] [E]
69. [A] [B] [C] [D] [E]
70. [A] [B] [C] [D] [E]

71. [A] [B] [C] [D] [E]
72. [A] [B] [C] [D] [E]
73. [A] [B] [C] [D] [E]
74. [A] [B] [C] [D] [E]
75. [A] [B] [C] [D] [E]

76. [A] [B] [C] [D] [E]
77. [A] [B] [C] [D] [E]
78. [A] [B] [C] [D] [E]
79. [A] [B] [C] [D] [E]
80. [A] [B] [C] [D] [E]

答 题 卡

姓 名 _____

准 考 证 号												
[0]	[0]	[0]	[0]	[0]	[0]	[0]	[0]	[0]	[0]	[0]	[0]	[0]
[1]	[1]	[1]	[1]	[1]	[1]	[1]	[1]	[1]	[1]	[1]	[1]	[1]
[2]	[2]	[2]	[2]	[2]	[2]	[2]	[2]	[2]	[2]	[2]	[2]	[2]
[3]	[3]	[3]	[3]	[3]	[3]	[3]	[3]	[3]	[3]	[3]	[3]	[3]
[4]	[4]	[4]	[4]	[4]	[4]	[4]	[4]	[4]	[4]	[4]	[4]	[4]
[5]	[5]	[5]	[5]	[5]	[5]	[5]	[5]	[5]	[5]	[5]	[5]	[5]
[6]	[6]	[6]	[6]	[6]	[6]	[6]	[6]	[6]	[6]	[6]	[6]	[6]
[7]	[7]	[7]	[7]	[7]	[7]	[7]	[7]	[7]	[7]	[7]	[7]	[7]
[8]	[8]	[8]	[8]	[8]	[8]	[8]	[8]	[8]	[8]	[8]	[8]	[8]
[9]	[9]	[9]	[9]	[9]	[9]	[9]	[9]	[9]	[9]	[9]	[9]	[9]

考场记录　　违纪 □　　缺考 □
此栏由监考人员填涂

填涂样例

正确填涂　■

错误填涂　☑ ☒ ⊟ ⊘ ◐

注意事项

1.用黑色签字笔填写"姓名"和"准考证号"空白栏，并认真核对条形码上的姓名和准考证号；

2.用2B铅笔填涂 "准考证号"，黑度以盖住框内数字为准；

3.修改时务必用橡皮擦干净，务必保持卡面整洁；

4.本卡严禁折叠！严禁在本卡空白处做任何标记。

一、单项选择题

1. [A] [B] [C] [D]　　6. [A] [B] [C] [D]　　11. [A] [B] [C] [D]　　16. [A] [B] [C] [D]
2. [A] [B] [C] [D]　　7. [A] [B] [C] [D]　　12. [A] [B] [C] [D]　　17. [A] [B] [C] [D]
3. [A] [B] [C] [D]　　8. [A] [B] [C] [D]　　13. [A] [B] [C] [D]　　18. [A] [B] [C] [D]
4. [A] [B] [C] [D]　　9. [A] [B] [C] [D]　　14. [A] [B] [C] [D]　　19. [A] [B] [C] [D]
5. [A] [B] [C] [D]　　10. [A] [B] [C] [D]　　15. [A] [B] [C] [D]　　20. [A] [B] [C] [D]

21. [A] [B] [C] [D]　　26. [A] [B] [C] [D]　　31. [A] [B] [C] [D]　　36. [A] [B] [C] [D]
22. [A] [B] [C] [D]　　27. [A] [B] [C] [D]　　32. [A] [B] [C] [D]　　37. [A] [B] [C] [D]
23. [A] [B] [C] [D]　　28. [A] [B] [C] [D]　　33. [A] [B] [C] [D]　　38. [A] [B] [C] [D]
24. [A] [B] [C] [D]　　29. [A] [B] [C] [D]　　34. [A] [B] [C] [D]　　39. [A] [B] [C] [D]
25. [A] [B] [C] [D]　　30. [A] [B] [C] [D]　　35. [A] [B] [C] [D]　　40. [A] [B] [C] [D]

41. [A] [B] [C] [D]　　46. [A] [B] [C] [D]　　51. [A] [B] [C] [D]　　56. [A] [B] [C] [D]
42. [A] [B] [C] [D]　　47. [A] [B] [C] [D]　　52. [A] [B] [C] [D]　　57. [A] [B] [C] [D]
43. [A] [B] [C] [D]　　48. [A] [B] [C] [D]　　53. [A] [B] [C] [D]　　58. [A] [B] [C] [D]
44. [A] [B] [C] [D]　　49. [A] [B] [C] [D]　　54. [A] [B] [C] [D]　　59. [A] [B] [C] [D]
45. [A] [B] [C] [D]　　50. [A] [B] [C] [D]　　55. [A] [B] [C] [D]　　60. [A] [B] [C] [D]

二、多项选择题

61. [A] [B] [C] [D] [E]　　66. [A] [B] [C] [D] [E]　　71. [A] [B] [C] [D] [E]　　76. [A] [B] [C] [D] [E]
62. [A] [B] [C] [D] [E]　　67. [A] [B] [C] [D] [E]　　72. [A] [B] [C] [D] [E]　　77. [A] [B] [C] [D] [E]
63. [A] [B] [C] [D] [E]　　68. [A] [B] [C] [D] [E]　　73. [A] [B] [C] [D] [E]　　78. [A] [B] [C] [D] [E]
64. [A] [B] [C] [D] [E]　　69. [A] [B] [C] [D] [E]　　74. [A] [B] [C] [D] [E]　　79. [A] [B] [C] [D] [E]
65. [A] [B] [C] [D] [E]　　70. [A] [B] [C] [D] [E]　　75. [A] [B] [C] [D] [E]　　80. [A] [B] [C] [D] [E]

答 题 卡

姓 名 _____

准 考 证 号

[0]	[0]	[0]	[0]	[0]	[0]	[0]	[0]	[0]	[0]	[0]	[0]	[0]
[1]	[1]	[1]	[1]	[1]	[1]	[1]	[1]	[1]	[1]	[1]	[1]	[1]
[2]	[2]	[2]	[2]	[2]	[2]	[2]	[2]	[2]	[2]	[2]	[2]	[2]
[3]	[3]	[3]	[3]	[3]	[3]	[3]	[3]	[3]	[3]	[3]	[3]	[3]
[4]	[4]	[4]	[4]	[4]	[4]	[4]	[4]	[4]	[4]	[4]	[4]	[4]
[5]	[5]	[5]	[5]	[5]	[5]	[5]	[5]	[5]	[5]	[5]	[5]	[5]
[6]	[6]	[6]	[6]	[6]	[6]	[6]	[6]	[6]	[6]	[6]	[6]	[6]
[7]	[7]	[7]	[7]	[7]	[7]	[7]	[7]	[7]	[7]	[7]	[7]	[7]
[8]	[8]	[8]	[8]	[8]	[8]	[8]	[8]	[8]	[8]	[8]	[8]	[8]
[9]	[9]	[9]	[9]	[9]	[9]	[9]	[9]	[9]	[9]	[9]	[9]	[9]

考场记录	违纪 ▭	缺考 ▭
此栏由监考人员填涂		

填涂样例	正确填涂 ■ 错误填涂 ☑ ☒ ⊟ ⊘ ⬤	注意事项	1.用黑色签字笔填写"姓名"和"准考证号"空白栏，并认真核对条形码上的姓名和准考证号； 2.用2B铅笔填涂 "准考证号"，黑度以盖住框内数字为准； 3.修改时务必用橡皮擦干净，务必保持卡面整洁； 4.本卡严禁折叠！严禁在本卡空白处做任何标记。

一、单项选择题

1. [A] [B] [C] [D]　　6. [A] [B] [C] [D]　　11. [A] [B] [C] [D]　　16. [A] [B] [C] [D]
2. [A] [B] [C] [D]　　7. [A] [B] [C] [D]　　12. [A] [B] [C] [D]　　17. [A] [B] [C] [D]
3. [A] [B] [C] [D]　　8. [A] [B] [C] [D]　　13. [A] [B] [C] [D]　　18. [A] [B] [C] [D]
4. [A] [B] [C] [D]　　9. [A] [B] [C] [D]　　14. [A] [B] [C] [D]　　19. [A] [B] [C] [D]
5. [A] [B] [C] [D]　　10. [A] [B] [C] [D]　　15. [A] [B] [C] [D]　　20. [A] [B] [C] [D]

21. [A] [B] [C] [D]　　26. [A] [B] [C] [D]　　31. [A] [B] [C] [D]　　36. [A] [B] [C] [D]
22. [A] [B] [C] [D]　　27. [A] [B] [C] [D]　　32. [A] [B] [C] [D]　　37. [A] [B] [C] [D]
23. [A] [B] [C] [D]　　28. [A] [B] [C] [D]　　33. [A] [B] [C] [D]　　38. [A] [B] [C] [D]
24. [A] [B] [C] [D]　　29. [A] [B] [C] [D]　　34. [A] [B] [C] [D]　　39. [A] [B] [C] [D]
25. [A] [B] [C] [D]　　30. [A] [B] [C] [D]　　35. [A] [B] [C] [D]　　40. [A] [B] [C] [D]

41. [A] [B] [C] [D]　　46. [A] [B] [C] [D]　　51. [A] [B] [C] [D]　　56. [A] [B] [C] [D]
42. [A] [B] [C] [D]　　47. [A] [B] [C] [D]　　52. [A] [B] [C] [D]　　57. [A] [B] [C] [D]
43. [A] [B] [C] [D]　　48. [A] [B] [C] [D]　　53. [A] [B] [C] [D]　　58. [A] [B] [C] [D]
44. [A] [B] [C] [D]　　49. [A] [B] [C] [D]　　54. [A] [B] [C] [D]　　59. [A] [B] [C] [D]
45. [A] [B] [C] [D]　　50. [A] [B] [C] [D]　　55. [A] [B] [C] [D]　　60. [A] [B] [C] [D]

二、多项选择题

61. [A] [B] [C] [D] [E]　　66. [A] [B] [C] [D] [E]　　71. [A] [B] [C] [D] [E]　　76. [A] [B] [C] [D] [E]
62. [A] [B] [C] [D] [E]　　67. [A] [B] [C] [D] [E]　　72. [A] [B] [C] [D] [E]　　77. [A] [B] [C] [D] [E]
63. [A] [B] [C] [D] [E]　　68. [A] [B] [C] [D] [E]　　73. [A] [B] [C] [D] [E]　　78. [A] [B] [C] [D] [E]
64. [A] [B] [C] [D] [E]　　69. [A] [B] [C] [D] [E]　　74. [A] [B] [C] [D] [E]　　79. [A] [B] [C] [D] [E]
65. [A] [B] [C] [D] [E]　　70. [A] [B] [C] [D] [E]　　75. [A] [B] [C] [D] [E]　　80. [A] [B] [C] [D] [E]

答 题 卡

姓 名 _____

	准 考 证 号											

[0] [0] [0] [0] [0] [0] [0] [0] [0] [0] [0] [0] [0]
[1] [1] [1] [1] [1] [1] [1] [1] [1] [1] [1] [1] [1]
[2] [2] [2] [2] [2] [2] [2] [2] [2] [2] [2] [2] [2]
[3] [3] [3] [3] [3] [3] [3] [3] [3] [3] [3] [3] [3]
[4] [4] [4] [4] [4] [4] [4] [4] [4] [4] [4] [4] [4]
[5] [5] [5] [5] [5] [5] [5] [5] [5] [5] [5] [5] [5]
[6] [6] [6] [6] [6] [6] [6] [6] [6] [6] [6] [6] [6]
[7] [7] [7] [7] [7] [7] [7] [7] [7] [7] [7] [7] [7]
[8] [8] [8] [8] [8] [8] [8] [8] [8] [8] [8] [8] [8]
[9] [9] [9] [9] [9] [9] [9] [9] [9] [9] [9] [9] [9]

考场记录	违纪 ☐	缺考 ☐
此栏由监考人员填涂		

填涂样例	正确填涂 ■ 错误填涂 ☑ ☒ ⊟ ⊘ ◑	注意事项

1.用黑色签字笔填写"姓名"和"准考证号"空白栏，并认真核对条形码上的姓名和准考证号；

2.用2B铅笔填涂 "准考证号"，黑度以盖住框内数字为准；

3.修改时务必用橡皮擦干净，务必保持卡面整洁；

4.本卡严禁折叠！严禁在本卡空白处做任何标记。

一、单项选择题

1. [A] [B] [C] [D]　　6. [A] [B] [C] [D]　　11. [A] [B] [C] [D]　　16. [A] [B] [C] [D]
2. [A] [B] [C] [D]　　7. [A] [B] [C] [D]　　12. [A] [B] [C] [D]　　17. [A] [B] [C] [D]
3. [A] [B] [C] [D]　　8. [A] [B] [C] [D]　　13. [A] [B] [C] [D]　　18. [A] [B] [C] [D]
4. [A] [B] [C] [D]　　9. [A] [B] [C] [D]　　14. [A] [B] [C] [D]　　19. [A] [B] [C] [D]
5. [A] [B] [C] [D]　　10. [A] [B] [C] [D]　　15. [A] [B] [C] [D]　　20. [A] [B] [C] [D]

21. [A] [B] [C] [D]　　26. [A] [B] [C] [D]　　31. [A] [B] [C] [D]　　36. [A] [B] [C] [D]
22. [A] [B] [C] [D]　　27. [A] [B] [C] [D]　　32. [A] [B] [C] [D]　　37. [A] [B] [C] [D]
23. [A] [B] [C] [D]　　28. [A] [B] [C] [D]　　33. [A] [B] [C] [D]　　38. [A] [B] [C] [D]
24. [A] [B] [C] [D]　　29. [A] [B] [C] [D]　　34. [A] [B] [C] [D]　　39. [A] [B] [C] [D]
25. [A] [B] [C] [D]　　30. [A] [B] [C] [D]　　35. [A] [B] [C] [D]　　40. [A] [B] [C] [D]

41. [A] [B] [C] [D]　　46. [A] [B] [C] [D]　　51. [A] [B] [C] [D]　　56. [A] [B] [C] [D]
42. [A] [B] [C] [D]　　47. [A] [B] [C] [D]　　52. [A] [B] [C] [D]　　57. [A] [B] [C] [D]
43. [A] [B] [C] [D]　　48. [A] [B] [C] [D]　　53. [A] [B] [C] [D]　　58. [A] [B] [C] [D]
44. [A] [B] [C] [D]　　49. [A] [B] [C] [D]　　54. [A] [B] [C] [D]　　59. [A] [B] [C] [D]
45. [A] [B] [C] [D]　　50. [A] [B] [C] [D]　　55. [A] [B] [C] [D]　　60. [A] [B] [C] [D]

二、多项选择题

61. [A] [B] [C] [D] [E]　　66. [A] [B] [C] [D] [E]　　71. [A] [B] [C] [D] [E]　　76. [A] [B] [C] [D] [E]
62. [A] [B] [C] [D] [E]　　67. [A] [B] [C] [D] [E]　　72. [A] [B] [C] [D] [E]　　77. [A] [B] [C] [D] [E]
63. [A] [B] [C] [D] [E]　　68. [A] [B] [C] [D] [E]　　73. [A] [B] [C] [D] [E]　　78. [A] [B] [C] [D] [E]
64. [A] [B] [C] [D] [E]　　69. [A] [B] [C] [D] [E]　　74. [A] [B] [C] [D] [E]　　79. [A] [B] [C] [D] [E]
65. [A] [B] [C] [D] [E]　　70. [A] [B] [C] [D] [E]　　75. [A] [B] [C] [D] [E]　　80. [A] [B] [C] [D] [E]

答 题 卡

姓 名 _____

准 考 证 号

[0]	[0]	[0]	[0]	[0]	[0]	[0]	[0]	[0]	[0]	[0]	[0]	[0]
[1]	[1]	[1]	[1]	[1]	[1]	[1]	[1]	[1]	[1]	[1]	[1]	[1]
[2]	[2]	[2]	[2]	[2]	[2]	[2]	[2]	[2]	[2]	[2]	[2]	[2]
[3]	[3]	[3]	[3]	[3]	[3]	[3]	[3]	[3]	[3]	[3]	[3]	[3]
[4]	[4]	[4]	[4]	[4]	[4]	[4]	[4]	[4]	[4]	[4]	[4]	[4]
[5]	[5]	[5]	[5]	[5]	[5]	[5]	[5]	[5]	[5]	[5]	[5]	[5]
[6]	[6]	[6]	[6]	[6]	[6]	[6]	[6]	[6]	[6]	[6]	[6]	[6]
[7]	[7]	[7]	[7]	[7]	[7]	[7]	[7]	[7]	[7]	[7]	[7]	[7]
[8]	[8]	[8]	[8]	[8]	[8]	[8]	[8]	[8]	[8]	[8]	[8]	[8]
[9]	[9]	[9]	[9]	[9]	[9]	[9]	[9]	[9]	[9]	[9]	[9]	[9]

考场记录　　违纪 ▭　　缺考 ▭

此栏由监考人员填涂

填涂样例

正确填涂
■

错误填涂
☑ ☒ ⊟ ⊘ ◑

注意事项

1.用黑色签字笔填写"姓名"和"准考证号"空白栏，并认真核对条形码上的姓名和准考证号；

2.用2B铅笔填涂 "准考证号"，黑度以盖住框内数字为准；

3.修改时务必用橡皮擦干净，务必保持卡面整洁；

4.本卡严禁折叠！严禁在本卡空白处做任何标记。

一、单项选择题

1. [A] [B] [C] [D]　　6. [A] [B] [C] [D]　　11. [A] [B] [C] [D]　　16. [A] [B] [C] [D]
2. [A] [B] [C] [D]　　7. [A] [B] [C] [D]　　12. [A] [B] [C] [D]　　17. [A] [B] [C] [D]
3. [A] [B] [C] [D]　　8. [A] [B] [C] [D]　　13. [A] [B] [C] [D]　　18. [A] [B] [C] [D]
4. [A] [B] [C] [D]　　9. [A] [B] [C] [D]　　14. [A] [B] [C] [D]　　19. [A] [B] [C] [D]
5. [A] [B] [C] [D]　　10. [A] [B] [C] [D]　　15. [A] [B] [C] [D]　　20. [A] [B] [C] [D]

21. [A] [B] [C] [D]　　26. [A] [B] [C] [D]　　31. [A] [B] [C] [D]　　36. [A] [B] [C] [D]
22. [A] [B] [C] [D]　　27. [A] [B] [C] [D]　　32. [A] [B] [C] [D]　　37. [A] [B] [C] [D]
23. [A] [B] [C] [D]　　28. [A] [B] [C] [D]　　33. [A] [B] [C] [D]　　38. [A] [B] [C] [D]
24. [A] [B] [C] [D]　　29. [A] [B] [C] [D]　　34. [A] [B] [C] [D]　　39. [A] [B] [C] [D]
25. [A] [B] [C] [D]　　30. [A] [B] [C] [D]　　35. [A] [B] [C] [D]　　40. [A] [B] [C] [D]

41. [A] [B] [C] [D]　　46. [A] [B] [C] [D]　　51. [A] [B] [C] [D]　　56. [A] [B] [C] [D]
42. [A] [B] [C] [D]　　47. [A] [B] [C] [D]　　52. [A] [B] [C] [D]　　57. [A] [B] [C] [D]
43. [A] [B] [C] [D]　　48. [A] [B] [C] [D]　　53. [A] [B] [C] [D]　　58. [A] [B] [C] [D]
44. [A] [B] [C] [D]　　49. [A] [B] [C] [D]　　54. [A] [B] [C] [D]　　59. [A] [B] [C] [D]
45. [A] [B] [C] [D]　　50. [A] [B] [C] [D]　　55. [A] [B] [C] [D]　　60. [A] [B] [C] [D]

二、多项选择题

61. [A] [B] [C] [D] [E]　　66. [A] [B] [C] [D] [E]　　71. [A] [B] [C] [D] [E]　　76. [A] [B] [C] [D] [E]
62. [A] [B] [C] [D] [E]　　67. [A] [B] [C] [D] [E]　　72. [A] [B] [C] [D] [E]　　77. [A] [B] [C] [D] [E]
63. [A] [B] [C] [D] [E]　　68. [A] [B] [C] [D] [E]　　73. [A] [B] [C] [D] [E]　　78. [A] [B] [C] [D] [E]
64. [A] [B] [C] [D] [E]　　69. [A] [B] [C] [D] [E]　　74. [A] [B] [C] [D] [E]　　79. [A] [B] [C] [D] [E]
65. [A] [B] [C] [D] [E]　　70. [A] [B] [C] [D] [E]　　75. [A] [B] [C] [D] [E]　　80. [A] [B] [C] [D] [E]

社会工作综合能力（初级）2022年真题（含参考答案及解析）

重要提示：

为维护您的个人权益，确保考试的公平公正，请您协助我们监督考试实施工作。

本场考试规定：监考老师要向本考场全体考生展示题本密封情况，并邀请2名考生代表验封签字后，方能开启试卷袋。

社会工作综合能力(初级)2022年真题

一、单项选择题(共60题,每题1分。每题的备选项中,只有1个最符合题意)

1. 为落实党中央、国务院关于加强基层治理体系和治理能力现代化建设的战略部署,民政部在全国推进乡镇(街道)社会工作站建设。乡镇(街道)社会工作站的发展方向是(　　)。

A. 专业化、职业化

B. 多元化、本地化

C. 本土化、职业化

D. 专业化、高质量

2. 为贯彻《中共中央 国务院关于加强基层治理体系和治理能力现代化建设的意见》,2022年3月17日—31日,民政部开展了主题为"五社联动聚合力,社工服务暖基层"的宣传活动,旨在创新社区与社会组织、社会工作者、社区志愿者、社会慈善资源的联动机制。根据上述内容,"五社联动"突出体现的社会工作的特点是(　　)。

A. 专业助人

B. 注重实践

C. 互动合作

D. 多方协同

3. 社会工作者小苏为某社区困难群体提供服务。下列小苏的做法中,能够体现建构社会资本功能的是(　　)。

A. 为精神障碍人士举办公益画展,协助其参与社区生活

B. 策划公益活动,呼吁社会各界人士关爱贫困家庭儿童

C. 邀请辖区医院医护人员,为失智失能老人提供上门服务

D. 建议政府相关部门,尽快解决社区高龄老人用餐难问题

4. 下列人员中,属于社会工作基本服务对象的是(　　)。

A. 参与新冠肺炎疫情防控的志愿者

B. 协助子女抚育孙辈的随迁老人

C. 家庭贫困导致就医困难的儿童

D. 社会工作服务机构新入职员工

5. 社会工作者联结各种社会工作要素,综合利用各种能力,实施服务功能。关于社会工作要素的说法,正确的是(　　)。

A. 社会工作者既是个体概念又是团队概念

B. 社会工作价值观只能通过专业教育形成

C. 任何家庭、群体和社区都必须纳入专业服务的范围

D. 助人活动是社会工作者为服务对象提供单向服务

6. 社会工作者小张协助当地农村开展巩固拓展脱贫攻坚成果同乡村振兴有效衔接工作时,发现原贫困村民有些是因重大疾病而致贫。虽然医疗保险可以报销住院费用,但是康复期的大部分用药仍需要自费,村民负担较重。为此,小张撰写了调研报告,提交给政府相关部门,希望将重大疾病康复期的关键必需药品纳入医疗保险报销范围。上述小张的工作,体现的社会工作者的角色是( )。

A. 政策影响者

B. 资源筹措者

C. 行政管理者

D. 关系协调者

7. 根据新冠肺炎疫情防控相关要求,社区居民进入小区大门时需要出示健康码。社会工作者小李发现一些老年人不会用智能手机查询健康码,进入小区不方便。为了解决老年人的困难,小李在社区中举办"数字防疫,一学就灵"的活动,教老年人用手机查询健康码等信息。上述小李所开展的工作所属的服务领域是( )。

A. 服务社会工作

B. 救助社会工作

C. 老年社会工作

D. 司法社会工作

8. 关于社会工作价值观与专业伦理的说法,正确的是( )。

A. 社会工作者与服务对象之间的反移情必然会发生

B. 社会工作者在服务的同时必须具备自我照顾能力

C. 社会工作者在任何情况下都要对服务对象的信息进行保密

D. 社会工作者在服务时,要将部门的评估标准置于首位

9. 助理社会工作师、社会工作师和高级社会工作师应当接受社会工作继续教育和培训,并将学到的社会工作理论和方法运用于实践。这主要体现的是社会工作者( )。

A. 对服务机构的伦理责任

B. 对同事的伦理责任

C. 对社会的伦理责任

D. 对专业的伦理责任

10. 社会工作者小李在为 65 岁的低保对象老林提供服务的过程中,得知老林最近在照顾瘫痪在床的哥哥。他虽然经济上有压力、照顾起来力不从心,但也不忍心将哥哥送到养老院,更不愿意麻烦别人,从未对别人说起过自己的困难。根据社会工作伦理决定的核心价值观,小李最适宜的做法是( )。

A. 尊重老林的决定,协助其学习照顾失能老人的技巧

B. 相信老林是可以改变的,积极引导其改变传统观念

C. 保护老林的隐私,不向他人透露其照顾哥哥的困难

D. 征得老林的同意,使用机构内筹款缓解其经济压力

11. 丧偶多年的尹奶奶一直独自居住,半年前入住养老机构,认识了同样单身的陈爷爷,两人一见如故,交往半年后决定结婚,但遭到尹奶奶儿女的反对。尹奶奶为此情绪消沉,陈爷爷

很是着急,便向社会工作者小王求助。小王为尹奶奶制订了个案服务方案,又向尹奶奶的儿女了解反对的原因,通过沟通取得他们对尹奶奶的理解。从社会工作专业伦理角度出发,小王在服务中遵循的是( )。

A. 保护生命原则

B. 差别平等原则

C. 最小伤害原则

D. 生命质量原则

12. 新冠肺炎疫情防控期间,正在住院的赵爷爷对医院按要求制定的家属探视制度非常不满,便找到医务社会工作者小颖,说自己要向相关部门投诉。根据社会工作专业伦理守则,小颖了解情况后,适当的做法是( )。

A. 支持赵爷爷的做法,向医院提出制度修订意见

B. 理解赵爷爷的心情,向赵爷爷说明制度制定的原因

C. 保持中立的态度,让赵爷爷自我决定是否投诉

D. 尊重赵爷爷的决定,劝说赵爷爷尽快办理出院手续

13. 马斯洛需要层次论中,维持人类自身生存的最基本需要是( )。

A. 生理的需要

B. 安全的需要

C. 归属的需要

D. 尊重的需要

14. 张叔叔非常喜欢旅游,在旅游中认识了来自各行各业、具有相同爱好的朋友,他们经常分享彼此的旅游经验,并结伴到各地旅游。这体现了同辈群体的( )

A. 平等性

B. 开放性

C. 认同性

D. 独特性

15. 关于人类行为与社会环境基本关系的说法,正确的是( )。

A. 个人行为对社会环境有决定性的影响

B. 社会环境决定着人类行为的行为规范

C. 人类行为与社会环境相互影响的力度是不平衡的

D. 各年龄阶段的人受到社会环境的影响是一样的

16. 小学三年级学生娜娜学习成绩优异,每天除了完成功课外,还坚持练习演讲。一个雨天,娜娜在放学路上发现有个小妹妹正在哭泣,就猜想她发生了什么事情。上述情形反映出娜娜这个年龄阶段的孩子的主要心理发展特征是( )。

A. 口头表达能力正日益增强

B. 抽象逻辑思维发展已成熟

C. 通过他人立场来考虑问题

D. 能够通过观察来思考问题

17. 文静瘦小的四年级男生小书,因性格和身高的关系,常被同学嘲笑和孤立,有的同学还给他起难听的绰号,小书为此感到非常苦恼。根据上述状况,社会工作者针对小书个人最适宜

开展的服务是( )。

    A. 联络学校成立校园欺凌预防部门

    B. 协助小书增强他应对欺凌的能力

    C. 纠正小书同学的语言暴力等行为

    D. 建议小书父母关注小书的情绪变化

18. 初三学生小林的父母离异后，各自又很快组建了新的家庭。小林无法接受父母离婚的现实，感到自己被抛弃，十分绝望，无心学习，并在社交平台上多次表达厌世的想法。学校社会工作者小夏发现后，决定采用危机介入模式帮助小林。小夏首先要做的是( )。

    A. 与小林父母探讨原因

    B. 纠正小林的错误认知

    C. 安抚小林绝望的心情

    D. 及时进行危险性评估

19. 王女士找社会工作者小赵反映，她读初二的儿子沉迷手机游戏，不爱与人交流，希望小赵帮助他。经过预估与问题分析，小赵认为应将此案转介到其它机构。根据上述内容，小赵下一步最适宜的做法是( )。

    A. 直接告知王女士本机构不处理青少年网瘾问题

    B. 告知王女士能处理青少年网瘾问题的机构信息

    C. 邀请王女士到机构与其进行详细的预估会谈

    D. 与机构督导商量确定是否拓展相关戒瘾服务

20. 小宁是一名留守儿童，功课没人辅导，学习成绩不佳。社会工作者小王了解到小宁的情况后，找来大学生志愿者辅导她学习。根据上述内容，小王在服务中的角色是( )。

    A. 教育者   B. 治疗者

    C. 倡导者   D. 联系人

21. 小杰最近考试连续失利，成绩明显下滑，受到任课老师和班主任的批评。父母也指责他贪玩不好好学习。面对即将到来的中考，小杰十分焦虑。经朋友介绍，他找到社会工作者小蔡，希望得到帮助。从建立专业关系的角度看，小蔡最适宜的做法是( )。

    A. 协助小杰分析问题的关键在于他自己

    B. 鼓励小杰充分表达自己的烦恼和担忧并耐心倾听

    C. 帮助小杰练习放松技巧应对焦虑情绪

    D. 引导小杰父母叙述他们的感受和想法

22. 汪女士因遭受丈夫家暴，向社会工作者小华求助。在个案服务的第七次会议中，汪女士和小华的对话如下：

汪女士："谢谢你的帮助，我才可以面对被家暴这件事。"

小华："是你自己有勇气面对的。"

汪女士："我也不知道哪里来的勇气。"

小华："你能选择主动求助，就说明很有勇气，只是你自己没发现而已。"

根据上述对话，小华采用的会谈技巧是( )。

    A. 专注   B. 倾听

    C. 同理心   D. 鼓励

23. 长期独居的李大爷因最近健康状况不佳,开始为今后选择居家养老还是去机构养老感到烦心,于是找到社会工作者小马诉说烦恼。小马帮助李大爷分析两种养老方式的利弊,并提供相关信息。根据上述内容,该会谈的类型是( )。

A. 收集资料的会谈

B. 诊断治疗性会谈

C. 一般性咨询会谈

D. 建立关系的会谈

24. 服务对象:"我不知道这样的日子还能撑多久。孩子得了这样的病,要花那么多钱,还不知道能不能治好。我老公身体又不好,干不了重活,最近半年也没再开车了,将来能干什么也不知道。真的每天都很愁,你说怎么办啊?"下列社会工作者的回应中,最符合同理心技巧的是( )。

A. "我理解你的烦恼,不要担心,让我们一起努力克服困难吧。"

B. "家里碰到这么多事,真的不容易,你非常担心以后怎么办。"

C. "不用担心,我们就是来帮你的,困难是暂时的,会有办法的。"

D. "孩子这么重的病要花多少钱? 我看看能不能帮你申请医疗救助。"

25. 郭女士被诊断为尿毒症后心理压力很大,茶饭不思,经常失眠。她的家人向医务社会工作者小周求助。小周接案后,对郭女士的问题进行充分预估并开展了八次面谈,目前进入结案阶段,需要对服务成效进行评估。结合郭女士的改善状况,小周最适宜采取的评估方式是( )。

A. 请郭女士填写个案服务的满意度问卷

B. 请机构督导对服务完成进度进行评估

C. 请机构主管评估服务资源的投入情况

D. 请郭女士再次填写量表测评心理状态

26. 针对大四学生的就业压力问题,社会工作者老许开展了主题为"扬帆起航"的小组服务。在小组中,老许带领组员开展了一系列减压活动,运用示范、催化等技巧促使组员分享参与减压活动的感受,并针对组员在就业过程中遇到的问题提供咨询。上述小组活动主要体现了互动模式实施原则中的( )。

A. 开放性互动原则

B. 使能者原则

C. 封闭性互动原则

D. 积极参与原则

27. 在青少年艺术治疗小组中,社会工作者小徐和组员一起用手工材料制作了名为"我的力量来源"的作品,但在分享环节,组员因为不知道如何进行分享而陷入沉默。下列小徐的回应中,能够体现出示范引导技巧的是( )。

A. "在分享环节,请大家先将自己的作品放在桌子上,然后用3分钟介绍一下作品。"

B. "我看到小汪制作了一本书,你能跟大家说说为什么会觉得书能给你带来力量吗?"

C. "我做的是一颗发芽的种子,它冲破束缚,茁壮成长,给逆境中的我带来向上的力量。"

D. "我发现大家都心灵手巧,做出了能够给自己力量的作品,哪位组员愿意分享一下?"

28. 社会工作者小乔在某中学为老师开设性别平等教育小组。小乔在一次小组活动结束后撰写小组记录,回顾和梳理组员的表现:组员沉默、观望者较多,有的组员经常询问在小组中应该做什么;组员之间比较客气礼貌,相互之间讨论较少。此时,该小组最有可能处于(   )。

A. 开始阶段

B. 转折阶段

C. 成熟阶段

D. 结束阶段

29. 在"为爱出发"亲子小组中,社会工作者小曹邀请组员分享亲子互动故事以识别并探讨家庭沟通模式。当小曹邀请小姜发言时,小姜还没开口,她妈就抢先说:"她一直就是这个样子,不爱搭理人,问她也没用。"小姜对此欲言又止。面对这一情境,小曹最适当的回应是(   )。

A. "刚刚小姜妈妈说了小姜的情况,其他家庭是怎么看的? 有没有遇到过类似的情况呢?"

B. "小姜妈妈,您可以详细说说女儿的情况吗? 她平时在学校和家里也是这样不爱说话吗?"

C. "小姜妈妈,您这样的做法是不恰当的,就是因为您这样的说话方式才让孩子不敢说话的。"

D. "小姜妈妈,我看到小姜这一次好像想要说说自己的观点,让我们听听她怎么说,好吗?"

30. 社会工作者小霍为脑卒中患者开展了主题为"鼓舞未来"的病友小组活动,通过引导组员学习手指操、非洲鼓等,促进组员的康复。下列场景中,最有可能出现在小组转折阶段的是(   )。

A. 组员们初次接触非洲鼓,对其充满好奇,但因不知如何演奏,不愿尝试

B. 组员老张和老任都认为自己演奏水平更高,彼此埋怨对方演奏时出现错误

C. 小霍播放组员的演奏视频,带领他们回顾在"鼓舞未来"小组中的变化

D. 小霍预告"鼓舞未来"非洲鼓文艺汇演时间,邀请组员携家属一同参与

31. 在小组活动的"生命回顾"分享环节中,社会工作者小徐和组员一起听高奶奶分享自己过去的经历,高奶奶的普通话不太标准,担心别人听不懂,越来越急。针对这一情况,小徐最恰当的回应是(   )。

A. "您说的故事,以前我从来都没有听说过啊。"

B. "我没有听懂您说的话,您再重新说一遍,好吗?"

C. "高奶奶您别着急,慢慢说,我们大家都在听。"

D. "高奶奶您先休息一下,再想想,先请张爷爷说。"

32. 新入职的社会工作者小范与机构督导员讨论面向不同服务对象的小组活动方案。下列小组活动设计中,最适宜的是(   )。

A. 为幼儿园小朋友开设儿童社交小组,将每节时长定为10~20分钟

B. 为处于婚姻危机中的夫妻开设辅导小组,将小组的规模定为30人

C. 为青少年开设户外拓展训练营,以完成每项拓展活动为最终目标

D. 为小学生开设性教育小组,将一年级与六年级的学生安排在一起

33. 在小组活动开展过程中,社会工作者老汤发现组员莉莉最近经常迟到,分享也不如以前积极,有时还会故意转移话题,影响活动进程。为了改变这种情况,老汤最适宜的做法是(   )。

A. 放任莉莉,把关注重点转移至其他的组员

B. 运用游戏活跃气氛,以鼓励莉莉回归小组

C. 制订新计划,让莉莉和其他组员协作完成

D. 调整活动时间和地点,方便莉莉参与活动

34. 社会工作者小韩近期开设了"'网'外更精彩"中学生网络成瘾治疗小组,他运用了多种小组评估方法。下列资料中,适用于小组过程评估的是( )。

A. 组员上网时长变化记录表

B. 组员行为改变的自我评估报告

C. 组员和小组的目标实现表

D. 小组结束后跟进访谈记录资料

35. 下列社会工作者的做法中,最能充分体现地区发展模式特点的是( )。

A. 注重社区任务目标的实现

B. 推动社区自上而下的改变

C. 建立社区非正式支持网络

D. 提升社区居民自我组织能力

36. 某农村社区的青壮年大量外出务工,村里留守老人较多,虽然老人们平时能够生活自理,但普遍担心生病后在外工作的子女无法及时赶回,没有人照顾自己。社会工作者老周拟采用社区照顾模式,打消老人们的顾虑。下列老周的做法中,最能体现"由社区照顾"实施策略的是( )。

A. 协助部分老人入住养老机构

B. 筹措资金建设社区老年照顾中心

C. 组织留守老人建立互助小组

D. 动员外出务工的青壮年返乡工作

37. 社会工作者进入社区之初,应了解社区的基础情况。下列做法中,有助于社会工作者了解社区文化特色的是( )。

A. 观察社区活动,发现热心社区事务的居民

B. 开展入户调查,掌握社区的人户分离情况

C. 访问社区老人,了解社区的历史与习俗

D. 走访社区组织,分析社区的资源与需求

38. 某老旧小区因停车难问题屡屡被居民投诉,社会工作者为此召开居民议事会。下列社会工作者的提问中,属于界定问题的是( )。

A. "咱们社区停车难问题是怎么产生的?"

B. "停车难问题主要集中出现在哪个时间段?"

C. "停车难问题对咱们居民的生活有什么影响吗?"

D. "解决停车难问题会给居民和社区带来什么改变?"

39. 社会工作者在社区走访时,有居民反映社区文体活动场地及设施不足。为进一步了解社区居民在这方面是否存在"比较型需要",社会工作者适宜的做法是( )。

A. 向更多居民了解社区文体活动场地是否够用

B. 查找有关社区文体设施建设的政策文件规定

C. 观察居民使用现有文体活动场地的情况

D. 了解其他同类社区文体设施的建设情况

40. 某社会工作服务机构因接到邀请开展困境儿童服务项目,社会工作者小李及其项目团队在设计好服务方案后,走访了辖区学校、社区卫生服务中心、未成年人保护工作站等多个组织,了解他们为困境儿童提供服务的现状。从管理社区资源角度来看,小李及其项目团队所开展的工作属于(　　)。

A. 资源分析　　　　　　　　　　B. 资源开发

C. 资源链接　　　　　　　　　　D. 资源维系

41. 为了深入了解社区需要并与居民建立关系,社会工作者最适宜采取的收集资料的方法是(　　)。

A. 问卷法　　　　　　　　　　　B. 观察法

C. 文献法　　　　　　　　　　　D. 访问法

42. 社会工作者老刘正在主持社区居民议事会,就社区空地改造为小花园的计划征求居民意见,有居民认为小花园"中看不中用"。此时,老刘采取"进一步说明"的技巧主持会议,其最适宜的表述是(　　)。

A. "您希望社区的空地能发挥哪些作用呢?"

B. "您怎么看那些支持建小花园的观点呢?"

C. "非常感谢您提出的宝贵意见,我们会考虑的。"

D. "您提醒得很对,我们要避免华而不实的改造方案。"

43. 社会工作者负责对"困难家庭支持项目"所投入的人力、物力、财力配置使用情况进行评估。该评估属于(　　)。

A. 需求评估　　　　　　　　　　B. 过程评估

C. 效果评估　　　　　　　　　　D. 影响评估

44. 某养老院为提升内部服务规范性,由院长牵头召集机构各部门不同专业人员组成了标准化工作建设团队,定期召开研讨会,组织外出调研学习,制订工作方案,建立服务标准。该团队的结构类型是(　　)。

A. 多功能型团队

B. 自我管理型团队

C. 问题解决型团队

D. 垂直管理型团队

45. 社会工作者小林是养老院新入职的员工。在入职第一周,督导者老杨向他讲解了养老院里老人的生活规律、饮食习惯和兴趣爱好。老杨的讲解内容属于(　　)。

A. 行政性督导

B. 教育性督导

C. 支持性督导

D. 调解性督导

46. 某企业近期向市儿童福利院无偿捐赠人民币 10 万元,为听力障碍儿童购买助听器,以展示企业社会责任。该企业的捐款动机属于(　　)。

A. 市场营销　　　　　　　　　　B. 自我利益

C. 公共关系　　　　　　　　　　D. 税法策略

47. 随着服务项目的增多,某社会工作服务机构负责人决定采取授权的方式提高机构的工作效率。该负责人对项目任务进行了分解,将任务分配给能力适合的员工,并赋予其人、财、物的处置权。在授权过程中,该负责人还需要(   )。

A. 带领员工做好协调工作

B. 明确员工及时汇报的责任

C. 分析员工任务管理能力

D. 评估员工工作成果和质量

48. 小王是某社会工作服务机构新入职的社会工作者,在进入社区开展服务时,发现居民对社会工作不了解,经常把社会工作者当作志愿者。小王为如何介绍社会工作而烦恼。小王面临的压力来自(   )。

A. 服务对象多元

B. 专业能力欠缺

C. 机构行政管理

D. 居民认知不足

49. 关于定性研究资料收集特点的说法,正确的是(   )。

A. 强调研究的理论性,根据研究假设收集资料

B. 强调研究的深入性,关注研究对象的主观感受

C. 强调研究的系统性,采用结构式访谈法收集资料

D. 强调研究的客观性,从研究者的视角了解研究对象

50. 问卷是社会工作研究常用的工具,其内容设计和问卷结构都有科学要求。关于问卷设计的说法,正确的是(   )。

A. 问卷设计必须以回答者视角为主,以获得确实可靠的资料

B. 状态指标必须放在问卷最后,以更好地保护回答者的隐私

C. 问卷设计必须将问题随机排序,以避免前后内容互相提示

D. 问卷排版必须进行格式控制,以利于节省版面和印刷成本

51. 下列问卷的问题中,属于行为指标属性问题的是(   )。

A. 您是中国共产党党员(包含预备党员)吗?

(1)是   (2)否

B. 您是自 2022 年起开始担任社区志愿者的吗?

(1)是   (2)否

C. 您完成志愿服务后,是否查看过自己的服务积分?

(1)是   (2)否

D. 您对目前志愿服务的激励制度满意吗?

(1)满意   (2)不满意   (3)说不清

52. 满意度调查问卷通常用来测量利益相关方对社会工作者所提供服务的满意程度,因此,社会工作者必须掌握满意度调查问卷的设计与实施。关于满意度调查问卷的说法,正确的是(   )。

A. 该类问卷必须真实署名,便于跟进服务反馈

B. 该类问卷越长越好,利于获取全面详细信息

C. 该类问卷主要由涉及态度类型的问题构成

D. 该类问卷问题的主观性较强,难以保证效果

53. 根据《中华人民共和国老年人权益保障法》,赡养人委托他人耕种老年人承包的田地,收益归( )所有。

A. 老年人

B. 老年人和受委托人

C. 老年人和赡养人

D. 老年人、赡养人和受委托人

54. 根据《中华人民共和国妇女权益保障法》,下列关于妇女合法权益保障的说法,正确的是( )。

A. 各单位在录取妇女职工时,除不适合妇女的工种或岗位外,不得以性别为由拒绝录用妇女

B. 离婚的农村妇女,其农村土地承包经营权应在承包合同到期后予以收回

C. 农村外嫁的妇女,对父母的财产没有继承权

D. 丧偶妇女对公、婆尽了主要赡养义务的,作为公、婆的第二顺序法定继承人

55. 某集中使用残疾人的用人单位现有在职职工 100 人,根据《残疾人就业条例》,该单位在职职工中从事全日制工作的残疾人职工最少应为( )。

A. 10 人   B. 15 人

C. 25 人   D. 30 人

56. 根据《最低生活保障审核确认办法》,下列四名成年人中,可以单独提出低保申请的是( )。

A. 张某,服刑人员,在本市某监狱服刑

B. 李某,学生,在外省一所高校读大三

C. 杜某,重度残疾人,无劳动能力且单独立户

D. 王某,宗教教职人员,脱离家庭,在某宗教场所居住满一年

57. 根据《工伤保险条例》,下列四名职工中,可以认定为工伤或视同工伤的是( )。

A. 楚某,醉酒后驾驶公司配发的小汽车,引发交通事故受伤

B. 韩某,因劳累过度在办公室值班期间突发心肌梗死死亡

C. 赵某,因长期抑郁在单位办公室跳楼自杀

D. 齐某,休息日在公园游玩不慎扭伤

58. 国家对未成年工实行特殊劳动保护。根据《中华人民共和国劳动法》,未成年工是指( )的劳动者。

A. 年满 12 周岁未满 16 周岁

B. 年满 14 周岁未满 16 周岁

C. 年满 14 周岁未满 18 周岁

D. 年满 16 周岁未满 18 周岁

59. 根据《中华人民共和国社会保险法》,个人参加城乡居民基本医疗保险制度,个人缴费部分由政府给予补贴的是( )。

A. 享受最低生活保障的人

B. 残疾人

C. 老年人

D. 未成年人

60. 根据《中共中央国务院关于加强和完善城乡社区治理的意见》,街道办事处(乡镇人民政府)在社区治理体系中发挥的是(   )。

    A. 核心作用

    B. 主导作用

    C. 基础作用

    D. 协同作用

二、多项选择题(共 20 题,每题 2 分。每题的备选项中,有 2 个或 2 个以上符合题意,至少有 1 个错项。错选,本题不得分;少选,所选的每个选项得 0.5 分)

61. 某社会工作服务机构承接了街道办事处的社区综合服务试点项目,为街道社区的 20 户困难家庭开展生活帮扶、资源衔接、心理疏导、社区参与等服务。该机构的服务涉及的社会工作领域有(   )。

    A. 社区社会工作

    B. 社会救助社会工作

    C. 司法社会工作

    D. 优抚安置社会工作

    E. 家庭社会工作

62. 12 岁的小唐家境优越,父亲工作繁忙经常出差,母亲自己开店,闲时爱出去打牌,对小唐缺少关心。小唐常常骂人,欺负同学,在学校没有朋友,班主任特地将小唐转介给社会工作者老刘。老刘虽然不认同小唐的个人行为及其父母的教育方式,但仍然耐心地与他们进行沟通,建立信任关系,倾听他们的诉说,制订符合其需求的服务方案。上述老刘的做法,体现的社会工作价值观实践原则有(   )。

    A. 接纳

    B. 非评判

    C. 保密

    D. 个别化

    E. 案主自决

63. 社会工作者在某社区入户探访时发现社区内独居老人较多,且部分高龄老人日常生活存在困难,又不愿求人。根据社会工作伦理原则,社会工作者适宜开展的工作有(   )。

    A. 整理社区独居老人的需求信息,设计并提供个性化服务

    B. 与独居老人亲属沟通,说服老人参加社区活动

    C. 建议社区开展居室适老化改造,改善独居老人的生活环境

    D. 倡导政府出台高龄独居老人帮扶政策,提升其生活质量

    E. 依据《中华人民共和国老年人权益保障法》,鼓励子女经常探望独居老人

64. 随着网络文化的迅速发展,各类短视频平台受到人们的喜爱,诗阿姨的娱乐方式也不再是看电视,而是刷短视频。她还关注网络主播,购买主播推荐的产品,改变自己的穿衣搭配风格,并上传展示自己日常生活的短视频。现在她觉得中老年人也和年轻人一样,可以打扮自己、展示自己。上述诗阿姨的变化,体现了大众传媒对人类行为的影响有(   )。

    A. 强化人们固有观念和行为

    B. 改变人们原来的行为模式

C. 促使人们改变原有的观念

D. 提供信息引导人们的行为

E. 形成社会规范并约束行为

65. 受新冠肺炎疫情影响,以大学毕业生为主体的青年群体就业难度增加,就业压力较大。为了推动青年就业,社会工作者适宜采取的措施有( )。

A. 增强青年的社会责任意识,促其自我反思

B. 倡导完善国家法律法规,加大性别平等宣传

C. 协助青年缓解焦虑情绪,促使其作理性思考

D. 了解就业市场供需矛盾,充分链接就业资源

E. 增强青年灵活就业能力,创新就业方式方法

66. 社会工作者为患有慢性病的救助对象老李及其家庭提供服务时,除了家访和邀请老李参与社区活动外,还注重对相关文献记录的收集和分析。下列文献记录中,属于老李及其家庭相关生活状况的有( )。

A. 老李家的低保证明

B. 妻子的就业证明

C. 孩子的学习成绩单

D. 老李的体检报告

E. 老李家的门牌号码

67. 刘老伯的女儿遭遇意外不幸身亡,他一直伤心自责,认为女儿的离世都是自己的错。他把自己关在家里,不与任何人联系,作息时间混乱。刘老伯的弟弟来看望他,发现他状态很差,身上的衣服很久没换过,家里还堆满杂物,为此非常担心,向社会工作者老李求助。根据刘老伯的情况,老李制定的个案服务目标应包括( )。

A. 调整刘老伯的作息规律

B. 逐步缓解刘老伯的压力

C. 清理刘老伯家中的杂物

D. 迅速减少刘老伯的自责

E. 恢复刘老伯的社会关系

68. 社会工作实习生小袁为脑瘫儿童冬冬提供一次服务后,就不想再继续了,督导者老宣了解到小袁是认为服务脑瘫儿童工作效果不明显才想放弃。为此,老宣引导小袁认识到,为建立积极有效的专业关系,社会工作者应做到无条件关怀,之后小袁的工作态度有明显改善。下列做法中,体现了"无条件关怀"的有( )。

A. 对冬冬保持尊重

B. 评估冬冬的需求

C. 对冬冬不进行评价

D. 相信冬冬能够改变

E. 分析冬冬的家庭

69. "金彩生活"高龄老人支持小组即将进入尾声,组员纷纷表示不想结束小组。面对这一情景,下列社会工作者的做法中,正确的有( )。

A. 带领组员回顾小组契约,重申小组规则

B. 邀请组员分享在小组中的收获,巩固组员的改变成果

C. 营造开放气氛,协助组员探索内在恐惧和防御机制

D. 向组员建议可自行组织今后的活动,保持彼此之间的联系

E. 带领组员一同回顾小组历程,邀请组员分享未来生活规划

70. 在"医路同行"肿瘤患者照顾者减压小组中,社会工作者小戚设计了"压力面面观",邀请组员讲述压力来源及减压方法,引发了组员的热烈讨论。下列情境中,需要小戚运用限制技巧的有(   )。

A. 徐阿姨谈到异地就医中的问题,引发了组员对地区医疗差异的讨论

B. 吴先生详细介绍了妻子辗转就医的经历,严重超出了规定的发言时间

C. 陈奶奶讲述了其他年轻病友因患病无法工作并对家人产生的内疚感

D. 一向沉默寡言的张叔叔首先发言,讲述了儿子病情变化带来的压力

E. 奚叔叔讲述无法平衡工作和照顾家庭带来的压力,介绍了减压方法

71. 某社会工作服务机构为新手爸妈开设了亲密关系成长小组,旨在探索家庭成员角色转变及其相互影响,以促进夫妻关系、亲子关系和婆媳关系的和谐。在探讨育儿方法时,组员小钱认为年轻人工作比较忙,需要依靠父母带孩子;组员小邹则认为老一辈的育儿观念与年轻人有差异,应该自己带孩子。双方发生了争论,都希望社会工作者支持自己的观点。面对这一情形,社会工作者的正确做法有(   )。

A. 保持沉默,等待小钱和小邹自行停止争论

B. 结合自己的育儿经验,肯定小钱的育儿方法

C. 引导组员们在育儿方法上开展讨论,但并不评价小钱和小邹的观点

D. 与组员共同分析两种做法的优缺点,引导他们选择适宜的育儿方法

E. 分享以往参与小组的新手爸妈在类似问题上的处理经验供组员参考

72. 在老年友好社区建设项目即将结束时,社会工作者老王负责对该项目进行过程评估。下列老王的访谈问题中,属于过程评估的有(   )。

A. "您是怎么组织建设老年友好社区的?"

B. "您在建设工作中主要取得了哪些成果?"

C. "您在不同工作环节中是如何分配资源的?"

D. "您在工作中投入了多少人力、物力和时间?"

E. "您觉得项目效果和项目投入比例大致如何?"

73. 社区老年文艺队的队长常阿姨要去外地照顾孙女,由夏阿姨暂时担任队长,带队参加街道组织的广场舞大赛,结果成绩不如以往。为此,夏阿姨很内疚,找到社会工作者老张诉苦,并流露出不想当队长的想法。老张肯定了夏阿姨在关键时刻能够主动担当,并与她一起分析这次比赛失利的原因,建议她将部门工作分配给队里的几位积极分子。上述老张的做法,运用的居民骨干培养技巧有(   )。

A. 结成联盟

B. 鼓励参与

C. 培训工作技巧

D. 增强管理能力

E. 建立民主领导风格

74. 某社会工作服务机构成立后花费了大量时间让所在社区的居民认识和熟悉机构,为今后服务项目的承接与开展奠定基础。下列做法中,适合该机构进入社区的方式有(　　)。

A. 参加居民代表大会并参与讨论

B. 经常与社区居民聊天,话家常

C. 邀请居民参与趣味活动认识社区

D. 在社区已形成的传统活动中亮相

E. 邀请居民参加机构开放日的活动

75. 某老旧社区正在推进楼房加装电梯项目,社会工作服务机构与社区居委会一起初步拟订了两套方案。社会工作者小吴组织居民代表,运用"可行性方案模型"来筛选理想方案,其筛选标准有(　　)。

A. 加装电梯方案是否具备公平性

B. 加装电梯方案实施成功的可能性

C. 加装电梯方案是否能引起媒体的关注

D. 加装电梯方案的资金投入与产出比值

E. 加装电梯方案给居民带来的实际改变

76. 某社会工作服务机构新招募了一批律师作为志愿者参与妇女维权服务。社会工作者小李负责该机构的志愿者管理工作,在志愿者迎新说明与训练环节,他需要完成的工作有(　　)。

A. 培训志愿者的沟通技巧

B. 协助志愿者认识服务意义

C. 评估志愿者的参与动机

D. 提升志愿者的服务信心

E. 规划志愿者的服务内容

77. 下列问题和答案中,符合调查问卷设计要求的有(　　)。

A. 垃圾不分类有害环境,您家的垃圾分类了吗?（1）分类（2）没分类

B. 您的文化程度?（1）初中（2）高中/中专（3）本科

C. 您愿意继续在本社区生活吗?（1）愿意（2）不愿意（3）说不清

D. 您家有老人、小孩需要照顾吗?（1）有（2）没有

E. 近一个月来,您平均每天锻炼身体的时间是多少?（1）1 小时以内（2）1~3 小时（3）3 小时以上

78. 社会工作者小李计划采用个案研究方法对随迁老人的需求进行研究,通过深度访谈、观察、量表等方法收集资料,分析某街道辖区随迁老人的需求,从而为这一群体的服务方案设计提出策略性建议。关于个案研究特点的说法,正确的有(　　)。

A. 该研究可以了解随迁老人身心发展等方面的状况

B. 该研究有利于深入准确把握随迁老人的多元需要

C. 该研究有助于提出有针对性的随迁老人服务方案

D. 该研究的研究结论可推及其他街道所有随迁老人

E. 该研究有助于发现影响随迁老人需求的普遍因素

79. 根据《中华人民共和国民法典》,如果夫妻没有约定,下列夫妻在婚姻关系存续期间所得的财产中,应认定为夫妻共同财产的有(　　)。

A. 一方的工资收入

B. 一方购买理财所得的收益

C. 一方出版著作所得的版税收入

D. 一方法定继承所得的房屋

E. 一方因车祸致残所获得的赔偿金

80. 根据《中华人民共和国劳动法》,相关部门在确定和调整最低工资标准时应当参考的因素,除社会平均工资水平外,还包括(　　)。

A. 就业状况

B. 劳动生产率

C. 当地人口老龄化水平

D. 地区之间经济发展水平的差异

E. 劳动者本人及平均赡养人口的最低生活费用

社会工作综合能力(初级)2022年真题参考答案及解析

一、单项选择题

1.【答案】D。解析:本题考查乡镇(街道)社会工作服务站建设。2021年,民政部办公厅印发《关于加快乡镇(街道)社工站建设的通知》,通知指出:要统筹加快推进乡镇(街道)社工站建设进度;把握专业化、高质量的乡镇(街道)社工站发展方向;加强组织领导,确保建设成效。故本题选D。

2.【答案】D。解析:本题考查社会工作的特点。社会工作的特点如下:一是专业助人活动;二是注重专业价值;三是强调专业方法;四是注重实践;五是互动合作;六是多方协同。很多时候,社会工作者也要与其他人员合作,共同解决服务对象遇到的比较复杂的问题。因此,多方协同合作努力解决问题是社会工作的一个特征。题干"五社联动"体现的是社会工作需要各类主体协同合作,体现的是多方协同的特点。故本题选D。

3.【答案】B。解析:本题考查社会工作对社会的功能。社会工作对社会的功能主要包括四点:一是维持社会秩序;二是建构社会资本;三是促进社会和谐;四是推动社会进步。其中,建构社会资本强调,社会工作以人为本,解决社会问题,通过举办关爱困难群体的公益活动,链接社会资源,可以增加他们的相互信任,促进社会成员之间良好关系的建立,促使社会资本的增加,或使社区的社会资本更加丰厚,有助于建立一个相互关怀的社会。B项是通过策划公益活动,呼吁社会各界人士关爱贫困家庭儿童,体现了建构社会资本的功能,因此B项正确。故本题选B。

4.【答案】C。解析:本题考查社会工作的基本服务对象。社会工作的服务对象包括基本对象和扩大的服务对象。其中,社会工作的基本对象是指社会上最边缘、最困难、从道义上来讲最需要帮助的人,这些人包括:第一,孤儿、无依无靠的老人和残疾人;第二,精神病患者;第三,因失业而沦为生存困难者。相较于其他选项,C项中就医困难的儿童更需要得到帮助,属于基本服务对象。故本题选C。

5.【答案】A。解析:本题考查社会工作的要素。社会工作者不只是一个个体概念,同时也是一个团队概念,即从事社会工作的不只是指单个的社会工作者,也指他们的团队及其所在的机构,因此A项正确;社会工作价值观是通过专业教育形成的,也是在服务实践中养成的,因此B项错误;随着社会的发展,社会工作的对象在不断扩大,它不仅包括社会上公认的困难群体,还可能涉及所有社会成员,但这并不代表任何家庭、群体和社区都必须纳入专业服务的范围,而是要尊重服务对象的意愿,因此C项错误;助人活动是社会工作者依据其价值观,利用专业方法向服务对象提供帮助或服务的行动,也是社会工作者与服务对象的互动及合作的过程,并非是单向服务,因此D项错误。故本题选A。

6.【答案】A。解析:本题考查社会工作者的角色。A项中的政策影响者,是指当社会工作者在服务过程中发现某些问题具有普遍性时,就应该向有关政府部门提出建议,建议制定、修订和完善政策,这就是政策倡导的过程。社会工作者在过程中扮演政策影响者的角色。本题中,社会工作者小张发现原贫困村民康复期的大部分用药仍需要自费,村民负担较重,向政府相关部门提交了调研报告,针对医疗保险报销范围提出建议,扮演的角色就是政策影响者。故本题选A。

7.【答案】C。解析:本题考查社会工作的主要领域。社会工作主要有以下服务领域:儿童及青少年社会工作、老年社会工作、妇女社会工作、残疾人社会工作、司法社会工作、优抚安置社会工作、社会救助社会工作、减贫社会工作、家庭社会工作、学校社会工作、社区社会工作、医务社会工作、企业社会工作。根据以上内容可以排除A项;B项救助社会工作是针对社会救助对象开展的社会服务;C项老年社会工作是以老年人为对象的专业服务,是用社会工作理念和方法帮助老年人解决其面临问题的服务;D项司法社会工作是在司法领域开展的社会工作。本题中,社会工作者小李在社区中举办"数字防疫,一学就灵"的活动,主要是解决老年人不会用智能手机查询健康码的问题,服务对象主要是老年人,属于老年社会工作。故本题选C。

8.【答案】B。解析：本题考查社会工作价值观与专业伦理的相关内容。反移情是社会工作者把对生活中某个重要人物的情感、态度和属性转移到服务对象身上，这种现象会因人而异，并非必然会发生，因此 A 项错误。社会工作者在服务的同时必须具备自我照顾能力，否则无法为服务对象提供专业服务，因此 B 项正确。社会工作者有责任和义务有效保护服务对象的隐私不受伤害，这是社会工作伦理的基本原则。在实践中，社会工作者需要依据保护生命原则、不违法原则等进行判断，并非在任何情况下都要对服务对象的信息进行保密，因此 C 项错误。社会工作者在服务时，要将服务对象的评估标准置于首位而不是先考虑部门的评估，因此 D 项错误。故本题选 B。

9.【答案】D。解析：本题考查社会工作专业伦理的主要内容。A 项社会工作者对服务机构的伦理责任。社会工作者主要受雇于各种社会服务机构，在特定的组织环境下开展专业服务。因此，如何处理好与服务机构的关系，在伦理上把握好责任和义务，是社会工作者专业实践中必须考虑的问题。B 项社会工作者对同事的伦理责任。社会工作是一个服务协作和注重团队努力的专业活动，非常强调同事之间的合作精神。在专业服务过程中，社会工作者要彼此尊重、相互帮助。C 项社会工作者对社会的伦理责任。社会工作的核心目标是促进社会福祉的发展和促进社会进步，因此，社会工作者的职责和专业实践始终对社会有着不可推卸的责任和道义承担。每一名社会工作者都应在专业范围内，各尽其责、尽心尽力，为推动社会变迁及发展、促进社会正义而不懈努力。D 项社会工作者对专业的伦理责任。社会工作者作为一个专业群体，每一名社会工作者都对该专业的发展负有责任。同时，社会工作者的实践本身也在影响专业的社会评价与专业权威。因此，社会工作者有责任促进专业的权威及其发展。本题中，不同职级的社会工作者将自己学到的专业理论和方法运用到实践中，进而促进专业的发展，体现了社会工作者对社会工作专业的伦理责任。故本题选 D。

10.【答案】A。解析：本题考查伦理决定的核心价值观。社会工作的伦理决定是指在实践过程中，社会工作者面对各种伦理难题必须作出抉择，从而妥善处理好复杂的情境。社会工作者在作伦理抉择时，必须优先考虑以下两个核心价值观：(1)尊重受助者的尊严和独特性；(2)努力促成受助者的自我决定。B 项改变老林的观念、D 项使用机构内筹款都和老林目前的想法是相违背的，老林不愿意向他人透露该事情，也不愿意麻烦别人；C 项不透露消息，不采取任何措施，是没有意义的；A 项既尊重了老林的决定，也提供了相应的帮助，符合社会工作伦理决定的核心价值观。故本题选 A。

11.【答案】D。解析：本题考查社会工作实践中的伦理决定。A 项保护生命原则，是指社会工作者不仅有义务保护受助者的生命，也有义务保护其他所有人的生命；B 项差别平等原则，是指社会工作者要在实践中以平等的方式对待服务对象，同时又要注重服务对象的差异，在助人过程中充分把握好平等待人和个别化服务的理念；C 项最小伤害原则，是指社会工作者在作伦理决定和提供服务中，要尽力保护服务对象的利益不受到侵害，要最大可能地预防和减少伦理决定和服务对服务对象的身体、心理和精神可能造成的伤害，尽可能实现利益最大化；D 项生命质量原则，是指社会工作者要本着通过专业服务不断提升服务对象生活质量的目标精神，在直接服务和间接服务两个层面，通过社会服务和政策干预，满足服务对象的需要，不断提升服务对象的福祉，促进服务对象生活水平的提高和社会融入的程度。本题中，小王为尹奶奶制订了个案服务方案，又向尹奶奶的儿女了解反对的原因，取得了尹奶奶的儿女对尹奶奶的理解，使得尹奶奶的生活质量得到提高。这体现了小王遵循生命质量原则。故本题选 D。

12.【答案】B。解析：本题考查社会工作专业伦理守则的内容。社会工作的伦理守则是对专业社会工作者在实践中的一般规定，它清晰地告诉社会工作者"应该做什么"以及"不应该做什么"。社会工作者要始终以服务有需要人群，促进社会变迁和维护社会正义为己任。对待服务对象要做到关爱、有同理心和非评判；对待同事要公平，与同事合作共事；对待社会服务机构的政策要做到表里如一，维护机构的立场和利益。本题中，医院在疫情防控期间制定探视制度是为了更好地保障大家的安全，所以社会工作者要在坚持同理心的前提下，向赵爷爷说明制度制定的原因，获得赵爷爷的理解和支持。故本题选 B。

13.【答案】A。解析：本题考查马斯洛的需要层次论。马斯洛认为人有五种基本需要，依次构成需要的层次，分别是：生理需要、安全需要、归属与爱的需要、尊重的需要、自我实现的需要。其中，生理需要是人类维持自身生存的最基本需要。故本题选 A。

14.【答案】C。解析:本题考查同辈群体的特点。同辈群体的特点包括:(1)平等性,同辈群体成员的年龄、知识、能力等方面比较相近,他们之间的地位是平等的;(2)开放性,同辈群体内部不存在特别严格的规章制度,成员之间的交流和交往在语言、方式、话题等方面都没有限制特定的形式;(3)认同性,同辈群体是个人自由选择结合的结果,群体成员之间的交往是在自然随意的状态下进行的,成员之间相互依赖,对群体有较高的心理归属感和较强的认同性;(4)独特性,每个同辈群体都有自己独特的亚文化,这种群体的亚文化为群体成员提供了新的价值标准和行为方式。本题中,张叔叔在旅游中结识好友,分享彼此的旅游经验,并结伴到各地旅游。可见张叔叔与旅友相互依赖,彼此有心理归属感,这体现的是认同性。故本题选C。

15.【答案】C。解析:本题考查人类行为与社会环境的基本关系。人类行为和社会环境相互影响,二者的基本关系如下:(1)人们要适应社会环境。(2)社会环境影响个人行为。各年龄段人的行为都会受到社会环境的影响,但所受影响的程度可能有所不同,因此B、D两项错误。(3)社会环境和生物遗传共同对人类行为产生影响。(4)人类能够改变社会环境。领袖人物或者大众的一致行为对社会环境的影响作用巨大,个人行为起不到决定性影响,因此A项错误。(5)人类行为与社会环境关系的非平衡性,总的来说,人类行为与社会环境相互影响的力度并不是平衡的,社会环境对人类行为的影响要大一些,因此C项正确。故本题选C。

16.【答案】D。解析:本题考查学龄阶段的心理发展特征。学龄阶段在心理发展方面的主要特征包括:学龄阶段儿童语言的发展主要表现在口头语言、书面语言和内部语言的发展上。内部语言的发展是儿童语言发展的高级阶段,这个阶段他们已经能够不出声地思考问题。在学龄阶段,儿童注意的稳定性逐渐增强,注意的范围逐渐扩大,注意的分配能力逐渐提高,注意的转移能力逐渐增强。本题中,娜娜是小学三年级学生,属于学龄阶段。A项虽然属于学龄阶段的心理发展特征,但娜娜的猜想是在运用内在语言思考问题,并未体现口头表达能力的增强,故不符合题意;B项属于青少年阶段的心理发展特征,故排除;C项属于学龄阶段的社会性发展特征,故排除。D项可选,娜娜对于小妹妹哭泣情况的猜想体现的是她注意的范围逐渐扩大,能够通过观察来思考问题。故本题选D。

17.【答案】B。解析:本题考查学龄阶段儿童面临的主要问题及干预措施。学龄阶段儿童面临的主要问题有:意外伤害、校园欺负和性伤害等。其中,校园欺负是在学校内发生的儿童间的暴力、攻击行为,欺负行为的受害者会出现心理与行为问题。社会工作者针对校园欺负问题可以在不同层面进行干预工作:一是针对学校进行干预工作;二是针对被欺负者、欺负者和旁观者开展个体干预,应对欺负的原因、特点和后果进行评估与诊断,制订有可行性的干预方案;三是针对家庭开展干预工作。分析选项可知,A项属于针对学校的干预措施,B项属于针对小书个人的服务,C项属于针对小书同学的服务,D项属于针对小书家庭开展的服务。故本题选B。

18.【答案】D。解析:本题考查危机介入模式的特点。危机介入模式的特点如下:迅速了解服务对象的主要问题、快速作出危险性判断、有效稳定服务对象的情绪及积极协助服务对象解决当前问题。本题中,小林目前十分绝望,并在社交平台上多次表达厌世的想法,因此社会工作者首先要做的就是对服务对象采取破坏行为的可能性和危险程度进行评估,从而有效减少或者阻止服务对象的破坏行为。故本题选D。

19.【答案】B。解析:本题考查社会工作者的转介任务。在与服务对象初次接触时,社会工作者其中一项工作任务是:为那些需要立即帮助而本机构或者社会工作者无法给予及时必要帮助的服务对象提供转介服务,即通过一些必要的手续把服务对象介绍给其他能够给予及时必要帮助的服务机构或者社会工作者。本题中,小赵经过预估与问题分析后就要做转介工作,因此要告知王女士能处理青少年网瘾问题的机构信息,方便其寻求专业帮助。A项,只告知王女士不能处理是不妥当的,社会工作者有义务为服务对象办理转介服务;C项,该机构已经确定处理不了相关的问题,因此无法进行预估会谈;D项,与机构督导商量拓展服务需要依据机构的专业性来判定。故本题选B。

20.【答案】D。解析:本题考查社会工作者扮演的专业角色。A项教育者:社会工作者指导服务对象学习处理问题的新知识、新方法,调整原来的行为方式。B项治疗者:社会工作者运用专业的方法和技巧消除或者减少服务对象的困扰。C项倡导者:社会工作者利用自己的身份和权利倡议机构实行必要的改革,为缺乏资源的服务对象争取更合理的服务,或者动员服务对象一起争取一些合理的资源和服务。D项联系人:社会工作者帮助服务对象与拥有资源的服务机构联系,保证服务对象能够获得合适的服务。此外,社会工作者扮演的专业角色还包括使能者。本题中,社会工作者小王帮助小宁找到大学生志愿者辅导她学习,扮演的是联系人的角色。故本题选 D。

21.【答案】B。解析:本题考查专业关系的建立。从初次与求助对象接触,倾听求助对象的要求,到接受求助对象成为机构的服务对象,社会工作者在整个过程中有一项非常重要的任务,就是专业关系的建立。社会工作者在与服务对象的初次沟通协商过程中应专注聆听服务对象的困扰,注意运用简洁明了的语句表达自己的同理和接纳,避免将求助对象界定为有问题的人。本题中,为了与初次接触的小杰建立专业关系,小蔡目前最适宜的做法就是倾听小杰的烦恼和担忧。故本题选 B。

22.【答案】D。解析:本题考查会谈的支持性技巧。A 项专注:社会工作者借助友好的视线接触、开放的姿势以及专心的态度关注服务对象的表达。B 项倾听:社会工作者用心聆听服务对象传达的信息,理解服务对象的感受。C 项同理心:社会工作者设身处地地体会服务对象的内心感受,理解服务对象的想法和要求。D 项鼓励:社会工作者运用口头语言和身体语言的方式肯定服务对象的一些积极表现。从对话可知,小华对汪女士表达出了充分的肯定和表扬,属于鼓励的会谈技巧。故本题选 D。

23.【答案】C。解析:本题考查个案会谈的类型。A 项收集资料的会谈:这种个案会谈的主要目的是帮助社会工作者收集服务对象的相关资料,以便对服务对象的生活状况或者服务开展状况作出准确的判断。B 项诊断治疗性会谈:这种个案会谈的主要目的是帮助社会工作者针对服务对象的问题作出正确的分析和推断。C 项一般性咨询会谈:这种个案会谈的主要目的是通过为服务对象提供相关的知识和信息帮助服务对象作出准确的选择。D 项建立关系的会谈:这种个案会谈的主要目的是帮助社会工作者与服务对象建立专业的合作关系。本题中的小马帮助李大爷分析两种养老方式的利弊,并提供相关信息,供李大爷选择,属于一般性咨询会谈。故本题选 C。

24.【答案】B。解析:本题考查同理心技巧。同理心,是指社会工作者设身处地地体会服务对象的内心感受,理解服务对象的想法和要求。B 项表达了理解服务对象的不容易,用自己的话把服务对象的想法表达出来,属于同理心的体现。故本题选 B。

25.【答案】D。解析:本题考查评估的方法。评估可以采取不同的方法,经常采用的方法有三种:一是由服务对象评估服务工作的开展状况以及对服务工作的满意程度;二是由社会工作同行评估服务工作的开展状况;三是由服务机构评估社会工作者的服务工作开展状况。为了准确评估服务工作的开展状况,可以通过问卷评估、行为评估和心理评估等方式进行评估。本题中主要需要进行的是成效评估,评估的内容是郭女士心理压力很大的状况有没有得到解决,因此请郭女士再次填写量表测评心理状态,与接案初填写的量表进行对比,可通过数据对比了解本次服务开展的效果如何。故本题选 D。

26.【答案】A。解析:本题考查互动模式的实施原则。使能者原则、积极参与原则均属于发展模式的实施原则,故 B、D 两项排除。互动模式实施原则包括:开放性的互动、平等性的互动、"面对面"的互动,故 C 项表述错误。A 项开放性互动原则:互动模式下的小组目标是促使组员之间、组员与小组和社会系统之间达到开放,实现良性的互动。社会工作者应该运用催化、刺激、示范、提供咨询、反应、质疑与开放讨论等方法和技巧,来促进小组互动频率的加快和小组互动质量的提高。本题中,社会工作者老许在减压活动中运用了示范、催化等技巧,还针对组员的问题提供咨询,这正是开放性互动原则的体现。故本题选 A。

27.【答案】C。解析:本题考查促进组员之间沟通的技巧——示范引导。促进组员之间沟通的技巧包括:提醒组员相互倾听,鼓励组员相互表达,帮助组员相互理解,促进组员相互回馈,示范引导等。其中,示范引导是指在沟通的过程中,社会工作者可用自身示范的方式,诱导组员模仿,如提问的技巧以及给予回馈的方式等。C 项就是社会工作者先阐述了自己的手工作品,来给组员做示范,体现出示范引导的技巧。故本题选 C。

28.【答案】A。解析:本题考查开始阶段组员的一般特点。在小组的开始阶段,由于初入小组,组员往往不知道自己该做什么,故在心理和行为上容易出现矛盾、困惑和焦虑等问题。一般会表现出如下特点:①矛盾的心理与行为特征;②小心谨慎与相互试探;③沉默而被动;④对社会工作者的依赖性。根据题干中的表述,小组成员沉默、不知道该做什么、相互之间比较客气礼貌,都符合开始阶段的特点。故本题选 A。

29.【答案】D。解析:本题考查主持小组讨论的技巧。主持小组讨论的技巧有开场、了解、提问、鼓励、限制、沉默、中立、摘述、引导和讨论结束。社会工作者在运用了解的技巧时应该做到:随时观察和感觉组员的语言、认知、情绪、行为,适时给予支持和鼓励;随时注意小组组员动力的运作,适时将自己对小组的感觉与思考反馈给组员;要给予组员安全的小组气氛,使每一位小组组员没有戒备地流露真实的自我,并勇于接受讨论中有时因证据不足的挫折。分析选项发现,A项忽视了小组问题,不利于小组进程的发展;B项忽视了小姜欲言又止的表现;C项社会工作者的做法带有责备的意味。因此排除A、B、C三项。在本题中,社会工作者小曹应该注意到小姜欲言又止的情况,鼓励小姜表达自己。故本题选D。

30.【答案】B。解析:本题考查小组工作过程——转折阶段。在转折阶段,组员之间沟通和互动比小组初期有所增强,但自我肯定、安全感受与真诚的互动尚未完全实现,组员之间会在价值观、权力位置、角色扮演等方面产生矛盾和冲突。A项中不愿尝试一般是开始阶段的情况,B项中组员出现冲突是转折阶段的情况,C项中回顾改变一般是结束阶段,D项中巩固学习的东西也是在结束阶段。故本题选B。

31.【答案】C。解析:本题考查主持小组讨论的技巧——鼓励的技巧。主持小组讨论要善于运用鼓励的技巧。在小组讨论中,对某些比较内向,或者容易害羞的成员要给予支持,不要逼他发言,而是要关注他,并投以鼓励的眼光,等他们有了勇气再发言。针对他们的发言,社会工作者可以重复他们的意见,对正确的方面给予积极的鼓励,树立起他们的信心和安全感。本题中,高奶奶担心普通话不太标准,越来越着急,这时社会工作者要给予鼓励,让她更有信心和安全感。故本题选C。

32.【答案】B。解析:本题考查小组的规模和时间。儿童和青少年小组,时间应该短些,每节活动时长一般为30~40分钟,因此A项不正确;治疗小组一般为5~7人,儿童小组6~8人为宜,活动性、辅导性或教育性的小组规模可能稍微大点,30~50人均可,因此B项正确;为青少年开设的户外拓展训练营更侧重的是能力的提升,并非以每项拓展活动为最终目标,因此C项不正确;一年级与六年级学生需要学习的性教育知识不同,放一起不合适,因此D项不正确。故本题选B。

33.【答案】C。解析:本题考查社会工作者在转折阶段的任务。在转折阶段,一些组员为保护自己,减少焦虑,会出现防卫和抗拒的心理及行为。例如,用缺席或迟到来保护自己、沉默寡言、常常转变话题、仅以理性与人表面互动、独占话题等。由莉莉迟到、转移话题等行为可知,莉莉所在的小组可能正处在转折阶段。A项放任不管的做法是错误的,故排除。B项"运用游戏活跃气氛"的做法一般发生在小组开始阶段,而不是小组转折阶段,因此B项不是最适宜的做法,故排除。小组有既定的活动安排,不能因为莉莉的个人原因,就把整个小组的时间和地点调整了,这对其他组员不利,因此D项的做法是不合适的,故排除。本题中,莉莉的抗拒已经影响了小组活动进程,如果只是营造开放的气氛不仅难以解决问题,而且不能很好地推进活动进程。因此,为更好地推进小组活动进程,保持组员对整体目标的意识,社会工作者的具体做法有:帮助莉莉和其他组员建立一个可执行的计划,让她和其他组员协作完成;当小组组员的个人目标与整体小组目标一致时,可以分别帮助他们制订自己的计划。因此,C项的做法是比较恰当的。故本题选C。

34.【答案】A。解析:本题考查小组工作的评估类型——过程评估。作为研究方法的小组评估有两种基本的类型:(1)过程评估,又称形成性评估,指的是对小组的整个过程进行全程评估。评估的内容包括:组员的表现评估、社会工作者的表现和技巧评估等。通过这类评估,可以发现小组中组员的变化情况,社会工作者的工作技巧,以及哪些因素导致了组员的积极变化,哪些因素导致了组员的负面变化等。(2)结果评估。对小组的结果进行评估,通常在小组结束时进行。通过收集组员对小组内容、工作方法、社会工作者表现等方面的评价,以检测小组是否完成了预定目标。分析选项可知,A项属于过程评估,B、C、D三项属于结果评估。故本题选A。

35.【答案】D。解析:本题考查地区发展模式的特点。地区发展模式强调社区成员通过参与和合作,以集体的形式来挖掘和利用社区资源,共同解决社区问题、满足社区需求,增强社区凝聚力和归属感。地区发展模式的主要特点如下:(1)较多关注社区共同性问题;(2)注意通过建立社区自主能力来实现社区的重新整合;(3)在地区发展模式中,过程目标的地位和重要性超过任务目标;(4)地区发展模式特别重视居民的参与。分析选项可知,D项的表述符合"建立社区自主能力"的特点,A、B两项属于社区策划模式的特点,C项属于社区照顾模式的特点。故本题选 D。

36.【答案】C。解析：本题考查社区照顾模式的实施策略。社区照顾模式的实施策略包括：在社区照顾、由社区照顾、对社区照顾。其中，"由社区照顾"是指由家庭、亲友、邻里、志愿者等所提供的照顾和服务。"由社区照顾"强调动员社区内的资源，发动在社区内的亲戚、朋友和邻里协助提供照顾。"由社区照顾"的重点是积极协助困难群体和有需要人士在社区中重新建立支持网络。网络大致可以分为以下三类：(1)提供直接服务的网络；(2)服务对象自身的互助网络，因此 C 项正确；(3)社区紧急支援网络。分析选项可知，A、B 两项属于对社区照顾，D 项不属于社区照顾的措施。故本题选 C。

37.【答案】C。解析：本题考查了解社区文化特色的方法。社会工作者收集社区历史资料和了解其文化特色的方法包括：(1)通过社区的史料或出版物追溯社区的历史及文化；(2)访问在社区内长期居住的老人。故本题选 C。

38.【答案】A。解析：本题考查社区问题分析中的界定问题。社区问题分析包括描述问题、界定问题、明确问题的范围、问题的起源和动力。其中，界定问题是指在弄清社区问题的症状之后，社会工作者还需要对问题进行界定，以明确问题的性质，为解决问题提供方向。社会工作者在界定社区问题时应提出并回答如下问题：这种状况是如何产生的？为什么它是一个问题？谁认为它是一个问题？解决办法有哪些？什么样的办法可能被接受？它背后还存在更大的问题吗？分析选项可知，A 项属于界定问题的提问，B、C 两项属于明确问题的范围的提问，D 项属于明确问题的起源和动力的提问。故本题选 A。

39.【答案】D。解析：本题考查社区需要分析中的比较型需要。社区需要分析包括规范型需要、感觉型需要、表达型需要和比较型需要。就比较型需要而言，需要的产生是基于与某种事物所作的比较。例如，一些居民获得了服务，但另一些类似的人却没有得到同样的服务，这些不知者在他们了解这些情况后便会产生新的需要。这种与其他个人或社区比较而产生的需要称为比较型需要。本题中，社会工作者想要了解的是社区居民是否存在比较型需要，需要了解其他社区的情况以便进行对比。故本题选 D。

40.【答案】A。解析：本题考查管理社区资源的内容。对社区资源的管理包括资源分析、资源开发、资源链接以及资源维系等方面的工作。资源分析是指社会工作者需要了解自己现有的资源，即自己现在所拥有或能够调动的资源类型、数量、质量、便利程度、使用成本等，并将这些信息与实施社区工作计划所需要的资源进行对照，以便及时了解目前欠缺的资源，并有针对性地进行资源开发。本题中，社会工作者小李及其项目团队在设计好服务方案后，走访辖区学校、社会卫生服务中心、未成年人保护工作站等多个组织，了解他们为困境儿童提供服务的现状，属于了解自己现有的资源。故本题选 A。

41.【答案】D。解析：本题考查收集社区资料的方法——访问法。收集社区资料的方法包括：文献分析法、观察法、访问法、问卷调查法、社区普查法等。其中，访问法是通过与各类社区居民面对面的谈话，社会工作者能深入了解社区的需要，而且访问的过程本身也有助于与社区居民建立关系。故本题选 D。

42.【答案】A。解析：本题考查主持会议的技巧。"进一步说明"是指当与会者所表达的意见不明确或者不完整时，社会工作者可以帮助他们进一步说明他们的意见。例如，"您刚才说希望居委会能出面解决问题，那您希望居委会在哪些方面做工作呢？"这也有助于其他与会者更准确地理解发言人的立场和观点，避免猜度和误会。本题中，有居民认为小花园"中看不中用"，采用进一步说明的方法可通过询问"您希望社区的空地能发挥哪些作用呢？"来了解居民认为空地应如何发挥作用。故本题选 A。

43.【答案】B。解析：本题考查社区工作评估中的过程评估。过程评估应该回答以下问题：开展工作的步骤是怎样的？工作中投入了多少人力、物力、财力和时间？这些资源是如何在不同工作部门和工作环节之间分配的？过程评估可以帮助社会工作者了解整个工作的进程和实施情况，有助于发现和改善工作过程中的问题。故本题选 B。

44.【答案】A。解析：本题考查社会服务机构的团队式结构。管理学教授斯蒂芬·P·罗宾斯根据团队的存在目的，拥有自主权的大小，将团队分为三种类型：多功能型团队、问题解决型团队和自我管理型团队。因此，D 项排除。A 项的多功能型团队是指由来自同一等级、不同专业领域的成员组成，共同来完成某一项任务的团队。其有效性在于能够使机构内(甚至机构间)不同领域的成员之间可以交换信息，激发出新的观点，解决面临的问题,协调复杂的项目。B项的自我管理型团队也被称为高绩效团队,自然形成的工作小组,被赋予了较大的自主权,集计划、指导、监督和控制于一身,工作内容包括控制工作节奏、决定工作任务的分配、安排工作或休息等。C项的问题解决型团队,这些团队的成员每周用几个小时来碰头开会,讨论如何提高服务效率、提升服务质量和改善工作环境等问题,成员也会就如何改进服务流程和服务技术相互交换看法或提供建议。故本题选A。

45.【答案】B。解析:本题考查教育性督导的内容。社会工作督导的教育性功能要求督导者不仅要提供被督导者完成工作所需的知识,还要协助社会工作者由"知"转为"做"。督导者通过个别督导或团体会谈,发挥知识、能力、学习与自我觉醒反馈的效能。具体内容之一:教导有关"服务对象群"的特殊知识。例如,当被督导者不太熟悉老年人服务时,督导者要告诉他老年人面临老化时期价值态度会转换,要发展更乐观的态度,将那些鄙视、厌恶、绝望等负面印象转化成能表达老年人的优点和自我价值的陈述。本题中,督导者老杨向新入职员工小林介绍老年人的生活规律、饮食习惯和兴趣爱好,是帮助小林更好地了解服务对象,属于教育性督导。故本题选B。

46.【答案】C。解析:本题考查企业捐款的动机。企业捐款的动机可以归纳为以下几种:(1)市场营销;(2)公共关系;(3)自我利益;(4)税法策略;(5)社会联谊(俱乐部)。其中,公共关系动机指的是当一个企业将其利润中的相当一部分用于捐款时,一般是为了提升公司形象,表明自己是一个"有社会责任感"的企业,是为社会和民众尽义务的企业。这也是企业为了在本地赢得良好声誉的策略。本题中,企业捐赠金钱以展示企业社会责任,属于公共关系的捐赠动机。故本题选C。

47.【答案】B。解析:本题考查授权的内容。授权是指上级主管部门适当地将职权移交给下属的过程。社会服务机构主管可授权的内容包括:(1)分派任务。指派下属或员工完成多项任务。机构主管在任务分派时必须考虑分派给具有执行权力的下属。(2)授予权力。在任务分派出去之前,权力应当作为能够用来完成任务的工具而进行授予,目的是保证下属能良好地运用权力、完成任务。(3)明确责任。机构主管将权力授予下属的同时,还应告知下属对分派的任务和接受的权力所要担负的责任。这些责任不仅包括执行,也包括及时汇报、沟通和协调。本题中,社会服务机构负责人对项目任务进行了分解,并授予了权力,还需要做的是明确责任。故本题选B。

48.【答案】D。解析:本题考查社会工作者的压力来源。由于社会工作的服务性质,被督导者经常承受过重的压力和紧张,容易产生煎熬的情绪危机。社会工作者最常面临的压力来源包括:一是来自服务对象的压力,包括处理"非自愿型服务对象"、服务对象过度依赖、害怕决策可能产生的不良后果、合法需求与正当利益间的冲突、无法将时间公平地分配给每一个服务对象。二是来自工作的压力,包括工作环境不佳、无力解决某些社会问题的挫折感、工作中专业知识不足、专业独立性不够、实务经验不足等。三是来自机构的行政压力,包括对机构政策和程序的承诺、工作绩效评估、工作量过大、工资待遇问题、科层互动僵化和效率低下,以及机构动荡、改组及规则改变等。四是来自社会对社会工作认识的压力,包括社会公众对社会工作专业不了解、服务对象对社会工作不了解、社会服务机构的领导和同事对社会工作不了解、其他专业对社会工作专业能力的质疑、社会工作者要不断为专业解释等。本题中,居民对社会工作不了解,经常把社会工作者当作志愿者,小王为如何介绍社会工作而烦恼,说明小王的压力来源于居民对社会工作专业的认知不足。故本题选D。

49.【答案】B。解析:本题考查定量研究与定性研究的特点。

定量研究一般依托某些理论,形成假设,再通过收集资料和分析数据来验证假设。定性研究不一定事先设定假设,其理论假设可以在研究过程中逐步形成和完善,其过程发现需要进行抽象的提炼和归纳,才有可能达到理论层面。因此,A项属于定量研究的特点。

定性研究注重具体独特的现象,收集和分析非数字化资料,描述回答者所经历的现实,探索社会关系,从而对个体进行理解、阐释和深度描述。定性研究把自然情境作为资料源泉,花费相当多时间深入具体情境中,研究者对自己行为及与研究对象之间的关系进行动态反思和调适,尽量设法将被研究对象视为自己人。因此,B项属于定性研究的特点。

访谈法是定性研究收集资料的方法。定性研究的三种访谈形式为非正式会话式访谈、引导式访谈和标准化开放式访谈,没有结构式访谈法。因此,C项表述错误。

在定量研究中,研究者多被视为旁观者,研究者是以自己的视角解剖研究对象的世界,研究一般是依托某些理论提出若干假设,并以接触性的或控制性的手法收集数量资料,其资料是非整体的,其结果具有一般性,有时具有可推论性。因此,D选项属于定量研究的特点。

故本题选B。

50.【答案】A。解析:本题考查问卷设计的原则。设计问卷的原则之一是要以回答者视角为主,关注其教育程度及语言习惯,避免问题过长和过于复杂,保持卷面简洁,让回答者认可、容易理解和回答,因此A项正确。问题和答案的设计需要注意多方面细节。关于排序,一般而言,被访者熟悉或感兴趣的、简单的、封闭式的问题可以置于前面,关于被访者行为、态度、背景的问题及敏感的问题放在后面。这利于被调查者较快进入状态,提高问卷回答的完整度,因此B、C两项表述错误。对修改后的问卷进行排版,注意版面设计、字体、行间距、外观等,使问卷整齐、宽松、醒目,以利于被调查者答题,因此D项表述错误。故本题选A。

51.【答案】C。解析:本题考查问卷问题和答案的设置。在问卷设计中,问题和答案是问卷设计的核心。其中,问题的指标属性分为状态、行为与态度三种。(1)状态指标属性,说明被访者在访问时的状况,一般不会轻易变化,状态涉及人口社会特征、个人经历及其他信息,如性别、年龄、文化程度、婚姻状况、收入水平等。因此,A、B两项属于状态指标属性。(2)行为指标属性,行为代表实际行动状况,如"最近这次失业,您是否在街道登记过""过去一星期你去过网吧几次"。因此,C项属于行为指标属性。(3)态度指标属性,说明被访者对某些事项的看法或感受、对某个议题的看法,如"你对某社工师事务所提供的服务满意吗"。因此,D项属于态度指标属性。故本题选C。

52.【答案】C。解析:本题考查调查问卷的设计。问卷调查需要保证信度和效度,为了让回答者可以畅所欲言地表达自己的内心真实想法和情况,因此一般不需要在问卷上署名。如果调查问卷中有涉及隐私的问题,署名的方式可能导致被调查者不愿意表达真实意愿。因此,A项错误。问卷设计时,要以回答者视角为主,关注其教育程度及语言习惯,避免问题过长和过于复杂,保持卷面简洁,让回答者认可、容易理解和回答。因此,B项错误。对满意度进行调查,问卷的问题需要主要由涉及态度类型的问题构成。因此,C项正确。问卷设计时,要考虑研究目的或研究类型。满意度调查问卷通常用来测量利益相关方对社会工作者所提供服务的满意程度,这就需要回答者有个人的主观的看法、态度,才能保证效果。因此,D项错误。故本题选C。

53.【答案】A。解析:本题考查老年人获得家庭赡养与扶养的权利。《中华人民共和国老年人权益保障法》第十七条规定,赡养人有义务耕种或者委托他人耕种老年人承包的田地,照管或者委托他人照管老年人的林木和牲畜等,收益归老年人所有。故本题选A。

54.【答案】A。解析:本题考查妇女权益保障法中关于妇女财产权益的内容。《中华人民共和国妇女权益保障法》第二十三条规定,各单位在录用职工时,除不适合妇女的工种或者岗位外,不得以性别为由拒绝录用妇女或者提高对妇女的录用标准。因此,A项正确。第三十三条规定,任何组织和个人不得以妇女未婚、结婚、离婚、丧偶等为由,侵害妇女在农村集体经济组织中的各项权益。因此,B项错误。第三十四条规定,妇女享有的与男子平等的财产继承权受法律保护。在同一顺序法定继承人中,不得歧视妇女。因此,C项错误。第三十五条规定,丧偶妇女对公、婆尽了主要赡养义务的,作为公、婆的第一顺序法定继承人,其继承权不受子女代位继承的影响。因此,D项错误。故本题选A。

55.【答案】C。解析:本题考查《残疾人就业条例》的相关内容。《残疾人就业条例》第十一条规定,集中使用残疾人的用人单位中从事全日制工作的残疾人职工,应当占本单位在职职工总数的25%以上。本题中,该单位现有在职职工100人,100×25%=25(人),所以,残疾人职工人数应大于等于25人,即最少25人。故本题选C。

56.【答案】C。解析:本题考查单独提出低保申请的条件。

A项的情况不符合,理由有两个。第一,服刑人员的生活条件由监狱提供,是法律规定的,不存在收入的高低,因此,不符合享受低保的法定条件。第二,各地关于低保的规定中,明确规定正在服刑的人员不得享受低保救助。因此,A项的张某无法单独提出低保申请,A项不当选。

23

B 项的情况不符合,具体理由如下。《最低生活保障审核确认办法》第四条规定,申请最低生活保障以家庭为单位,由申请家庭确定一名共同生活的家庭成员作为申请人,向户籍所在地乡镇人民政府(街道办事处)提出书面申请。共同生活的家庭成员包括已成年但不能独立生活的子女,包括在校接受全日制本科及以下学历教育的子女。B 项的李某属于共同生活家庭成员,因此无法单独提出低保申请,B 项不当选。

C 项的情况符合,D 项的情况不符合,具体理由如下。《最低生活保障审核确认办法》第八条规定,符合下列情形之一的人员,可以单独提出申请:(1)最低生活保障边缘家庭中持有中华人民共和国残疾人证的一级、二级重度残疾人和三级智力残疾人、三级精神残疾人;(2)最低生活保障边缘家庭中患有当地有关部门认定的重特大疾病的人员;(3)脱离家庭、在宗教场所居住三年以上(含三年)的生活困难的宗教教职人员;(4)县级以上人民政府民政部门规定的其他特殊困难人员。最低生活保障边缘家庭一般指不符合最低生活保障条件,家庭人均收入低于当地最低生活保障标准 1.5 倍,且财产状况符合相关规定的家庭。因此,C 项的杜某可以单独提出低保申请,D 项王某无法单独提出低保申请。

故本题选 C。

57.【答案】B。解析:本题考查认定工伤和视同工伤的相关内容。《工伤保险条例》第十四条规定,职工有下列情形之一的,应当认定为工伤:(1)在工作时间和工作场所内,因工作原因受到事故伤害的;(2)工作时间前后在工作场所内,从事与工作有关的预备性或者收尾性工作受到事故伤害的;(3)在工作时间和工作场所内,因履行工作职责受到暴力等意外伤害的;(4)患职业病的;(5)因工外出期间,由于工作原因受到伤害或者发生事故下落不明的;(6)在上下班途中,受到非本人主要责任的交通事故或者城市轨道、客运轮渡、火车事故伤害的;(7)法律、行政法规规定应当认定为工伤的其他情形。因此,B 项当选,D 项不当选。《工伤保险条例》第十五条规定,职工有下列情形之一的,可视同为工伤:(1)在工作时间和工作岗位,突发疾病死亡或者在 48 小时之内经抢救无效死亡的;(2)在抢险救灾等为维护国家利益、公共利益活动中受到伤害的;(3)职工原在军队服役,因战、因公负伤致残,已取得革命伤残军人证,到用人单位后旧伤复发的。《工伤保险条例》第十六条规定,职工符合本条例第十四条、第十五条的规定,但是有下列情形之一的,不得认定为工伤或者视同工伤:(1)故意犯罪的;(2)醉酒或者吸毒的;(3)自残或者自杀的。因此,A、C 两项不当选。故本题选 B。

58.【答案】D。解析:本题考查未成年工的定义。《中华人民共和国劳动法》第五十八条规定,未成年工是指年满十六周岁未满十八周岁的劳动者。故本题选 D。

59.【答案】A。解析:本题考查社会保险法的内容。《中华人民共和国社会保险法》第二十五条规定,城镇居民基本医疗保险实行个人缴费和政府补贴相结合。享受最低生活保障的人、丧失劳动能力的残疾人、低收入家庭六十周岁以上的老年人和未成年人等所需个人缴费部分,由政府给予补贴。故本题选 A。

60.【答案】B。解析:本题考查街道办事处在社区治理体系中的作用。《中共中央国务院关于加强和完善城乡社区治理的意见》指出,充分发挥基层党组织领导核心作用,有效发挥基层政府主导作用,注重发挥基层群众性自治组织基础作用,统筹发挥社会力量协同作用,推动形成基层党组织领导、基层政府主导的多方参与、共同治理的城乡社区治理体系。街道办事处是市辖区、不设区的市人民政府的派出机关。故本题选 B。

二、多项选择题

61.【答案】ABE。解析:本题考查社会工作的主要领域。本题中,社会工作服务机构为 20 户困难家庭提供服务,需要了解家庭困难的原因,为他们提供有针对性的帮助,因此,E 项正确;该机构为街道社区的家庭提供社区参与服务,属于社区社会工作的范畴,因此,A 项正确;社会工作服务机构的服务对象是困难家庭,给予困难家庭生活帮扶,提供的是社会救助社会工作服务,因此,B 项正确。故本题选 ABE。

62.【答案】AB。解析:本题考查社会工作价值观的实践原则。实践原则包括接纳、非评判、个别化、保密和当事人自决。接纳是一种宽容和尊重的态度,社会工作者不因服务对象的性别、年龄、户籍等差异而区别对待。本题中,老刘虽然不认同小唐的个人行为及其父母的教育方式,但仍耐心地与他们进行沟通,建立信任关系,体现的是接纳原则。因此,A 项正确。非评判是指对服务对象的选择不做倾向性的批评和判断,尊重服务对象的观念和行为。本题中,老刘未对小唐及其父母的行为作出倾向性的批评和判断。因此,B 项正确。C、E 两项在本题案例中并未体现,D 项个别化更加侧重的是特殊、个性的表现,题干中只讲到制订符合其需求的方案,并未突出个性化。故本题选 AB。

63.【答案】ACDE。解析:本题考查社会工作实践中的伦理决定。社会工作者要遵循以下伦理原则:保护生命原则、差别平等原则、自由自主原则、最小伤害原则、生命质量原则、隐私保密原则、真诚原则等。其中,生命质量原则,是指社会工作者要尽量通过服务来改善服务对象的身体及心理状况,通过提供经济帮助、心理辅导服务满足服务对象的需要,从而改善服务对象的生活质量,提高服务对象的身体及心理健康指数,从而全方位地提高服务对象的生命质量。分析选项可知,C、D、E 三项都体现了生命质量原则;A 项的做法符合差别平等原则,充分把握好平等待人和个别化服务的理念,因此 A 项正确;B 项的做法违背了自由自主原则,因此 B 项错误。故本题选 ACDE。

64.【答案】BCD。解析:本题考查大众传媒对人类行为的影响。大众传媒对人类行为的影响主要表现在:第一,可以为受众提供支持其固有立场、观点和行为的有关情况,从而增强受众的固有观念和行为。题中描述了诗阿姨接触传媒之后在行为和观念上发生的变化,而不是强化她固有的观念和行为,因此 A 项排除。第二,在争议不大且没有其他因素干扰的情况下,大众传媒只要重复传播内容,就能直接改变受众的行为,因此 B 项正确。第三,大众传媒可以使受众改变其原有的立场,因此 C 项正确。第四,可以提供信息引导人们的行为,因此 D 项正确。第五,为受众提供行为规范,供他们选择。故本题选 BCD。

65.【答案】CDE。解析:本题考查青年就业问题的解决。本题中提到,受新冠肺炎疫情影响,青年群体就业难度增加,青年群体就业压力大,未提到青年社会责任意识不强,因此,青年群体就业难属于客观因素,A 项排除。关于性别平等的法律法规比较健全,加大性别平等的宣传适合解决劳动就业市场性别歧视的问题,对于解决整个青年群体的就业问题帮助不大,况且题干未阐述男性或女性就业者哪一方的压力更大,因此 B 项排除。针对青年就业问题,社会工作者的干预措施主要有三条:一是要帮助青年提高自身的就业能力,准确定位自己的职业发展目标,有的放矢地进行求职择业。因此,E 项正确。二是推动政府不断完善就业的服务体系,健全就业市场、人才市场、劳动力市场的信息的相互贯通和共享机制,营造有利于人才合理流动的大环境。因此,D 项正确。三是帮助在就业中受挫的青年宣泄其负面情绪,促使其冷静、理智和创造性地思考,协助其认识自身拥有的资源和潜能。因此,C 项正确。故本题选 CDE。

66.【答案】ABCD。解析:本题考查文献记录的定义。文献记录是有关服务对象日常生活状况的文字记录,如学生的成绩单、低保家庭的低保证明、医院的健康检查证明、就业证明等。它们是社会工作者了解服务对象日常生活状况的重要资料。本题中,老李家的低保证明、妻子的就业证明、孩子的学习成绩单、老李的体检报告都有助于帮助社会工作者了解老李及其家庭的生活状况。故本题选 ABCD。

67.【答案】ADE。解析:本题考查制定工作目标的要求。社会工作者在制定工作目标时,应尽可能做到清晰易懂,最好以服务对象希望实现的具体行为作为标准,而且还需要根据服务对象的实际生活状况和能力制定明确的完成任务的时间表,以保证工作目标明确、现实。本题中,刘老伯面临的主要问题包括:女儿离世后的自责、不与任何人联系、作息时间混乱,因此服务目标应该围绕以上问题展开,A、D、E 三项正确。B 项中刘老伯的压力在题干中并未涉及,故排除;C 项的清理杂物不属于以服务对象为核心的目标。故本题选 ADE。

68.【答案】ACD。解析:本题考查专业合作关系的维持。为了保持良好的专业合作关系,社会工作者在与服务对象的交往中需要做到以下三点:(1)接纳。无论服务对象面临什么问题,社会工作者都愿意理解服务对象,不是关注服务对象的问题,而是关心问题背后服务对象的发展要求。(2)无条件关怀。在开展服务过程中,社会工作者不评价服务对象(C 项正确),尊重服务对象的价值(A 项正确),并且相信服务对象是可以改变的(D 项正确)。(3)真诚。社会工作者在服务开展过程中对自己的感受保持开放的态度,并且愿意与服务对象交流和分享自己的真实感受。故本题选 ACD。

69.【答案】BDE。解析:本题考查在小组结束阶段社会工作者的任务。在结束阶段,社会工作者的主要任务包括:(1)处理组员的离别情绪与感受。(2)协助组员保持小组经验。社会工作者应该协助组员保持已经改变了的行为,并在日常生活中运用在小组中获得的成长经验,因此,B、E 两项正确。协助组员保持小组经验的主要方法有:①模拟练习。模拟现实的生活环境,让组员在小组中练习他们学到的行为规范等。②树立信心。观察组员的变化,并对组员予以鼓励和肯定,让他们对离开小组后的生活充满信心。③寻求支持。帮助组员寻求其家人、社区或周围其他人的支持，以维持在组员身上已经产生的变化。④鼓励独立。鼓励组员独立地完成工作，逐步降低小组对组员的吸引力，以避免组员在结束时对小组的过度依赖。⑤跟进服务，如转介、跟进聚会、安排探访等。其中，跟进聚会通常安排在小组结束后的两个月后、三个月后或半年后，因此，D项正确。A、C两项都是社会工作者在小组转折阶段的任务。故本题选BDE。

70.【答案】AB。解析：本题考查主持小组讨论中限制的技巧。当一些小组组员垄断小组讨论时，或当组员的发言太抽象时，或当小组讨论脱离主题范围时，社会工作者要采取限制的技巧来处理小组或小组组员的行为。本题中，社会工作者小戚邀请组员讲述压力来源及减压方法，A项徐阿姨说的是异地就医中的问题，脱离主题范围，需要使用限制技巧。B项吴先生详细介绍妻子辗转就医的经历，脱离主题范围且严重超出发言时间，需要使用限制技巧。C项陈奶奶讲的是年轻病友对家人的内疚感，内疚的来源正是没有工作带来的压力感，D项张叔叔讲述了压力的来源是儿子病情的变化，E项奚叔叔介绍了减压方法，因此C、D、E三项讲述的内容符合主题，不应运用限制的技巧。故本题选AB。

71.【答案】CDE。解析：本题考查主持小组讨论中立的技巧。在小组讨论中，可能因为某一个问题的观点不一致而发生争论，而争论的双方都希望社会工作者能支持自己的观点。此时，社会工作者的中立很重要，应避免与组员争论，不偏袒或属意任一方；不判断他人意见；仅提供问题，不给予答案；可以提供资料信息，但不予决断，仅作利弊分析或事实论述；随时保持中立的位置。A项的做法是等待双方自行停止争论，不恰当；B项不符合上述提到的"不判断他人意见"，即不符合中立的技巧；C、D、E三项都属于提供资料信息，但不予决断，仅作利弊分析或事实论述。故本题选CDE。

72.【答案】ACD。解析：本题考查社区工作评估——过程评估。根据评估的目的，可以将评估分为三大类：过程评估、成果评估、效益评估。(1)过程评估。过程评估就是对工作过程质与量的评估，重点在于对有关的工作过程进行描述，包括投入的资源和人员配置、一系列工作的优先次序、各个程序的进展状况等。过程评估应该回答以下问题：开展工作的步骤是怎样的？（A项正确）工作中投入了多少人力、物力、财力和时间？(D项正确)这些资源是如何在不同工作部门和工作环节之间分配的？（C项正确）。(2)成果评估。对成果的评估主要是考察工作成果在多大程度上实现了预定的目标。具体来说，成果评估应该回答以下问题：工作取得了哪些成果？（B项属于成果评估，故排除）这些成果是否达到了预期的目标？工作的成果是否由于工作之外的因素而达到？工作是否带来了预期之外的成果？(3)效益评估。效益评估注重服务的成本收益分析，关注的是所取得的工作成果与所付出的代价孰大孰小的问题。（E项属于效益评估，故排除）。故本题选ACD。

73.【答案】BCD。解析：本题考查居民骨干培养技巧。培养社区居民骨干的重点工作技巧如下：(1)鼓励参与。针对夏阿姨自我认同感不高的情况，社会工作者老张肯定了她在关键时刻能够主动担当，体现的是鼓励夏阿姨积极参与。因此，B项正确。(2)建立民主领导风格。(3)培训工作技巧。社会工作者老张和夏阿姨一起分析参赛失利的原因，提出改进建议，体现的是培训工作技巧。因此，C项正确。(4)增强管理能力。社会工作者老张建议夏阿姨将部门工作分配给队里的几位积极分子，体现的是增强夏阿姨的管理能力。因此，D项正确。分析其他选项可知，A项不属于培养社区居民骨干的重点工作技巧，E项虽然属于培养社区居民骨干的重点工作技巧，但是在社会工作者老张的做法中没有体现。故本题选BCD。

74.【答案】ABCD。解析：本题考查进入社区的方式。社会工作者可以通过以下方式让社区认识自己：(1)积极参与社区重要活动。比如参加社区在节假日举办的活动或在社区已形成的传统活动中争取亮相的机会。因此，D项正确。(2)主办社区活动。社会工作者所在的机构可以出面主办一些社区活动，邀请居民和其他社区团体参加，主动营造与社区其他成员互动的机会。因此，C项正确。(3)积极介入社区事务。社会工作者应积极参与讨论社区事务，出席相关的会议，提供意见和建议，并在力所能及的范围内提供适当的帮助。因此，A项正确。(4)经常出现在社区居民之中。社会工作者应经常在社区内走动，主动与居民打招呼，话家常，拉近与居民的距离。因此，B项正确。(5)报道社区活动。社会工作者也可以定期或不定期地出版工作简报、通讯，或者向社区的报纸、期刊投稿，报道自己机构在社区所开展的活动。题干中说的是适合该机构进入社区的方式，E项属于让居民来机构，不属于进入社区的方式。因此，E项排除。故本题选ABCD。

75.【答案】ABDE。解析：本题考查方案安排阶段——选择理想的可行性方案。策划者可选用"可行性方案模型"来筛选理想方案。这个模型中有六个筛选标准。一是效率,指方案资源投入和服务产出比值,因此D项正确。二是效果,指方案实现目标的程度以及带来的服务对象的改变,因此E项正确。三是可行性,指实施这个方案达到成功的程度,包括方案是否实际可行,机构是否可以完成这个方案,机构过去完成这类方案的记录,方案计划是否适当,因此B项正确。四是重要性,指这个方案是否唯一达到目标的,且必须推进的程度。五是公平,指这个服务方案能否公平地提供给有需要的个人或团体的程度,因此A项正确。六是附加结果,关注的是方案中所产生的意外(目标之外)的效果,包括对社会所产生的正面和负面效果。故本题选ABDE。

76.【答案】ABD。解析:本题考查志愿者管理的内容和过程。有效的志愿者管理应该依循八个步骤:需要评估与方案规划、工作发展与设计、招募、面谈与签约、迎新说明与训练、督导与激励、奖励表扬、评估。其中,志愿者训练包括知识、技巧和态度三方面的灌输和交流,其主要内容包括:(1)让志愿者认识志愿服务的意义,了解机构政策目标和理想使命,促使志愿者个人目标和机构目标达成一致,因此B项正确。(2)根据服务岗位的要求,对志愿者进行实务训练,包括相关知识、技巧和态度,以确保服务质量达到应有的水平,因此A项正确。(3)通过训练提升志愿者的服务信心,帮助他们挖掘潜能,促进志愿者个人发展,因此D项正确。C项属于需要评估与方案规划;E项属于监督与激励。故本题选ABD。

77.【答案】CE。解析:本题考查设计问卷问题和答案的注意事项。问卷设计时,问题和答案的设计需要注意多方面细节。一是关于答案。封闭式问题中单项选择的答案必须满足穷尽性和互斥性,B项没有将文化程度的对应水平完全列举,违背穷尽性,因此排除B项。二是关于语言。问题语言应该简短明了,避免双重含义,不要有倾向性,对敏感问题注意提问方式。A项"垃圾不分类有害环境"的这一看法,带有倾向性,因此排除A项。D项"您家有老人、小孩需要照顾吗?"就包含了有老人需要照顾和有小孩需要照顾两个问题,具有双重含义,因此排除D项。故本题选CE。

78.【答案】ABC。解析:本题考查个案研究的优缺点。个案研究的优点如下:(1)收集的信息更加深入。了解研究对象各方面的状况,进而对其全面和深入的认识。因此,A项正确。(2)沟通的过程更有效。有助于澄清概念和确定变量,从而有利于做进一步的实证研究。(3)研究的过程有创造性。有助于进行探索性研究,发现重要的变项以及提供有用的范畴,从而拟定假设或建立理论。(4)研究的结果具有可操作性。有利于客观、深入、准确地把握研究对象的问题、需要及其原因机制,有利于提出有效和具体的处理办法或解题方案。因此,B、C两项正确。个案研究的缺点如下:时间成本高,研究发现难以推论,相关数据不容易补充,样本很少和对象缺乏代表性。因此,无法将研究推及到其他街道所有随迁老人,也不利于发现影响随迁老人需求的普遍因素。因此,D、E两项不选。故本题选ABC。

79.【答案】ABCD。解析:本题考查夫妻共同财产的规定。《中华人民共和国民法典》第一千零六十二条规定,夫妻在婚姻关系存续期间所得的下列财产,为夫妻的共同财产,归夫妻共同所有:(1)工资、奖金、劳务报酬。因此A项正确。(2)生产、经营、投资的收益。因此B项正确。(3)知识产权的收益。因此C项正确。(4)继承或者受赠的财产,但是本法第一千零六十三条第三项规定的除外。因此D项正确。(5)其他应当归共同所有的财产。夫妻对共同财产,有平等的处理权。《中华人民共和国民法典》第一千零六十三条规定,下列财产为夫妻一方的个人财产:(1)一方的婚前财产。(2)一方因受到人身损害获得的赔偿或者补偿。E项属于夫妻一方的个人财产。(3)遗嘱或者赠与合同中确定只归一方的财产。(4)一方专用的生活用品。(5)其他应当归一方的财产。故本题选ABCD。

80.【答案】ABDE。解析:本题考查确定和调整最低工资标准的综合参考因素。《中华人民共和国劳动法》第四十九条规定,确定和调整最低工资标准应当综合参考下列因素:(1)劳动者本人及平均赡养人口的最低生活费用;(2)社会平均工资水平;(3)劳动生产率;(4)就业状况;(5)地区之间经济发展水平的差异。故本题选ABDE。

社会工作综合能力（初级）2021 年真题

重要提示：

　　为维护您的个人权益，确保考试的公平公正，请您协助我们监督考试实施工作。

　　本场考试规定：监考老师要向本考场全体考生展示题本密封情况，并邀请 2 名考生代表验封签字后，方能开启试卷袋。

社会工作综合能力（初级）2021年真题

一、单项选择题（共60题，每题1分。每题的备选项中，只有1个最符合题意）

1. 发展社会工作越来越得到党和政府的重视。《中共中央关于制定国民经济和社会发展第十四个五年规划和二〇三五年远景目标的建议》指出，要畅通和规范社会工作者参与社会治理的途径。下列说法中，最能反映"畅通途径"要求的是（　　）。

　　A. 发展社会工作服务机构，加大政府购买服务力度

　　B. 吸收社会工作者参与解决社会救助中的重要问题

　　C. 组织政府工作人员普遍参加社会工作专业培训

　　D. 制定优惠政策，吸引社会工作专业学生到基层工作

2. 帮助有困难、有需要的人是社会工作最基本的职业特征。社会工作者秉持"助人自助"的理念开展工作。关于社会工作"助人自助"的说法，正确的是（　　）。

　　A. "有困难，找社工"的说法较为充分地体现了助人自助的内容

　　B. 在助人自助中，第一个"助"与第二个"助"具有相同的含义

　　C. 助人自助表示社会工作者对服务对象问题的解决负有首要责任

　　D. 助人自助表示社会工作者协助服务对象实现自助后可终止服务

3. 医务社会工作者小张为脑卒中患者提供服务。下列做法中，最能体现社会工作"互动合作"特点的是（　　）。

　　A. 与医院其他部门协作，联合为患者提供关怀支持

　　B. 针对患者家属进行心理压力疏导，提升照护技能

　　C. 链接资源帮助患者及其家庭申请医疗救助

　　D. 与患者及其家属一起开展慢性病管理工作

4. 在新建社区中，社会工作者组织各种社区活动，建立社区互助平台，梳理并链接社区内外资源。上述社会工作者的做法，主要体现的社会工作功能是（　　）。

　　A. 建构社会资本　　　　　　　　　B. 解决社会问题

　　C. 推动社会进步　　　　　　　　　D. 维持社会秩序

5. 高三学生小勤在一次重要考试中失误，未能如愿获得理想的结果。她不能原谅自己，无法走出考试失误的阴影，对自己丧失了信心。社会工作者大林对小勤的情况进行全面客观的评估后，鼓励小勤加入听障儿童志愿服务队。经过几次开导，小勤加入了志愿服务队，并逐渐成为骨干，在为孩子们提供服务的同时，又重拾了信心。社会工作者大林在上述服务中扮演的直接服务角色是（　　）。

　　A. 关系协调者　　　　　　　　　　B. 治疗者

　　C. 资源筹措者　　　　　　　　　　D. 支持者

6. 社会工作者小李的工作内容是为接受社区矫正的青少年提供心理疏导、职业技术培训、联系企业安排实习岗位等服务,协助服务对象恢复社会功能,以达到预防再次犯罪、稳定社会秩序的目标。小李的服务领域是( )。

A. 司法社会工作

B. 社会救助社会工作

C. 学校社会工作

D. 企业社会工作

7. 某地连续多日暴雨致使河水上涨,房屋被淹,当地居民被迫紧急转移到地势较高的库房。因所带生活物品不足,居民产生焦虑。某社会工作服务机构及时协助当地政府开展社会救助工作。此时社会工作者首先要做的工作是( )。

A. 向居民发放问卷了解其需求

B. 向居民提供政策咨询服务

C. 向居民发放食品、衣物等物资

D. 向居民提供社会融入服务

8. 社会工作者在服务过程中秉持"个别关怀,全面服务"的原则,这说明( )。

A. 社会工作者认为每一位服务对象都是独特的

B. 社会工作者相信每一位服务对象都可以改变

C. 社会工作者尊重每一位服务对象的自我决定

D. 社会工作者接纳每一位服务对象的自我决定

9. 30岁的小周与父亲一起干活,目前处于抑郁症缓解期,平日与人接触较少。因缺乏个人经验,缺少自信,小周不愿意找工作,父亲也认为他不能独立生活。根据社会工作价值观的实践原则,社会工作者适宜的做法是( )。

A. 尊重小周的意愿,认同他对生活方式的选择

B. 保护小周的隐私,帮助他尽量不被外界打扰

C. 尊重小周的决定,协助他寻找提升能力的资源

D. 批评小周的想法,建议他多与父亲及朋友交流

10. 社会工作是社会福利事业的重要组成部分,在工作中注重多个层面关系的建立和协同,通过人性化的、有效的社会行政与管理,落实社会政策,改善民众的社会福利水平。这反映出我国社会工作专业实践的价值观是( )。

A. 个人发展机遇与国家社会发展相结合

B. 注重和谐有序,促进社会的共融与发展

C. 平等待人,注重民主参与

D. 权利与责任并重

11. 某街道困难群众救助中心的常规服务之一是定期电话访问服务对象。社会工作者小陈致电社区低保人员大强,询问其近期生活状况,被他拒绝。大强表示不清楚街道有电话访问服务,也不愿接受陌生人的访问。根据社会工作者对服务对象的伦理责任,此时小陈最恰当的做法是( )。

A. 尊重大强的个人意愿,日后不再打电话向他询问生活状况

B. 对服务内容的真实性做出说明,并承诺大强帮助他解决困难

C. 恳请当地社区工作者告知大强此项服务后,再次访问大强

D. 向社区工作者反映大强拒访的情况,请社区工作者代为访问

12. 社会工作者在提供专业服务时,应不断规范自己的行为,践行价值理念,兑现服务承诺。这体现了社会工作者(　　)。

A. 对服务对象的伦理责任

B. 对专业的伦理责任

C. 对服务机构的伦理责任

D. 对社会的伦理责任

13. 社会工作者小李经多方链接资源,推动项目顺利完成,在同事中树立了自己的威信,也让机构负责人和项目落地社区的领导更加信任他。根据马斯洛的需要层次论,上述情形满足了小李(　　)。

A. 尊重的需要

B. 归属与爱的需要

C. 安全需要

D. 自我实现的需要

14. 小伟父母彼此尊重,经常沟通孩子的教育问题,对于是否报兴趣班也会征求小伟的意见。他们鼓励小伟主动找同学玩耍,也嘱咐小伟要按时回家。小伟父母的教养模式属于(　　)。

A. 骄纵型　　　　　　　　　　B. 支配型

C. 放任型　　　　　　　　　　D. 民主型

15. 某社区内有一个青少年音乐社团,成员在服装、发型、饰品、言行方面均与其他同龄人明显不同,社区一些居民见到他们感到很新奇。上述情况体现出的同辈群体的特点是(　　)。

A. 支配性　　　　　　　　　　B. 独特性

C. 开放性　　　　　　　　　　D. 平等性

16. 小明学习成绩优异,在考试中经常获得第一名,但小明妈妈看邻居的孩子都报了培训班,于是也给小明报了很多培训班,结果让自己和小明都很疲惫。从上述情形分析,影响小明妈妈决定的社会环境是(　　)。

A. 社区　　　　　　　　　　　B. 工作单位

C. 学校　　　　　　　　　　　D. 大众传媒

17. 青少年阶段是人生发展的重要阶段之一。下列特征中,属于青少年发展阶段特征的是(　　)。

A. 开始发展符合实际的自我观念

B. 人生观会更加稳定和成熟

C. 能够熟练地处理各种社会关系

D. 情绪发展比较丰富和强烈

18. 张奶奶两年前来省城帮儿子带小孩儿。最近张奶奶的儿子发现张奶奶精神状态变得不太好,经常抱怨待在这儿没意思,因一点小事就大发脾气。为此,张奶奶的儿子向社会工作者小王求助。为了解决张奶奶的问题,从"人在情境中"的观点看,小王最适宜的做法是(　　)。

A. 与张奶奶一起回顾过往生活经历

B. 帮助张奶奶适应大城市的生活节奏

C. 鼓励张奶奶参加社区娱乐活动

D. 协助张奶奶学习新的生活技能

19. 唐先生与姜女士两人各自有家庭,一年前开始合伙做生意。合作中,两人逐渐产生感情。最近,两人出现了债务危机和感情纠纷,唐先生希望结束这段感情,并向姜女士提出撤回投资,姜女士拒绝且大闹唐家。唐先生的妻子向他提出离婚。唐先生面对家里家外的困窘,感到走投无路,内心崩溃。社会工作者老孙在为唐先生开展个案服务时,试图引导唐先生进行心理动力反思。下列做法中,运用心理动力反思技巧的是( )。

A. 帮助唐先生了解影响自己的重大事件

B. 协助唐先生了解自己的情绪反应方式

C. 帮助唐先生分析自己当下所处的实际情况

D. 协助唐先生分析自己的行为所产生的后果

20. 社会工作者对服务对象的问题进行预估时,要注重从横向和纵向两个维度展开分析。下列内容中,属于横向分析关注点的是( )。

A. 服务对象问题的发展变化过程

B. 服务对象经历的重要影响事件

C. 服务对象问题形成的多层面影响因素

D. 服务对象为了应对问题而做出的努力

21. 12 岁的玲玲因与家人发生冲突而离家出走,一天后家人将其找回,并带她向社会工作者老纪求助。在接案、预估后,老纪制订了完备的服务方案,为玲玲及其家庭开展个案辅导服务。此时老纪应优先提供的服务是( )。

A. 引导玲玲回顾与家人冲突的过程

B. 协助玲玲及其家人重温过往亲情

C. 劝导家人向玲玲承认错误并道歉

D. 要求家人承诺今后不再责备玲玲

22. 小徐今年 35 岁,有吸毒史,强制隔离戒毒后一直与父母生活在一起。目前小徐已戒断毒瘾 5 年多,其间多次尝试寻找工作,但由于就业技能不足,均以失败告终。社会工作者小齐了解情况后,准备链接一些资源帮助小徐就业。从链接正式社会资源的角度,小齐适宜的做法是( )。

A. 争取父母关心,给予鼓励支持

B. 积极联系朋友,拓展同伴资源

C. 寻找相关机构,提供指导服务

D. 发动邻里捐款,提供经济援助

23. 大学生小宋因经常通宵玩游戏,屡屡旷课,考试不及格,班主任将其介绍给社会工作者小陈。在个案会谈时,小宋反复强调自己深感后悔和自责,觉得对不起父母,可又管不住自己。小陈发现小宋时常言行不一,寻找借口。于是,他对小宋说:"你每次都说想改变,要好好学习,可是我没有看到你的实际行动,像这样只有想法,一直找理由不行动,你的成绩会变好吗?"此时,小陈运用的会谈技巧是( )。

A. 对焦   B. 澄清

C. 忠告   D. 对质

24. 服务对象小吴向社会工作者小张倾诉:"我从来没有担心过高考,但没想到考得这么差,平常不如我的同学都考得比我好,我挺难过的。不过后来我觉得上大学也不是唯一出路,不如直接去工作好了,但我父母一定要让我复读,他们觉得只有考上大学,人生才有希望。我和他们吵了好几次,真的很烦。"小张运用同理心技巧最适宜的回应是(   )。

A. "你本来学习挺好的,高考成绩却出乎意料,所以你觉得自己非常失败,是吗?"

B. "因为一次高考的失败,别人都比你考得好,你为什么就感到这么难过?"

C. "因为你高考没考好,与父母之间的想法有冲突,所以你就感到很难过。"

D. "因为你高考成绩不理想,所以你很失望和难过,对于未来,内心也有些矛盾。"

25. 小花是一位8岁的白血病患儿。入院后,她不适应医院的陌生环境,对治疗有恐惧和抵触心理,变得沉默寡言。为此,病房的护士将小花转介给医务社会工作者小乔。接案后,小乔采用游戏方式引导小花说出入院后的感受,并运用儿童医疗恐惧表了解其害怕程度。上述服务过程中,小乔收集资料的方法是(   )。

A. 自我陈述和非结构式调查表

B. 自我陈述和结构式调查表

C. 对答方式和非结构式调查表

D. 对答方式和结构式调查表

26. 某医院的社会工作者小王在调研乳腺癌患者需求时发现,很多患者存在焦虑情绪,并对自我产生怀疑,此外还缺乏医疗常识,经常会胡思乱想。为此,小王决定开设乳腺癌病友小组,帮助组员了解自身问题及其背后的社会原因,协助组员管理情绪和改变认知。该小组的类型是(   )。

A. 教育小组   B. 成长小组

C. 治疗小组   D. 支持小组

27. 社会工作者小魏计划为社区中刚退休的居民开设一个主题为"金色年华"的小组,协助他们较好地度过退休生活适应期,促进退休人员继续社会化,提升其社会功能。小魏最有可能运用的小组工作模式是(   )。

A. 治疗模式   B. 社会目标模式

C. 互动模式   D. 发展模式

28. 社会工作者小戴为酗酒成瘾者开设了一个戒除酒瘾的匿名小组。在制订小组计划时,小戴围绕戒除酒瘾的总目标,确定了阶段性目标。下列目标中,属于阶段性目标的是(   )。

A. 降低组员的饮酒频率

B. 协助组员面对人格缺陷

C. 改善组员的人际沟通

D. 协助组员参与志愿服务

29. 社会工作者小何为社区内的单亲妈妈开展了主题为"瑰丽人生"的小组。在第一节小组活动中,小何带领组员共同制定了小组规范。下列选项中,属于文化规范的是(   )。

A. 要求组员保证出勤率,不迟到、不早退

B. 发表观点时,不议论与小组无关的内容

C. 每次小组开始前,将手机调至震动或静音状态

D. 相互尊重,对于组员的差异采取非评判的态度

30. 社会工作者小吴面向失智老人照顾者开设了一个有六节活动的小组。在第三节小组活动中,组员小华和小郑在分享照顾失智老人的经验时发生争执,双方都认为自己的照顾方法是最好的。针对小组这一阶段的特点,小吴恰当的做法是(　　)。

A. 了解小华和小郑各自对失智老人照顾者小组的期望

B. 帮助小华和小郑把小组中学到的照顾技巧转变为实际行动

C. 帮助小华和小郑理解照顾失智老人的经验背后的价值观差异

D. 帮助小华和小郑寻求重要他人支持以维持在小组中的改变

31. 社会工作者小石面向住院肠癌患者开展了病友支持小组。目前小组进入尾声,组员即将离开小组,个别组员产生失落感,希望小组能够继续。下列小组活动中,适合在这一阶段开展的是(　　)。

A. 认识你:进行自我介绍

B. 契约树:制定小组契约

C. 空椅子:对话内心深处

D. 向前看:模拟出院生活

32. 社会工作者小崔计划运用小组工作方法为大学新生提供一系列服务。下列针对大学新生开展的小组中,最能体现成长小组特点的是(　　)。

A. "社交技能训练"小组

B. "心理知识科普"小组

C. "自我管理"小组

D. "守望相助"小组

33. 在一个情感探索小组中,社会工作者小何发现组员小李每次都想发言,但轮到其发言时,他又常说:"我再想想,让别人先说吧。"当这种情况第三次出现时,小何说:"您可以想到哪儿就说到哪儿,如果后面又有新想法,可以下一次补充。"小何的回应,采用的技巧是(　　)。

A. 中立　　　　　　　　　　B. 鼓励

C. 引导　　　　　　　　　　D. 澄清

34. 社会工作者小赵发现新建的社区老年活动中心的日常管理漏洞较多,打算通过动员社区居民参与解决问题。下列做法中,属于社区工作过程目标的是(　　)。

A. 调整老年活动中心的开放时间

B. 鼓励居民自主讨论中心管理规范

C. 增加老年活动中心的安防设备

D. 让社区居委会派人轮流值班管理

35. 社会工作者小王负责推进小区加装电梯工作。他发现开始的时候居民都很积极,一谈到自筹资金,有些住户就不愿意了,甚至强烈反对,有些住户则持观望的态度。根据地区发展模式,在这种情况下小王最适宜采取的实施策略是(　　)。

A. 召开座谈会,让居民充分表达自己的想法

B. 报告居委会,向政府申请加装电梯的补贴

C. 与电梯公司协商,争取降低加装电梯费用

D. 向同事求助,重新拟定小区加装电梯方案

36. 某地农村青壮年劳动力大量外出打工,留守儿童现象比较普遍。某社会工作服务机构运用社会策划模式为这一地区的留守儿童提供服务。下列做法中,最能体现社会策划模式特点的是( )。

    A. 增进村民参与,自下而上地倡导重视儿童发展问题

    B. 开发村庄内部资源,以家庭互助方式照顾留守儿童

    C. 开展直接服务,为出现行为问题的留守儿童提供辅导

    D. 运用专业权威,根据理性原则设计留守儿童服务方案

37. 社会工作者小顾运用社会策划模式在老旧小区开展适老化改造项目。她既要负责项目执行,也要监督项目进度情况,并及时反馈给相关方。根据社会策划模式,小顾扮演的角色是( )。

    A. 政策倡导者   B. 中介者

    C. 方案实施者   D. 使能者

38. 社区社会工作者小李与某特殊教育学校合作开展活动,邀请在校学生参观社区,并安排社区青少年与其进行互动游戏,分享交流各自的学习生活。上述小李的做法体现出的社区照顾模式特点是( )。

    A. 协助服务对象融入社区

    B. 强化辖区单位的社会责任

    C. 解决实质性的社区问题

    D. 控制和指导社区未来发展

39. 为了配合街道拆除违章建筑的工作,社会工作者老岳走访了社区的一些老住户和居民骨干,了解社区"违建"是怎样形成的,以及后来的发展情况。老岳开展这项工作的主要目的是( )。

    A. 分析社区"违建"问题的来龙去脉

    B. 研判社区"违建"问题的严重程度

    C. 了解居民对社区"违建"问题的感受

    D. 发掘解决社区"违建"问题的关键人物

40. 社会工作者老杨协助社区开设了一间儿童绘本馆,提供免费阅读服务,以培养儿童的良好阅读习惯。但是,绘本馆仅支付了第一年的场地租金,后续的租金还没有着落。为此,老杨做了多种尝试。下列他的做法中,属于资源链接的是( )。

    A. 仔细地阅读社区基金会的资助章程

    B. 请居委会帮忙找可无偿使用的空间

    C. 在微信朋友圈吐槽绘本馆场租金困境

    D. 向场地所有者发送绘本馆工作月报

41. 社会工作者在培育社区社会组织时发现,某社区文体团队的负责人自我认同感强,严于律己,做事认真负责。由于他在团队中处理问题比较较真,有时会与少数团队成员发生冲突,影响了团结。针对这一情况,社会工作者最适宜的做法是( )。

    A. 告诉负责人可以通过投票来争取支持

    B. 引导负责人加强与团队成员讨论沟通

    C. 建议负责人充分授权给团队的成员

D. 支持负责人管理团队的理念和做法

42. 某社会工作服务机构开展听障人士就医支持服务项目时,服务策划过程是:认识听障人士就医现状→界定听障人士就医需求→探索听障人士就医解决方法→认识就医解决方法可能存在的限制→选取应对办法→设计完整计划→发展评估计划。该方案策划的类型是(   )。

A. 战略性策划
B. 创新性策划
C. 问题解决策划
D. 方案发展策划

43. 在很多情况下,社会工作服务需要组织多功能型团队。关于多功能型团队的说法,正确的是(   )。

A. 团队成员来自不同专业领域,共同完成某项任务
B. 团队是自然形成的工作小组,被赋予较大自主权
C. 团队成员间能快速建立信任关系,实现真诚合作
D. 团队的成员具有临时性特点,任务完成后即解散

44. 社会工作者小张负责某社会工作服务机构的志愿者管理。下列小张的工作中,属于志愿者管理中"工作发展与设计"的是(   )。

A. 评估志愿者参与服务动机
B. 撰写志愿服务工作说明书
C. 开展迎新说明与志愿者训练
D. 进行志愿者绩效评估和激励

45. 由于政府购买社会组织服务资金减少,某社会工作服务机构陷入财政危机。机构理事会决定扩大个人捐赠,与具有公募资格的筹款平台合作,发起"让爱传递"劝募活动,招募"爱心大使"动员身边的亲朋好友发起"一起捐"。从个人捐款动机分析,该劝募活动主要利用的是(   )。

A. 市场营销
B. 自我利益
C. 外界影响
D. 个人需要

46. 某儿童社会工作服务机构的社会工作者小张与当地一家画廊负责人很熟,两人闲聊时谈到可以合作举办自闭症儿童绘画展,将画展的门票收入和拍卖画作筹集的资金捐赠给遭遇火灾的某自闭症儿童家庭。上述筹资方法属于(   )。

A. 项目申请
B. 私人恳请
C. 电话劝捐
D. 特别事件筹资活动

47. 社会工作教育性督导可以缓解被督导者的工作压力。下列督导者的做法中,体现社会工作督导教育性功能的是(   )。

A. 协助被督导者识别和处理焦虑情绪
B. 鼓励被督导者尝试新的介入方法
C. 引导被督导者看到自己的工作成效
D. 帮助被督导者练习情绪管理的技巧

48. 关于定性研究特点的说法,正确的是(   )。

A. 定性研究依据理论并形成假设
B. 定性研究将研究对象视为自己人
C. 定性研究更注重研究问题的普遍性

D. 定性研究采用非接触方法收集资料

49. 关于问卷调查的说法,正确的是( )。

A. 自填问卷适合被调查者文化程度较低的情况

B. 问卷调查资料的处理相对复杂难以比较分析

C. 描述性研究问卷应围绕研究假设展开设计

D. 问卷既需要较高的信度又需要较好的效度

50. 某地区民政部门对社会工作站的社会工作者进行问卷调查。下列问题中,符合问卷设计原则的是( )。

A. 社会工作站提供的服务有哪些? (可多选)(1)老年人服务 (2)困境家庭服务 (3)残疾人服务 (4)社区社会组织培育 (5)青少年服务

B. 您对自己在工作中的表现满意吗? (1)满意 (2)一般 (3)不满意

C. 社会工作站把服务送到居民身边,打通了服务的"最后一米"。您认为有必要推广社会工作站吗? (1)有 (2)没有 (3)说不清

D. 您的工作岗位类型是:(1)管理岗位 (2)专业技术岗位 (3)工勤技能岗位 (4)纪检监察岗位

51. 学校社会工作者小宋决定采用问卷调查的方式向高中学生了解校园欺凌状况。根据调查内容和对象的特点,小宋最适宜采用的问卷填答方式及理由是( )。

A. 采用自填问卷,理由是保证问卷高回收率

B. 采用访问问卷,理由是确保问卷填写质量

C. 采用自填问卷,理由是适合了解敏感问题

D. 采用访问问卷,理由是符合学生文化水平

52. 社会工作者小汪采取个案研究法,探索社区社会组织联合会对其辖区内社区社会组织孵化培育的影响。关于小汪的研究的说法,正确的是( )。

A. 研究更多地体现该联合会孵化培育社区社会组织的经验

B. 研究需按照限定的时间、地点和方法开展各项研究工作

C. 研究结果反映该街道所在市辖区的所有联合会发展情况

D. 研究所收集的资料只能是该联合会工作人员的访谈记录

53. 根据《中华人民共和国老年人权益保障法》,关于家庭赡养的说法,正确的是( )。

A. 老年人的自有房屋,赡养人没有维修的义务

B. 赡养人的配偶对赡养人的父母有赡养的义务

C. 对于生活不能自理的老年人,赡养人应承担亲自照料的义务

D. 赡养人不得以放弃继承权或其他理由,拒绝履行赡养的义务

54. 根据《残疾人就业条例》,在集中使用残疾人的福利企业中从事全日制工作的残疾人职工,应当占本单位在职职工总数的( )以上。

A. 15%   B. 25%

C. 35%   D. 45%

55. 根据《关于进一步加强事实无人抚养儿童保障工作的意见》,事实无人抚养儿童监护人填写《事实无人抚养儿童基本生活补贴申请表》,向儿童户籍所在地( )提出申请。

A. 乡镇人民政府(街道办事处)

B. 民政部门

C. 人力资源和社会保障部门

D. 卫生健康部门

56. 根据《中华人民共和国民法典》,继承从(　　)开始。

A. 被继承人死亡时　　　　　　　　B. 遗产查清完成时

C. 遗产处理结束时　　　　　　　　D. 被继承人葬礼结束时

57. 根据《中华人民共和国民法典》,夫妻双方自愿离婚的,应当签订书面离婚协议,并亲自到婚姻登记机关申请离婚登记。自婚姻登记机关收到离婚登记申请之日起(　　)日内,任何一方不愿意离婚的,可以向婚姻登记机关撤回离婚登记申请。

A. 15　　　　　　　　　　　　　　B. 20

C. 30　　　　　　　　　　　　　　D. 60

58. 根据《中华人民共和国劳动法》,下列企业支付劳动报酬的做法,正确的是(　　)。

A. 甲每个工作日加班1小时,企业支付其工资标准150%的劳动报酬

B. 乙每个工作日加班2小时,企业支付其工资标准120%的劳动报酬

C. 丙休息日加班一天,企业支付其工资标准150%的劳动报酬

D. 丁法定节假日加班,企业支付其工资标准250%的劳动报酬

59. 小贾因企业改组而失业。失业之前单位和本人按照规定缴纳失业保险费累计9年6个月。根据《失业保险条例》,小贾领取失业保险金的期限最长为(　　)个月。

A. 6　　　　　　　　　　　　　　B. 12

C. 18　　　　　　　　　　　　　　D. 24

60. 基本医疗保险费用由用人单位和职工共同缴纳。根据《关于建立城镇职工基本医疗保险制度的决定》,职工缴费率一般为本人工资收入的(　　)。

A. 2%　　　　　　　　　　　　　　B. 4%

C. 6%　　　　　　　　　　　　　　D. 8%

二、多项选择题(共20题,每题2分。每题的备选项中,有2个或2个以上符合题意,至少有1个错项。错选,本题不得分;少选,所选的每个选项得0.5分)

61. 在新的经济社会背景下,就业仍然是关乎民生的最重要问题。针对社区青年失业问题,下列服务中,能够体现社会工作在服务对象层面目标的是(　　)。

A. 协助社区青年提高职业技能

B. 宣传当地就业创业扶持政策

C. 开发社区就业岗位并组织相应培训

D. 协助社区青年组成支持网络

E. 呼吁政府延长失业保险金发放的月数

62. 下列社会工作者的做法中,体现其对机构伦理责任的有(　　)。

A. 为服务对象提供专业化服务

B. 努力提升自己的专业服务能力

C. 遵守机构的管理制度和规定

D. 提供服务时应注意自己的形象

E. 总结专业服务的经验模式

63. 某小区推行居室适老化改造项目,住在小区的 90 岁的王爷爷以"习惯现在的家"为由拒绝改造,其家人从安全角度出发,希望社会工作者老杨劝王爷爷接受。老杨与王爷爷沟通后,发现现在的居家环境在他的生命历程中具有特殊意义。结合安全评估结果,老杨建议王爷爷一家基本保留现有的格局,只对存在安全隐患的卫生间进行局部改造。上述情形中,老杨优先考虑的伦理原则有(　　)。

A. 保护生命　　　　　　　　B. 差别平等

C. 自由自主　　　　　　　　D. 最小伤害

E. 隐私保密

64. 中学生小刚放暑假后,天天沉迷于网络游戏,既不学习,也不外出锻炼身体。针对小刚的行为,社会工作者适宜的做法有(　　)。

A. 了解小刚的想法

B. 建议小刚父母给孩子报培训班

C. 建议小刚父母多陪伴孩子

D. 和小刚一起制订改变计划

E. 帮助小刚认识过度玩游戏的危害

65. 小魏大学期间由于学习压力过大,患有轻度抑郁症,经过治疗,抑郁症状得到较好的控制。大学毕业后,家人担心小魏不能适应职场竞争而加重抑郁症状,未要求小魏去就业。于是,小魏一直宅在家中,很少和同学来往,也没有认识新的朋友。根据青年阶段发展的主要特征和面临的主要问题,社会工作者适宜为小魏提供的服务有(　　)。

A. 鼓励小魏参加青年就业联盟学习相关就业技巧

B. 引导小魏参加社区的志愿活动,服务社区居民

C. 协助小魏重返医院进行抑郁症的诊断评估治疗

D. 鼓励小魏参加青年交友联谊活动,认识新朋友

E. 协助小魏进行自我探索,认识自身拥有的资源

66. 小贾成绩优秀,目标是考入一流大学。但因高考失利,他与理想大学失之交臂。因此,小贾将自己长时间关在房间内,拒绝与家人交流。社会工作者小柳接案后,打算运用危机介入策略提供服务。下列做法中,属于危机介入基本服务内容的有(　　)。

A. 处理小贾的失落情绪

B. 指导小贾学习放松技巧

C. 提升小贾应对挫折的能力

D. 请曾高考失利、现事业有成的表哥开导小贾

E. 帮助小贾了解其成长过程中的重要影响事件

67. 45 岁的齐女士长期忍受丈夫家庭暴力,但她出于种种顾虑一直没有离婚。最近,齐女士又一次被丈夫施暴,她忍无可忍,向社会工作者老郝求助。在建立关系的会谈中,老郝恰当的做法有(　　)。

A. 制定双方认可的谈话规则

B. 创造宽松舒适的谈话氛围

C. 让齐女士自由地表达感受

D. 质疑齐女士未离婚的想法

E. 建议齐女士与丈夫多交流

68. 社会工作者老刘在个案服务的最后阶段,需要对服务效果进行评估。此时,老刘的评估内容有(　　)。

A. 服务对象的改变状况

B. 个案服务目标的实现程度

C. 个案服务的资源投入

D. 个案服务运用的策略

E. 服务对象是否还存在其他问题

69. 某社区流动儿童数量较多。由于这些流动儿童暑假无人看管,且自身缺乏安全意识,容易发生意外伤害事件。为此,社会工作者小任为流动儿童开设了 8 节安全教育小组课程。下列描述中,符合小组成熟阶段组员表现的有(　　)。

A. 组员小艾经常与身边的组员窃窃私语,不参与小组讨论

B. 组员小亮比较积极,主动分享对于安全风险的处理方式

C. 组员小晨小心谨慎,请他分享时总表示先听听别人怎么说

D. 组员小红表示通过小组掌握了安全知识,有信心保护自己

E. 组员小芳主动地承担分发安全手册、记录组员发言等工作

70. 社会工作者小冯在社区开展了"美丽家园"垃圾分类志愿者骨干培育小组。在每一节小组活动中,小冯均安排了小组讨论与分享环节。下列情境中,需要小冯运用限制技巧的有(　　)。

A. 组员老张性格内向,不愿在小组中分享自己的观点

B. 组员完成了对垃圾分类志愿者职责分工的小组讨论

C. 组员老赵在志愿者排班问题上侃侃而谈,发言超过规定时间

D. 老郑和老魏对垃圾房开放时间意见不同,竞相争取小冯的支持

E. 在讨论垃圾的区分方法时,组员老孙谈论哪种垃圾袋更好用

71. 社会工作者小姜为社区矫正对象开展了一个以"新生"为主题的小组,旨在促进社区矫正对象的行为改变和再社会化。小组服务结束后,小姜可收集的效果评估资料包括(　　)。

A. 组员的自我评价报告

B. 组员填写的小组感受卡

C. 组员的小组活动日记

D. 社会工作者的观察记录

E. 小组结束后的访谈记录

72. 社会工作者小何在某社区建设认知症友好社区时,注重发挥社区社会组织的作用。经过半年的努力,他协助居民登记备案了一个社区社会组织。为了有效管理该组织,推动其健康发展,小何下一步适宜开展的工作有(　　)。

A. 对组织的长期发展策略进行规划

B. 对组织的年度服务方案进行设计

C. 对组织成员和工作分配进行统筹

D. 发现和进一步培养组织的领导者

E. 承担财务工作并负责规范化建设

73. 社会工作者小孔负责动员居民参加社区即将举办的"邻里节"活动,她在居民下班回家的时间段,在小区大门口向路过的居民介绍"邻里节"的活动内容。有一位居民刚听小孔开了个头,就打断了小孔的介绍,表示自己着急赶回家做饭。面对这种状况,小孔可以做的有(   )。

A. 向居民致歉耽误了他的时间

B. 将活动的宣传单留给居民

C. 劝居民扫码加入活动微信群

D. 请居民再给她一分钟解释

E. 等居民有时间时再向他介绍

74. 社会工作者小刘就高空抛物问题举行社区居民会议,开始大家都沉默不语,小刘就点名让平日较活跃的老张先发言。老张讲了小区里一个高空抛物致人受伤的例子,引起共鸣,大家围绕这是违法行为还是违背公德的行为,展开了激烈争论。小刘最后对大家的争论内容进行了梳理总结。在此次居民会议中,小刘运用的技巧有(   )。

A. 关注   B. 邀请发言

C. 摘要   D. 转述

E. 聚焦

75. 某社会工作服务机构根据社区老年人的需求,设计了一个以维护老年人财产权益为目标的服务方案。该服务方案应包含的内容有(   )。

A. 方案执行情况的监测和评估方法

B. 符合老年人特点的主题活动和宣传形式

C. 方案实施中可能遇到的困难和应对措施

D. 与目标对象数量相匹配的工作人员分工原则

E. 机构员工学习《中华人民共和国老年人权益保障法》的安排

76. 社会工作者小朱在一家为老社会工作服务机构负责志愿者管理工作,近期她将对新招募的志愿者开展参加为老服务动机评估。下列表述中,属于"以利他和社会为中心"的动机有(   )。

A. 希望能够帮助老年人提高生活质量

B. 通过志愿服务表达对老年人的关爱

C. 可以减少自身生活的孤独感和寂寞

D. 通过志愿服务获得为老服务的经验

E. 希望通过志愿服务尽一点社会责任

77. 评估是测量社会工作服务成效的重要环节,社会工作服务机构通过服务对象满意度调查表来评估服务成效。关于服务对象满意度调查表的说法,正确的有(   )。

A. 该调查表属于定量研究常用的资料收集方法

B. 该调查表追求收集资料和评估结果的客观性

C. 该调查表发放给服务对象可以获取评估结果

D. 该调查表中的问题可以根据评估时的情况随时修订

E. 该调查表便于社会工作者从服务对象视角分析资料

78. 小林采用定性方法研究城市贫困家庭精准救助服务输送系统。他选取了 10 个社区的贫困家庭作为研究对象,邀请了 10 位社区驻点社会工作者进行访谈,获取了城市贫困家庭精准救助服务的特点、机制、内容、效果等信息。关于该研究的说法,正确的有(   )。

A. 该研究可以呈现精准救助服务帮助贫困家庭脱贫的过程

B. 该研究可以发现影响精准救助服务发挥作用的普遍因素

C. 小林可以与 10 位驻点的社会工作者讨论相关问题

D. 小林的研究结论可以推论到同一城市的其他街道

E. 小林进行深度访谈时可以随时提出新发现的问题

79. 根据《工伤认定办法》,职工提出工伤认定申请需要提交的材料有(   )。

A. 工伤认定申请表

B. 劳动关系证明材料

C. 医疗机构出具的受伤后诊断证明书

D. 劳动能力等级鉴定材料

E. 工伤证明材料

80. 小芳怀孕 7 个半月,孕期反应强烈,已经严重影响正常工作。根据《女职工劳动保护特别规定》,下列所在单位的做法中,正确的有(   )。

A. 适当减少小芳的工作量和工作内容

B. 安排小芳每天中午休息 3 小时

C. 合同到期后又与小芳续签了 5 年合同

D. 扣除小芳一半工资用于找人暂时接替小芳的工作

E. 为方便小芳孕检,同意其弹性安排工作时间

社会工作综合能力（初级）2020 年真题

重要提示：

　　为维护您的个人权益,确保考试的公平公正,请您协助我们监督考试实施工作。

　　本场考试规定:监考老师要向本考场全体考生展示题本密封情况,并邀请2名考生代表验封签字后,方能开启试卷袋。

社会工作综合能力（初级）2020年真题

一、单项选择题（共60题，每题1分。每题的备选项中，只有1个最符合题意）

1. 新冠肺炎疫情防控期间，社会工作界积极响应了党中央的号召，参与疫情防控工作，并做出了重大贡献。2020年2月23日，习近平总书记在《在统筹推进新冠肺炎疫情防控和经济社会发展工作部署会议上的讲话》中指出："要发挥社会工作的专业优势，支持广大社工、义工和志愿者开展心理疏导、情绪支持、保障支持等服务。"下列最能反映社会工作专业优势的是（　　）。

A. 社会工作的专业化和职业化

B. 社会工作的本土化和行政化

C. 社会工作的专业理念和专业方法

D. 社会工作的问题意识和政策思路

2. 下列关于专业社会工作的说法中，正确的是（　　）。

A. 专业人员在本职工作之外从事的服务性工作属于专业社会工作

B. 专业人员在公共卫生事件中提供的医疗服务属于专业社会工作

C. 专业社会工作包括在群众团体中从事的社会救助服务工作

D. 专业社会工作是由受过规范训练的人员开展的职业化活动

3. 社会工作者小王从优势视角出发，为困境儿童开设了以"发现我的闪光点，点燃我的小宇宙"为主题的小组，旨在增强困境儿童的内在能力，协助他们乐观地面对人生。小王的做法体现了社会工作在服务对象层面的目标是（　　）。

A. 解救危难 　　　　　　　　　B. 促进社会团结

C. 激发潜能 　　　　　　　　　D. 促进社会公正

4. 下列人员中，属于社会工作的基本对象的是（　　）。

A. 面临巨额房贷压力的年轻公职人员

B. 需要接受督导的新入职社会工作者

C. 不熟悉电脑但需用网课教学的教师

D. 生活在商品房小区的独居高龄老人

5. 宋大爷常常带着收留的几只流浪狗在社区散步，踩踏草坪，宋大爷也不及时清理狗粪，引起居民不满。物业管理人员劝宋大爷将流浪狗送交相关部门处置，宋大爷不肯，双方争执不下。为此，社区居委会派社会工作者小夏处理此事。小夏的下列做法中，最能体现社会工作者直接服务角色的是（　　）。

A. 协助社区居民商讨并制定社区环境卫生公约

B. 组织社区志愿者成立劝导队，维护社区环境

C. 对接企业资源,在社区内设置宠物粪便收集箱

D. 调解宋大爷与物业管理人员及社区居民的关系

6. 受新冠肺炎疫情影响,某地有不少在民营企业就职的员工因担心失业而产生较大压力,有些员工甚至出现了失眠的状况。在下列社会工作者的专业服务中,能体现治疗者角色的是( )。

A. 为员工提供情绪舒缓服务   B. 协助员工提升其岗位技能

C. 联络其同事提供相关协助   D. 呼吁企业配备心理咨询师

7. 单亲妈妈张女士独自抚养女儿,因工作繁忙,平时顾不上女儿的学业。最近,女儿成绩下滑明显,张女士批评女儿学习不刻苦,女儿觉得十分委屈,抱怨母亲对自己关心不够,母女之间经常因此发生争吵。为此,张女士向社会工作者小刘求助。小刘一方面缓和她们母女之间的紧张关系,教授张女士亲子沟通的技巧;另一方面链接志愿服务资源,辅导张女士女儿的功课。小刘的服务领域主要是( )。

A. 医务社会工作   B. 学校社会工作

C. 家庭社会工作   D. 社区社会工作

8. 作为一个服务人、帮助人的职业从业者,社会工作者在服务过程中更加注重自我反思和换位思考,与服务对象进行良好的互动,交流想法,分享感受。上述做法最能体现的社会工作专业价值观是( )。

A. 践行社会公正   B. 待人真诚和守信

C. 强调服务对象个人的尊严和价值   D. 注重服务中人与人之间关系的重要性

9. 关于社会工作专业价值观与伦理之间关系的说法,正确的是( )。

A. 价值观是一种偏好,伦理是对好坏、善恶的选择

B. 价值观关注实践的标准,伦理关注如何确定标准

C. 价值观与伦理关联紧密,二者实质上并没有差异

D. 伦理是操作层面的价值观,是实践中的行为守则

10. 社会工作者大李在机构值班时接到服务对象小杰的电话,交流中小杰多次流露出厌世轻生的念头,并请大李替他保密。根据社会工作伦理难题处理的一般顺序,大李首先应做的是( )。

A. 辨析伦理困境并评估自身能力

B. 咨询督导的专业意见

C. 分析此事给机构带来的利益和风险

D. 尊重小杰的自我决定

11. 社会工作者小陶在与服务对象小范会谈时得知,小范的女友最近与他分手了,小范非常恼怒,准备用暴力行为伤害女友。基于对小范的了解,小陶认为事态严重,迅速将此事报告给督导,并联系相关单位进行干预,妥善处理了此事。根据社会工作实践中的伦理决定,小陶的做法遵循的是( )。

A. 隐私保密原则   B. 生命质量原则

C. 自由自主原则   D. 保护生命原则

12. 社会工作者小李和小张在邀请社区老年人担任"社区秋季运动会"志愿者的问题上有不同意见。小李认为"老年人担任志愿者安全风险太大",小张则认为"老年人担任志愿者有利

于鼓舞人心"。一天,65 岁且身体硬朗的纪奶奶找到社会工作者小李,希望担任运动会志愿者。根据社会工作价值观的实践原则,小李恰当的做法是( )。

A. 尊重纪奶奶的意愿,同意其担任志愿者并告知风险

B. 告知纪奶奶担任志愿者有安全风险,劝其放弃申请

C. 以个人原因为由,将纪奶奶转介给小张

D. 以名额已满为理由,婉拒纪奶奶的申请

13. 80 岁的王爷爷家庭条件不错,儿女也很孝顺。最近王爷爷的老伴去世,他提出想去养老院住,儿女和亲戚都很不理解。王爷爷说:"我一个人在家,生病了没人照顾,万一哪一天摔倒了都没有人发现,去养老院住我更安心。"根据马斯洛的需要层次论,王爷爷的说法反映了其当前最迫切的需要是( )。

A. 生理的需要 B. 安全的需要

C. 归属的需要 D. 尊重的需要

14. 初中一年级学生明明是单亲家庭的孩子,与母亲一起生活,母亲对其生活关怀备至,对其学习要求严格。老师反映明明虽然成绩优异,但平常很少与同学沟通,对同学较为冷漠。明明的家庭教养模式为( )。

A. 支配型 B. 专制型

C. 放任型 D. 冲突型

15. 社会工作者在社区组织开展"志愿小明星"活动,让社区里的青少年自愿报名组成志愿服务队。经过几次活动后,青少年参与的积极性越来越高,彼此之间的关系也越来越亲密。这一过程主要体现了同辈群体的( )。

A. 平等性 B. 开放性

C. 认同性 D. 独特性

16. 小李从部队退役后到某物业管理公司工作。为了尽快适应新的工作岗位,小李认真阅读该公司近五年来的资料,积极参加公司组织的培训,周末他还到驻点服务的小区走访,了解居民的具体需求。工作一年下来,小李得到了公司领导和居民的一致好评,还被评为"年度优秀员工"。从社会环境对人类行为影响的角度看,小李的做法说明( )。

A. 部队环境让小李有强烈的归属感

B. 部队经历使得小李能够胜任工作

C. 工作岗位促使小李加强学习实践

D. 小李的主观努力改变着外部环境

17. 初中二年级学生小宁个子较矮,近几个月来,他经常被学校几名高年级同学打骂或拦住要钱。为了寻求保护,他加入了一个"哥们儿"小团体,也开始欺负他人,并从这个过程中获得满足。针对小宁的情况,社会工作者从个体层面应开展的工作是( )。

A. 纠正其攻击行为,培养其社交技能

B. 强化家校联络,及时实施干预

C. 加强校园监控,保护学生安全

D. 改善亲子关系,纠正教养方式

18. 初中三年级男生小亮手部皮疹严重,医生诊断为重度神经性皮炎,可能由心理紧张引起。医生在完成医疗处置后,将小亮转介给医务社会工作者小黄。小黄评估后,决定运用心理

社会治疗模式为小亮提供服务。他先与小亮的妈妈进行交流,分享了自己帮助女儿缓解压力的心得。此时,小黄采用的治疗技巧是( )。

A. 直接治疗技巧之非反思性技巧   B. 直接治疗技巧之反思性技巧

C. 间接治疗技巧之直接影响技巧   D. 间接治疗技巧之维持性技巧

19. 小芸失恋后,整日以泪洗面,闭门不出。一天,她服用了大量安眠药企图自杀,幸好被朋友及时发现送到医院抢救,才挽回了生命。医务社会工作者小赵了解情况后到病房陪伴小芸,协助她渡过难关。从危机介入的角度,小赵除了需要迅速了解小芸的主要问题外,更重要的工作是( )。

A. 危险性评估   B. 安抚悲伤情绪

C. 联系其家人   D. 转介心理咨询

20. 小李读初中时父母因家庭矛盾离婚,母亲搬离后再无消息,父亲再婚,他一直跟爷爷奶奶生活在一起。青少年时期的特殊经历令小李一直振作不起来,频繁更换工作,收入不稳定。经社区居委会介绍,社会工作者小王主动联系了小李。为了建立专业关系,小王首先要做的是( )。

A. 专注倾听小李的困扰   B. 明确小李问题的表现

C. 阐明小李的权利责任   D. 确认小李的受助身份

21. 社区社会工作者老齐在走访社区高龄老人时,发现 85 岁的秦爷爷有一个 22 岁的孙子小兵赋闲在家。秦爷爷悄悄告诉老齐,小兵游手好闲,还抽烟、吸毒,家人都拿他没办法,请老齐帮助小兵。与小兵耐心细致的沟通交流后,老齐证实了秦爷爷的说法。针对上述情况,老齐恰当的做法是( )。

A. 评估小兵问题的严重性   B. 告诉秦爷爷自己解决此问题

C. 为小兵拟订服务计划   D. 将小兵转介给禁毒社会工作者

22. 某社会工作服务机构负责人金老师接到社区工作者打来的求助电话,称 14 岁少年佳佳最近经常逃学,在社区游荡。金老师让实习社会工作者小戴利用他自己也是年轻人的优势与佳佳聊聊,收集相关资料,并完成问题预估。小戴从纵向角度进行预估分析的内容是( )。

A. 佳佳的社交状况   B. 佳佳的就学历程

C. 佳佳的学业表现   D. 佳佳的家庭状况

23. 王先生 40 岁,未婚,年幼时父母离异并各自重组家庭。最近,王先生身体不适,去医院检查后被诊断患有胃癌,需要手术治疗。他备受打击,心情烦闷。社会工作者介入后,为了帮助王先生应对这一变故,引导他说出了自己的成长过程及压力感受、与家人的关系以及对未来的期望。在上述服务过程中,社会工作者运用的收集资料的方法是( )。

A. 结构访谈   B. 自我陈述

C. 评估调查   D. 直接观察

24. 李奶奶与儿子吵了一架,觉得很伤心,向社会工作者小吴诉苦。小吴握着李奶奶的手说:"李奶奶,这里没有其他人,您放心,有什么都可以跟我说,我们一起来想办法。"此时,小吴运用的会谈技巧是( )。

A. 专注   B. 倾听

C. 鼓励   D. 同理心

25. 社会工作者小王在与服务对象的面谈中说:"从谈话中感受到你非常想出去工作,但又整天宅在家里打游戏,不为找工作做任何准备。你的想法和行动是不是不太一样啊?你是怎么看的呢?"小王运用的专业技巧是(   )。

A. 澄清
B. 对焦
C. 对质
D. 摘要

26. 社会工作者小李为医院鼻咽癌患者开设主题为"乐活人生"的小组。在小组中,小李邀请病友分享自己生病前后的经历和感悟,鼓励大家重拾信心,以乐观的态度积极面对疾病。从小组目标的角度看,该小组类型最有可能是(   )。

A. 支持小组
B. 成长小组
C. 治疗小组
D. 教育小组

27. 社会工作者小胡为社区内的退役军人开展了"勇往直前"职业规划小组,旨在协助组员提升信心,适应角色变化并融入社会。在小组中,小胡带领组员分析了他们退役后自身的优势、劣势、机会和风险,激发组员的主观能动性,鼓励他们相互支持,规划事业发展方向。依据小组工作的模式,该小组最有可能采用的是(   )。

A. 互动模式
B. 治疗模式
C. 发展模式
D. 社会目标模式

28. 社会工作者小顾在某养老机构开展了"朝花夕拾"高龄老人支持小组。在下列场景中,可能出现在小组转折阶段的是(   )。

A. 个别组员不愿结束小组,反映自己的问题没有解决,希望再增加几次小组活动
B. 小顾与组员约定两个月之后举行"银龄聚会",承诺自己会持续跟进服务
C. 组员行为拘谨、沉默被动,小顾运用"击鼓传花"游戏让组员进行自我介绍
D. 个别组员在"往事回顾"环节发生争执,小顾带领组员重温并调整小组契约

29. 在一次小组服务中,社会工作者对组员说:"为了确保每次小组活动都顺利进行,接下来,请大家在贴纸上写下你认为在小组中应遵守的规则,写好后贴在白板上。"社会工作者的这段话最有可能出现在小组工作的(   )。

A. 准备阶段
B. 开始阶段
C. 中期转折阶段
D. 后期成熟阶段

30. 社会工作者在某医院开展了患者之间的支持小组,在小组快要结束的时候,组员纷纷表示不愿意结束小组。在这时,社会工作者可以开展的活动是(   )。

A. 开展"医患面对面"活动,请医生分享康复期用药和合理饮食等知识
B. 开展"你与我同心"活动,邀请已康复的患者分享战胜疾病的经验
C. 开展"破茧成蝶"活动,邀请组员分享对未来生活的信心和希望
D. 开展"我与乳腺癌的故事"活动,邀请组员分享疾病带来的影响

31. 下列小组工作记录方法中,属于摘要式记录的是(   )。

A. 使用录音、录像等手段记录组员表现
B. 叙事性地将小组活动过程记录下来
C. 围绕小组关注的焦点问题进行记录
D. 记录小组过程中已发生的重要事件

32. 社会工作者小于为大学新生开设了大学生活适应小组。在小组中,小于设计了"说出我的故事"分享环节,但多数组员沉默不语。为此,小于运用适当自我表露技巧来与组员建立信任关系,促进组员表达。在小于的下列表述中,体现出运用该技巧的是( )。

    A. "刚才有组员提到第一次离开父母可能不太适应,其他人有这样的感觉吗?"

    B. "我刚进大学时也曾有一段时间不适应,饮食不习惯,也不太喜欢我的专业。"

    C. "小李第一个发言,分享了他与宿舍同学相处的问题,让我们送给他一些掌声。"

    D. "经过刚才的讨论,我们知道大家在生活、学习等方面都存在适应问题。"

33. 暑假期间,某青少年社会工作服务机构为低收入家庭子女开展了多个平行历奇辅导小组。社会工作者对每个小组都进行了评估,目的是洞察组员在小组中的成长变化,反思社会工作者在历奇辅导中的表现和技巧。这种小组评估类型是( )。

    A. 内容评估   B. 过程评估

    C. 成效评估   D. 需求评估

34. 社区社会工作者小王通过调查发现,居民对社区认同感不强的主要原因是大多数居民搬入时间不长,对社区还不太了解。于是,小王希望通过一系列服务,帮助居民了解社区,其恰当的做法是( )。

    A. 发放手绘地图,告知社区资源分布

    B. 根据居民需要,开展大型社区活动

    C. 整合社区资源,开展互帮互助服务

    D. 建立居民小组,改善社区动力系统

35. 某"村改居"社区存在电动自行车失窃、入室盗窃等问题。该社区居委会的社会工作团队经过多次研讨,决定采用社会策划模式开展工作。针对这一治安问题,从社会策划模式的实施策略角度看,该团队首次开展工作时最先应该做的是( )。

    A. 评估社区居委会组织的优点和不足

    B. 了解受到治安问题影响的居民人数

    C. 预估上级政府能够提供的财政支持

    D. 澄清社区居委会的工作目标与责任

36. 某社会工作服务机构租用小区门面房作为活动场所,希望协助大龄自闭症患者提高日常生活技能,适应社会生活的最基本要求。社区居民得知消息后,担心自闭症患者在小区附近出入,会给居民尤其是儿童带来安全隐患,因而不愿意让该机构进驻。面对这种情况,该机构应该采取的策略是( )。

    A. 建立社区紧急支援网络系统

    B. 开展社区倡导并强调社区责任

    C. 动员社区居民参与机构志愿服务

    D. 承诺对服务对象进行封闭式管理

37. 社区社会工作者小杨针对"宠物狗随地大小便"问题召开社区居民会议,引导居民对该问题的大小和严重程度进行讨论。从社区分析的角度看,小杨的做法属于( )。

    A. 探寻问题的起源   B. 界定问题

    C. 明确问题的范围   D. 描述问题

38. 下列关于社区工作的过程目标和任务目标的说法中,正确的是( )。

A. 过程目标旨在解决社区具体的问题

B. 任务目标旨在提升社区居民的能力

C. 地区发展模式不需要达成过程目标

D. 社会策划模式注重任务目标的实现

39. 社会工作者小吴在主持居民会议时,发现部分居民所要表达的意见与建议模糊,不够完整。为了帮助其他居民清楚地了解发言者所要表达的意思,小吴用自己的话概括了居民发言的主要观点。小吴运用的会议技巧是( )。

A. 转述   B. 引导

C. 关注   D. 鼓励

40. 某社会工作服务机构动员社区高中生和大学生组成"同心协力"暑期志愿服务队,通过"一对一"结对方式,帮助社区贫困家庭中学习有困难的儿童掌握学习方法,提高学习兴趣。项目结束后,该机构对项目进行了总结评估。在下列内容中,属于成果评估的是( )。

A. 志愿者资源配置合理度   B. 工作进度安排

C. 困难儿童改变程度   D. 资金投入产出效益

41. 某老旧小区停车难问题存在已久,居民之间因抢占停车位时有冲突,某社会工作服务机构协助社区居委会做停车管理项目。社会工作者在该项目策划过程中应优先考虑的目标是( )。

A. 协助居民策划解决停车难问题的行动方案

B. 为居民提供表达意见的机会

C. 提高居民对小区停车问题的关注度

D. 促使居民认识到解决停车问题的重要性

42. 社会工作者小董运用"问题认识工作表",了解和评估养老机构内老年人的主要问题,以便策划服务方案。根据系统的观点,小董的工作属于社会服务方案策划的( )。

A. 输入   B. 过程   C. 输出   D. 效果

43. 某社会工作服务机构在各区、街道、社区三个层面开展服务,并在各层面设立服务管理团队。为适应业务发展需要,该机构决定整合不同层面的研发团队,组建机构发展研究中心。该中心定期向机构理事会提交研究报告,为机构决策提供参考依据。该机构的组织结构类型属于( )。

A. 直线式   B. 事业部制

C. 职能式   D. 直线参谋式

44. 随着志愿者参与机构服务类型与方式的多样化,社会工作服务机构应更好地规范志愿者的责任和权利。从志愿者管理的"工作发展与设计"角度出发,机构应完成的工作是( )。

A. 制定志愿者服务动机评估方案

B. 编写志愿者服务岗位说明书

C. 规范志愿服务档案建设

D. 完善志愿者表彰办法

45. 某社会工作服务机构通过参加公益创投,从本地民政局获得50万元资金支持,用于为社区独居老人提供服务。依据社会服务机构筹资方法分类,该机构获得资金的方式属于( )。

    A. 政府购买服务   B. 以奖代补

    C. 特别事件筹资   D. 社会捐助

46. 为了缓解社区工作者的压力,提高社区疫情防控能力,某区民政局建立了面向全区社区工作者的"疫情防控我有力"的微信交流群,并邀请资深社会工作者入群督导,为遇到问题并寻求帮助的社区工作者提供支持。该督导类型属于( )。

    A. 师徒式督导   B. 训练式督导

    C. 管理式督导   D. 咨询式督导

47. 新入职的社会工作者小邱为丧偶的李奶奶提供个案服务。近期,李奶奶得知女儿生重病的消息,原本已平复的情绪再次跌入低谷,这让小邱非常沮丧。此时,小邱的督导者首先应该关注的是( )。

    A. 小邱的负面情绪如何调适

    B. 自己的督导工作是否有效

    C. 小邱的工作量是否需要调整

    D. 李奶奶女儿的病情是否严重

48. 关于定量研究的说法,正确的是( )。

    A. 定量研究的研究者被研究对象视为自己人

    B. 定量研究一般是运用标准化的方法收集资料

    C. 定量研究的内容可以根据情况灵活变化

    D. 定量研究主要以建构主义为方法论基础

49. 某调查问卷的封面信上写着:"本调查采用不记名方式。"上述内容旨在说明( )。

    A. 保密原则   B. 问题填答方式

    C. 研究内容   D. 对象选择方法

50. 根据问卷设计中问题的排序原则,下列问题正确的排序是( )。

(1)您觉得精准救助服务的效果如何?

①非常好 ②比较好 ③一般 ④比较差 ⑤非常差

(2)您第一次领取最低生活保障金的时间是:____年____月。

(3)您的教育程度?

①初中及以下 ②高中/中专/技校/同等学力 ③大专及以上

    A. (1)(2)(3)   B. (3)(1)(2)

    C. (3)(2)(1)   D. (1)(3)(2)

51. 线上调查是目前常见的调查方式之一。社会工作者小林借助该方式开展服务对象的需求调查,利用网络进行问卷分发、回收和数据统计,并将数据统计结果作为服务设计的依据。关于小林此次调查的说法中,正确的是( )。

    A. 该方式可涉及较复杂的调查问题

    B. 该方式采用的问题题型比较简单

    C. 该方式可用来调查儿童服务需求

    D. 该方式可保证调查结果的准确性

52. 社会工作者小陈对新获取的问卷资料进行分类、归纳,将问卷资料系统化,并进行编码。小陈的工作所处的研究阶段是(　　)。

A. 记录资料　　　　　　　　　　B. 整理资料

C. 收集资料　　　　　　　　　　D. 研究总结

53. 根据《中华人民共和国老年人权益保障法》,国家建立和完善以(　　)为基础的社会养老服务体系。

A. 居家　　　　　B. 社区　　　　　C. 街镇　　　　　D. 机构

54. 根据《中华人民共和国妇女权益保障法》,父亲死亡、丧失行为能力或者有其他情形不能担任未成年子女的监护人的,母亲的监护权任何人不得干涉。这是对妇女(　　)的保障条款之一。

A. 人身权利　　　　　　　　　　B. 财产权利

C. 政治权利　　　　　　　　　　D. 婚姻家庭权益

55. 根据《中华人民共和国劳动法》和《女职工劳动保护特别规定》,对怀孕(　　)个月以上的女职工,用人单位不得延长劳动时间或安排夜班劳动。

A. 4　　　　　　　　　　　　　　B. 5

C. 6　　　　　　　　　　　　　　D. 7

56. 根据《中华人民共和国反家庭暴力法》,家庭暴力受害人因遭受家庭暴力或者面临家庭暴力的现实危险,可以向人民法院申请(　　)。

A. 人身伤害禁止令　　　　　　　B. 人身安全保护令

C. 人身接触限制令　　　　　　　D. 家庭暴力告诫令

57. 根据《中华人民共和国收养法》,配偶一方死亡,另一方送养未成年子女的,(　　)具有优先抚养的权利。

A. 在世一方的父母

B. 死亡一方的父母

C. 在世一方的兄弟姐妹

D. 死亡一方的兄弟姐妹

58. 根据《最低生活保障审核审批办法(试行)》,家庭收入是指共同生活的家庭成员在规定期限内的全部(　　)收入。

A. 工资　　　　　　　　　　　　B. 财产

C. 可支配　　　　　　　　　　　D. 动产和不动产收益

59. 小强,8岁,有认知障碍,与母亲外出时走失,在甲市流浪乞讨,后被民警小赵发现。根据《社会救助暂行办法》,小赵应当采取的措施是(　　)。

A. 通知当地教育部门予以救助

B. 护送小强到当地救助管理机构

C. 告知小强向当地救助管理机构求助

D. 通知当地交通部门为其购买回家车票

60. 根据《关于建立完善国家司法救助制度的意见(试行)》,各地制定司法救助具体标准应以案件管辖地上一年度(　　)为基准。

A. 最低生活保障线　　　　　　　B. 最低工资标准

C. 城镇居民人均可支配收入　　　　　D. 职工月平均工资

二、多项选择题(共20题,每题2分。每题的备选项中,有2个或2个以上符合题意,至少有1个错项。错选,本题不得分;少选,所选的每个选项得0.5分)

61. 社会工作者小刘为社区残障老年人配备轮椅,联系轮椅厂家入户调试和指导使用,组织社区志愿者定期上门了解情况并提供服务。上述小刘的做法,涉及的社会工作领域包括(　　)。
    A. 残疾人社会工作　　　　　　　　　B. 医务社会工作
    C. 社区社会工作　　　　　　　　　　D. 矫正社会工作
    E. 老年社会工作

62. 服务对象张爷爷是一位癌症晚期患者,医院下达病危通知书后,他希望回家养病,但其家属不同意。为此,社会工作者小陆邀请张爷爷及其家属召开了家庭会议,最终满足了老人的心愿。不久,张爷爷在家中安详离世。小陆的做法体现的社会工作价值观有(　　)。
    A. 回应需要　　　　　　　　　　　　B. 个别化
    C. 最小伤害　　　　　　　　　　　　D. 接纳和尊重
    E. 维护社会正义

63. 赵奶奶入住某养老机构一个月来,总是闷闷不乐。社会工作者老余在与她面谈中得知,一年前赵奶奶和老伴外出旅游时,老伴意外猝死在酒店房间。此后,每当看到房间里的空床,赵奶奶就会触景生情。她请老余保守这个秘密,并希望能搬走空床。下列老余的做法中,符合社会工作伦理守则的有(　　)。
    A. 向督导者咨询,共同分析商讨合理解决方案
    B. 严格履行养老机构的入住协议,不搬走空床
    C. 替赵奶奶保守秘密,与机构协商把空床搬走
    D. 向机构同事说明此事,讨论搬走空床的利弊
    E. 帮助赵奶奶疏解情绪,适应机构的生活环境

64. 关于学龄前儿童攻击行为的说法,正确的有(　　)。
    A. 男孩子的攻击行为一般比女孩子多
    B. 生理特征对攻击行为有一定的影响
    C. 攻击行为常在3~6岁出现第一个高峰
    D. 攻击行为方式分为暴力攻击和语言攻击
    E. 攻击行为常表现为打人、骂人、抢东西

65. 阿美35岁时经人介绍嫁给了同龄的丈夫,婚后四年生下女儿妞妞,但她的丈夫一直想要儿子传宗接代,对妻女漠不关心。阿美身体不好,便辞职在家专心照顾孩子,全家生活来源都依靠丈夫的工资。女儿出生半年以来,丈夫常常愁眉不展,尤其是半夜听到妞妞的哭闹声,就会大发雷霆摔东西,并对阿美破口大骂。看着幼小的女儿,阿美整日担惊受怕,情绪也很不稳定,感到非常无助。根据中年阶段的主要特征,阿美面临的主要问题有(　　)。
    A. 因孩子营养不良产生愧疚感　　　　B. 丈夫出现的更年期
    C. 家庭负担重及身心压力增大　　　　D. 来自丈夫的家庭暴力行为
    E. 焦虑抑郁不安等情绪的困扰

66. 40岁的精神分裂症康复者梁女士告诉社会工作者小宋,丈夫跟她基本没话说,女儿上大学后很少回家,自己又是外地人,在这里也没有什么亲戚朋友。小宋在帮助梁女士的过程中,安排她学习夫妻沟通技巧,并指导其丈夫督促她按时服药;联络社区精神卫生服务站,鼓励梁女士参加社区活动。小宋在该个案服务中扮演的专业角色有(   )。

A. 治疗者
B. 联系人
C. 教育者
D. 管理者
E. 使能者

67. 大学毕业生小云长得漂亮,身材高挑,刚入职就被已婚的部门领导表白。之后的两年该领导不断骚扰她,甚至在单位的公开场合也不避讳。这让小云非常烦恼,同事的议论更让她羞愧难当,为此她向社会工作者小汪求助。在与小云的会谈中,小汪运用了影响性技巧。下列回应中,属于该技巧的有(   )。

A. "听了您刚才的话,我的理解是……。您对领导的行为一直比较隐忍,是吗?"
B. "从法律上来讲,您的领导的行为违反了《中华人民共和国妇女权益保障法》。"
C. "您可以礼貌拒绝或者告知他自己已有男友,让他知难而退。"
D. "如果您一直隐忍他,他可能会做出更加出格的事情。"
E. "遇上这样的人,而且还是自己的领导,真令人烦恼。"

68. 张奶奶住在某养老院,因遗嘱中的财产分配不均与子女发生矛盾。为此她向院内社会工作者小赵求助。在"申请与接案"阶段,小赵适宜的做法有(   )。

A. 深入评估张奶奶的问题
B. 与张奶奶建立专业关系
C. 收集张奶奶的有关资料
D. 让张奶奶了解养老院的职责范围
E. 明确张奶奶的服务期待和要求

69. 社会工作者小赵设计了"爱的沟通"亲子平行小组。在第四节小组活动中,小赵设计了"今天我是你:亲子换位角色扮演""我想对你说:亲子沟通零距离""家庭辩论赛:良好的亲子关系关键在于谁?""齐心议对策:专家指导共建良好的亲子沟通模式"等环节,邀请家长和子女共同参与。在上述小组活动的设计中,主要体现了互动模式中的(   )。

A. 开放性的互动
B. 平等性的互动
C. "面对面"的互动
D. 建构性的互动
E. "使能者"的互动

70. 医务社会工作者小王为社会工作专业实习生开展了病房探访技巧提升小组,在经验分享环节,实习生小黄滔滔不绝地讲述自己的病房探访技巧,导致其他组员无法发表自己的观点。此时,小王运用限制性技巧进行回应。在下列表述中,采用该技巧的有(   )。

A. "小黄,谢谢你刚才分享了很多实用的探访技巧,现在我们是不是听听其他组员的想法呢?"
B. "接下来的时间不多,给大家一个挑战,每人只分享一个技巧,而且要尽量讲其他人没有分享过的。"
C. "小黄,你是否可以分享一下,为什么你会在病房探访中用到这些技巧呢?"
D. "我在病房探访也遇到过这样的情况,当时我用了同理心、倾听的技巧。"
E. "在经验分享环节,请大家真诚地分享自己的观点,并认真聆听其他人的分享。"

71. 社会工作者小田计划开展一个乳腺癌病友支持小组,旨在为初次手术存在紧张和忧虑情绪的乳腺癌病友提供支持。小田通过多种渠道招募小组成员,下列对象中,符合该小组组员筛选条件的有( )。

A. 甲,无法接受乳腺癌复发及二次手术后对身体形象的再次损伤,情绪非常低落,在朋友的鼓励下,报名参加小组

B. 乙,新确诊为乳腺癌且完成手术,但她不能接受身体残缺事实,经常流泪,手术后的情绪不稳定,在网络平台上看到招募信息,报名参加小组

C. 丙,三年前患食管癌,且完成手术,此次肿瘤转移,确诊为乳腺癌,心情非常低落,在家人的推荐下,报名参加小组

D. 丁,新确诊为卵巢癌且完成手术,担心肿瘤复发,经病友推荐,报名参加小组

E. 戊,新确诊为乳腺癌且完成手术,但对自己的病情仍然不放心,看到招募海报,报名参加小组

72. 某社会工作服务机构运用社区工作方法解决社区问题、满足社区需求。在"进入社区"阶段,社会工作者的工作重点有( )。

A. 了解所在机构与社区的关系

B. 了解自己的工作内容及权限

C. 发现、链接和维系社区资源

D. 让社区中的居民、团体和组织认识自己

E. 围绕工作目标制订周密完备的工作计划

73. 建立和发展社区组织是社区工作过程中相当重要的一个环节。社区组织成立后,管理社区组织变得十分重要。"研究与发展"是管理社区组织需要着重关注的内容之一。具体而言,"研究与发展"主要包括( )。

A. 适应和引领组织变迁 B. 开发新的服务方案

C. 规划组织长期策划 D. 评估服务方案

E. 评估社区组织

74. 社会工作者小吴正在主持主题为"文明公约从我做起"的社区居民会议,最初大家都不愿意发言,小吴采取提问的方法鼓励大家自由发言。第一位发言者王阿姨讲完后,为了让她感到自己的发言受到重视,同时也激励更多居民发言,小吴适宜的回应有( )。

A. "您讲得真好。"

B. "您的意见很重要。"

C. "您所说的对我有很大启发。"

D. "您还有其他需要补充的吗?"

E. "您的提醒很好,我还真没注意这一点。"

75. 社区社会工作者小钱策划了"从心出发,关爱有我"失智老人照顾者支持服务方案。在决定服务目标的优先次序时,小钱需要考虑的因素有( )。

A. 失智老人照顾者的特点 B. 机构可投入的资源配置

C. 理想的可行性服务方案 D. 问题的紧迫程度及影响

E. 失智老人的社区服务需求

76. 社会工作者老王负责社区困境儿童关怀服务项目。在项目结束阶段,老王应该完成的工作有(   )。

　　A. 将困境儿童监护人纳入服务对象范畴

　　B. 完成每一位困境儿童的服务档案建设

　　C. 调整项目经费预算并合理地控制支出

　　D. 反思项目执行过程对困境儿童产生的影响

　　E. 培训项目工作人员推演整个工作的流程

77. 下列关于定量研究与定性研究的特点的说法中,正确的有(   )。

　　A. 定量研究与定性研究是对立的两种研究方法

　　B. 定量研究与定性研究可以用于同一研究主题

　　C. 定量研究与定性研究依据的方法论基础不同

　　D. 定量研究与定性研究的研究假设是需要根据理论事先设定的

　　E. 定量研究与定性研究的研究内容可以根据具体情况灵活变化

78. 社会工作者小李选取某社区作为个案进行研究,分析社区治理的特征、机制、模式等内容。关于这项研究的说法,正确的有(   )。

　　A. 该研究的资料可以是某社区治理的新闻报道

　　B. 该研究可以尝试建构本土化的社区治理理论

　　C. 该研究的资料收集处理相对容易并便于比较分析

　　D. 该研究可以梳理某社区的发展历史及其治理特点

　　E. 某社区的社区治理模式可以复制推广到其他社区

79. 社会工作者小天在帮助学校处理在校大学生教育救助申请,根据《社会救助暂行办法》,小天可建议学校采取的教育救助方式有(   )。

　　A. 减免相关费用　　　　　　　　　B. 发放助学金

　　C. 给予生活补助　　　　　　　　　D. 安排勤工助学

　　E. 开发专门的补习班

80. 根据《工伤保险条例》,在下列情形中,应当认定为工伤的是(   )。

　　A. 醉酒后,生产操作失误受伤

　　B. 生产性工作,顶棚脱落砸伤

　　C. 步行下班途中被酒醉司机撞伤

　　D. 新冠肺炎疫情期间,赴外地支援抗疫被感染

　　E. 上班期间,突发疾病,抢救 72 小时后死亡

社会工作综合能力（初级）2019 年真题

重要提示：

　　为维护您的个人权益，确保考试的公平公正，请您协助我们监督考试实施工作。

　　本场考试规定：监考老师要向本考场全体考生展示题本密封情况，并邀请 2 名考生代表验封签字后，方能开启试卷袋。

准考证号

姓名

社会工作综合能力（初级）2019年真题

一、单项选择题（共60题，每题1分。每题的备选项中，只有1个最符合题意）

1. 习近平总书记在中国共产党第十九次全国代表大会上的报告中提出"坚持在发展中保障和改善民生""保障和改善民生要抓住人民最关心最直接最现实的利益问题"，社会工作应该积极响应党和国家的号召并做出新贡献。根据党的十九大精神，在保障和改善民生方面，更能发挥社会工作专业优势的领域是（   ）。

  A. 劳有所得，为下岗人员创造就业机会

  B. 病有所医，为患病人士提供咨询治疗

  C. 弱有所扶，为困难群体提供社会服务

  D. 幼有所育，为学前儿童提供文化教育

2. 社会工作者小岳负责社区"银龄乐享"项目，为有需要的社区独居老人提供情绪支持服务。她是自己所住社区的业主委员会委员，定期参加业主代表大会。她也为社区"四点半课堂"的小学生辅导功课。另外，她还帮助社区家政中心筹办家政人员厨艺比赛。小岳承担的任务中，最能体现专业社会工作助人特点的是（   ）。

  A. 辅导小学生的功课

  B. 筹办家政人员厨艺比赛

  C. 参加业主代表大会

  D. 负责"银龄乐享"项目

3. 82岁的张大爷身患多种疾病，行动不便，与80岁的老伴共同生活，子女均在外地工作。社会工作者小王了解到该情况后，组织社区志愿者定期探访、陪同就医，协调社区服务点提供上门送餐、理发等服务。上述小王的做法，重点体现的社会工作目标是（   ）。

  A. 缓解张大爷家庭生活照料困难

  B. 解除张大爷家庭的危机状况

  C. 激发张大爷家庭成员照顾潜能

  D. 促进张大爷家庭的整体发展

4. 根据"人在情境中"的观点，服务对象的困境很大程度上源于对社会变化的适应不良。为此，社会工作者一方面要协助服务对象增强自己的能力来应对压力，另一方面要（   ）。

  A. 改善社会环境

  B. 激发内在潜能

  C. 改善居住条件

  D. 维持社会秩序

5. 下列主体中,属于社会工作基本对象的是(   )。

A. 新招聘来的年轻护士

B. 工作倦怠的城市白领

C. 缺乏照顾的留守儿童

D. 参与扶贫的驻村干部

6. 社会工作者小王在某养老院开展了"幸福银行"老年活动,老年人积极参与院内的合唱、手工、书法等兴趣小组活动,参与活动所得积分可用于院内消费,以此提升老年人参与热情,改善老年人的生活质量。在上述服务中小王扮演的角色是(   )。

A. 行政管理者

B. 倡导者

C. 政策影响者

D. 治疗者

7. 社会工作者小李的工作内容是为城市无家可归者提供生活物资帮扶、政策咨询和心理疏导服务。以上服务属于(   )领域。

A. 社区社会工作

B. 优抚安置社会工作

C. 家庭社会工作

D. 社会救助社会工作

8. "每个人不仅可以选择自己的人生目标,而且在选择实现目标的手段上有充分的自主性",这种观点突出体现的社会工作价值观是(   )。

A. 尊重服务对象个人权利

B. 推动服务对象人际交往

C. 对待服务对象真诚守信

D. 注重服务对象能力培养

9. 社会工作者小周在为跟随子女到城市生活的老人提供服务时,充分考虑和尊重老人的文化背景、生活习惯等差异,得到老人们的一致好评。小周的工作体现的社会工作专业价值观是(   )。

A. 个别化和非评判

B. 平等待人,注意民主参与

C. 注重和谐,促进发展

D. 个人发展与社会发展相结合

10. 某福利院在为院内智障青少年开设小组时发现,部分处于青春期的服务对象由于日常接触增加,开始谈恋爱,其中两个男孩为了争女朋友大打出手,造成了恶劣影响,这让社会工作者感到很为难。基于社会工作伦理难题处理的基本原则,社会工作者首先应(   )。

A. 厘清社会工作者自身对此事的价值观取向

B. 将智障青少年按照性别分别开展小组活动

C. 通知三个孩子的父母并告知发生的事情

D. 停止已经开展的小组工作并上报机构

11. 王阿姨近期被确诊为癌症,她的儿子希望医务社会工作者小郑向王阿姨隐瞒病情,因为她曾经流露过如果得了癌症就放弃治疗的念头。但在病房探访中,王阿姨不断请求小郑告诉自己真实的病情。此时,小郑最适宜的做法是(   )。

    A. 尊重王阿姨的自决权,马上告诉王阿姨其真实的病情

    B. 从保护王阿姨的自身利益出发,决定不告知其真实病情

    C. 尊重王阿姨及其儿子的请求,决定安排他们面对面沟通

    D. 综合考虑王阿姨的情况,与同事及家属商议合适的决定

12. 社会工作者小捷在入职初期,发现自己的一些观点常受到同事们的质疑,开展服务时也不知从何处入手。根据《社会工作者职业道德指引》,小捷最恰当的做法是(   )。

    A. 以遵守机构规章制度为前提,公开反驳同事们的质疑意见

    B. 以保护服务对象权益为前提,坚持按自己的观点开展服务

    C. 以遵循专业工作原则为前提,主动与同事们讨论工作思路

    D. 以维系同事之间关系为前提,匿名向负责人投诉有关同事

13. 青少年将"粉丝文化"、使用前卫网络语言、穿破洞牛仔裤等看作时尚,但在大多数老年人看来这是难以理解和接受的。两代人对时尚的看法体现出同辈群体的特点是(   )。

    A. 平等性   B. 开放性

    C. 认同性   D. 独特性

14. 小张是家中独子,因无力购置新房,结婚后小两口与小张的父母住在一起。目前小张的家庭类型属于(   )。

    A. 主干家庭   B. 单亲家庭

    C. 联合家庭   D. 核心家庭

15. 小林婚后辞职在家,专心做起全职妈妈。在孩子过完 5 周岁生日后,小林在日记里这样写道:"与孩子在一起的日子是开心的,可终究还是有放飞的一天。这些年我为家庭倾注了太多心血,感觉像蜡烛一样被消耗,每天在家面对的都是几张熟悉的面孔。我不想再像囚鸟似的困在笼中,我想出去看看外面的世界。"根据阿尔德弗尔的 ERG 理论,小林的日记中反映出她目前主要的需要是(   )。

    A. 生存的需要   B. 尊重的需要

    C. 成长的需要   D. 关系的需要

16. 2 岁半的苗苗在晚上睡觉前会和自己的小熊玩偶安静地躺在床上听妈妈讲故事。听完故事后,苗苗会和小熊说晚安。根据婴幼儿社会性发展的特点,上述苗苗的行为反映出她正处于社会化基本过程中的(   )。

    A. 区分他人与自我阶段

    B. 发展阶段

    C. 社会性感情连接建立阶段

    D. 伙伴关系发展阶段

17. 根据青少年阶段的发展特点和需要,社会工作者计划首先从预防层面对青少年网瘾问题进行干预。下列社会工作者的做法中,最适宜的是(   )。

    A. 从个人层面入手,要求青少年远离网络游戏

    B. 从家庭层面入手,促进青少年与父母的沟通

C. 从学校层面入手,减少青少年课业学习负担

D. 从社会层面入手,加强对青少年的道德教育

18. 社会工作者向服务对象收集资料时,面对一些涉及隐私或不便于在他人面前表达的资料时,最适宜的方法是(   )。

A. 自我陈述

B. 结构式调查表

C. 参与观察

D. 文献记录

19. 小丽最近刚刚离婚,她不能接受婚姻失败的现实,将自己关在家中,正常生活受到了严重影响。为此,她感到十分绝望但又无能为力。根据危机介入理论,小丽正处于危机发展的(   )。

A. 解组阶段

B. 危机阶段

C. 恢复阶段

D. 重组阶段

20. 老林因患肝癌,深受病痛折磨,每次医生查房时,他都反复诉说自己严重失眠,要求增加安眠药的剂量。社会工作者小张发现老林根本没有服药,而是将安眠药积攒下来藏在枕头底下。经过了解和初步分析,小张认为老林因难以承受病痛,产生了自杀念头。这时,小张首先需要做的是(   )。

A. 稳定服务对象情绪

B. 预估服务对象问题

C. 通知家属前来探望

D. 快速评估危机程度

21. 社会工作者:"服务期间我们会对谈话内容保密,没有您的书面同意,绝对不会泄露给无关人员。但是,如果有自我伤害或危及他人的情况,就不能保密。关于保密的规定,您需要我再解释吗?"上述会谈内容表明该个案服务正处于(   )。

A. 接案阶段

B. 诊断阶段

C. 制订计划阶段

D. 评估阶段

22. 在个案会谈中,针对服务对象错综复杂的情况,社会工作者与服务对象一起进行深度探索和分析,逐渐明确问题。这种会谈属于(   )。

A. 治疗性会谈

B. 收集资料的会谈

C. 诊断性会谈

D. 一般性咨询会谈

23. 服务对象小陆说自己在恋爱过程中总是患得患失,谈过两个女朋友都分手了。经过几次会谈后,社会工作者了解到小陆幼年时父母离异,被送到乡下奶奶家生活。于是,社会工作者帮助小陆一起回顾其成长经历,探讨童年发生的重要事件对现在生活的影响。依据心理社会治疗模式,这种治疗技巧是(   )。

A. 非反思性技巧

B. 反思性技巧

C. 非影响性技巧

D. 影响性技巧

24. 服务对象小马向社会工作者小王抱怨说:"我父亲老是不放心我,不是问我去哪里了,就是问我去的地方安不安全,真是烦死了,总是把我当作三岁孩子看。"此时,小王运用同理心的技巧,最适宜的回应是(   )。

A. "你过去是不是做什么让他担忧的事?如果有,他有这样的态度也很自然。"

B. "你烦恼、不满,觉得父亲不信任你,你认为自己可以照顾自己。"

C. "你的这些烦恼、不满,跟朋友说过吗?"

D. "你父亲对你不信任,我为你感到难过。"

25. 下列社会工作者的回应中,运用对焦技巧的是(　　)。

A. "您提到家人关系紧张和工作压力大,请具体讲一讲,好吗?"

B. "您提到家人关系紧张和工作压力大,您还有其他需要补充的吗?"

C. "您提到家人关系紧张和工作压力大,请您说说最困扰的是哪个问题?"

D. "您提到家人关系紧张和工作压力大,但我觉得您最想说的不是这些问题。"

26. 针对新手妈妈常见的育儿问题,社会工作者小张开设了一个主题为"新手妈妈训练营"的小组。在小组中,小张与医生、心理咨询师合作,为新手妈妈普及科学育儿、新生儿常见疾病预防、新生儿心理及行为等方面的知识。该小组的类型是(　　)。

A. 教育小组　　　　　　　　　B. 成长小组

C. 支持小组　　　　　　　　　D. 治疗小组

27. 社会工作者老刘发现社区中不少贫困家庭的中年人文化程度低,职业技能不足,缺乏创业信心。为此,老刘为他们开设了一个小组。在小组中,老刘讲述了家庭贫困的老梁培植多肉植物成功创业、自强自立的故事,启发组员重新认识自我,积极寻找战胜困难的办法。上述老刘的做法,体现出的小组工作实施原则是(　　)。

A. 开放互动　　　　　　　　　B. 迅速解决问题

C. 激发潜能　　　　　　　　　D. 促进平等参与

28. 某社会工作服务机构开设了夫妻关系协调小组。社会工作者带领组员分享夫妻沟通的经验,探讨解决夫妻矛盾的方法。在小组的结束阶段,社会工作者的主要任务是(　　)。

A. 模拟生活环境,让组员巩固学习到的夫妻沟通技巧

B. 营造开放气氛,帮助组员探索内在恐惧和防卫机制

C. 鼓励组员进行自我探索,反省夫妻矛盾的成因

D. 重新调整小组的规范和契约,鼓励组员独立自主

29. 社会工作者老郑在社区开设了老年人健康养生小组。在一次小组活动中,组员围绕饮食养生进行了热烈的讨论,分享了很多好办法。临近结束时,大家意犹未尽,老郑说:"我们已经讨论了一段时间,哪位老人家能总结一下呢?"老郑运用的提问技巧类型是(　　)。

A. 深究回答型的提问

B. 重新定向型的提问

C. 反馈和阐述型的提问

D. 封闭式的提问

30. "接下来这个环节是'我的名片',现在我给每个人发张卡纸,请你们在卡纸上用3至5个简单的字或词来描述自己,制作自己的特色名片。写好后与其他组员交换名片,相互认识一下。"社会工作者的这段话最有可能出现在小组工作的(　　)。

A. 准备阶段　　　　　　　　　B. 开始阶段

C. 中期转折阶段　　　　　　　D. 后期成熟阶段

31. 在大学生职业规划小组中,组员小芬和小芳就毕业后直接工作还是继续读研究生产生了争执。社会工作者对此进行了回应:"刚才,小芬和小芳分别发表了自己的观点。先工作可以更早适应社会,实现经济独立,但在后期职业晋升时可能会因学历受到限制;继续读研究生

则能培养研究能力,提升未来工作的竞争力,但无法积累工作经验。"上述社会工作者的回应,运用的小组工作技巧是(   )。

    A. 鼓励   B. 示范

    C. 限制   D. 中立

32. 在主题为"我的社区我做主"的小组活动第三节,社会工作者小李让组员就社区广场舞噪声扰民问题进行头脑风暴式讨论,随后组员你一句我一句开始议论广场舞领队张老师舞跳得如何好。这时小李说:"今天的讨论特别热烈,因为时间关系,接下来,我们能不能一起讨论下解决问题的办法呢?"小李运用的技巧是(   )。

    A. 了解   B. 引导   C. 鼓励   D. 摘述

33. 为外来务工人员子女开设的自信心提升小组即将结束,社会工作者准备对该小组进行效果评估。下列评估指标中,属于小组效果评估指标的是(   )。

    A. 组员的出席情况

    B. 组员的过往经历

    C. 组员的改变程度

    D. 组员的特征与能力

34. 某老旧小区内多为无电梯的6层楼房,小区内高龄老人很多,有几位行动不便的老人近3年都没有下过楼。为解决该问题,某社会工作服务机构参与了街道和社区居委会共同推进的电梯加装工作。经过近半年的努力,首部电梯完成施工并投入使用。从社区工作目标分类的角度看,上述工作实现的是(   )。

    A. 任务目标   B. 过程目标

    C. 参与目标   D. 控制目标

35. 社会工作者小张在社区环境综合整治项目中主要负责收集社区资料、进行社区分析、策划服务方案等工作。根据社会策划模式,小张扮演的角色主要是(   )。

    A. 技术专家   B. 协调者

    C. 方案实施者   D. 中介者

36. 某社区内行动不便的老年人长期存在"理发难"的问题。下列做法中,最能体现"培养相互关怀的社区"这目标的是(   )。

    A. 将老年人上门理发服务外包给品牌连锁美发店

    B. 发放"服务券",让老年人购买上门理发的服务

    C. 指导老年人的家庭成员在自己家为老年人理发

    D. 招募有理发技能的志愿者,为老年人上门理发

37. 某社会工作服务机构计划在A社区为精神障碍康复者家属建立支持网络。为了准确评估该计划行动策略的社区可接受性,该机构适宜的做法是(   )。

    A. 考察行动策略是否符合机构使命宗旨

    B. 分析社区资源能否满足策略实施需要

    C. 评估社区成员对行动策略的认可程度

    D. 确认政府部门对行动策略的支持力度

38. 某社会工作服务机构应街道邀请推动社区社会组织发展。该机构社会工作者先期对接康乐太极队、绿色家园志愿者服务队、京剧队、柔力球队和摄影俱乐部,发现和培养了组织的

骨干及带头人。从社区社会组织管理的角度看,社会工作者还应做的工作是( )。

    A. 负责社区社会组织的经费收支工作

    B. 协助社区社会组织进行规范化建设

    C. 起草社区社会组织的年度工作计划

    D. 完成社区社会组织的项目策划工作

39. 为全面了解社区居民的生活状况,社会工作者小美入户走访社区的低保家庭、残障人士家庭和独居老人家庭。小美与上述居民下列的谈话中,最能反映"维持对话"技巧的是( )。

    A. "打扰您了,我是社会工作者小美。"

    B. "您的孩子今年上几年级了?"

    C. "您目前生活中有哪些困难?"

    D. "您是否还有其他的建议?"

40. 幸福家园社区召开居民大会商讨社区垃圾分类问题。居民骨干赵大妈认为应该惩罚那些不遵守垃圾分类要求的居民,李大爷则认为惩罚没有用,反而会增加社区巡逻志愿者的工作难度,两人为此争论不休。社会工作者小张分别澄清了赵大妈和李大爷的观点,将双方意见串联起来找到共同点,从而减少分歧,推动形成共识。小张运用的技巧是( )。

    A. 鼓励   B. 聚焦

    C. 摘要   D. 综合

41. 某社会服务机构正在进行社区活动策划,社会工作者在制订初步计划之前应该开展的工作是( )。

    A. 比较不同情况下开展活动所需的准确服务时长

    B. 评估机构、社区拥有的资源及可动用的资源

    C. 明确招募服务对象的范围及选择标准

    D. 预估计划执行过程中的困难及应对方法

42. 在社会服务方案策划中,影响性目标是社会工作干预所要达到的目标。下列服务目标中,属于影响性目标的是( )。

    A. 在 3 个月内,为 10 名老人评估认知状态

    B. 安排 2 名社会工作者学习相关评估技术

    C. 服务 6 个月后,缓解 10 名老人的抑郁程度

    D. 招募不少于 5 名专业志愿者协助进行探访

43. 某社会工作服务机构受当地民政部门委托,对该地区 30 个公益创投项目进行年度效果评估。下列评估内容中,属于效果评估的是( )。

    A. 实际参与的服务对象的改变是否符合预期

    B. 项目关键指标的定期统计监测情况

    C. 项目资源整合及经费管理使用情况

    D. 项目实施以来产生的社会经济效益

44. 社会工作服务机构的运作主要是指机构内部的动态机制。关于机构运作机制的说法,正确的是( )。

    A. 授权利于提高员工的工作动机

B. 协调注重推动机构向公众交代

C. 控制旨在推动各部门分工合作

D. 沟通主要依靠自上而下的传达

45. 下列青年志愿者参与社会服务的动机中,属于"以利他和社会为中心"的是(　　)。

A. 丰富生活阅历　　　　　　　　　B. 表达同情之心

C. 表现个人能力　　　　　　　　　D. 获取他人赞赏

46. 随着服务项目的增多,某社会工作服务机构招募了大批志愿者。为了保证志愿服务的质量,改进志愿者管理,机构需要开展志愿者绩效评估。执行评估前机构应该做的是(　　)。

A. 评估服务对象对志愿服务的接纳程度

B. 向志愿者书面说明评估的标准和程序

C. 运用评估结果来判定志愿者胜任程度

D. 评估机构的需要和志愿者的表现情况

47. 某社会工作服务机构在人力资源配置方面遭遇困难,符合岗位要求的应聘者数量较少,通过面试进入试用期的新员工离职情况时有发生,并且影响到了现有员工队伍的稳定。为此,人事主管向机构督导者老杨反映了此问题。下列老杨的做法中,属于行政性督导内容的是(　　)。

A. 参与面试工作,评估应聘者对机构目标的认同程度

B. 增强技术辅导,协助新进人员掌握服务理念和方法

C. 提供咨询支持,加强对员工团队管理方法的指导

D. 及时疏导情绪,协助现有员工适应团队的变化

48. 关于定量研究和定性研究的说法,正确的是(　　)。

A. 在定量研究中,研究者往往被当作自己人

B. 在定量研究中,研究者主要进行演绎推理

C. 在定性研究中,研究者应该恪守预设研究大纲

D. 在定性研究中,研究者旨在发现问题的普遍性

49. 某社区正在开展一个精准扶贫项目,需要对社区贫困家庭的老年人进行问卷调查。为了确保调查结果的准确性,最适宜采用的问卷填答方式是(　　)。

A. 调查者当面询问被调查者

B. 让被调查者自行填答

C. 调查者电话询问被调查者

D. 让被调查者集中填答

50. 社会工作者小秦计划通过问卷调查了解某老年公寓中老人的需求。老年公寓负责人提醒小秦,只抽取部分老人参与调查可能会让这些老人不理解。下列封面信内容中,能够避免让老人产生误解的是(　　)。

A. "我们绝不会公开您的个人资料。"

B. "我们希望了解老年朋友们院舍照顾的需求。"

C. "我们是老年公寓社会工作部的社会工作者。"

D. "我们通过入住老人登记编号进行随机抽样。"

51. 关于问卷调查中问题排序的说法,正确的是(   )。

A. 单选题在前,多选题在后

B. 个人背景等问题必须放在后面

C. 被调查者感兴趣的问题应放在前面

D. 行为与态度方面的问题应该放在前面

52. 社会工作者小李对社区的"暖心服务队"进行个案研究,探索"暖心服务队"的发展历程,尝试总结社区社会组织培育的模式。关于该研究的说法,正确的是(   )。

A. 研究资料收集步骤是关键,应注重先观察后访谈的顺序组合

B. 研究侧重于横向研究,注重"暖心服务队"队员的主观感受

C. 研究体现出"暖心服务队"队员作为研究对象的个别性特点

D. 研究过程中,资料的获取、梳理和探究相互衔接并融为一体

53. 根据《中华人民共和国老年人权益保障法》,国家建立和完善以(   )为基础的社会养老服务体系。

A. 居家   B. 社区

C. 街镇   D. 机构

54. 根据《社会救助暂行办法》,可以确定当地最低生活保障标准的主体是(   )。

A. 省级人民政府民政部门

B. 设区的市级人民政府

C. 省级人民政府财政部门

D. 设区的市级人民政府民政部门

55. 根据《最低生活保障审核审批办法(试行)》,共同生活的家庭成员(   )低于当地低保标准,且家庭财产状况符合政府规定条件的,可以申请低保。

A. 总收入   B. 可支配收入

C. 纯收入   D. 人均收入

56. 根据《女职工劳动保护特别规定》,关于女职工可享受产假天数的说法,正确的是(   )。

A. 小陆,怀孕 3 个月流产,可享受产假 30 天

B. 小贾,怀孕 6 个月流产,可享受产假 42 天

C. 小王,难产,生双胞胎可享受产假 143 天

D. 小吴,怀双胞胎,产前可休假 30 天

57. 根据《中华人民共和国劳动法》,下列人员中,用人单位不得安排延长工作时间的是(   )。

A. 怀孕 3 个月的小梅

B. 正哺乳 9 个月儿子的小芳

C. 半年前做了计划生育手术的小华

D. 独自抚养 5 岁女儿的单亲母亲小青

58. 根据《中华人民共和国村民委员会组织法》,村务监督委员会成员的产生方式是(   )。

A. 由村民会议或者村民代表会议在村民中推选产生

B. 由村民代表推选,乡镇政府批准后产生

C. 由村民会议在村民代表中选举产生

D. 由户代表会议在村民中选举产生

59.《城市社区卫生服务中心、站基本标准》规定,社区卫生服务中心房屋建筑面积不得少于( )平方米。

A. 500　　　　　　B. 800　　　　　　C. 1000　　　　　　D. 1200

60. 根据《关于建立城镇职工基本医疗保险制度的决定》,下列人员中,由各省、自治区、直辖市人民政府决定其是否参加基本医疗保险的是( )。

A. 私营企业职工

B. 民办非企业单位职工

C. 乡镇企业职工

D. 外商投资企业职工

二、多项选择题(共20题,每题2分。每题的备选项中,有2个或2个以上符合题意,至少有1个错项。错选,本题不得分;少选,所选的每个选项得0.5分)

61.“助力单亲妈妈就业”项目旨在解决社区单亲妈妈就业难的问题。社会工作者小李一方面根据单亲妈妈的实际情况,给予针对性的就业技能培训和求职辅导服务;另一方面利用网络平台整合辖区单位资源,为单亲妈妈寻找合适的就业岗位。小李的做法反映出社会工作在服务对象层面的功能有( )。

A. 构建社会资本　　　　　　　　B. 恢复正常生活

C. 吸引社会关注　　　　　　　　D. 促进社会适应

E. 推动个人发展

62. 三个月前,社会工作者小刘推荐服务对象阿强参加了技能培训课程。最近,小刘发现阿强经常迟到、旷课,精神萎靡不振。在小刘一再追问下,阿强承认一个月前开始吸毒,但表示已开始努力改正,希望小刘不要告诉其母亲,也不要向公安机关报告。下列小刘的做法中,符合社会工作专业伦理守则的有( )。

A. 阿强已经知道错了,也表示已开始努力悔改,小刘不再告知任何第三方

B. 阿强已经在努力悔改中,小刘应答应替他保密并负责监督他的行为

C. 与阿强一起分析吸毒的危害,但对于是否向公安机关报告不做承诺

D. 向阿强说明家人可以督促其改正,是否告知家人由阿强自己来决定

E. 报告公安机关前,告知阿强有限度公开其信息的必要性及保密措施

63. 有一天,入住某养老机构的王奶奶特意把社会工作者小范叫到房间,送给她一个钱包,感谢她一直以来的照顾,并偷偷告诉她,自己的入住担保人是朋友的女儿而不是自己的女儿,虽然不符合机构的规定,但还请小范保密。上述情形中,小范遇到的社会工作伦理难题有( )。

A. 价值介入与客观性的矛盾

B. 保密与信息披露的矛盾

C. 人情与法制及规定的矛盾

D. 个人利益与机构利益的矛盾

E. 服务对象自我决定与社会工作者决定的矛盾

64. 12岁的小明是留守儿童,一直由爷爷奶奶抚养,他的父母在外打工,每年春节才回家几天,小明有时因想念父母而闷闷不乐。虽然成长环境不利,但小明能够正确面对,不仅学习成绩优异,还担任小队长,在老师带领下组织和他情况相似的小伙伴们为社区高龄老年人服务。在外担任工程队队长的爸爸得知情况后,自豪地说:"这孩子的领导能力超过我了啊!"上述内容体现出人类行为与社会环境的基本关系有( )。

A. 留守儿童虽然处于不利的社会环境,但激发其抗逆力可改善社会环境

B. 留守儿童虽然处于不利的社会环境,但是会逐渐适应社会环境

C. 留守儿童处于不利社会环境时,会受到社会环境影响

D. 留守儿童虽处于不利社会环境,但完全不会受其影响

E. 社会环境和生物遗传会共同对留守儿童产生影响

65. 50岁的高先生是某企业高管,不仅经常加班加点,下班后还要喝酒应酬,导致血脂、血压都不正常。最近,高先生与妻子因女儿的教育问题发生激烈争执,妻子斥责他对自己和家庭不负责任,要跟他离婚。上述情况反映出高先生目前面临的主要问题有( )。

A. 更年期综合征　　　　　　　　B. 婚姻危机

C. 家庭经济负担重　　　　　　　D. 工作压力大

E. 生活习惯不良

66. 社会工作者小杨为社区矫正对象小吴提供个案服务。在制订计划过程中,小吴已同意签署一份正式的个案服务协议。这份协议的基本内容应包括( )。

A. 服务执行的资金来源

B. 服务内容和采用的服务方法

C. 服务执行的理论基础

D. 服务双方应有的权利和义务

E. 服务时限、地点和次数

67. 社会工作者小张发现他的服务对象最近不像之前那样积极主动,和他的关系也日渐疏远。小张来向督导者寻求帮助:"我们已经比较熟悉了,他也不像从前那样拘谨,也许是我在面质的时候同理心不够,但我也觉得我挺真诚的。"督导者认为要维持专业关系,继续开展服务,此时小张应做到( )。

A. 关注服务对象的新的需求

B. 迎合服务对象的情绪状态

C. 评价服务对象的退化现象

D. 理解服务对象的态度

E. 与服务对象分享个人感受

68. 社会工作者小徐在精准扶贫服务中,发现救助对象小季的文化程度较低,虽有手工编织的一技之长,但是一直缺乏自信,精神状态不佳。小徐为其提供个案管理服务,激发她自立自强的潜能,鼓励她通过手工编织进行创业,发动志愿者帮助销售产品,并动员她积极向当地政府部门争取就业资源。上述服务中,小徐扮演的角色有( )。

A. 使能者　　　　　　　　　　　B. 联系人

C. 治疗者　　　　　　　　　　　D. 教育者

E. 倡导者

69. 某社会工作服务机构拟为隔代祖辈家长开设教育小组,旨在帮助他们掌握隔代教育的知识,打造沟通交流和互助的平台。在小组准备阶段,社会工作者应完成的工作有( )。

A. 申报并协调资源

B. 招募并遴选组员

C. 确定小组目标并制订工作计划

D. 消除组员陌生感并制定小组规范

E. 确定并促使形成相对稳定的小组结构

70. 某社会工作服务机构为轻度认知障碍的老人开设预防脑退化小组,目的是帮助他们延缓脑功能减退。小组活动进行到第三节,社会工作者小茹带领组员进行趣味拼图游戏。这时,黄奶奶拒绝参加,还大声说:"那是小孩子玩的游戏,好幼稚!"小组气氛变得十分尴尬。对此,小茹适宜的做法有( )。

A. 向组员表示尊重黄奶奶的意愿,营造开放的气氛

B. 请其他组员劝说黄奶奶继续参加,配合小组进程

C. 跟组员协商这个游戏是否继续进行,并取得共识

D. 向黄奶奶解释游戏的目的,再次邀请黄奶奶参与

E. 重申小组的规范,主导处理由黄奶奶引起的冲突

71. 社会工作者开设老年人防诈骗小组,取得了良好效果。最近,小刘到另一社区举办同类主题的小组。因不同社区的居民存在差异,小刘在设计小组活动时应考虑的因素有( )。

A. 组员的文化背景

B. 组员的能力

C. 组员的家庭成员人数

D. 组员的社会关系背景

E. 组员的生理、情绪和认知状况

72. 某养老机构在社区新建了一个养老驿站,机构负责人委派社会工作者小李到社区开展前期工作。为了尽快让社区居民认识社会工作者,了解养老驿站的服务,小李适宜的做法有( )。

A. 参加社区重阳节活动,派发相关宣传资料

B. 去社区和老人聊天,介绍即将开展的工作

C. 拜访社区居委会的负责人,搞好私人关系

D. 举办社会工作者节活动,现场邀请老年居民体验驿站服务

E. 招募大学实习生,开展问卷调查,了解居民的需要

73. 社会工作者小刘在某街道刚成立的党群服务中心工作。为了科学细致地了解该街道所属各社区的基本情况,小刘需要开展的工作有( )。

A. 了解居民对社区问题的真切感受

B. 入户调查,掌握人户分离的情况

C. 评估居民对公共设施的利用情况

D. 参与社区活动,观察居民骨干的影响力

E. 出席社区工作会议,并提供专业性意见

74. 社会工作者老林负责某街道优抚对象关怀项目。为准确了解优抚对象的需要,老林运用一些量表评估优抚对象的现状,并去学校向老师了解优抚对象子女在学校的表现。上述资料收集过程中,老林采用的方法有(   )。

   A. 访问法   B. 观察法
   C. 文献分析法   D. 实验法
   E. 问卷调查法

75. 社会工作者小李计划向某社区基金会申请项目资助。在项目申请书中,小李应说明的内容有(   )。

   A. 申请项目的意义和重要性
   B. 项目的具体实施过程及预期效果
   C. 项目预算构成和经费使用途径
   D. 基金会的评委构成及其资助偏好
   E. 向资助方及相关人士交代方法

76. 社会工作者小李向机构督导者老王抱怨最近感觉工作任务多,时间不够用,工作压力太大,有时晚上失眠,经常提不起精神。从教育性督导角度看,为缓解小李的压力,老王适宜采取的做法有(   )。

   A. 告诉小李与服务对象沟通的策略和技巧
   B. 帮助小李进行压力管理训练,学习放松技巧
   C. 指导小李做好时间管理,合理安排工作优先次序
   D. 协助小李识别和处理服务过程中所产生的焦虑情绪
   E. 给予小李情感关怀和心理支持,并鼓励其继续投入工作

77. 小林和小王分别采用不同研究方法对 A 村留守儿童的生活照料情况进行研究,并根据研究结果设计服务项目。小林通过量表收集了 A 村所有留守儿童生活照料情况,而小王则通过深度访谈收集了 A 村 1/5 留守儿童的生活照料情况。关于小林和小王研究的说法,正确的有(   )。

   A. 小王的研究主要获取描述性的信息
   B. 小林的研究能够体现抽样调查的基本特性
   C. 小林的研究可以发现 A 村留守儿童生活照料的普遍需求
   D. 小林的研究可以在研究过程中根据当地情境修改完善量表
   E. 小王的研究可以逐步形成影响 A 村留守儿童生活照料的理论假设

78. 在设计问卷之前,需要进行探索性工作。下列做法中,属于探索性工作的有(   )。

   A. 运用卡片法记录并分类每个问题
   B. 运用文献法了解研究问题的现状
   C. 运用框图法确定研究问题的板块
   D. 通过实地考察明确研究问题的主题
   E. 通过访问研究对象了解待研究的问题

79. 社会政策能在经济领域发挥作用。下列社会政策的功能中,属于社会功能的有(   )。

   A. 社会控制功能
   B. 调节经济运行功能

C. 收入再分配功能

D. 激励劳动积极性功能

E. 社会投资和社会建设功能

80. 为了方便推轮椅带老伴出门,王大爷私自请工人将单元楼一楼出口的台阶改造成坡道。楼上几家邻居觉得坡道会影响大家的日常出行,于是到社区居委会反映情况,居委会人民调解委员会派调解员张阿姨进行调解。根据《中华人民共和国人民调解法》,关于该调解事项的说法,正确的有(　　)。

A. 如果王大爷接受调解,则中途不得要求终止调解

B. 如果王大爷不信任张阿姨,可以要求换调解员

C. 如果双方以口头方式达成调解协议,则该调解协议无效

D. 如果达成调解协议,人民调解委员会要督促王大爷尽快执行

E. 如果达成调解协议后,邻居不放心,可以在 45 天内申请司法确认

社会工作综合能力（初级）2018 年真题

社会工作综合能力（初级）2018年真题

一、单项选择题（共 60 题，每题 1 分。每题的备选项中，只有 1 个最符合题意）

1. 习近平总书记在党的十九大报告中指出，"中国特色社会主义进入了新时代"。李克强总理在 2018 年《政府工作报告》中指出，"打造共建共治共享的社会治理格局……促进社会组织、专业社会工作、志愿服务健康发展"。这意味着，我国专业社会工作将在新时代获得更大发展。关于专业社会工作的说法，正确的是（　　）。

　　A. 经济增长是专业社会工作发展的目标

　　B. 社会和谐是专业社会工作发展的前提

　　C. 专业社会工作在社会治理中发挥着重要作用

　　D. 专业社会工作的主要职能是维护社会安全

2. 社会工作者小郑为留守儿童提供服务。下列做法中，最能够体现社会工作"互动合作"特点的是（　　）。

　　A. 邀请医护人员，为留守儿童提供体检和诊疗服务

　　B. 与留守儿童一起面对困难，寻求解决问题的方法

　　C. 建议出台相关社会政策，改善留守儿童的生存环境

　　D. 策划公益活动，呼吁社会各界人士关爱留守儿童

3. 2018 年国际社会工作者日的主题是"促进社区和环境的可持续性"，该主题突出体现的社会工作目标是（　　）。

　　A. 激发潜能　　　　　　　　　　B. 促进社会发展

　　C. 缓解困难　　　　　　　　　　D. 弘扬人道主义

4. 针对社区环境卫生差、街面秩序乱和邻里纠纷多等现象，某社会工作服务机构组织居民志愿者成立了文明倡导队，开展说服和调解工作，有效地改善了社区环境，促进了邻里和睦。该机构的做法体现的社会工作在社会层面的功能是（　　）。

　　A. 维持居民正常生活　　　　　　B. 缓解居民心理压力

　　C. 促进社会和谐发展　　　　　　D. 激发居民内在潜能

5. 关于社会工作基本对象的说法，正确的是（　　）。

　　A. 社会工作的基本对象是那些让人同情的人

　　B. 无依无靠的老年人是社会工作的基本对象之一

　　C. 从议题视角看，社区可持续发展是社会工作的基本对象

　　D. 从实务领域看，社区是新时代中国社会工作的基本对象

6. 关于社会工作要素的说法，正确的是（　　）。

　　A. 社会工作者角色具有一定程度的综合性

B. 社会工作价值观只能通过服务实践形成

C. 社会工作的方法只有个案、小组和社区

D. 社会工作助人活动是一个单向支持过程

7. 社会工作者小郑根据自己多年从事学校社会工作服务的经验,认为有必要开展政策倡导活动,从宏观层面促进学生健康成长。下列小郑的做法中,体现政策影响者角色的是( )。

A. 组织新同学开展破冰活动

B. 联系企业为学校捐赠物资

C. 组织在校志愿者为学生举办趣味运动会

D. 呼吁教育部门在学校设立社会工作岗位

8. 下列活动中,最适宜企业社会工作者参与的是( )。

A. 职工的技术培训

B. 职工的团队建设

C. 职工的绩效发放

D. 职工的档案管理

9. 某养老院的服务对象老王最近常常失眠,还总是怀疑自己的东西被别人偷走了,过几天又说找到了。养老院的护士建议家属带老王到医院精神科就诊,但老王不同意。为此,护士将老王转介给了社会工作者小丁。针对老王的情况,小丁首先应该做的是( )。

A. 与老王对质,请家属协助劝说老王去就诊

B. 替老王保密,不将老王目前的状况告知家属

C. 尊重老王的决定,建议护士暂时不用理会老王的状况

D. 接纳老王的状况,与家属和医护团队商讨解决方案

10. 社会工作者小邓在社区开展服务时,一直严格遵守机构的要求,与服务对象保持专业界限。今年春节时,他接到了好几个服务对象发来的微信拜年红包,这让他左右为难。接受红包违反机构规定,不接受又怕让服务对象没面子,导致关系疏远。小邓面临的社会工作伦理难题是( )。

A. 制度规定与人情的矛盾

B. 信息披露与保密的矛盾

C. 价值介入与中立的矛盾

D. 职业责任与利益的矛盾

11. 社会工作者小刘的服务对象张某因车祸身受重伤。在伤后康复训练期间,张某突然对小刘说:"现在太辛苦了,我想活得轻松点儿!"之后他开始拒绝难度大的康复训练,并对家人提出各种苛刻的要求。面对此种情况,小刘经与机构督导、康复训练师等相关专业人员讨论后,决定降低张某的康复训练难度,并开展个案辅导。小刘的这种做法遵循的是( )。

A. 保护生命原则   B. 差别平等原则

C. 生命质量原则   D. 隐私保密原则

12. 赵奶奶在养老院居住期间,与同室的孙奶奶经常发生矛盾。赵奶奶的子女找到养老院的社会工作者,提出让孙奶奶搬走,否则就会向主管部门投诉养老院管理不善。社会工作者在解决该问题时首先应遵守的职业道德是( )。

A. 全力维护机构声誉   B. 平等对待服务对象

C. 信任支持机构同事   D. 促进资源合理分配

13. 某社会工作服务机构组织志愿者与行动不便的独居老人结对,为这些老人提供日常送餐服务。根据马斯洛的"需要层次理论",志愿者的送餐服务首先满足了老人(　　)。

    A. 生理的需要   B. 归属的需要

    C. 尊重的需要   D. 自我实现的需要

14. 小张是独生子,大学毕业后回老家工作,成家后与父母同住。婚后小张和妻子育有二女,在孩子的教育问题上,他们经常与父母发生分歧,于是小张和妻子购买了商品房,带着孩子搬出去居住。目前小张的家庭类型属于(　　)。

    A. 核心家庭   B. 主干家庭

    C. 联合家庭   D. 原生家庭

15. 社会工作者小王在社区走访时发现,有一群年轻人经常聚在一起玩轮滑。他们彼此熟悉,对群体也有一定的归属感。小王从这一特点出发,组织这群年轻人成立了"轮滑俱乐部"。小王的做法主要考虑了同辈群体的(　　)特点。

    A. 平等性   B. 开放性

    C. 独立性   D. 认同性

16. 张先生夫妇带着 5 岁的大女儿和 2 岁的小女儿玩耍,小女儿突然要妈妈抱抱,大女儿看到后马上也要妈妈抱。根据儿童发展的特点,大女儿的行为背后的情绪反应是(　　)。

    A. 嫉妒   B. 依恋

    C. 害怕   D. 生气

17. 某学校今年连续发生了三起校园欺凌事件,为了杜绝校园欺凌现象,营造和谐的校园氛围,社会工作者与学校一起开展了"平安校园计划",从学生、家长和学校三方面进行干预。下列措施中,属于从家庭层面进行干预的是(　　)。

    A. 协助受欺凌者提高自我保护能力

    B. 鼓励家长在网上批判欺凌者的攻击行为

    C. 建议家长委员会协助学校制定严惩制度

    D. 要求家长监管子女的欺凌行为

18. 在运用心理社会治疗模式进行个案服务的诊断阶段,社会工作者针对服务对象人格各部分之间的互动关系进行的评估属于(　　)。

    A. 心理动态诊断   B. 人格类型诊断

    C. 缘由诊断   D. 分类诊断

19. 危机的发生通常导致服务对象身心混乱,出现自我怀疑、自我评价低等现象。因此,社会工作者在危机介入时,需要了解服务对象对自己的看法,帮助其正面看待和评价自己,这主要体现的危机介入原则是(　　)。

    A. 及时处理   B. 提供资源支持

    C. 恢复自尊   D. 培养自主能力

20. 在个案服务中,社会工作者收集资料后,一方面要从生理、心理和社会等不同层面做横向分析,另一方面要根据服务对象问题的形成、发展与变化做纵向分析。社会工作者这样做的目的是(　　)。

    A. 链接资源   B. 预估问题

C. 进行转介   D. 建立关系

21. 在个案服务的结案阶段,社会工作者需要完成的主要任务是( )。

A. 以服务方案目标为基准,巩固服务对象的改善状况

B. 与服务对象进行沟通交流,深化双方专业合作关系

C. 充分考虑服务对象的感受,协助其进一步自我探索

D. 尽量满足服务对象的意愿,重新制定新的服务目标

22. 将个案服务中社会工作者与服务对象进行的"会谈"与日常生活中的"谈话"进行比较,下列说法正确的是( )。

A. 会谈是面对面进行的有目的的专业谈话

B. 谈话对双方来说是有后续责任的

C. 会谈中的互动是受社会期待影响的

D. 谈话中社会工作者一般会拥有较大权力

23. 服务对象:"我就是想不通,我辛辛苦苦在家伺候老的小的,每天累个半死,还没人说我好。现在老公嫌我太土气,孩子觉得我唠叨,我也嫌自己没出息,怎么办呢?"社会工作者:"你真不容易!这些年你为家庭付出那么多,却感觉没有被承认和尊重,你觉得很委屈和无奈,感觉自己的付出没有意义,是吗?"这段对话中社会工作者运用的技巧是( )。

A. 鼓励和对焦   B. 同理心和对焦

C. 摘要和澄清   D. 同理心和澄清

24. 服务对象郭奶奶向社会工作者小王抱怨女儿几乎不来看她,她觉自己被遗弃了,特别伤心和气愤,甚至提出要起诉女儿,希望得到小王的帮助。小王在安抚郭奶奶情绪的同时,对她说:"女儿家庭负担很重,工作忙,可能对您的关心不够,如果你们之间还没好好谈就采取法律手段,会激化矛盾,恶化关系。"小王采用的面谈技巧是( )。

A. 支持性技巧——鼓励

B. 引导性技巧——对质

C. 影响性技巧——忠告

D. 影响性技巧——中立

25. 王某大学毕业后,多次考公务员未果,又看不上其他工作,一直闲在家里,但他并不在乎。父亲对王某十分不满,常常冷嘲热讽,母亲也唠唠叨叨,王某为此感到很郁闷,向社会工作者老林求助。老林运用会谈方式搜集资料时应做到( )。

A. 运用理论逻辑定义王某问题的来龙去脉

B. 关注王某内心的感受及看待问题的方式

C. 根据王某父母的看法来概括王某的问题

D. 利用自己的经验推论王某界定问题的逻辑

26. 针对儿童养育过程中父亲参与度不足的问题,社会工作者小罗开设了主题为"携手共成长"的小组,旨在搭建沟通平台,帮助父亲们更多地交流养育经验,参与孩子培养。该小组的模式属于( )。

A. 互动模式   B. 行为治疗模式

C. 发展模式   D. 社会目标模式

27. 社会工作者小张最近开设了一个小组,每周将医院里白血病患儿的家长召集在一起,带领他们沟通交流照顾经验,共同探讨缓解心理压力的办法。该小组的类型是( )。

A. 教育小组　　　　　　　　　B. 支持小组

C. 成长小组　　　　　　　　　D. 治疗小组

28. 社会工作者小李为失独老人家庭开设了主题为"品茶乐享"的小组,旨在鼓励失独老人走出家门,融入社区大家庭。在小组工作过程中,小李逐渐让组员轮流带领小组活动,以此协助组员进一步自我探索,获得新认知,并将认知转变为行动。当前该小组所处的是( )。

A. 开始阶段

B. 结束阶段

C. 中期转折阶段

D. 后期成熟阶段

29. 社会工作者小常为社区青少年开设了主题为"远离毒品,健康成长"的小组。在小组活动中,小常组织青少年观看禁毒主题动漫宣传片,并带领组员进行讨论,他发现有些组员发言积极,但常常跑题,有些组员很少说话,甚至沉默不语。针对这种情况,小常运用引导性技巧时,最适宜的做法是( )。

A. 指定沉默的组员参与轮流发言

B. 适时在小组讨论过程中形成真空

C. 提示小组讨论重点与讨论方向

D. 邀请每位组员用两分钟的时间分享

30. 社会工作者小刘为老年人开设了园艺小组,旨在加强老年人之间的沟通交流,增强老年人的自信心。在第四节小组讨论时,王爷爷和孙奶奶因种植月季花的方法不同而发生了严重争吵,两人都希望小刘支持自己。这时,小刘适宜的做法是( )。

A. 保持沉默不回应,要王爷爷和孙奶奶自己处理争执

B. 保持中立,分析各种种植月季花方法的优点和不足

C. 与王爷爷和孙奶奶澄清冲突本质,让组员表决支持哪一方

D. 婉转地指出王爷爷和孙奶奶的不对之处,并马上结束该小组的讨论

31. 社会工作者小关开设了一个青少年同辈关系改善小组,经过四次小组活动,组员关系更为亲密,对小关的依赖逐渐减弱,小关也致力于提升组员的自我管理和自我决策能力。此时,小关的主要角色是( )。

A. 促进者　　　　　　　　　B. 辅导者

C. 调解者　　　　　　　　　D. 决策者

32. 社会工作者小李计划为医护人员开设减压小组,围绕小组第二节的目标,小李设计了"气球混战""冥想运动""按摩操"三个环节。督导者王老师指出该减压小组计划缺少一个环节,这个环节应贯穿小组的每一次服务中,也是评估小组活动是否达到预期效果的重要环节。根据王老师的建议,小李的实施计划中还需要增设的环节是( )。

A. 理念澄清　　　　　　　　　B. 经验分享

C. 契约建立　　　　　　　　　D. 角色分工

33. 某社会工作服务机构为社区老年人开设了一个主题为"居家安全,平安生活"的小组,进行到第三节时,社会工作者邀请组员分享自己曾经跌倒的经历,并适时提问。下列提问中,

属于重新定向型提问类型的是( )。

　　A. "刚刚我们讨论如何预防跌倒,谁能总结一下?"

　　B. "张阿姨,你能不能将刚才所说的情况具体描述一下?"

　　C. "大家对王伯伯提到的预防跌倒的方法是不是都认可?"

　　D. "刚才李阿姨提到跌倒后的急救问题,其他人怎么看呢?"

34. 某社会工作服务机构受当地民政部门邀请,派出社会工作者小杨参与灾后重建工作。小杨观察到临时安置点的生活设施数量有限,居民之间会因使用时的拥挤而产生不愉快。针对这种情况,小杨最适宜采取的地区发展模式实施策略是( )。

　　A. 要求增加更多生活设施

　　B. 直接安排居民轮流使用

　　C. 鼓励居民提出改善意见

　　D. 重新规划设施分配方案

35. 社会工作者老张完成了某"城中村"的社区服务需求调查。鉴于该村问题的复杂性和紧迫性,老张拟运用社会策划模式开展服务。下列做法中,体现社会策划模式特点的是( )。

　　A. 发动社区居民,推动社区自治

　　B. 开展志愿服务,服务困难家庭

　　C. 呼吁政府有关部门尽快拆迁改造

　　D. 坚持任务导向,制定社区服务方案

36. 某社会工作服务机构响应当地政府号召,为辖区内的失能老人提供居家服务。为此,该机构与社区居委会、社区卫生服务中心共同商讨制定了服务计划。下列做法中,体现"在社区照顾"策略的是( )。

　　A. 动员辖区低龄老人参与志愿服务,定期探访失能老人

　　B. 邀请律师义务为失能老人及其家属提供法律咨询服务

　　C. 动员社区合唱团的成员,发挥专长,入户陪伴失能老人

　　D. 由社区卫生站护士定期到失能老人家中进行压疮处置

37. 为了实施"建立便民服务网络"的社区工作计划,社会工作者小傅走访了社区周边的商业机构,了解他们的经营范围、产品特色、收费情况等信息。从社区管理的角度看,小傅开展的工作属于( )。

　　A. 资源分析　　　　　　　　　　B. 资源开发

　　C. 资源链接　　　　　　　　　　D. 资源维系

38. 社会工作者小孙在某流动人口聚居区开展社会工作服务,旨在提升社区流动人口融合社会支持程度,促进社区融合。为了更深入地了解该项目实施后是否达到预期目标,小孙应当采取( )。

　　A. 过程评估　　　　　　　　　　B. 成果评估

　　C. 效益评估　　　　　　　　　　D. 影响评估

39. 社会工作者在召集社区居民开会时,发现个别居民一直在谈自己的观点,其他居民几乎没有发言机会。针对这种情况,社会工作者在主持会议时最适宜运用的技巧是( )。

　　A. 向全体与会者提问

　　B. 将之前的讨论意见进行综合

C. 转移与会者的注意力

D. 通过个别点名的方式邀请发言

40. 某街道委托社会工作服务机构开展"居民骨干能力提升"项目。针对居民骨干仅凭热情工作、彼此缺乏配合、工作效率低的情况,社会工作者适宜的做法是( )。

A. 帮助居民骨干在工作中积极表现

B. 建立居民监督和民主协商工作机制

C. 帮助居民骨干练习培养谈判的技巧

D. 增强居民骨干权责分工意识和能力

41. 某社会工作服务机构在扎根社区的过程中发现,物业公司与社区居委会为了和居民联络感情,经常联合举办社区活动。在活动筹备过程中,居委会负责提供场所和招募居民,物业公司负责提供活动物资经费。该社区居委会和物业公司之间的关系是( )。

A. 竞争关系   B. 授权式关系

C. 交换关系   D. 联盟式关系

42. 关于社会服务方案策划类型的说法,正确的是( )。

A. 管制性策划的重点是加强对机构资源的管理

B. 指导性策划的目的在于统一行为和减少偏差

C. 战略性策划的重点是结合机构总目标选择可行性方法

D. 创新性策划的目的在于利用创新的方法解决特殊问题

43. 某社会工作服务机构受当地民政部门委托,对该地区 50 个公益创投项目进行终期评估。下列评估内容中,属于效果评估的是( )。

A. 项目实际服务对象和人数变化

B. 项目经费合理使用及管理情况

C. 项目是否按照预期的进度执行

D. 项目实施后所产生的社会效益

44. 社会工作服务机构的运作需要围绕机构目标,建立授权、协调、沟通和控制等一系列动态机制。其中,建立授权机制的目的是( )。

A. 促进各部门的密切配合

B. 确保机构发挥最大效率

C. 加强各层级之间的互动

D. 保证行政计划实施方向

45. 社会工作者小张在社区培育了一支为老年人服务的志愿者队伍,并担任志愿者督导。小张的主要工作是协助志愿者解决遇到的问题,保障志愿服务的质量,提供志愿者自我成长的机会,提升志愿者的成就感。从志愿者管理的过程看,小张的做法属于( )。

A. 需求评估   B. 工作设计

C. 监督与激励   D. 奖励与表扬

46. 某社会服务机构计划在重阳节前夕举办老年人趣味运动会。某企业听说此事后,表示愿意出资支持,条件是以企业名称冠名运动会。由此分析,该企业捐款的动机是( )。

A. 市场营销和自我利益

B. 市场营销和公共关系

C. 公共关系和税法策略

D. 自我利益和税法策略

47. 社会工作者小张刚参加工作不久,在一次带领小组进行活动时,有组员抱怨参加小组没能解决自身实际问题,这令小张很有挫败感。从支持性督导的角度出发,小张的督导者最适宜的做法是( )。

A. 教导其厘清与组员的价值冲突,建立信任关系

B. 安排其参加情绪管理培训课程,预防职业倦怠

C. 帮助其提升人际沟通技巧,解决冲突问题

D. 引导其接纳专业的有限性,缓解其无力感

48. 关于定量研究特点的说法,正确的是( )。

A. 注重研究问题的个别性与特殊性

B. 注重研究问题的普遍性与代表性

C. 注重在研究过程中进行理论建构

D. 注重在研究过程中修正研究问题

49. 老王在一次全体督导会上提出,老年餐桌满意度调查问卷并不能很好地反映老年餐桌的实际运营情况。老王的意见体现出问卷设计应遵循的原则是( )。

A. 保证问卷调查的可行性

B. 从被研究者的视角出发

C. 问卷要有效度

D. 问卷要有信度

50. 社会工作者小李发放了20份问卷,回收后发现有一道题有18人没有填写答案,于是小李重新设计了这道题。小李的做法表明,该问卷设计处于( )。

A. 定稿和印刷阶段

B. 试用和修改阶段

C. 概念操作化阶段

D. 设计问卷初稿阶段

51. 问卷中问题指标属性分为状态、行为与态度三种。下列问题中,旨在了解被研究者"行为"的是( )。

A. 你在哪个领域工作?

(1)民政　　　　　(2)教育　　　　　(3)其他

B. 你属于哪个年龄段?

(1)20岁以下　　(2)20~39岁　　(3)40~59岁　　(4)60岁及以上

C. 过去一个月你参加过社会工作者考试辅导的次数是多少?

(1)0次　　　　(2)1~2次　　　(3)3~4次　　　(4)5次以上

D. 你认为社会工作综合能力科目辅导老师的讲课水平如何?

(1)不好　　　　(2)一般　　　　(3)好

52. 某社会工作研究中心拟进行西部农村贫困地区居家养老服务需求调查,为了能够从样本有效推论到总体,该调查适宜采用的抽样方法是( )。

A. 分层抽样　　　　　　　　　　　　　B. 方便抽样

C. 雪球抽样　　　　　　　　　　　　　D. 判断抽样

53. 根据《最低生活保障审核审批办法(试行)》,申请低保应当以家庭为单位,如申请人有特殊情形的,可以单独提出申请。下列人员中,可以单独提出最低生活保障申请的是(　　)。

A. 困难家庭中丧失劳动能力且单独立户的成年重度残疾人
B. 困难家庭中丧失劳动能力且单独立户的未成年重度残疾人
C. 脱离家庭、在宗教场所居住 3 年以上(含 3 年)的宗教教职人员
D. 脱离家庭、在宗教场所居住 2 年以上(含 2 年)的生活困难的宗教教职人员

54. 老李是农村贫困户家庭成员,因患病需要支付高额的医疗费用,影响了家庭基本生活。根据《社会救助暂行办法》,老李应当向(　　)提出贫困资助申请。

A. 村民委员会　　　　　　　　　　　　B. 村民代表会议
C. 乡镇人民政府　　　　　　　　　　　D. 县级人民政府民政部门

55. 某市现有人口 500 万,根据《国务院关于加快发展养老服务业的若干意见》,该市在制定城市总体规划、控制性详细规划时,用于分区分级规划设置养老服务设施的用地不少于(　　)万平方米。

A. 10　　　　　　　　　　　　　　　　B. 25
C. 50　　　　　　　　　　　　　　　　D. 75

56. 根据《中华人民共和国残疾人保障法》,国家和社会对部分残疾人实行特别保障,给予抚恤和优待。下列人员中,符合特别保障规定的是(　　)。

A. 残疾军人
B. 因工伤致残人员
C. 重度智障人员
D. 贫困残疾人员

57. 根据《中华人民共和国劳动法》,对怀孕(　　)以上的女职工,用人单位不得延长劳动时间和安排夜间劳动。

A. 3 个月　　　　　　　　　　　　　　B. 5 个月
C. 6 个月　　　　　　　　　　　　　　D. 7 个月

58. 根据《中华人民共和国婚姻法》,实施家庭暴力或虐待家庭成员,受害人提出请求的,(　　)应当依照治安管理处罚的法律规定予以行政处罚。

A. 人民法院　　　　　　　　　　　　　B. 人民检察院
C. 公安机关　　　　　　　　　　　　　D. 司法行政机关

59. 根据《中华人民共和国劳动合同法》,关于集体合同的说法,正确的是(　　)。

A. 集体合同签订后,应当报送劳动行政部门
B. 依法订立的集体合同仅对用人单位具有约束力
C. 集体合同由劳动行政部门代表企业职工一方与用人单位订立
D. 集体合同中劳动报酬标准可以低于当地人民政府规定的最低标准

60. 根据《关于改革社会组织管理制度促进社会组织健康有序发展的意见》,需要业务主管单位前置审查才能登记成立的社会团体是(　　)社会团体。

A. 行业协会类　　　　　　　　　　　　B. 慈善类
C. 法律类　　　　　　　　　　　　　　D. 科技类

二、多项选择题(共 20 题,每题 2 分。每题的备选项中,有 2 个或 2 个以上符合题意,至少有 1 个错项。错选,本题不得分;少选,所选的每个选项得 0.5 分)

61. 小冯是一名新入职的社会工作者,目前的工作任务有两个,一是向同事了解机构的宗旨、策略、服务内容和特点,二是深入社区开展入户探访,了解社区居民的问题和需求。小冯完成这些工作任务需要具备的能力有(   )。

A. 动员的能力
B. 沟通的能力
C. 管理的能力
D. 干预的能力
E. 评估的能力

62. 社会工作者小王在为社区高龄老人服务时发现,社区里有不少刚退休的老年人,他们身体好,空余时间多。于是小王向所在的社会工作服务机构申请开展"结对志愿服务"活动,鼓励有能力的老年人积极参与。同时,他查阅志愿者管理的政策文件,起草了志愿者招募、遴选、培训、督导的管理规范。小王的工作体现出的社会工作专业的伦理责任有(   )。

A. 社会工作者对服务对象的伦理责任
B. 社会工作者对机构的伦理责任
C. 社会工作者作为专业人员的伦理责任
D. 社会工作者对同事的伦理责任
E. 社会工作者对社会的伦理责任

63. 在社会工作者老赵的帮助下,戒毒康复人员大李不仅重新找到了工作,还与前妻复婚了。街道宣传部门希望在街道微信公众号上宣传报道此事,这让老赵犯了难。一方面,老赵所在的机构在该街道有服务项目,他担心如果直接拒绝可能会影响合作关系;另一方面,老赵也担心公开报道会给大李带来不利影响。根据社会工作的伦理守则,老赵恰当的做法有(   )。

A. 建议街道宣传部门直接说服大李同意刊登
B. 由老赵与大李沟通,征得其同意后再刊登
C. 向街道的宣传部门说明需要为服务对象保密
D. 以大李不同意为由,婉拒街道宣传部门的要求
E. 向大李说明宣传意图及可能对他造成的影响

64. 下列成语中,用来形容人类行为与社会环境基本关系的有(   )。

A. 命中注定
B. 近朱者赤
C. 愚公移山
D. 入乡随俗
E. 因地制宜

65. 为了保障弃婴的生存权利,我国部分城市做了一些弃婴保护工作的探索和尝试。下列做法中,可以有效减少弃婴问题发生的有(   )。

A. 健全相关法律法规
B. 完善困难家庭救助体系
C. 积极开展宣传工作
D. 制定更严格的弃婴收养制度
E. 加强残疾儿童社会保障

66. 某校班主任向社会工作者小陈反映,学生小星最近变得沉默寡言,学习成绩明显下降。小陈了解到小星父母平时忙于工作,很少与孩子交流,拟运用心理社会治疗模式对小星父母进行服务。下列谈话中,体现非反思性技巧的是(   )。

A. "你们平时都忙于工作,一定很辛苦吧,晚上一般几点回家?"

B. "你们平时工作都很忙,建议让孩子来我们机构参加'四点半课堂',可能会有帮助。"

C. "你们平时工作都很忙,我其实也很理解和同情你们的现状。"

D. "小星妈妈,您要是有什么情绪,就直接说出来吧,有时候压力太大是需要宣泄一下的。"

E. "你们平时都忙于工作,没时间管孩子,是不是你们小时候也这样?"

67. 小刘因为感情困扰接受社会工作者小王的个案服务。经过两个多月的干预,双方都认为当初的服务目标已实现,小王计划结案。此时,小王需要做的工作有(   )。

A. 预先告知小刘结案的时间和要求

B. 对小刘遭遇感情困扰的感受表示同理心

C. 鼓励小刘表达对结案的看法和感受

D. 与小刘回顾服务过程,巩固其获得的改变

E. 与小刘深入探讨独立处理感情困扰的方法

68. 社会工作者小李在与流动儿童阳阳一家会谈的过程中,了解到阳阳的学习生活状况,与阳阳的父母讨论亲子沟通问题,布置家庭作业,鼓励阳阳父母陪伴孩子学习,并推荐阳阳一家参加亲子沟通训练营。在后续的服务中,小李跟进阳阳父母的家庭作业完成情况,并给予进一步的指导。小李与阳阳一家的会谈中,属于治疗性会谈的有(   )。

A. 了解阳阳的学习和生活情况

B. 与父母讨论亲子沟通面临的困扰

C. 鼓励阳阳父母陪伴孩子学习

D. 跟进了解家庭作业任务完成情况

E. 提供亲子沟通训练营的资讯

69. 在一个亲子关系小组中,社会工作者小杨正在与组员一起制定小组规范,以管理和协调组员行为。下列有关小组规范的内容中,属于秩序性规范的有(   )。

A. 小组的基本精神是平等、开放、保密、非批判以及团结合作

B. 当遇到意见分歧时,大家必须就事论事,不能进行人身攻击

C. 在组员发言时,其他组员应该认真聆听,尽量不要交头接耳

D. 每位组员都是小组不可或缺的一分子,是小组活动的参与者

E. 组员应该是小组的主导者,大家共同设计和把握小组活动的过程

70. 社会工作者开设主题为"人生回顾"的小组,旨在帮助老人回忆自己年轻时的美好生活,重塑人生意义。为了紧扣小组目标,在小组中期转折阶段,可设计的小组活动有(   )。

A. 角色互换　　　　　　　　　　B. 情景剧

C. 自我介绍　　　　　　　　　　D. 破冰游戏

E. 经验分享

71. 有效的小组评估需要制订一份完整、具体的评估方案。社会工作者在制订小组评估方案时,应该考虑的重点有(   )。

A. 督导评价　　　　　　　　　　B. 同事评价

C. 评估对象   D. 评估指标

E. 评估目的

72. 黄阿姨今年 65 岁,育有一子一女,老伴去世早,儿子长期在国外工作。从建立非正式照顾系统的角度看,社会工作者可动员照顾黄阿姨的人员有(   )。

A. 黄阿姨的女儿   B. 黄阿姨的朋友

C. 黄阿姨的邻居   D. 助餐服务送餐员

E. 日间照料中心的社会工作者

73. 针对某社区的家庭暴力问题,社会工作者开展了系列服务。下列做法中,更能体现社区工作方法特点的有(   )。

A. 为受暴者寻求法律援助

B. 向受暴者提供心理辅导

C. 倡导尊重平等互助的家风建设

D. 宣传《中华人民共和国反家庭暴力法》以及求助方式

E. 对相关部门和社会组织的工作人员进行反家暴培训

74. 社会工作服务机构在制订社区工作计划时,可以运用 SWOT 分析法发挥优势因素、克服弱点因素、利用机会因素、化解威胁因素的对策,形成一项或几项社区工作的策略。下列因素中,属于社会工作服务机构外部机会因素的有(   )。

A. 机构的志愿者队伍日益稳定

B. 政府购买服务资金逐年增加

C. 社区里的服务设施先进齐备

D. 机构社区服务经验日趋成熟

E. 社会工作评估制度日益健全

75. 某社会工作服务机构计划在高校招募一批青年学生参加慰问社区老年人的志愿服务。为了做好志愿服务的评估与方案规划,该机构需要开展的工作有(   )。

A. 评估志愿者参与服务的动机

B. 分析志愿服务给机构带来的利益

C. 了解老人对志愿者的接纳程度

D. 收集志愿者的学历背景信息

E. 识别机构使用志愿者的风险因素

76. 社会工作者小张设计了一份项目申请书,以参加社区公益创投活动。在这份项目申请书中,需要重点说明的内容有(   )。

A. 项目的政策意义和实践意义

B. 项目的主要目标和成效指标

C. 项目的主要内容和实施策略

D. 项目的盈利模式和社会影响

E. 项目的经费预算和交代方式

77. 小林以 F 机构为样品,开展个案研究,目的是了解项目化运作对社会工作服务机构发展的影响。关于该研究的说法,正确的有(   )。

A. 该研究能更多地体现 F 机构发展的个别性特点

B. 该研究需要严格按照预定步骤进行各项研究工作

C. 该研究可以帮助形成社会工作服务机构发展影响因素的理论

D. 该研究结果可以反映 F 机构所在地域的所有机构发展的情况

E. 该研究收集的资料包括 F 机构的访谈记录、观察记录和服务档案等

78. 问题和答案是问卷设计的核心。下列问题和答案符合问卷设计原则的有（　　　）。

A. 你 18 岁以前主要生活在哪里（小时候，你们家在哪里）？

(1)本市本区　　　　　　　　　　(2)本市郊县农村

(3)外省城市　　　　　　　　　　(4)外省

B. 人常说，多子多福，你希望生几个孩子？

(1)1 个　　　　　　(2)2 个　　　　　　(3)3 个及以上　　　　(4)不想生小孩

C. 你对你自己目前的工作满意吗？

(1)非常不满意　　　(2)比较不满意　　　(3)一般　　　　　　(4)比较满意

(5)非常满意

D. 你们夫妇双方的老人是否希望你们生两个孩子？

(1)不希望　　　　　(2)希望　　　　　　(3)随便　　　　　　(4)不知道/不适用

E. 你生第二个孩子最主要的原因是什么？（只勾选最主要的一项）

(1)孩子可以有个伴，利于孩子成长

(2)希望生一男一女，儿女双全

(3)可以传宗接代，分别姓父母双方的姓

(4)多一个孩子将来养老更有保障

(5)其他

79. 根据《工伤保险条例》，下列情形中，应当认定为工伤或视同工伤的有（　　　）。

A. 小赵，步行上班途中在人行道上被汽车撞伤

B. 小钱，工作前打扫办公室时滑倒摔伤

C. 小李，工作时因办公室吊扇脱落被砸伤

D. 小王，加班时突发疾病被送往医院抢救，72 小时后死亡

E. 小张，因公出差时感到工作压力过大，自残受伤

80. 根据《中华人民共和国妇女权益保障法》，丈夫不得提出离婚的情形有（　　　）。

A. 妻子怀孕 3 个月　　　　　　　　B. 孩子出生刚满 5 个月

C. 孩子出生刚满 10 个月　　　　　　D. 妻子终止妊娠刚满 4 个月

E. 妻子终止妊娠刚满 8 个月

社会工作综合能力（初级）2017年真题

重要提示：

为维护您的个人权益,确保考试的公平公正,请您协助我们监督考试实施工作。

本场考试规定:监考老师要向本考场全体考生展示题本密封情况,并邀请2名考生代表验封签字后,方能开启试卷袋。

社会工作综合能力(初级)2017年真题

一、单项选择题(共60题,每题1分。每题的备选项中,只有1个最符合题意)

1. 在社会工作者老李的带领下,社区助老服务队向社区居民宣传助人互助的精神,促进邻里相互关爱、相互扶助,现在越来越多的居民加入了社区助老服务队。上述老李的做法,体现了社会工作在文化层面的目标是(   )。

    A. 激发潜能　　　　　　　　　　B. 促进社会公正

    C. 促进发展　　　　　　　　　　D. 促进社会团结

2. 关于社会工作要素的说法,正确的是(   )。

    A. 社会工作者是从事志愿服务的人

    B. "助人"是专业社会工作的核心价值

    C. 社会工作价值观必须通过专业实践养成

    D. 助人活动是社会工作者与服务对象互动合作的过程

3. 社会工作者小王通过筹备"老来乐"老年人小组活动来吸引不愿意出门的老年人参加社区活动,帮助他们更好地融入社区。在开展活动时,小王作为支持者应(   )。

    A. 负责小组的领导与管理

    B. 鼓励老年人分享人生经验

    C. 评估老年人的正向改变

    D. 邀请街道干部观摩小组活动

4. 社会工作者老李为10岁的困境儿童小蕾提供服务。老李评估发现,小蕾母亲因残疾无法正常工作,父亲因抢劫刚刚入狱服刑,尽管小蕾家领取最低生活保障金后能维持基本生活,但小蕾觉得自己会被社区其他孩子看不起,一直郁郁寡欢。下列老李的服务中,能够体现促进小蕾与社会环境相互适应功能的是(   )。

    A. 邀请小蕾参加社区举办的兴趣小组

    B. 协助小蕾母亲申请残联的残障补贴

    C. 协调小蕾定期联系正在服刑的父亲

    D. 联系小蕾亲戚商议其日常生活照顾事宜

5. 使能是社会工作者应该拥有的一种核心能力,下列做法中,体现该能力的是(   )。

    A. 与服务对象建立专业关系

    B. 协助服务对象激发其自身潜质

    C. 矫正服务对象的偏差行为

    D. 开发社会工作服务所需资源

6. 李女士与丈夫在孩子教育问题上经常发生激烈争吵。社会工作者小陈评估后发现李女士与丈夫之间存在沟通障碍,决定对他们开展辅导服务。上述小陈的服务涉及的社会工作领域是(　　)。

A. 家庭社会工作

B. 学校社会工作

C. 社区社会工作

D. 青少年社会工作

7. 学校社会工作者在介入校园欺凌事件过程中,为欺凌者和被欺凌者提供认知和行为的辅导。上述学校社会工作服务属于(　　)。

A. 社区型学校社会工作

B. 治疗型学校社会工作

C. 变迁型学校社会工作

D. 混合型学校社会工作

8. 社会工作者积极参与公共服务,促进社会福利事业的发展。这突出反映了社会工作者(　　)。

A. 对同事的伦理责任

B. 对专业的伦理责任

C. 对机构的伦理责任

D. 对社会的伦理责任

9. 关于社会工作伦理难题的说法,正确的是(　　)。

A. 社会工作伦理难题是社会工作者采用错误的工作方法导致的困境

B. 社会工作伦理难题是服务对象提出不切实际的要求导致的困境

C. 社会工作伦理难题是社会工作者学历水平与实际工作要求存在差距导致的困境

D. 社会工作伦理难题是社会工作者对两种以上共存价值观难以抉择导致的困境

10. 齐奶奶患有轻度认知障碍症,常常忘记吃饭,有一次还差点儿走失。社会工作者小王认为齐奶奶独自在家非常不安全,但是齐奶奶的家人白天无法陪护。从安全防护优先的角度出发,小王应采取的干预措施是(　　)。

A. 马上将齐奶奶送至社区日间照料中心

B. 让齐奶奶自己决定是否去社区日间照料中心

C. 与齐奶奶家人商量,将其送到社区日间照料中心

D. 邀请齐奶奶参加社区日间照料中心的健康讲座

11. 社会工作者小吴在社区开展青少年服务时首先对服务对象的情况进行评估,了解他们的内心状况,然后根据不同年龄段特点设计服务方案。这遵循的社会工作基本原则是(　　)。

A. 最小伤害　　　　　　　　B. 隐私保密

C. 自由平等　　　　　　　　D. 差别平等

12. 社会工作者在社区开展服务时主动向案主介绍服务的相关信息,告知案主接受服务过程中应有的权利和义务,体现的伦理责任是(　　)。

A. 隐私保密　　　　　　　　B. 知情同意

C. 文化敏感性　　　　　　　D. 自决

— 2 —

13. 小明参加数学建模小组,认识了很多志趣相投的小伙伴,小明十分开心。上述活动满足了小明的( )。

    A. 尊重需要

    B. 生理需要

    C. 安全需要

    D. 归属与爱的需要

14. 小明和家人在地震中受伤,他和他的母亲被送到不同医院救治,父母不在身边,小明当前必须满足的中介需要是( )。

    A. 重要的初级关系　　　　　　　B. 经济上的安全

    C. 无害的自然环境　　　　　　　D. 安全的住房

15. 小苗父母在国外工作,他与妹妹住在亲戚家,和爷爷、婶婶、堂妹一起生活。这样的家庭属于( )。

    A. 核心家庭　　　　　　　　　　B. 主干家庭

    C. 联合家庭　　　　　　　　　　D. 扩大家庭

16. 李先生认为自己的孩子现在还小,不懂事,要严格管教,不能由着孩子的性子,因此孩子一犯错他就打孩子一顿。根据上述情况,李先生的教养模式属于( )。

    A. 专制型　　　　　　　　　　　B. 支配型

    C. 骄纵型　　　　　　　　　　　D. 放任型

17. 学校社会工作者小李为小学生提供小组服务,针对煤气使用、交通出行、游泳等日常生活中的安全隐患进行教育,提高学生的安全意识。从学龄儿童的特点看,该小组的主要目的是( )。

    A. 防范校园暴力问题

    B. 避免儿童性侵问题

    C. 减少儿童功利行为

    D. 预防儿童意外伤害

18. 社会工作者小刘与服务对象李女士初步接触后,运用心理社会治疗模式对李女士存在问题的原因进行诊断,对其困扰产生的时间、重要影响事件及个人成长经历等方面进行了探索。上述小刘的工作内容属于( )。

    A. 心理动态诊断　　　　　　　　B. 人格诊断

    C. 分类诊断　　　　　　　　　　D. 缘由诊断

19. 当服务对象面临危机时,社会工作者需要采取行动帮助服务对象将伤害尽可能降到最低。这时,社会工作者应遵循的主要原则是( )。

    A. 现实反思　　　　　　　　　　B. 及时处理

    C. 强调关系　　　　　　　　　　D. 多方协调

20. 李女士在丈夫陪同下向社会工作者小杨求助,会谈后,小杨发现李女士具有抑郁症的典型症状,但从机构的服务范围来看,小杨无法为其提供有效的帮助,因此小杨想把李女士转介给其他专业机构。在转介前,小杨首先要征得( )。

    A. 李女士丈夫同意　　　　　　　B. 机构同意

    C. 李女士自己同意　　　　　　　D. 督导同意

21. 在个案工作中,社会工作者为明确双方的权利与义务,增强服务对象改变的动力,首先需要与服务对象(　　)。

    A. 制订计划   B. 签订协议

    C. 共同评估   D. 建立关系

22. 社会工作者说:"张阿姨,您刚才谈到母亲过世后,家里发生了一些变故,您与兄弟姐妹的关系发生了矛盾,您还担心接下来父亲的照顾问题,那么您这次最想谈的是什么?"上述这段话中,社会工作者运用的技巧是(　　)。

    A. 同理   B. 摘要   C. 澄清   D. 对焦

23. 在个案会谈过程中,社会工作者经常会使用对质技巧来调整服务对象对某些事、某些人的认知,下列回应中,属于对质技巧的是(　　)。

    A. 你这样的行为表现和我们预期的目标差距很大

    B. 你父亲对你的关心,你现在根本没感受到

    C. 你说你不生老公的气,可你好几天都不理他

    D. 你的家庭情况表现出来的问题并不在于此

24. 王女士向社会工作者老刘寻求帮助。老刘说,"你能把心里话说出来,挺不容易的,说明你想改变自己的现状,很了不起"。上述情景中,社会工作者老刘运用的个案工作技巧是(　　)。

    A. 形象性技巧中的同理

    B. 引领性技巧中的摘要

    C. 支持性技巧中的鼓励

    D. 支持性技巧中的忠告

25. 社会工作者小李陪伴救助对象老王参加社会联谊活动,在活动中了解到老王最近面临的困难,并在活动结束后安抚了老王的情绪,一起商量了解决的办法。小李在本次活动中获取资料的主要方法是(　　)。

    A. 参与观察   B. 非参与观察

    C. 自我陈述   D. 定量评估

26. 社会工作者小姜在某康复中心为精神障碍者家属开展小组服务,在小组中,小姜向组员介绍精神康复知识及与精神障碍者相处的技巧,并向组员传授缓解照顾压力的方法。小姜主持的这个小组属于(　　)。

    A. 教育小组   B. 成长小组

    C. 支持小组   D. 治疗小组

27. 社会工作者小王为社区里的青少年组织了一个活动小组。该小组旨在通过公益活动,为青少年创造相互认识和交流的机会,增强朋辈支持。从小组的目标来看,最适合该小组的工作模式是(　　)。

    A. 治疗模式   B. 社区目标模式

    C. 互动模式   D. 社区行动模式

28. 社会工作者针对儿童养育中父亲参与程度不足的问题,设计了携手共成长的亲子训练营小组活动,招募了社区中 10 对父子作为小组成员。在设计该小组方案时,社会工作者首先要考虑的是(　　)。

    A. 组员的特征   B. 小组的目标

C. 活动的安排   D. 可支配资源

29. 社会工作者小陈正在为社区志愿者开展提升演讲技巧的小组活动,在小组中,他发现有个组员心不在焉,经常离开小组去打电话。此时,小陈最适宜的做法是(   )。

A. 与其他组员讨论该组员的行为

B. 在小组中再次讨论小组规范

C. 当众提醒该组员注意自己的行为

D. 委婉地劝说该组员退出小组

30. 在小组讨论时,社会工作者认真聆听组员的发言,了解组员的感受和期望,并不时地复述组员讲过的话,让他们感受到被理解和被重视。上述做法中,社会工作者运用的技巧是(   )。

A. 积极回应   B. 示范引导

C. 自我表露   D. 信息磋商

31. 在一节小组活动中,组员小莫正分享他的故事,已经讲了大约10分钟。组员小欢打断了他:"你讲的时间太长了,为什么你每次讲话都只考虑你自己,从来不顾及我们的感受?"小欢的话令小莫感到愕然,小组随即一片沉默。此时,社会工作者最适宜的回应是(   )。

A. "小欢,我知道你的意思,但是你是否觉得你这样说话会伤害小莫呢?"

B. "小莫,对不起,小组是大家的,用来解决这个问题不适合,你的分享时间有些长了。"

C. "谢谢小莫与我们分享!对小欢的意见我们待会儿再讨论,下面,我们先听其他组员的分享,好吗?"

D. "是的,这确实是我们小组要注意的问题。不过小欢已经提出来了,小莫好像也已经意识到了,那我们继续往下进行吧。"

32. 在设计小组活动时,社会工作者要考虑小组活动与各个工作阶段目标的匹配度。小组的后期成熟阶段,社会工作者最适宜设计的活动是(   )。

A. "破冰"游戏,引导组员相互熟悉,消除相互之间的陌生感

B. "同心协力"活动,引导组员相互沟通,增加彼此的了解

C. "谁是我"活动,引导组员真诚回馈,获得更深的自我认识

D. "角色冲突"情景剧,引导组员学习容忍和化解冲突的办法

33. 在小组的准备阶段,社会工作者制订招募计划时应包括的内容是(   )。

A. 组员的来源   B. 小组所需的费用

C. 组员需解决的问题   D. 机构的人力资源

34. 针对某社区老年活动室存在日常管理松懈、使用率偏低等问题,社会工作者小刘拟通过动员居民参与来改变这种状况。从社区工作的目标分类看,下列做法中属于"过程目标"的是(   )。

A. 增加老年活动室的活动器材

B. 调整老年活动室的开放时间

C. 编制老年活动室活动课程表

D. 提高值班志愿者的责任意识

35. 某社会工作者主持召开居民会议,讨论社区无障碍设施建设和社区安保工作。下列该社会工作者主持会议的做法中,适宜的是(   )。

A. 无论居民是否到齐,都要严格执行会议既定议程

B. 严格控制每项议程的时间,对与会者意见做出迅速回应

C. 会议讨论中一旦出现分歧,就采取投票表决的方式做出决定

D. 在会议结束之前做简短总结,让居民看到会议的成效

36. 社会工作者小关针对社区"停车难"问题召开居民会议,引导居民就"停车难"问题的"严重性"和"紧迫性"进行了讨论。从社区分析的角度看,小关的做法属于(   )。

    A. 探寻问题起源   B. 界定问题

    C. 明确问题范围   D. 描述问题

37. 社会工作者小梁准备在社区实施助老服务项目。为了合理有效地配置资源,保障项目成效,小梁首先要做的是(   )。

    A. 了解现有资源,并与实施项目所需资源进行对照

    B. 通过发布广告、张贴海报等方式招募社区志愿者

    C. 充分利用社区内外资源,避免资源的闲置和浪费

    D. 加强资源的统筹和协调,发挥资源的整合性效果

38. 某社会工作服务机构受政府委托对某社区精神健康服务项目进行评估。社会工作者向项目承接机构了解该项目的人员配备情况,并对照项目方案核对活动开展的次数、频率等。上述工作属于社区评估中的(   )。

    A. 成果评估   B. 过程评估

    C. 影响评估   D. 需求评估

39. 社会工作者小姜培养居民骨干时,注重从居民意见和利益出发,尊重少数意见,鼓励居民共同协商处理社区问题。上述做法体现的居民骨干培养工作重点是(   )。

    A. 鼓励居民参与

    B. 建立民主领导风格

    C. 增强管理能力

    D. 提升当家做主意识

40. 社会工作者小韩拟采用标准化的方式收集社区内留守儿童的基本情况、生活状况和服务需求等信息。在收集资料时,小韩适宜采取的方法是(   )。

    A. 文献分析法   B. 访问法

    C. 问卷调查法   D. 观察法

41. 某社会工作服务机构拟为某"村改居"社区设计一个服务项目。为了保证居民的参与率,该机构在进行项目策划时应重点做到(   )。

    A. 明确项目的基本目标

    B. 保证符合机构的宗旨

    C. 评估可以动员的资源

    D. 关注居民的需要和兴趣

42. 社会工作者小刘在社区中开展困境老人关怀服务。首先,小刘解决的是生活问题;然后,小刘将生活困境分为经济收入、生活照料、情感支持和权益保护等几个方面的具体问题;接着,小刘分析了这些具体问题产生的原因。从问题认识和分析方法的角度看,小刘的做法属于(   )。

    A. SWOT 分析法   B. 分支法

C. PEST 分析法   D. 问题认识工作表

43. 为了在社区推动空巢老人互助项目,社会工作者小陈设计了空巢老人社会支持状况问卷,并准备在项目启动前后各进行一次问卷调查。从服务的角度看,小陈的做法属于( )。

A. 效果评估   B. 过程评估

C. 需求评估   D. 系统评估

44. 某社会工作服务机关设五个区域办公室,每个办公室均设有服务部、项目部、行政部相关职能部门。由于这些区域办公室是平行关系,彼此之间缺乏资源整合和服务联动,导致机构资源分散、工作重复,管理成本急剧增加。为此,该机构计划将原来的直线式组织结构调整为职能式组织结构,其适宜的做法是( )。

A. 将各区域负责人纳入机构督导委员会

B. 授予服务主管对各区域的指挥权

C. 在机构层面建立区域统筹中心

D. 取消各区域办公室的行政部

45. 某社会工作服务机构为解决社区内高龄独居老人照顾问题,采用跨专业合作模式,由社会工作者协调社区卫生服务中心的医生、护士组建团队,共同发起"与爱同行"助老服务项目。关于该团队的说法,正确的是( )。

A. 跨专业团队磨合时间比较短

B. 跨专业团队容易沟通合作

C. 跨专业团队适用于为服务对象提供个案管理

D. 跨专业团队容易形成团队核心凝聚力

46. 为帮助社区中困难家庭青少年提高英语水平,社会工作者联系了一家英语辅导机构,希望其能提供免费辅导。该辅导机构负责人认为此事既回报了社会,又宣传了机构,因此同意开展合作。根据上述情况,该辅导机构的合作动机是( )。

A. 公共关系   B. 社会联谊

C. 税法策略   D. 市场营销

47. 某社会工作服务机构在"五年同行,相伴成长"的周年活动中,安排了爱心义卖环节,并将义卖所得费用用于特殊儿童救助项目。以上筹款方式属于( )。

A. 项目申明   B. 私人恳请

C. 电话劝募   D. 特别事件筹资

48. 关于定性研究特点的说法,正确的是( )。

A. 注重分析可操作变量和统计数据

B. 注重研究问题的普遍性和代表性

C. 注重独特现象与收集非数字化资料

D. 注重研究者在调查中保持价值中立

49. 下列陈述中,属于问卷结构中指导语的是( )。

A. 本调查采用不记名方式,您的信息仅做研究之用,不会被公开

B. 通过对社区居民的随机抽样,您被选中参加本次调查

C. 选择答案"2"的,请直接跳至第 5 题

D. 访问结束,谢谢您的合作

50. 社会工作者小李设计了一份针对高龄独居老人服务需求的调查问卷,督导老王建议适当减少问卷中问题的数量。老王的这一建议主要体现的问卷设计原则是(   )。

A. 符合回答者能力　　　　　　　　B. 具备信度

C. 考虑研究的类型　　　　　　　　D. 具备效度

51. 某社会工作服务机构为了解青少年对"快乐阅读"项目的满意度,设计了一份调查问卷。根据问卷设计原则,下列问题适合排在最后的是(   )。

A. 过去一个月,你参加过几次"快乐阅读"活动?

(1)0 次　　　　　　　(2)1 次　　　　　　　(3)2 次

(4)3 次　　　　　　　(5)4 次以上

B. 你对"快乐阅读"活动的安排满意吗?

(1)非常满意　　　　　　(2)满意　　　　　　(3)一般

(4)不满意　　　　　　　(5)非常不满意

C. 你对"快乐阅读"活动有何建议?

D. 通过参加"快乐阅读"活动,你的阅读兴趣有何变化?

(1)提高　　　　　　　(2)不变　　　　　　　(3)降低

52. 在社会工作研究中,对于个案研究方法的表述,正确的是(   )。

A. 资料的格式基本统一,便于比较分析

B. 研究的结果具有整体性,可推论到相似个案

C. 有利于针对研究对象的问题提出具体的解决方案

D. 有助于实地研究前形成研究思路并进行理论构建

53. 根据《社会工作专业人才队伍建设中长期规划(2011—2020)》,2020 年我国社会工作专业人才总量目标为(   )万人。

A. 140　　　　　　　　　　　　　B. 145

C. 150　　　　　　　　　　　　　D. 155

54. 根据《中华人民共和国老年人权益保障法》,关于设立公益性养老机构的说法,正确的是(   )。

A. 设立公益性养老机构应当向县级以上人民政府民政部门申请行政许可;经许可的,依法办理相应的登记

B. 设立公益性养老机构应当在工商行政管理部门办理登记后,向县级以上人民政府老龄工作机构申请行政许可

C. 设立公益性养老机构应当在工商行政管理部门办理登记后,向县级以上人民政府民政部门申请行政许可

D. 设立公益性养老机构应当向县级以上人民政府老龄工作机构申请行政许可,经许可的,依法办理相应的登记

55. 杨女士于今年 1 月怀孕,3 月份不慎流产。根据《女职工劳动保护特别规定》,杨女士可享受的产假天数为(   )。

A. 5 天　　　　　　　　　　　　　B. 15 天

C. 25 天　　　　　　　　　　　　　D. 35 天

56. 根据《中华人民共和国预防未成年人犯罪法》,下列未成年人中,可以脱离监护人的监护单独居住的是( )。

    A. 小黄,女,15岁,初二学生,身体健康

    B. 小孙,男,16岁,初三学生,身体残疾

    C. 小新,女,15岁,初二学生,身体残疾

    D. 小赵,男,14岁,初一学生,身体健康

57. 根据《最低生活保障审核审批(试行)》,认定低保对象的三个基本条件是( )。

    A. 家庭人口、家庭收入和家庭财产

    B. 家庭人口、家庭收入和户籍状况

    C. 户籍状况、家庭人口和家庭财产

    D. 户籍状况、家庭收入和家庭财产

58. 根据《最低工资规定》,最低工资标准每( )年至少调整一次。

    A. 二   B. 三

    C. 四   D. 五

59. 根据《女职工劳动保护特别规定》,关于保护女职工的措施,正确的是( )。

    A. 对怀孕7个月以上的女职工,用人单位不得延长劳动时间或安排夜班劳动

    B. 对哺乳2周岁婴儿的女职工,用人单位不得延长劳动时间或安排夜班劳动

    C. 怀孕女职工在劳动时间内进行产前检查,所需时间不计入劳动时间

    D. 用人单位在每天的劳动时间内为哺乳期女职工安排30分钟哺乳时间

60. 根据《中华人民共和国社会保险法》,失业保险金的领取时间最长不超过( )。

    A. 6个月   B. 12个月

    C. 8个月   D. 24个月

二、多项选择题(共20题,每题2分。每题的备选项中,有2个或2个以上符合题意,至少有1个错项。错选,本题不得分;少选,所选的每个选项得0.5分)

61. 2017年,国务院总理李克强作政府工作报告时指出"促进专业社会工作志愿服务发展"。这是"专业社会工作"连续两年被写入政府工作报告。关于社会工作特点的说法,正确的有( )。

    A. 社会工作应以维护社会稳定为目标

    B. 社会工作遵循尊重平等的服务理念

    C. 社会工作需要团队合作来解决问题

    D. 社会工作是重点服务困难群体的职业活动

    E. 社会工作需要在科学理论指导下采取行动

62. 社会工作价值观是内化于社会工作者专业实践的精神标准,其主要作用有( )。

    A. 保护服务对象的权益

    B. 保护社会工作者的合法权益

    C. 促进专业健康发展

    D. 促进社会工作机构能力建设

    E. 维护社会公平正义

63. 某养老机构的社会工作者大明在巡视老人房间时,发现服务对象孙奶奶正对着镜子看自己的头,经询问后得知,孙奶奶昨天在房间摔了一跤,头上碰了一个包。孙奶奶担心被人笑话,嘱咐大明千万不要告诉别人。根据社会工作专业伦理难题处理原则,大明恰当的做法有( )。

A. 积极做好防跌倒服务

B. 嘱咐孙奶奶在房间走动要小心

C. 劝说孙奶奶去医院检查

D. 提醒其他老人吸取孙奶奶的教训

E. 建议机构检查设施情况

64. 关于阿尔德弗尔的 ERG 理论的说法,正确的有( )。

A. 人类需要不强调需要层次的顺序

B. 生存需要包括身体健康和自主两方面

C. 关系的需要包括自我发展和自我完善

D. 某种需要在得到基本满足后还可能会增强

E. 人类需要分为生存需要、关系需要和成长需要

65. 小刚是一名小学三年级学生,同班的小明经常在放学后拦住他,向他索要零花钱。针对这种情况,社会工作者可以开展的服务有( )。

A. 立即打电话报警要求警察干预

B. 教导小刚自我保护的方法

C. 对有欺凌行为的小明进行辅导

D. 与小刚的父母沟通,加强防范

E. 联系学校在校园开展反欺凌教育

66. 因妻子突发疾病去世,张先生半年来一直处于极度悲伤状态,经常吃不下饭、睡不着觉,十分迷茫和不安,无法正常生活和工作,社会工作者小王得知张先生的情况后,决定为他提供服务。此时,小王正确的做法有( )。

A. 安抚张先生的情绪

B. 协助张先生解决失眠等问题

C. 协助张先生处理妻子后事

D. 了解张先生面临的主要问题

E. 评估张先生状态的危急程度

67. 在个案工作进入结案阶段时,有的服务对象会出现分离焦虑,从而提出更多有待解决的问题或需求,此时社会工作者适宜的做法有( )。

A. 增加机构会谈或家访的次数

B. 接纳服务对象的分离焦虑

C. 分享服务对象收获的正向经验

D. 与服务对象共商转介计划

E. 酌情延长服务时间

68. 辛女士:"我年轻时学习成绩可好了,尤其喜欢音乐。结婚后,为了照顾孩子,我就什么都放下了,成了全职妈妈。现在孩子上学了,我每天一个人在家,觉得空落落的,孩子他爸一直

不理解我一个人照顾家庭的辛苦,我有时候真怀念小时候学音乐的日子,那时候真有意思啊!"

社会工作者:"听了您刚才说的话,我的理解是您既想照顾好家庭,又想继续学习音乐,是这样吗?"

辛女士:"是的。"

社会工作者:"我听出来您有很多想谈的话,但咱们这次时间有限,您说说看,这次您最想谈的是什么?"

上述对话内容中,社会工作者使用的技巧有(　　)。

A. 建议　　　　　　　　　　　B. 对质

C. 对焦　　　　　　　　　　　D. 摘要

E. 忠告

69. 社会工作者小王为社区老人创办了一个"健康管理"小组。在开始阶段,有不少组员怕说错话、做错事,表现出沉默、观望等状态,大家都希望在别人发言后,自己再表态。针对这一情况,小王适合的做法有(　　)。

A. 组织创意活动打破僵局

B. 指定几名组员轮流发言

C. 邀请组员分享健康保健经验

D. 以身作则成为主要的发言者

E. 通过寻找组员的相似性,调动发言的积极性

70. 小组的气氛对小组的发展及目标的实现十分重要。下列做法中,属于营造小组气氛的有(　　)。

A. 利用破冰游戏等互动环节促进组员相互认识和熟悉

B. 找到小组中具有领袖气质的组员,帮其树立权威

C. 在组员表达想法后,邀请其他组员给予回应

D. 协助组员讨论订立小组契约和规范

E. 协助组员发现问题并形成次小组

71. 在设计小组活动时,社会工作者应该考虑的要素有(　　)。

A. 紧扣小组目标　　　　　　　B. 组员的特征和能力

C. 经验分享环节　　　　　　　D. 社会工作者的喜好

E. 小组活动的基本要素

72. 下列做法中,属于社区照顾模式实施策略的有(　　)。

A. 为服务对象的照顾者提供支援服务

B. 动员服务对象的亲朋邻里提供支持

C. 邀请辖区单位加入,为服务对象建立支持网络

D. 将服务对象集中到一起,建立大型养老服务机构

E. 通过"去专业化",保证服务对象留在熟悉的社区

73. 社会工作者小路被机构派驻到某社区工作,他目前的首要任务是尽快进入社区,同时让合作伙伴和居民认识自己。为此,小路采取的恰当做法有(　　)。

A. 旁听社区议事协商会议

B. 参与筹备社区广场舞比赛

C. 邀请新闻媒体报道社区居委会换届

D. 发现和培育社区居民骨干

E. 和社区居委会工作人员一起上门探访居民

74. 为了更好地了解社区居民的感觉性需要,社会工作者可以采取的收集资料的方法有( )。

A. 查阅社区居委会的工作会议记录

B. 非参与式观察社区居民的日常生活

C. 对社区居民进行面对面访谈

D. 采用问卷调查法收集社区居民的意见

E. 在社区网上论坛收集居民反映的问题

75. 为解决某社区居民与物业公司因车辆停放和垃圾清运而产生的矛盾,社会工作者采用问题解决策划的方式,首先召集居民代表、物业公司和居委会研究出三种解决方法,在上述工作的基础上,社会工作者还需开展的工作有( )。

A. 进行社区服务需求评估

B. 选择最佳的解决方法

C. 分析三种解决方法的利弊

D. 设计完整的服务方案

E. 发展多方参与的评估计划

76. 某社会工作服务机构分析了一位新加入的志愿者的服务动机。下列分析结果中,属于自我中心型服务动机的有( )。

A. 实现"善有善报"　　　　　　　B. 获得新的工作经验

C. 认识更多的新朋友　　　　　　　D. 表达对弱者的同情

E. 履行社会责任

77. 关于定量研究与定性研究特点的说法,正确的有( )。

A. 定性研究过程中完全可以排除研究者的观察者偏差

B. 定量研究重视从理论出发进行演绎推理形成研究假设

C. 定量研究与定性研究的方法可以整合到同一项研究中

D. 定量研究适用于不熟悉的社会系统和微观层面的研究

E. 定性研究主要依托非控制性的自然手法进行资料收集

78. 下列调查主题中,适宜采用自填问卷的有( )。

A. 低年级学生的朋辈关系状况调查

B. 大学生志愿者的志愿服务现状调查

C. 养老机构中失智老人的照顾需求调查

D. 身心障碍者的社区康复服务满意度调查

E. 社会工作服务机构中社会工作者的职业倦怠调查

79. 根据《国务院关于全面建立临时救助制度的通知》,关于临时救助申请受理审核审批程序的说法,正确的有( )。

A. 申请临时救助应当向户籍所在地乡镇人民政府(街道办事处)提出

B. 受申请人委托,村(居)民委员会或其他单位、个人可以代为提出临时救助申请

C. 因情况紧急,无法在申请时提供相关证明材料的,乡镇人民政府(街道办事处)可以先行受理

D. 乡镇人民政府(街道办事处)应当主动核查临时救助线索情况,对于其中符合条件的,应当协助申请并受理

E. 对于情况紧急,需立即采取措施以防止造成无法挽回损失的,乡镇人民政府(街道办事处)应当先行救助,事后再补齐审核审批手续

80. 根据《关于开展城镇居民基本医疗保险试点的指导意见》,关于城镇居民基本医疗保险的说法,正确的有(　　　)。

A. 城镇居民可自愿参加城镇居民基本医疗保险

B. 城镇居民基本医疗保险以家庭缴费为主

C. 参加城镇居民基本医疗保险可享受政府补助

D. 城镇居民基本医疗保险参保对象不包括技校学生

E. 城镇居民基本医疗保险重点保障城镇从业居民的大病医疗需求

姓名

准考证号

社会工作综合能力（初级）2016 年真题

重要提示：

　　为维护您的个人权益,确保考试的公平公正,请您协助我们监督考试实施工作。

　　本场考试规定:监考老师要向本考场全体考生展示题本密封情况,并邀请 2 名考生代表验封签字后,方能开启试卷袋。

社会工作综合能力（初级）2016年真题

一、单项选择题（共60题，每题1分。每题的备选项中，只有1个最符合题意）

1. 下列关于专业社会工作的说法中，正确的是（　　）。
A. 专业社会工作的主要载体是居民委员会
B. 专业社会工作的主要任务是动员志愿者
C. 专业社会工作的主要服务对象是困难群体
D. 专业社会工作的主要方法是思想政治教育

2. 小林是为服刑人员未成年子女提供服务的社会工作者，他在服务中始终认为"服刑人员未成年子女是祖国的花朵，应该受到保护，得到教育，健康快乐地成长"。上述小林的观点体现的社会工作特点是（　　）。
A. 注重专业价值
B. 强调专业方法
C. 促进互动合作
D. 推动多方协同

3. 为了协助社区老年人建立社会支持网络，社会工作者邀请大学生志愿者为有兴趣的老年人举办智能手机使用培训班，讲授微信等常用手机软件的操作方法。在服务对象层面上，本项活动体现的社会工作目标是（　　）。
A. 促进社会团结
B. 缓解困难
C. 促进社会公正
D. 促进发展

4. 下列社会工作者的服务中，体现建构社会资本功能的是（　　）。
A. 老张采用小组工作方法帮助刑满释放人员重建自信，促进其就业
B. 老杨采用心理辅导方法舒缓失独老人哀伤情绪，改善其生活质量
C. 老田联系电影院为视力障碍人士举办听影活动，促进其支持网络建立
D. 老李通过"四点半课堂"为城市贫困儿童开展助学活动，改善其学业状况

5. 小李是某职业中学的驻校社会工作者。在一次个别辅导中，小李的督导建议他应该更多地扮演倡导者角色为学生们提供服务。在下列小李的服务中，能够体现社会工作者倡导者角色的是（　　）。
A. 激发厌学学生的学习动机，帮助他们克服厌学的情绪
B. 建议依赖手机的学生每天减少玩手机的时间
C. 招募志愿者参与职业中学的伙伴成长计划
D. 撰写职业中学学生就业影响因素分析报告

6. 某新建小区居民之间互不认识,对社会工作服务也缺乏了解,项目推进遇到了困难,新入职的社会工作者小王感到力不从心。对此,小王需要提升的主要是( )。

A. 提供服务和干预的能力

B. 促进和使能的能力

C. 沟通和建立关系的能力

D. 评估和计划的能力

7. 社会工作者老林在进行低保家庭经济状况核查时,了解到老张的孩子患了再生障碍性贫血,虽已四处筹集治疗费用,但缺口仍很大。于是老林协助老张向街道办事处申请医疗救助金。从社会工作领域角度看,上述老林的工作主要属于( )。

A. 医务社会工作

B. 企业社会工作

C. 学校社会工作

D. 社会救助社会工作

8. 社会工作者在提供服务时,强调要尊重服务对象,充分考虑到服务对象的年龄、性别、种族、文化背景和社会地位等差异。在建立和发展社会工作价值观时,社会工作者应坚持的原则是( )。

A. 个别化   B. 权责并重

C. 关系和善   D. 民主参与

9. 吴大爷因患癌症在医院治疗,但病情一直没有好转。为了不加重吴大爷的心理负担,子女们要求医务社会工作者小杨和他们一起向吴大爷隐瞒病情。在小杨前来探访时,吴大爷希望其告知病情。此时,小杨面临的伦理难题是( )。

A. 保密和告知的冲突

B. 人情和法理的冲突

C. 价值介入与客观性的冲突

D. 对服务对象负责和对机构负责的冲突

10. 社会工作的实践强调服务对象的自我决定,但对于因生理、心理和其他原因没有能力做出清晰判断和决定的服务对象来说,最适宜的做法是( )。

A. 由服务对象的监护人代替当事人做决定

B. 诊断治疗服务对象病症的专家在综合各种信息后做决定

C. 由社会工作者在考量服务对象的处境和切身利益的基础上做决定

D. 社会工作者对几种方案的利弊做出分析,再由服务对象的监护人做决定

11. 社会工作者小张经过努力,帮助服务对象小强找到了合适的工作。小强妈妈为表示感谢,给小张女儿买了些零食,小张一再推辞。小强妈妈说社会工作者也要讲人情,不然她会觉得没面子,小张只好收下了零食。过了几天,小张买了一份价格相近的礼物送给小强,并鼓励他认真工作。上述小张的做法突出体现了社会工作专业伦理中的( )。

A. 恰当处理与服务对象的双重关系

B. 妥善处理与服务对象的利益关系

C. 谨慎处理和服务机构的利益关系

D. 促进社会工作专业的权威及其发展

12. 社会工作者老张为王女士提供生涯规划辅导时,无意中发现王女士的丈夫对她有暴力行为。此时,老张首先应该做的是(   )。

    A. 因所获信息与服务无关,不必采取行动

    B. 遵守保密原则,不向第三方透露王女士的信息

    C. 征询王女士意见,问她是否愿意讨论家庭暴力问题

    D. 直接向当地妇联反映,维护王女士的合法权益

13. "三人行,必有我师焉"体现出的人类需要类型是(   )。

    A. 爱的需要   B. 自尊的需要

    C. 审美的需要   D. 学习的需要

14. 小玲的父母对她在生活上无微不至,包揽一切,学习上严格要求。上述家庭教养模式是(   )。

    A. 专制型   B. 支配型

    C. 骄纵型   D. 冲突型

15. 王大爷身体一向很好,最近突发中风瘫痪在床后,脾气变得很暴躁,经常与家人吵架。根据上述情况,社会工作者小李认为王大爷出现了行为问题,小李做出这种判断的依据是(   )。

    A. 统计学标准   B. 内省经验标准

    C. 行为适应性标准   D. 社会规范标准

16. 初二(3)班的班主任向学校社会工作者小吴反映,班里学生小涛最近与同学关系紧张,学习成绩下滑。家长也反映小涛最近爱与家长顶嘴,总说"这是我自己的事情,你们凭什么替我拿主意!"根据小涛身心发展的特点,小吴正确的判断和建议是(   )。

    A. 小涛出现学习障碍问题,需先进行介入

    B. 小涛的情绪出现两极化发展特征,需严格管控

    C. 小涛的自我意识进一步发展,需加强人际沟通

    D. 小涛的心理和行为出现了问题,需转介接受治疗

17. 初中生小强的父母经常因吵架而闹离婚,家庭成员之间关系紧张,家庭气氛压抑。根据上述情况,社会工作者在帮助小强时尤其要注意(   )。

    A. 小强是否有自我中心心态

    B. 小强是否缺乏安全感

    C. 小强是否有胆小懦弱的行为

    D. 小强是否有自卑心理

18. 社会工作者老高对某社区矫正对象开展个案辅导,老高尊重服务对象,相信他有改变自我的愿望与能力,并积极促进服务对象外部环境的改善,促使服务对象积极改变、融入社区,从心理社会治疗模式看,上述老高做法的理论假设是(   )。

    A. 每个人都要重拾希望

    B. 每个人都有成长潜力

    C. 每个人都要面对社会问题

    D. 每个人都要学会沟通

19. 当服务对象面临严重危机时,社会工作者需要采取行动,帮助服务对象摆脱危机影响,降低其受到伤害的可能性。此时,社会工作者应遵循的主要原则是(   )。

    A. 及时处理   B. 现实反思

    C. 强调关系   D. 多方协调

20. 赵女士因夫妻矛盾和家庭经济的双重压力长期郁郁寡欢,在微信中几次透露了厌世倾向,好友帮助赵女士来向社会工作者求助,社会工作者初次面谈中首先要做的是(   )。

    A. 画出赵女士的家谱图

    B. 了解赵女士的成长经历

    C. 帮助赵女士找出错误认知

    D. 对赵女士进行危险性评估

21. 李大爷与邻居关系紧张,为此,他常感到烦恼。一次与邻居吵架后,李大爷向社会工作者小张求助,小张热情接待了李大爷,并听他讲述了事情发展的整个过程。接下来小张首先要做的是(   )。

    A. 对其问题进行预估

    B. 对其提供资源信息

    C. 对其制定干预目标

    D. 与其签订服务协议

22. 服务对象孙大爷手术后回家休养,行动不便,社会工作者小马联络了社区食堂为他送餐,并安排社区志愿者老李陪同孙大爷就医。上述服务中,社会工作者小马扮演的角色是(   )。

    A. 使能者   B. 联系人

    C. 倡导者   D. 治疗者

23. 实习生小张对督导说:"为什么在个案会谈中,要求社会工作者看着服务对象,并有眼神交流,还要有上身略微前倾等这样的身体语言呢?"督导说:"……这样你就可以让服务对象感受到你对他的关心。"上述身体语言属于支持性技巧中的(   )。

    A. 同感   B. 鼓励

    C. 认同   D. 专注

24. 服务对象:"我最近很努力,我也想好好读书,可上课老师讲的我根本听不懂,听听就想睡觉,回家作业也不会做,又没人帮我,所以只好上网和朋友们打网游了。"社会工作者:"你说你很努力,也想好好读书,可遇到困难后又去打游戏了,你的想法和行动不一致,你有没有尝试改善这种状态呢?"上述对话中,社会工作者运用的个案面谈技巧是(   )。

    A. 对焦   B. 同理

    C. 摘要   D. 对质

25. 个案的结案形式多种多样,在最后一次服务面谈中,下列做法中最适宜的结案形式是(   )。

    A. 由社会工作者直接告诉服务对象需要结束服务

    B. 由社会工作者的同事告诉服务对象需要结束服务

    C. 由社会工作者的督导告诉服务对象需要结束服务

    D. 由社会工作者的领导告诉服务对象需要结束服务

— 4 —

26. 社会工作者小张最近针对慢性病患者开展了小组工作,在小组中,组员们聚在一起,讨论病情,获得医疗信息,分享自己在治疗过程中的经验和体会,在交流中不断提升生活的信心,该小组的工作类型是(   )。

A. 教育小组
B. 成长小组
C. 支持小组
D. 治疗小组

27. 社会工作者小李拟为社区青年志愿者开展小组服务。在小组活动中,小李计划让组员交流在志愿服务中积累的经验和体会,表达遇到的困惑,依托集体的力量,激发组员的潜能。小李的设计是以(   )为基础的。

A. 发展模式
B. 任务中心模式
C. 治疗模式
D. 社会目标模式

28. 关于小组目标制定原则的说法,正确的是(   )。

A. 小组目标要强调组内的禁止事项
B. 小组目标要弹性安排活动时间
C. 小组目标要超越组员的能力限制
D. 小组目标要可测量且可评估

29. 在外来务工妇女支持小组的第一次活动中,面对组员的沉默谨慎和被动,社会工作者的工作重点是(   )。

A. 帮助组员建立信任关系
B. 协助组员解决问题
C. 帮助组员保持小组经验
D. 协助处理小组冲突

30. 在青少年小组最近的两节活动中,社会工作者小刘发现组员的关系更加亲密了,凝聚力大大增强,组员对解决这些问题充满信心和希望,也更加具有责任意识。小刘感觉开展小组活动轻松了很多,很多任务都可以让组员来完成。根据此阶段组员的特点判断,该小组目前处于(   )。

A. 工作开始阶段
B. 中期转折阶段
C. 后期成熟阶段
D. 工作结束阶段

31. 学校社会工作者小方开办的提升学习能力的小组已经进入结束阶段,为帮助组员保持在小组中收获的经验,小方应采取的做法是(   )。

A. 做好小组评估工作,着重评估组员通过小组工作获得的改变
B. 告诫组员不要寻求他人的支持,要靠自身的力量维持和巩固正向改变
C. 设置练习环节,模拟现实生活情境,让组员练习在小组中学习到的方法
D. 理解和包容组员对小组的依赖心理,让组员了解有这样的依赖是正常现象

32. 社会工作者小王在社区内开展了外来人口小组服务,小王设计了"人人都说家乡好"的环节,鼓励组员唱一首家乡的民歌,并向其他组员介绍自己的家乡,抒发思乡之情。这个设计有助于(   )。

A. 处理离别情绪,协助组员保持小组的经验
B. 处理抗拒行为,协调处理组员间的冲突
C. 促进组员表达,增进组员的了解和支持

D. 控制小组进程,协助组员形成稳定的关系

33. 在某小组活动讨论中,组员张阿姨一直在讲述自己的心得,这时有的组员开始走神,社会工作者适时插话说:"很感谢您今天的发言,我们大家还想听一听其他几位组员的想法,请您帮我邀请下一位组员,好吗?"上述对话中,该社会工作者采用的技巧是( )。

A. 限制   B. 提问

C. 对质   D. 忠告

34. 关于地区发展模式特点的说法,正确的是( )。

A. 强调遵循理性原则

B. 注重培育社区自主能力

C. 体现自上而下的改变

D. 主要关注任务目标的实现

35. 社会工作服务机构运用社区照顾模式为高龄老人提供服务。下列做法中,最能体现"对社区照顾"服务策略的是( )。

A. 动员志愿者帮助老人打扫卫生

B. 为老人在社区建立日间照料中心

C. 为老人申请在家中安装电铃呼叫系统

D. 建立同一类型的慢性病患者互助小组

36. 社会策划模式实施策略中,自我评估的内容是( )。

A. 寻找既有解决问题手段的缺失

B. 比较所有达到目标的可行性方案

C. 了解对计划有影响的人士和团体

D. 分析所属社会服务机构的优点和不足

37. 了解社区文化特色不仅有利于激发社区居民的参与热情,而且有利于居民更加深入地了解社区。下列内容中,最能体现社区文化特色的是( )。

A. 居民的总体特征

B. 居民的生活习惯

C. 社区的社会服务

D. 社区的自然环境

38. 社会工作者老胡通过观察社区环境和走访居民,初步判断社区中的规范性需要没有得到满足。下列内容中,可作为老胡判断的依据的是( )。

A. 居民对社区环境卫生有意见

B. 居民反映附近工地施工噪音扰民

C. 社区绿地面积比周围社区少

D. 服务场所面积未达到政府规定标准

39. 社会工作者小苏开展了一个社区青年就业援助项目,最近该项目需要进行中期自评。从过程评估的角度看,小苏应重点评估的内容是( )。

A. 成功就业的社区青年人数

B. 服务对象的满意度

C. 链接就业资源的方式

D. 项目的投入产出比

40. 刘大姐是社区助老服务队的队长,一直受到队员的拥戴,最近刚加入的几名新队员与她在志愿服务的活动形式上产生了分歧,队里的气氛也因此变得有些紧张,刘大姐在与社会工作者小陈交流工作时流露出不想让新队员参加活动的念头。此时,小陈的正确做法是(   )。

A. 支持刘大姐关于活动形式的意见

B. 帮助刘大姐与新队员之间形成明确分工

C. 鼓励刘大姐与新队员进行充分的沟通讨论

D. 建议刘大姐以少数服从多数的原则作出决定

41. 社会工作者在制订社区活动计划前应首先考虑(   )。

A. 不同活动方案的可行性

B. 预期的困难和解决方法

C. 服务对象的特点、需要和兴趣

D. 大型活动与小规模活动的利弊

42. 对社会服务机构而言,志愿者绩效评估的核心目的是(   )。

A. 了解志愿者的技能成长

B. 保证机构的服务质量

C. 强化志愿者的利他行为

D. 满足志愿者的社交需要

43. 黄先生自筹资金,开办了拥有 100 张床位的养老院。根据当地政策,每张床位补贴 1 万元,黄先生得到 100 万元的一次性财政补贴。根据资助方式,当地政府扮演了(   )。

A. 伙伴角色   B. 委托人

C. 奖励者   D. 监督者

44. 社会服务机构募款时,需了解捐助人的动机和行为。以下属于个人捐款动机的是(   )。

A. 市场营销   B. 公共关系

C. 利他助人   D. 社会联谊

45. 某福利院的服务对象老王因中风导致行动不便,出入均需护理人员陪同,但老王不愿麻烦护理人员。有一天他自行出去活动时不慎摔倒,生命垂危,经抢救后脱离危险。帮助老王的社会工作者因此感到内疚,不断自责,机构督导及时跟进。下列做法中,属于支持性督导的是(   )。

A. 评估小李个案服务过程

B. 指导小李改进服务技巧

C. 教导小李中风处置方法

D. 协助小李处理情绪困扰

46. 为了实现社会服务机构的发展目标和良性运作,管理者应努力提高员工的满意度和工作动机,并发挥团队精神,将各部门的活动化为一致性行动。在这一过程中,管理者应进行的活动是(   )。

A. 授权与沟通   B. 授权与协调

D. 沟通与控制   C. 沟通与协调

47. 社会工作者小姚大学毕业不久,目前负责为社区独居老人提供服务,她发现自己在个案辅导中,老人常把她当成孙辈,她认为这会使得服务很难深入。为此,小姚向督导寻求帮助。根据小姚工作中遇到的问题,督导最合适的做法是(   )。

A. 向小姚介绍独居老人的心理特征,指导她改善专业关系

B. 建议小姚将自己的感受告诉老人,提醒她别与老人走得太近

C. 理解小姚的担忧,告诉她刚工作需要保证完成机构分配的任务

D. 让小姚接受这一事实,并说明这种情况会随其阅历增长而改善

48. 下列关于定量研究和定性研究的说法中,正确的是(   )。

A. 定量研究重视假设检验,定性注重发现问题的独特性

B. 定量研究发现新问题,定性研究注重结论的代表性

C. 定量研究计划灵活可变,定性研究更加系统化

D. 定量研究是理论建构的过程,定性研究更侧重理论检验

49. 社会工作者老许正在编制一份自填式调查问卷,注明若无特殊性说明,每个问题请选择一个答案。老许这段说明属于问卷结构中的(   )。

A. 编码

B. 指导语

C. 问题和答案

D. 封面信

50. 学校社会工作者小马在一次旨在培养学生自信心提升的服务中设计了一份问卷,用于调查4~6年级学生自信心的变化及特点。小马的督导建议问卷量表的篇幅不宜过长,上述督导建议表明问卷设计应该(   )。

A. 提高学生信心并完成问卷意愿

B. 围绕提升自信心的研究假设设计问题

C. 较好提升学生自信心的实际性

D. 保证自信心提升不受时间、地点影响

51. 社会工作者小张运用个案研究方法,通过访问服务对象的感受、查阅服务记录和聆听社会工作者的评价来促进社会工作专业服务的改善和提升。小张的做法能体现个案研究的(   )特征。

A. 凸显研究的方法制度

B. 手段和资料多元化

C. 研究步骤不甚严格

D. 强调研究对象的普遍性

52. 社会工作者老王一直从事农村社区发展的实务与研究,他选择 A 村作为研究对象,并获准进入 A 村,探索如何使"空心化"的乡村重新焕发新的活力。根据个案研究的一般步骤,老王接下来应该(   )。

A. 总结 A 村发展经验,报告研究结果与发现

B. 整理观察日记和访谈记录,分析 A 村社区的发展路径

C. 查阅地方志和文史资料,了解 A 村的历史文化资源

D. 了解 A 村语言和文化,与村民们建立信任友善关系

53. 《关于加强社会工作专业人才队伍建设的意见》提出,要建立健全社会工作专业人才队伍的领导体制和工作格局。在实现该目标的主要举措中民政部门的职责是( )。

    A. 指挥抓总　　　　　　　　　　B. 具体负责

    C. 密切配合　　　　　　　　　　D. 综合协调

54. 根据《中华人民共和国老年人权益保障法》,下列做法正确的是( )。

    A. 徐某以让孩子安心学习为由,强迫70岁的父亲住在郊外条件低劣的祖屋内

    B. 程某与65岁的父亲照看林地,并将林地的收入都交给父亲

    C. 张某与68岁母亲关系不和,常年不回家看望母亲

    D. 陈某以放弃继承权为由,不赡养82岁的父亲

55. 根据《中华人民共和国妇女权益保障法》,丧偶妇女对公婆尽了主要赡养义务的,可作为公婆的( )法定继承人。

    A. 第一顺序　　　　　　　　　　B. 第二顺序

    C. 第三顺序　　　　　　　　　　D. 第四顺序

56. 某中学在课间操时段发生了踩踏事件,造成一些学生受伤,经调查发现该中学没有制定应对意外伤害突发事件的预案,也未配备相应设施并进行必要的演练。根据《中华人民共和国未成年人保护法》,该中学未履行( )。

    A. 家庭保护　　　　　　　　　　B. 社会保护

    C. 学校保护　　　　　　　　　　D. 司法保护

57. 根据《残疾人保障法》,残疾人康复工作应当( )。

    A. 以社区康复为基础,康复机构为依托

    B. 以康复机构为基础,社区康复为依托

    C. 以机构康复为基础,残疾人家庭为依托

    D. 以社区康复为基础,残疾人家庭为依托

58. 根据《社会救助暂行办法》的规定,对符合条件的救助申请不予批准的,由( )责令改正。

    A. 本级行政机关或司法机关

    B. 本级行政机关或监察机关

    C. 上级行政机关或司法机关

    D. 上级行政机关或监察机关

59. 从学校一毕业,小林就应聘在某贸易公司,四年后因公司裁员导致小林失业,工作期间,小林公司一直按照规定缴纳失业保险金。根据《失业保险条例》,小林领取失业保险金的期限最长为( )个月。

    A. 12　　　　　　　　　　　　　B. 15

    C. 18　　　　　　　　　　　　　D. 24

60. 根据《中华人民共和国劳动法》,下列情形中,劳动者延长工作时间不受每日不超过3小时,每周不超过36小时规定限制的是( )。

    A. 劳动者主动要求增加工作时间的

    B. 由于生产经营需要,经劳动行政部门批准的

    C. 由于生产任务紧急,用人单位与工会和劳动者协商一致的

D. 发生自然灾害威胁劳动者生命健康和财产安全,需要紧急处理的

二、多项选择题(共20题,每题2分。每题的备选项中,有2个或2个以上符合题意,至少有1个错项。错选,本题不得分;少选,所选的每个选项得0.5分)

61. 下列活动中,属于企业社会工作服务内容的有(   )。
    A. 职工的减压康乐活动
    B. 新入职职工的技术培训
    C. 职工的职业生涯指导
    D. 职工的绩效考核与奖惩
    E. 职工的亲子关系指导

62. 医务社会工作者小张在为某服务对象开展服务时得知:该服务对象认为在接受治疗的过程中,医生的诊断失误致使其留下残疾。该服务对象搜集了很多"证据",准备起诉医院及相关责任医生。此时,小张面临的专业伦理难题有(   )。
    A. 是否对医院保密   B. 是否立即结案
    C. 是否对医生保密   D. 是否立即转介
    E. 是否支持服务对象起诉

63. 大三学生小李最近找到社会工作者小宁,说自己很不开心,觉得上大学没意思,准备放弃学业,自己创业。小李和父母说了自己的想法,但遭到父母反对。他希望小宁能帮他说服父母。此时,小宁适当的做法是(   )。
    A. 劝小李安心读书
    B. 帮小李劝说父母同意他创业
    C. 找来小李的父母一起沟通
    D. 告诉小李不用考虑父母的感受
    E. 帮小李分析继续学业和创业的利弊

64. 关于中年阶段主要特征的说法,正确的有(   )。
    A. 情感趋于深沉稳定,婚姻更注重情感
    B. 认知发展错综复杂,固定智力出现缓慢下降
    C. 更年期可能会导致情绪波动,烦躁易怒
    D. 能熟练处理各种社会关系,更智慧地解决问题
    E. 在事业、地位和财富上基本达到个人的生活巅峰

65. 学校社会工作者小金设计了一项旨在减少校园暴力的服务方案,该方案应包括的内容有(   )。
    A. 为施暴同学提供社区矫正服务
    B. 提升受暴同学的自尊心与社交技能
    C. 配合教师在班级内开展反欺凌教育活动
    D. 推动成立包括老师、学生、家长在内的委员会,加强沟通
    E. 协助学校管理者推行"人不犯我,我不犯人"的文化建设

66. 关于个案工作中专业关系建立的正确说法有(   )。
    A. 社会工作者对服务对象要多支持和鼓励

B. 社会工作者应该接纳服务对象的所有观点

C. 个案服务中的专业关系若不能建立,专业社会工作服务则很难继续

D. 个案服务对象寻求帮助的动力和信心建立在良好的专业关系基础上

E. 个案工作专业关系的建立完全取决于服务对象的配合

67. 社会工作者在个案结案会谈中所涉及的重要工作包括( )。

A. 处理结案引发的情绪反应

B. 回顾服务过程与成效

C. 确定与服务对象保持交往的方式

D. 讨论与处理工作过程中遗留的问题

E. 讨论结案后服务对象可能遇到的困难及应对

68. 社会工作者制定个案服务方案的关键在于目标的设定。在制定服务目标时应注意的原则有( )。

A. 清晰具体　　　　　　　　　B. 现实可行

C. 灵活可变　　　　　　　　　D. 可以测量

E. 积极正向

69. 社会工作者小燕带领的“幸福家庭学习小组”进入结束阶段,她组织组员进行了自评。下列属于小组自评的有( )。

A. 小组的效能

B. 参加小组过程的感受

C. 工作人员的技巧运用

D. 组员之间的互动过程

E. 参与小组的目标是否达成

70. 社会工作者小柳在“大学新生入学适应”小组中,与组员分享了自己上大学的生活,及时向组员传递尊重、接纳与鼓励,并简明扼要复述了组员发言中的主要观点和重要信息,使其具有条理性和逻辑性。在此过程中,小柳采用的与组员沟通的技巧有( )。

A. 专注与倾听

B. 鼓励组员相互表达

C. 适当自我表露

D. 帮助组员相互理解

E. 及时进行小结

71. 社会工作者小刘为家暴受害妇女开设支持小组,旨在提升她们的自尊感及面对家庭暴力的勇气和能力,在小组开始时有些组员因相互不熟悉,怕说错话,表现出小心谨慎与相互试探。为营造信任的小组气氛,下列小刘的做法中,正确的是( )。

A. 强调组员的相似性,以增强小组的凝聚力

B. 适当控制小组进程,倾听组员诉说受暴经历

C. 运用角色扮演的方法,重现组员当时受暴的情景

D. 创造机会让组员表达想法,促进相互回馈和关怀

E. 主动与组员沟通,运用同理心,倾听并真诚回应

72. 社区动力分析主要从社区系统分析和社区互动分析两方面展开,在社区系统分析中,针对"团体和组织"的内容有(　　)。

A. 列出社区内部团体和组织的名单

B. 分析各类团体和组织之间的竞争关系

C. 分析各类团体和组织之间的权力依赖关系

D. 研究社区内部每一团体和组织的价值取向

E. 按照各类团体和组织的取向和利益进行分类

73. 与个案工作、小组工作方法相比,社区工作方法的特点有(　　)。

A. 对家庭问题的治疗性

B. 分析视角的结构性

C. 对现有制度的反思性

D. 工作内容的政治性

E. 介入问题的宏观性

74. 社会工作者老魏正在主持居民会议,了解居民对社区事务的意见和建议。老魏在会议中说:"大家刚才都说得很好,现在的意见主要集中在买菜不方便和路面容易积水这两个问题上,大家还有没有其他方面的问题想要反映?"老魏这段话中运用的主持会议技巧有(　　)。

A. 关注、中立和限制　　　　　　　B. 关注、赞赏和鼓励

C. 提问和邀请发言　　　　　　　　D. 摘要、综合和总结

E. 进一步说明和转述

75. 为了更好地发挥志愿者的作用,某儿童福利机构计划建立一套完整的志愿者管理制度,这一制度的内容应该包括(　　)。

A. 评估志愿者参与的动机

B. 制订志愿者的岗位工作职责

C. 定期和持续对志愿者进行督导

D. 与志愿者签订正式的劳动合同

E. 设立与志愿者绩效相适应的岗位津贴

76. 某社会工作服务机构正在撰写一份项目申请书,计划向政府争取资金支持,该项目申请书的内容如下:项目名称、机构名称、背景和意义、实施步骤。除了上述内容外,该项目申请书还必须列出的内容有(　　)。

A. 项目目标　　　　　　　　　　　B. 项目经费预算

C. 项目的资助者　　　　　　　　　D. 项目人员的招募

E. 项目的预期效果

77. 在调查问卷中,问题的类型可以分为状态、行为和态度三种,下列调查问题中,属于行为类型的有(　　)。

A. 您目前的婚姻状况是:

(1)从未结婚(2)初婚至今(3)离婚(4)离婚后再婚(5)丧偶(6)丧偶后再婚(7)其他(请说明)

B. 去年,您一共去医院_____次

C. 近一个月以来,您平均每天锻炼身体的时间大约是_____分钟

D. 您目前每个月的各项收入合计大约是_____元

E. 您对近两个月的收入和开支的评价如何?

(1)富余(2)比较(3)收支平衡(4)比较拮据

78. 关于个案研究特点的说法,正确的是(　　)。

A. 个案研究有助于澄清概念和确定变量

B. 个案研究有利于中和极少数人的极端想法

C. 个案研究有利于设计有效具体的解决方案

D. 个案研究依托分析性概括辅助理论建构

E. 个案研究有利于客观深入地把握研究对象的需要

79. 根据《工伤保险条例》,下列情形中,可以认定或视为工伤的有(　　)。

A. 张某醉酒后开车前往公司,上班路上发生交通事故,导致死亡

B. 赵某搭乘出租车前往公司,上班路上发生交通事故,导致残疾

C. 宋某在车间工作时,因个人疏忽大意,将手卷入机器,导致残疾

D. 王某因感情受挫,萎靡不振,某日上班时间,从工厂办公楼顶跳下死亡

E. 李某为某工厂保安,患心脏病多年,某日上班时在工厂内因与小偷发生搏斗,导致心脏病复发而死亡

80. 根据《中华人民共和国残疾人保障法》,各级地方人民政府予以供养的残疾人应同时具备的条件有(　　)。

A. 未成年

B. 无劳动能力

C. 无生活来源

D. 残疾程度二级以上

E. 无扶养人或者扶养人不具备扶养能力

社会工作综合能力（初级）2015 年真题

重要提示：

　　为维护您的个人权益，确保考试的公平公正，请您协助我们监督考试实施工作。

　　本场考试规定：监考老师要向本考场全体考生展示题本密封情况，并邀请 2 名考生代表验封签字后，方能开启试卷袋。

社会工作综合能力(初级)2015年真题

一、单项选择题(共60题,每题1分。每题的备选项中,只有1个最符合题意)

1. 某社会工作服务机构的社会工作者联系了街道辖区内某三甲医院的医生、护士、营养师、康复治疗师等,为老人提供医疗康复服务;协调辖区内某单位食堂为老人提供配餐服务。上述做法最能体现社会工作(　　)的特点。

  A. 注重专业实践   B. 多方协同

  C. 注重专业价值   D. 促进发展

2. 下列社会工作计划中,突出体现社会工作"促进发展目标"的是(　　)。

  A. 自闭症儿童音乐治疗计划

  B. 青少年网络成瘾干预计划

  C. 老年人自杀危机干预计划

  D. 新居民子女成长向导计划

3. 某社会工作服务机构为在本市居住不满三年的家庭提供服务。机构社会工作者一方面提供就业辅导服务,增强他们的就业能力;另一方面开展社区教育等服务,建立社区支持网络。上述服务体现出社会工作对服务对象的作用是(　　)。

  A. 建构社会资本   B. 促进人与社会环境的相互适应

  C. 维持社会秩序   D. 促进社会和谐

4. 老伴儿去世半年后,李奶奶仍难以走出失去老伴儿的悲痛,经常自责,情绪十分低落。鉴于李奶奶目前的状态,社会工作者对李奶奶进行了哀伤辅导。在上述服务中,社会工作者扮演的角色主要是(　　)。

  A. 治疗者   B. 关系协调者

  C. 倡导者   D. 资源筹措者

5. 关于社会工作要素的说法,正确的是(　　)。

  A. 社会工作价值观是通过社会工作专业教育养成的

  B. 社会工作者的素质、经验和能力直接影响服务成效

  C. 社会工作服务对象就是社会中需要帮助的贫困人群

  D. 助人活动是社会工作者向服务对象提供的单向支持活动

6. 社会工作者根据服务对象个人的特殊需要,为其提供个案服务;针对服务对象的同质需要,为更多的人开展小组服务。这表明有效支持社会工作者实践的是(　　)。

  A. 专业助人方法   B. 潜在服务对象

  C. 个人的价值观   D. 社会工作服务机构

7. 学校社会工作者小高针对因迷恋上网而成绩下降的学生开展小组服务。在小组活动中,小高引导学生树立正确的网络使用观念,提高自身行为控制能力,取得了良好效果。上述小高的服务属于(　　)。

A. 治疗型学校社会工作　　　　　B. 家庭-学校社会工作

C. 变迁型学校社会工作　　　　　D. 社区-学校社会工作

8. 关于社会工作价值观作用的说法,正确的是(　　)。

A. 社会工作价值观的维系和发展,仅强调社会对个人的责任

B. 社会工作价值观来源于社会价值观,两者应始终保持一致

C. 社会工作价值观能规范社会工作者的行为,促进专业健康发展

D. 社会工作价值观要求社会工作者在服务中满足服务对象提出的所有需求

9. 某服务对象与社会工作者小张配合良好,对其很信任。有一天,该服务对象告诉小张,自己盗窃了公司的重要物品,没被人发现,请求小张保密。根据社会工作价值观与专业伦理,此时,小张最合适的做法是(　　)。

A. 替服务对象保密

B. 对此事不做回应

C. 陪同服务对象向公安部门自首

D. 让服务对象将偷盗的物品悄悄送回公司

10. 社会工作者小马所在机构长期在某村庄开展社会工作服务,协助村民发展有机农业,受到村民欢迎。某电视台想采访小马并报道该服务,小马向机构负责人汇报并经同意后接受了记者的采访。小马的做法体现了社会工作者对(　　)的伦理责任。

A. 同事　　　　　　　　　　　　B. 专业

C. 社会　　　　　　　　　　　　D. 机构

11. 社会工作者小赵的服务对象是一家健身中心的总经理。得知小赵喜欢健身运动后,他将一些优惠券赠送给小赵。根据社会工作专业伦理守则,小赵正确的做法是(　　)。

A. 婉拒赠送,表示感谢

B. 接受赠送,转赠同事

C. 婉拒赠送,结束服务

D. 接受赠送,表示感谢

12. 某社区的老年人向社会工作者反映,该社区周边的便民服务点太少,老年人购物困难。针对这一情况,社会工作者给予的恰当回应是(　　)。

A. 劝导反映问题的老年人不要着急,建议老年人可以让儿女帮忙

B. 坦诚告知老年人已有居民反映该情况,但社区无力解决此类问题

C. 尊重并热情接待反映问题的老年人,告知其该问题在相邻社区同样存在

D. 感谢老年人及时反映情况,告诉老年人会尽快向有关部门反映并参与讨论解决方案

13. 小丽大学毕业后进入社会工作服务机构工作。由于当地社会工作刚刚起步,社会工作服务机构不多,同行之间互动很少。为了更好地融入这个群体,她报名参加了社会工作者协会的继续教育培训,并注册成为该协会会员。根据马斯洛的需要层次论,小丽追求的是(　　)的需要。

A. 安全　　　　　　　　　　　　B. 归属与爱

C. 尊重　　　　　　　　　　　　D. 自我实现

14. 近年来,大气污染问题逐渐受到社会的关注,很多社会组织和个人呼吁政府加大污染治理力度,倡导绿色环保出行。根据莱恩·多亚尔和伊恩·高夫的需要理论,这种行为反映出的"中介需要"是(　　)。

A. 重要的初级关系　　　　　　　B. 适当的教育环境

C. 自然环境的安全　　　　　　　D. 良好的社会环境

15. 为实现邻里互助和环境保护目标,社会工作者在某社区倡导开展了"骑车出游"的活动。活动开展半年后,小区居民都切身感受到融洽的邻里关系,互助精神蔚然成风。这反映出(　　)。

A. 生理因素影响人的成长　　　　B. 社会因素影响人的成长

C. 人类行为影响社会环境　　　　D. 心理因素影响社会环境

16. 小阳经常不按时交作业,班主任在家访中发现,小阳的父亲经常出差,没有时间关心孩子的学习;小阳的母亲没有工作,成天忙着打牌和炒股,对孩子的学习和生活并不关注。据此,班主任判断小阳的家庭教养模式是(　　)。

A. 冲突型　　　　　　　　　　　B. 支配型

C. 民主型　　　　　　　　　　　D. 放任型

17. 学校社会工作者小王发现他所服务的小学里有高年级学生向低年级学生索要财物的现象。针对这一现象,小王制订了干预方案,其中属于针对学校进行的干预措施是(　　)。

A. 纠正欺负者的攻击行为

B. 帮助学生家长改正错误的教养方式

C. 提升受欺负儿童的自信心和社交技能

D. 指导教师在班级内开展"反欺负行为"班会

18. 在服务开展过程中,无论服务对象面临什么问题,社会工作者都愿意理解服务对象,关心服务对象问题背后的发展要求。这体现了社会工作者对服务对象的(　　)。

A. 接纳　　　　　　　　　　　　B. 鼓励

C. 承认　　　　　　　　　　　　D. 认同

19. 心理社会治疗模式注重"人在情境中"的理念,为了促进服务对象社会心理正常发展,社会工作者在服务过程中应重视服务对象(　　)。

A. 与环境的适应　　　　　　　　B. 自我的发展

C. 以往的生活经验　　　　　　　D. 人生理想的确定

20. 服务对象:"……我总是这样,我有时候想我是不是疯了。"社会工作者:"您刚才说的意思是,您一遇到反对意见,就觉得受不了吗?"上述对话中,社会工作者使用的引领性技巧是(　　)。

A. 对焦　　　　　　　　　　　　B. 澄清

C. 摘要　　　　　　　　　　　　D. 对质

21. 小强近期迷恋手机游戏,无心学习。班主任向社会工作者小张求助。与小强交谈几次后,小张对影响其行为的生理、心理、社会因素做出了专业分析和判断。根据上述情况,小张运用的诊断方式是(　　)。

A. 缘由诊断　　　　　　　　　　B. 临床诊断

C. 分类诊断   D. 心理动态诊断

22. 张大妈最近被医院确认患上了阿尔茨海默病,当获悉所在社区有针对该类患者的社会工作专业服务后,她的老伴张大爷来向社会工作者小李求助。在讲述了张大妈的情况后,小李对张大爷说:"您说的情况我都清楚了,先填个表吧。"根据上述情境,此时处于个案工作阶段中的( )。

    A. 申请接案   B. 问题诊断

    C. 制订计划   D. 开展服务

23. 某服务对象向社会工作者抱怨道:"我的班主任老师经常挑我的刺儿,故意问我最难的问题,让我在同学面前丢脸,我真受不了!"下列社会工作者的回应中,运用"同理"技巧的是( )。

    A. "老师为什么这样对你呢?"

    B. "振作起来,我相信你能处理得很好!"

    C. "你生老师的气,因为他让你在同学面前很没面子。"

    D. "你可能想多了,老师对每个学生都是一样的。"

24. 得知父母已经离婚的消息后,小明难以接受这样的事实,做出了自残身体等高风险行为。社会工作者小张经过评估后,对小明说:"虽然你现在还难以接受爸爸妈妈离婚的现实,但我相信你是有能力自己走出来的……"小张的上述说法突出体现了危机干预的( )。

    A. 及时处理原则   B. 限定目标原则

    C. 重构目标原则   D. 输入希望原则

25. 玲玲从普通高中转入重点高中后,学习压力骤增,成绩明显下降;周围的同学对她比较冷淡。她觉得没脸见人,常常逃学,甚至还有过轻生的念头。根据危机介入理论,玲玲目前面临( )。

    A. 特殊生活经历危机   B. 情感危机

    C. 普通生活经历危机   D. 信任危机

26. 在社会工作者的推动下,某市"自闭症儿童"的母亲们组成了一个交流信息、情感的小组。社会工作者希望通过小组服务,鼓励她们分享经验并协助解决彼此的问题。根据上述内容,此小组的类型是( )。

    A. 治疗小组   B. 支持小组

    C. 教育小组   D. 成长小组

27. 社会工作者小王正在开展一个外来务工人员子女成长小组。在其中一节小组活动中,小王安排了一个"T恤秀"的游戏,让组员在白色T恤衫上画出自己印象中老家的房子,并向其他组员介绍自己的家乡。小王设计的这个游戏,有助于( )。

    A. 促进组员积极表达,增进相互理解与支持

    B. 应对抗拒行为,协调和处理组员间的冲突

    C. 推动组员间形成相对稳定的关系结构

    D. 保持小组经验,更好地适应社会生活

28. 在小组工作的中期转折阶段,小组成员关系走向亲密化,小组内部权力竞争开始。此时,社会工作者的工作重点是( )。

    A. 增强组员对小组的认同感   B. 处理小组冲突

    C. 形成稳定的小组关系结构   D. 协助组员把认知转变为行动

29. 某街道有一些大龄单身男女青年,由于平时工作忙,没有机会谈恋爱,不仅自己很苦恼,父母也很着急。社会工作者小陈发现这个情况后,准备为他们开展一个"公益星空下"的小组,将他们组织起来,一起参加公益活动,以便相互认识,增进了解。为实现小陈的想法,此小组最适合采用(   )。

    A. 互动模式   B. 治疗模式
    C. 发展模式   D. 社区行动模式

30. 社会工作者针对社区居民关心的养狗和环境卫生等问题举办了"社区议事"小组。在小组服务中,社会工作者以发展模式为实践基础,鼓励社区居民说困难、谈建议。此做法主要体现了发展模式的(   )原则。

    A. 平等性   B. 开放性
    C. 参与性   D. 建构性

31. 在某小组活动中,社会工作者小张发现组员小菲性格内向,从不主动发言。小张每次在小组活动时都会寻找合适的机会引导小菲发言。小菲发言时,小张会投以温暖和支持的目光,并不时地点头,有时还说:"嗯,不错!"在上述过程中,小张采用的技巧是(   )。

    A. 鼓励   B. 重述
    C. 摘述   D. 聚焦

32. 社会工作者小王为戒毒康复人员设计了同伴辅导成长小组。下列小组活动内容中,最适合在小组中期转折阶段开展的是(   )。

    A."同心圆":增进彼此熟悉程度
    B."心之畅想":回顾成长,展望未来
    C."我们的约定":制订小组契约
    D."假如我是辅导员":开展角色扮演

33. 在某妇女支持小组中,组员总是向社会工作者倾诉,而组员间的交流很少,小组动力不足。针对这种状况,社会工作者最适合的做法是(   )。

    A. 适当自我表露   B. 积极回应组员
    C. 适当帮助梳理   D. 促进组员间相互表达和回馈

34. 在社区工作中,社会工作者通过多种途径加强社区居民对自身权利和义务的了解,提升居民解决社区问题的信心,提高居民参与社区事务的能力。这反映了社区工作中的(   )。

    A. 过程目标   B. 任务目标
    C. 伦理目标   D. 评估目标

35. 关于地区发展模式的说法,正确的是(   )。

    A. 地区发展模式强调运用专业知识、科学决策,理性推动社区改变
    B. 地区发展模式致力于促进居民参与,通过自助和互助解决社区问题
    C. 地区发展模式重视动员亲戚、朋友、邻里和志愿者资源,关怀社区困难群体
    D. 地区发展模式强调社会工作者的核心工作是社区资料收集、事实分析和方案决策

36. 社会策划模式的实施策略强调完整地执行一个策划过程,在完成"了解服务机构使命和目标"这一工作步骤后,需要对环境和形势进行分析,其分析的重点内容应是(   )。

    A. 社会工作服务机构的优点和不足
    B. 现行服务手段的利与弊

C. 社区需求的界定和评估

D. 方案面对的机会和挑战

37. 在整合式社区照顾模式中,社会工作者致力于通过发展整合正式照顾和非正式照顾的资源,帮助服务对象强化社会支持网络。下列服务中,属于发展"非正式照顾"资源的方法是( )。

A. 协助服务对象成立互助小组

B. 倡导街道建立老人日间照顾中心

C. 协调"为老联盟"为老人提供送餐服务

D. 联络养老服务组织开展入户探访服务

38. 在社区照顾模式理念的指导下,社会工作者为残障儿童联系特殊学校,协助其接受文化教育,实现平等参与社会的目标。在这一服务中,社会工作者扮演的角色主要是( )。

A. 治疗者   B. 使能者

C. 经纪人   D. 教育者

39. 在社会工作服务机构的社会工作者计划在某社区开展专业服务。他们访问了五位在社区工作多年的居委会工作人员。一方面,了解辖区单位、业主委员会、社区社会组织的状况;另一方面,了解楼门长和居民骨干的情况。上述社会工作者的做法主要旨在分析( )。

A. 社区的地理环境   B. 社区的权力结构

C. 社区的文化特色   D. 社区的人口结构

40. 某临街小区的居民向社会工作者老钱抱怨单元门禁年久失修,给居民生活带来安全隐患。老钱为此检查了整个社区单元门禁状况,并向其他居民了解情况。他发现除了门禁问题外,还有乱贴小广告、随地便溺等状况,很多居民都有意见。从社区问题分析的角度来看,上述老钱的做法最有助于( )。

A. 界定问题的性质   B. 明确问题的范围

C. 发掘问题的起源   D. 寻找解决的方案

41. 社会工作者老陆发现,社区居家养老志愿服务队队长沈大爷有时候不能及时将老人的需求变化反馈给志愿者,造成双方的不便。老陆向沈大爷了解情况,得知他最近因忙于安排协调服务队的所有人手和工作,有些顾此失彼。从居民骨干培养的角度看,老陆应该帮助沈大爷( )。

A. 提升民主协商能力   B. 学习资源动员技巧

C. 增强行政管理能力   D. 灌输当家做主理念

42. 为了帮助受灾家庭子女恢复正常的学习生活,社会工作者小张按照"认识现有的问题→界定问题→探索可行的解决方法→认识各种可能的限制→选取解决办法→设计完整的计划→发展评估计划"的过程,开展服务方案策划工作。小张采用的社会服务策划形式是( )。

A. 战略性策划   B. 问题解决策划

C. 创新性策划   D. 方案发展策划

43. 为了制订一个详细的社会服务方案,通常需要将服务方案的目标进行分解,使之具有可操作性。社会工作者可以列一个时间任务表来推动方案目标的实现。在列表过程中,除了将完成服务方案的"主要活动、完成时间、活动所需物资"列入外,还应列入的内容是( )。

A. 活动的评估方法   B. 活动的负责人

C. 活动的记录表格   D. 活动的投入产出

44. 社会工作者小陈负责"关爱社区失独老人"服务项目。为了更好地提升服务质量,小陈招募了一批具有护理、法律等方面知识的志愿者参与到服务中,并对志愿者进行培训。从志愿者培训内容的角度看,首先要做的是( )。

     A. 介绍机构的志愿者绩效评估办法

     B. 研讨交流机构志愿者激励措施

     C. 分析国内外志愿服务发展趋势

     D. 讲解服务对象的身心发展特点

45. 社会工作者小马最近听到家长反映,他招募的贫困家庭家教志愿者小陈经常会缩短功课辅导时间,带着辅导的孩子去玩。小马找小陈了解情况,小陈认为家教志愿服务的目的不应只是学业辅导,还应让孩子快乐成长。对此,小马应给予的适当回应是( )。

     A. 赞同和支持小陈的想法和做法

     B. 批评教育小陈,限期改正

     C. 澄清家教志愿服务的目标和要求

     D. 代表机构通知小陈暂停家教志愿服务

46. 某社会工作服务机构让老王担任新入职的社会工作者小张的督导。下列老王的工作中,体现行政性督导内容的是( )。

     A. 老王向小张介绍机构的部门及分工

     B. 老王向小张讲解机构服务对象特征

     C. 老王向小张分析机构服务介入特点

     D. 老王向小张解释机构目标选择方向

47. 某社会工作服务机构总干事在每周一主持召开由各部门负责人参加的例会上,一般会在布置完各部门的工作后,强调部门间分工合作的重要性。该总干事的这项工作属于社会工作服务机构运作中的( )。

     A. 授权   B. 培训

     C. 评估   D. 协调

48. 关于定量研究特点的说法,正确的是( )。

     A. 研究理论假设可以在研究过程中进行提炼和归纳

     B. 研究结论有助于发现研究问题的个别性和特殊性

     C. 研究资料追求精确性

     D. 研究者被视为自己人

49. 一份问卷的封面信如下:

××市家庭状况调查问卷

尊敬的市民:

您好!

我们正在进行一项有关家庭需求和社会服务的调查,旨在通过分析居民家庭现状,提出协助家庭健康发展的建议。

通过对本市居民的随机抽样,您被选中参加我们的调查。调查采用不记名方式,仅是为了了解您的需求、征求您的意见,为下一步制定相关政策和开展服务提供依据。您的个人资料和访问结果我们会予以保密,请不必有任何顾虑。

希望得到您的支持和合作。谢谢!

××年××月

根据封面信的写作要求,此封面信缺少的内容是(　　)。

A. 研究者身份　　　　　　　　B. 研究目的

C. 被调查者来源　　　　　　　D. 研究伦理

50. 为了解本地区社会服务行业工作人员的专业能力建设情况,某部门设计了一份调查问卷,其中一道封闭式问题为:"请问您参加全国社会工作者职业水平考试的情况是怎样的。"答案为"①参加过初级考试;②参加过中级考试;③未参加过任一级别的考试"。这道题的答案在穷尽性和互斥性上做到了(　　)。

A. 既满足穷尽性,又满足互斥性

B. 仅满足穷尽性,不满足互斥性

C. 不满足穷尽性,仅满足互斥性

D. 既不满足穷尽性,也不满足互斥性

51. 问卷设计中问题有态度、行为和状态三种类型。下列问题中,属于状态类型问题的是(　　)。

A. "您对社会工作服务项目策划的培训有何评价?"

B. "您如何评价当前的政府购买社会工作服务?"

C. "过去一个月您参加过几次读书会活动?"

D. "您的专业是社会工作吗?"

52. 问卷调查中问题和答案的设计需要注意多方面的细节。下列设计中,正确的是(　　)。

A. 您是否愿意成为业主委员会或筹备组成员?

(1)愿意　　　　　　　　　　　(2)不愿意

B. 您对社区养老服务满意吗?

(1)非常满意　　　　　　　　　(2)比较满意

(3)比较不满意　　　　　　　　(4)非常不满意

C. 前不久,本小区发生了入室偷窃事件,请问您觉得社区治安状况如何?

(1)安全　　　　　　　　　　　(2)基本安全

(3)不安全

D. 您认为社区治安不好的原因是什么?

(1)没有管理好　　　　　　　　(2)没有严厉打击犯罪分子

(3)社会风气不好

53. 社会工作者在社会政策制定阶段的角色是(　　)。

A. 实施者　　　　　　　　　　B. 辅导者

C. 倡导者　　　　　　　　　　D. 使能者

54. 老秦因年老体弱,将村里分给他的土地交由大儿子小刚和二儿子小力耕种。后来,小力外出打工,小刚独自耕种老秦的所有土地。根据《中华人民共和国老年人权益保障法》,该地的收益应归(　　)。

A. 村集体和老秦共同所有　　　　B. 小刚所有

C. 小刚和小力所有   D. 老秦所有

55. 根据《进一步完善城乡医疗救助制度的意见》,下列人员中,不属于医疗救助对象的是( )。

    A. 低保家庭成员丁某

    B. 患尿毒症的单身退休老人老赵

    C. 五保户李奶奶

    D. 低收入家庭中患有精神病的王某

56. 东部某企业家希望向西部某特殊教育学校赠送 1000 本盲文读物。根据《中华人民共和国残疾人保障法》,对于这些盲文读物,邮局应当( )邮寄。

    A. 免费   B. 减免 1/3 邮费

    C. 半费   D. 减免 1/4 邮费

57. 村民任某丧夫,育有独生儿子小君。任某与小君的爷爷、奶奶共同居住,共同照料小君。后任某改嫁邻村王某,小君的爷爷、奶奶不允许任某将小君带走,要求自行监护。下列关于小君监护权的说法,正确的是( )。

    A. 爷爷、奶奶对小君有优先监护权

    B. 任某因再婚对小君不再有监护权

    C. 任某对小君的监护权不因再婚而改变

    D. 任某对小君是否具有监护权要视小君改姓情况而定

58. 根据《工伤保险条例》,必要时,作出劳动能力鉴定结论的期限可以延长( )。

    A. 15 日   B. 30 日

    C. 45 日   D. 60 日

59. 小李与所在单位因劳务合同发生劳动争议。关于双方解决劳动争议的说法,正确的是( )。

    A. 双方不愿协商的,可以向调解组织申请调解

    B. 双方调解不成的,小李可以向人民法院提起诉讼

    C. 双方对仲裁裁决不服的,可以请工会进行再次仲裁

    D. 双方达成和解协议后不履行的,可以向劳动争议仲裁委员会申请仲裁

60. 小宇大学毕业后,当年 7 月到某银行工作。次年 3 月,因经济危机,小宇被银行辞退,随即小宇办理失业登记,并积极求职。工作期间,银行和小宇按规定缴纳了 9 个月的失业保险费。根据《失业保险条例》,小宇( )。

    A. 可领取 9 个月失业保险金

    B. 可领取 6 个月失业保险金

    C. 可领取 3 个月失业保险金

    D. 不可领取失业保险金

二、多项选择题(共 20 题,每题 2 分。每题的备选项中,有 2 个或 2 个以上符合题意,至少有 1 个错项。错选,本题不得分;少选,所选的每个选项得 0.5 分)

61. 郑奶奶腿脚不方便,平时很少出门。在社会工作者小王的鼓励下,郑奶奶参加了社区的妇女编织小组,协调组员轮流接送她参加活动。郑奶奶的编织技艺广受好评,也为自己换来

了一些零用钱。上述小王的服务所涉及的社会工作领域有(　　)。

A. 社区社会工作　　　　　　　　B. 社会救助社会工作

C. 老年社会工作　　　　　　　　D. 妇女社会工作

E. 医务社会工作

62. 某养老服务机构的社会工作者计划组织老人外出春游。机构为了安全起见,将报名人数控制在 20 人以内,并要求老人身体情况良好,有子女的老人还需其子女签署知情同意书。宣传海报发出后,报名人数达到了 50 人。其中,有的老人身体情况不允许出游,有的老人提出子女在外地出差,无法签字。根据社会工作对服务对象的伦理责任要求,下列社会工作者的做法中,正确的有(　　)。

A. 在确认老人身体状况良好的前提下,机构为其签署知情同意书

B. 根据所有报名老人的身体状况,设计不同的外出活动路线

C. 对于子女不能来签字的老人,由社会工作者代为签字

D. 招募志愿者分工负责老人的安全,预防风险发生

E. 对于身体状况太差的老人,劝其不参加本次活动

63. 关于社会工作者伦理责任的说法,正确的有(　　)。

A. 社会工作者对服务对象负有伦理责任,当服务对象难以做决定时,应尽量帮助其做决定

B. 社会工作者对同事负有伦理责任,在开展服务过程中,当同事遇到工作困难时应主动帮助

C. 社会工作者对全社会负有伦理责任,在专业范围内,应尽心尽力促进整体社会福利的发展

D. 社会工作者对社会工作专业负有伦理责任,在开展服务时,应保证专业的完整性和遵循专业的评估

E. 社会工作者对服务机构负有伦理责任,当服务对象需求与机构服务宗旨冲突时,应遵守机构的规定

64. 根据人生各阶段发展的主要特征,6~7 岁儿童的发展特点有(　　)。

A. 语言能力以表达机能为中心　　　B. 开始产生自我意识

C. 建立了性别角色判断的标准　　　D. 开始了道德的发展

E. 脑重量已接近成年人的水平

65. 某社会工作服务机构在一新建居民小区开展服务。社会工作者小李针对社区居民不太了解社会工作服务的情况,计划通过大众传媒宣传,促进居民对社会工作的认识。此时,小李的适当做法有(　　)。

A. 拜访社区居委会主任和各楼楼长

B. 到居民家中走访,宣传项目

C. 为居民开办社会工作知识普及班

D. 通过短信平台宣传项目

E. 利用社区公益广告牌进行宣传

66. 初中生小惠的父母平时工作忙,对其关心较少。进入青春期后,小惠变得上课不能集中注意力,缺课较多,经常与老师发生矛盾。小惠的父母知道情况后,向社会工作者求助。根据小惠的情况,社会工作者拟用心理社会治疗模式对其进行干预。下列方法中,属于直接治疗的有(　　)。

A. 帮助小惠学习放松技巧以控制情绪波动

B. 与学校班主任和教导主任商讨对小惠行为问题的处理方法

C. 帮助小惠回顾过去的经验,增强她面对和克服困难的勇气

D. 帮助小惠的父母检讨管教小惠的方法,帮助他们了解青少年的心理

E. 帮助小惠了解个人与环境之间的互动关系,增进小惠对问题的认识

67. 关于个案工作中转介的说法,正确的有(   )。

A. 个案转介需要办理必要手续

B. 个案转介只发生在与服务对象开始接触时

C. 当服务对象生活在本机构的服务区域之外时,可以转介

D. 在个案转介之前要征得服务对象的同意,并说明转介理由

E. 当服务对象的价值观与本机构工作人员价值观相悖时,应当转介

68. 张先生无业,文化程度低,自信心不足。社会工作者小刘对其开展服务时,一方面,鼓励他建立自信,帮助他掌握新信息和知识;另一方面,帮他联系社区资源,为其提供就业机会。上述服务中,小刘扮演的角色有(   )。

A. 使能者   B. 经纪人

C. 治疗者   D. 倡导者

E. 教育者

69. 在小组中,专注与倾听能够有效地传达社会工作者对组员的尊重与接纳。下列做法中,属于专注与倾听的表现有(   )。

A. 记住组员发言中所说的细节

B. 记住组员发言中提及的人名

C. 挖掘组员发言中的共同主题

D. 忽略组员言行不一致的现象

E. 鼓励组员放松地表达感受

70. 某社区老人活动中心拟开展老年人电脑兴趣小组服务。为设计出有效的服务计划,社会工作者首先要对小组需求进行评估,其应该考虑的因素有(   )。

A. 组员参加小组的动机   B. 小组的整体需求

C. 组员的需求   D. 小组的环境需求

E. 组员的能力

71. 在传统文化保护项目中,社会工作者在社区居民中成立了"老物件、老照片、老故事"小组,经过一段时间的工作,小组进入了后期成熟阶段。此阶段小组及组员的主要特征有(   )。

A. 小组的凝聚力增强

B. 小组关系结构趋于稳定

C. 对小组具有较强的认同感

D. 对小组充满了信心和希望

E. 对社会工作者的依赖性增强

72. 为了提升居民对社区公共环境的关注,社会工作者小余在社区开展了一项"社区随手拍"活动,鼓励居民将自己看到的社区环境中的亮点和问题用手机拍下来上传给社区,并定期将居民的作品制作成海报,张贴在社区宣传栏内。小余发现整理照片需要大量人手,洗印照片和制作海报也需要一笔费用。为了实施这项活动,从社区资源开发的角度,小余可以进行的工

作有( )。

A. 联络社区团体和组织,协助招募活动的志愿者

B. 发布社区活动广告,从居民中直接招募志愿者

C. 走访自己熟悉的社区商户,鼓励他们为活动捐款

D. 向所在区政府申请经费,为活动提供全程赞助

E. 申请机构专门款项,购买一台打印机用于打印活动的照片

73. 地区发展模式所采用的实施策略包括( )。

A. 促进居民的个人发展

B. 依靠专家的知识分析社区问题

C. 发现和培养居民骨干

D. 加强邻里沟通,改善邻里关系

E. 教育居民如何使用社区资源

74. 居民是社区工作中最有价值的资源,与居民初次接触时,社会工作者要介绍自己的情况和机构的任务,听取居民的意见等。在结束谈话时,社会工作者适宜的做法有( )。

A. 总结彼此的谈话,给予积极反馈

B. 通过对质,帮助居民明确社区问题

C. 感谢居民提供了有价值的信息和资料

D. 主动发放活动资料,让居民知晓,以增进信任

E. 留下自己和机构的联系方式,鼓励居民主动联系自己

75. 社会工作者小周正在撰写一个旨在为特殊困难家庭提供社区支援服务的项目书,准备向政府申请资助。该项目书中必须说明的内容有( )。

A. 介绍小周个人提供相关服务的经验

B. 列出项目预算明细,并说明测算标准

C. 明确项目开展的服务目标、内容和形式

D. 分析本社区特殊困难家庭的特征和需求

E. 描述国外特殊困难家庭社区支援服务的发展现状

76. 某社会工作服务机构的社会工作者小林策划了一个农村贫困儿童夏令营服务计划。为在机构层面整合资源,小林将计划书上报给机构负责人审阅。机构负责人在决策过程中,需要考虑的核心因素有( )。

A. 服务是否存在严重的风险

B. 服务是否是机构所必须推行的

C. 服务是否能为本机构营利

D. 儿童及其家长是否接纳这项服务

E. 机构是否有足够资源支持服务推行

77. 某社会工作服务机构正在进行一项问卷调查,问卷类型为访问问卷。为了控制这次调查的质量,该机构应该( )。

A. 规定调查员在30分钟内完成问卷

B. 在调查过程中派督导进行同步指导

C. 在调查进行之前对调查员进行培训

D. 对每位调查员完成的问卷进行抽检和回访

E. 利用专门软件对输入的资料进行技术检查

78. 关于个案研究的说法,正确的有( )。

A. 个案研究花费时间不多

B. 个案研究的资料收集手段多样化

C. 个案研究的发现不能进行推论

D. 强调对事件的真相做深入地考察

E. 个案研究应严格参照操作步骤要求

79. 根据《最低生活保障审核审批办法(试行)》,家庭可支配收入主要包括( )。

A. 工资性收入   B. 家庭经营净(纯)收入

C. 财产性收入   D. 转移性收入

E. 债权

80. 救助站工作人员在街头发现了身无分文的流浪乞讨人员小何,将其接到救助站的第二晚,小何突然发烧。救助站可为小何提供的救助服务有( )。

A. 及时将其送医院救治

B. 提供符合基本条件的住处

C. 给予一定的生活救济金

D. 提供符合食品卫生要求的食物

E. 待小何病愈后,为其提供返回其居住地的乘车凭证

社会工作综合能力（初级）2014 年真题

重要提示：

    为维护您的个人权益,确保考试的公平公正,请您协助我们监督考试实施工作。

    本场考试规定:监考老师要向本考场全体考生展示题本密封情况,并邀请 2 名考生代表验封签字后,方能开启试卷袋。

社会工作综合能力（初级）2014年真题

一、单项选择题（共60题，每题1分。每题的备选项中，只有1个最符合题意）

1. 社会工作者小李初次接触刑满释放后又开始吸毒的服务对象，心里很害怕、很抗拒，不认可服务对象的行为，但还是继续提供服务，积极帮助服务对象戒毒，协助其顺利回归社会。小李的做法突出体现了社会工作（　　）的特点。

   A. 多方协同　　　　　　　　　　B. 注重专业价值

   C. 双方合作　　　　　　　　　　D. 强调专业方法

2. 关于社会工作的说法，正确的是（　　）。

   A. 关于目标：解决实际问题必须成为实务的重要目标

   B. 关于伦理：推进实务时必须遵守源于欧美地区的专业伦理

   C. 关于方法：技术运用时必须遵循由治疗性到发展性的专业规律

   D. 关于主体：社会工作者必须在非营利组织中才可以执行具体任务

3. 小芳失恋后情绪沮丧，几度寻死以求解脱，小芳的母亲向社会工作者大智求助。大智接案后首先安抚小芳的情绪，帮助她打消轻生的念头。从服务对象层面看，大智的做法有助于实现社会工作（　　）的目标。

   A. 解救危难　　　　　　　　　　B. 缓解困难

   C. 促进发展　　　　　　　　　　D. 维护秩序

4. 社会工作者小李长期关注外来务工人员及其子女的社会适应问题。最近她着手设计一个服务项目，旨在增进本地青少年与外来务工人员子女的相互了解，促进外来务工人员子女融入社区。从社会层面看，该项目突出体现的社会工作功能是（　　）。

   A. 维持社会秩序

   B. 维护社会稳定

   C. 促进社会和谐

   D. 缓解生活困难

5. 社会工作领域是指社会工作者提供专业服务所介入的社会生活领域。下列服务项目中，属于社会工作多领域介入的是（　　）。

   A. "爱心家园"——老年人自助互助支持小组服务

   B. "温馨家园"——残疾人就业创业技能培训服务

   C. "大爱同行"——贫困母亲的小额资金贷款服务

   D. "阳光之旅"——青少年心理健康家庭支持服务

6. "人在环境中"是社会工作分析服务对象问题的基本观点。该观点认为（　　）。

   A. 社会工作的工作重点是促进社会环境改变

B. 社会工作的工作重点是促进个人改变不当行为

C. 社会工作的工作重点是促进人与社会环境相互协调与适应

D. 社会工作的工作重点是促进人与自然环境相互协调与适应

7. 某中学对高二学生进行文理科分班后,部分学生出现了学习成绩下降、情绪波动、同学关系生疏等现象。针对这种情况,社会工作者应选择的介入方式是(   )学校社会工作。

A. 治疗型　　　　　　　　　　　B. 社区型

C. 变迁型　　　　　　　　　　　D. 康复型

8. 关于国际社会工作界认同的专业价值观的说法,正确的是(   )。

A. 社会工作者应追求社会公正,推动社会进步

B. 社会工作者应在保障自身获益的前提下提供专业服务

C. 社会工作者应平等对待每位服务对象,忽略他们在各方面的差异

D. 社会工作者应在服务过程中保持专业性,不能向服务对象透露自己的经历

9. 关于社会工作价值观中接纳服务对象的说法,正确的是(   )。

A. 社会工作者应认同服务对象的价值偏好

B. 社会工作者应满足服务对象的全部要求

C. 社会工作者应尊重服务对象的不同信仰

D. 社会工作者应接受服务对象的各种观点

10. 某社区部分居民到居委会反映,在社区养狗存在较大的安全隐患,应该明令禁止;而养狗的居民则认为狗是人类的朋友,不应该禁养。为了化解双方居民的矛盾,社会工作者正确的做法是(   )。

A. 以人为本,积极回应双方居民的诉求,劝说养狗居民暂时把狗送走

B. 注重和谐,对双方居民进行说服教育,劝说不养狗的居民接受养狗行为

C. 增强权能,鼓励不养狗的居民团结起来,共同抵制社区内居民养狗的行为

D. 注重参与,召集双方居民代表开座谈会,共同商议兼顾双方利益的解决办法

11. 小红在接受社会工作者服务半年后,情况越来越好。小红的父母很感激社会工作者,邀请其参加家庭聚会,并希望与社会工作者进一步讨论小红的情况。根据社会工作专业伦理守则,社会工作者适宜的回答是(   )。

A. "谢谢,我也想和你们聊聊孩子的情况。"

B. "对不起,周末要加班,再找其他机会吧。"

C. "不好意思,周末家里有事,下次有机会再去。"

D. "谢谢,我不方便去,你们有时间的话,可以来机构找我。"

12. 社会工作者小周儿时曾目睹父亲对母亲的暴力行为,因此,他对家庭暴力行为一直持痛恨的态度。最近,机构给其安排了一位有家庭暴力行为的服务对象。小周虽然答应了,但内心仍有抵触。根据上述情况,导致小周出现伦理困境的原因是(   )。

A. 个人价值观和专业价值观的冲突

B. 个人价值观和社会价值观的冲突

C. 机构价值观与专业价值观的冲突

D. 机构价值观与社会价值观的冲突

13. 社区是社会环境的主要构成要素之一,其对人类行为的影响是( )。

    A. 传授科学技术知识

    B. 规范个体价值导向

    C. 约束社区成员行为

    D. 持续改变成员立场

14. 小陆结婚生子后,常常抱怨照顾孩子占用了太多精力,想回到之前"二人世界"的时光。小陆目前遇到的是( )。

    A. 身体适应问题   B. 家庭关系问题

    C. 人际关系问题   D. 角色转换问题

15. 关于马斯洛的需要层次论的说法,正确的是( )。

    A. 五种基本需要之间的层次与顺序并不重要

    B. 尊重的需要可分为自尊与受到别人的尊重

    C. 需要层次论较注重带有特殊性的个体差异

    D. 自我实现的需要满足后,安全需要会增强

16. 王女士平时工作非常忙,但她每天总是挤出一些时间,听儿子讲发生在幼儿园的事情,即使儿子在幼儿园做错了事,王女士也不会直接批评,而是会先问他事情的经过,每次带儿子逛商场时,都跟儿子商量好只能挑选一件玩具。王女士对儿子的家庭教养方式属于( )。

    A. 民主型   B. 放任型

    C. 支配型   D. 骄纵型

17. 关于中年阶段主要特征的说法,正确的是( )。

    A. 婚姻关系中的责任感超越情感,更加务实

    B. 社会角色的活跃性逐渐消退,社会地位下降

    C. 个体适应表现在婚姻、职业和子女适应方面

    D. 社会化的核心任务是自我意识和社会交往的发展

18. 下列工作情景中,社会工作者运用心理社会治疗模式开展的间接治疗是( )。

    A. 分析服务对象产生抑郁情绪的主要原因

    B. 倾听服务对象的叙述,理解其不幸

    C. 辅导服务对象的父母,改善其亲子关系

    D. 询问服务对象厌学原因并给予辅导意见

19. 张先生经历了工厂火灾事件后,常常从噩梦中惊醒,心理极度紧张。依据危机介入理论,目前张先生面临的是( )。

    A. 家庭危机   B. 社会危机

    C. 成长危机   D. 情境危机

20. 在个案工作的资料收集阶段,社会工作者收集了服务对象相关资料后,下一步的工作应是( )。

    A. 评估服务对象问题   B. 制订服务计划方案

    C. 开展服务咨询活动   D. 明确服务发展目标

21. 小强向社会工作者求助时表现得很犹豫,一方面觉得自己需要帮助;另一方面又不想让别人知道他来求助,担心别人认为他有问题。这时,社会工作者对他说:"你能主动来到这

里,说明你想改变的决心很大。"上述社会工作者回应的主要目的是(　　)。

    A. 了解求助者的愿望

    B. 促使求助者成为服务对象

    C. 明确求助者的需求

    D. 初步评估求助者的问题和需要

22. 某服务对象对社会工作者说:"我和老公恋爱和新婚的时候,常常有很多话要说,关系很好。但现在我挺失望的,我们俩经常没什么话说,感觉关系越来越冷淡。"根据上述对话,社会工作者运用"同理"技巧给予的回应是(　　)。

    A. "听起来您的感情生活有很多烦恼。"

    B. "结婚时间长了,感情自然会平淡些,我很理解您的感受。"

    C. "您和丈夫疏远了,请您说说原因吧。"

    D. "您和丈夫不再像以前那样亲密,这让您感到不开心。"

23. 某服务对象觉得自己的生活不如意,没有什么指望。社会工作者回应:"在您的生活中,哪些事情让您觉得自己没有指望了?"社会工作者的回应运用了会谈技巧中的(　　)。

    A. 对焦　　　　　　　　　　　　　B. 摘要

    C. 澄清　　　　　　　　　　　　　D. 对质

24. 王女士失业后心情沮丧,情绪低落。她到社会工作机构寻求帮助,社会工作者小李与王女士进行了面谈。在面谈中,小李运用影响性技巧给予的最佳回应是(　　)。

    A. "您刚才说了失业后的感受,我很同情您。"

    B. "您刚才说了失业后的感受,很多人都有过类似的经历。"

    C. "您刚才说了失业后的感受,失业这种事情确实让人感觉很不好。"

    D. "您刚才说了失业后的感受,我有一些建议给您,可能会对您有帮助。"

25. 小李因与母亲关系不和向社会工作者小王求助。小王问小李:"您与母亲关系不好,是什么时候开始的?"小李说:"有很长时间了,她总是命令我,指挥我⋯⋯"小王又问:"您认为母亲的做法对您有什么影响?"上述对话中,小王的说法体现了心理社会治疗模式特点中的(　　)。

    A. 注重培养小李的自主能力

    B. 注重降低小李对母亲的过高期望

    C. 注重用心理动态诊断方法了解小李

    D. 注重在人际交往的场景中了解小李

26. 某社会工作机构组建了一个面向单亲爸爸的小组。小组中的单亲爸爸们相互熟悉后,开始诉说生活的艰辛及个人情感的坎坷经历,从相互理解到相互帮助,小组活动也取得了很好的效果。该小组类型属于(　　)。

    A. 教育小组　　　　　　　　　　　B. 矫治小组

    C. 支持小组　　　　　　　　　　　D. 治疗小组

27. 社会工作者小李计划为社区独居老人开展小组活动,目的是提高独居老人的社会交往能力,增进他们的相互交流。小李最宜采用的小组工作模式是(　　)。

    A. 发展模式　　　　　　　　　　　B. 治疗模式

    C. 互动模式　　　　　　　　　　　D. 社会目标模式

28. 在为大学生开展的情绪管理小组中,社会工作者适时将自己上大学时的经历和感受与组员分享,并向组员传递真诚,让组员也能坦白陈述自己的想法和观点。社会工作者采用的这种技巧是(   )。

A. 积极进行回应
B. 适当自我表露
C. 营造安全氛围
D. 适当帮助梳理

29. 社会工作者小马为艾滋病高危人群开展了一个支持小组,在讨论预防措施时,组员小李大谈社会上对艾滋病人的歧视现象。此时,小马应采取的技巧是(   )。

A. 中立
B. 沉默
C. 限制
D. 倾听

30. 小组工作中期转折阶段,社会工作者的主要任务是协助组员(   )。

A. 重新建构小组
B. 建立小组契约
C. 保持小组经验
D. 增强行动勇气

31. 在中学生志愿者小组中,小组形成了安全和温暖的气氛,组员间建立了良好的信任关系,形成了对小组的归属感,且能积极参与并相互支持,小组关系结构基本稳定。上述情况反映出该小组处于(   )。

A. 中期转折阶段
B. 开始阶段
C. 后期成熟阶段
D. 结束阶段

32. 社会工作者小王为青年白领开展了一个减压小组。在一节小组活动中,小王安排了一个"五子棋"游戏。"五子"分别是"房子""车子""妻子""票子""孩子"。小王让组员根据自己的实际感受,将"五子"进行排序,解释理由并开展讨论。小王设计的这个游戏,有助于(   )。

A. 组员获得新的认知
B. 组员保持小组经验
C. 处理组员间的冲突
D. 组员消除陌生感觉

33. 社会工作者在开展小组工作时,应掌握与组员沟通以及促进组员沟通两个层面的技巧。下列属于社会工作者与小组组员沟通的技巧是(   )。

A. 促进组员相互回馈
B. 保持专注与倾听
C. 鼓励组员相互表达
D. 加强示范与评估

34. 社区工作的目标可分为任务目标和过程目标,所谓过程目标是指(   )。

A. 提升社区成员解决问题的能力
B. 解决社区中一些特定的社会问题
C. 开展社区工作所设定的阶段性目标
D. 改善社区居民生活质量的诉求

35. 在社会策划模式实施过程中,自我评估指的是由社会工作者(   )。

A. 对社区需要进行评估
B. 对所在机构进行评估
C. 对计划的效果进行评估
D. 对方案执行过程进行评估

36. 某社会工作机构运用社区照顾模式为某社区内精神障碍康复者提供服务。下列做法中,充分体现社区照顾模式特点的是(   )。

A. 呼吁建设精神障碍康复者集中供养机构

B. 动员邻居和志愿者帮助精神障碍康复者

C. 倡导制定精神障碍康复机构的服务标准

D. 强调政府应承担照顾精神障碍康复者的主要责任

37. 在社区照顾模式中,社会工作者的工作对象突破了传统意义的服务对象范畴。下列群体中,属于非传统意义服务对象的是(   )。

A. 精神病人
B. 残障少年儿童
C. 失能老人
D. 智障儿童的家长

38. 家住北城的王大妈,最近到南城亲戚家串门,发现当地政府出资建了一个居家养老中心为老人提供送餐、免费量血压等服务。王大妈觉得自己的社区也应该建这样的中心,于是联合本社区老人提出建议。根据需求的类型判断,王大妈和其他老人们反映的是(   )。

A. 规范性需求
B. 感觉性需求
C. 比较性需求
D. 表达性需求

39. 社会工作者小黄组织居民在社区消夏晚会上表演节目。他对蒋阿姨说:"您和其他几位阿姨平时跳的扇子舞就挺好,稍微排练一下就是个好节目,不参加演出太可惜了。"在这里,小黄运用的社区工作技巧是(   )。

A. 探索感受
B. 重述
C. 展开话题
D. 鼓动

40. 社会工作者老刘正在主持一个居民会议。居民王先生讲述了自己在小区内与外来车辆争停车位的经历,对外来车辆不受限制进入小区停车表达了不满。王先生发言之后,老刘说:"您的想法是小区应更好地保障业主的优先停车权。"老刘所使用的技巧是(   )。

A. 总结
B. 转述
C. 聚焦
D. 综合

41. 社区工作方法强调通过居民参与,解决社区问题,满足社区需求。为此,社会工作者通常需要召集居民代表大会,讨论有关问题。在会议进行中,社会工作者需要完成的工作是(   )。

A. 让所有与会者及时并清楚地知道会议的决定

B. 与先到会场的居民打招呼、谈话,营造亲切气氛

C. 按照会议议程逐项讨论,适当分配发言和讨论时间

D. 做好会议记录,并分发给与会人员,以便工作开展

42. 某社区社会工作者小周在工作中发现,该社区高龄化现象比较突出,急需发展养老服务。由于社区服务资源有限,只能选取部分老年人作为服务对象。小周在制订服务方案时,确定服务对象的主要依据应是(   )。

A. 老年人的社会支持状况

B. 社区老年人口的性别比例

C. 老年人的社区参与程度

D. 社区老年人口的教育程度

43. 社会工作专业学生小张毕业后,与同学小陈和小凡共同创办了一个以街头露宿者为服务对象的社会工作机构。在机构建立之初,最宜采用的组织结构方式是(   )。

A. 直线式组织结构
B. 事业部制组织结构
C. 职能式组织结构
D. 直线参谋式组织结构

44. 在机构运作过程中,社会工作机构的主管常常要授权给下属。下列谈话中,体现授予权力的工作安排是(   )。

A. "小马,下周行业协会将召开服务对象权益保障研讨会,我向他们推荐了你。"

B. "小马,下周行业协会将召开服务对象权益保障研讨会,我想听听你对这个问题的想法。"

C. "小马,下个月机构准备与人民医院合作开展一项服务,你去协助老李收集一下有关项目的资料吧。"

D. "小马,下个月机构准备与人民医院合作开展一项服务,你代表机构去和他们的项目负责人谈谈吧。"

45. 社会工作者小张目前负责一个志愿者关爱社区高龄独居老人的项目。为了加强对志愿者的管理,小张每个月都会把参与服务的志愿者召集在一起,讨论服务进展,了解和解决志愿者在服务时遇到的问题,也会开展一些文体活动增强团队凝聚力。从志愿者管理的内容看,小张的做法属于(   )。

A. 迎新   B. 督导
C. 奖励   D. 评估

46. 社会工作专业大三学生小李暑假期间到某养老院实习。养老院里的张爷爷常常违反规定偷偷在房间里使用电磁炉做饭,工作人员一劝阻他,他就大发脾气,还接二连三地投诉养老院。院长希望小李能运用专业方法做张爷爷的思想工作。小李找张爷爷几次,张爷爷都不理睬并表示跟一个年轻人没什么可谈的。小李向督导老蔡求助,老蔡的下列回应中,最恰当的是(   )。

A. "一线服务肯定会遇到很多困难,你要耐心点儿,多去找他几次。"

B. "我知道你现在不好受,但是你要坚持专业理念,不可以轻易放弃。"

C. "这种情况正说明你实务经验不足,你还很年轻,你应该慢慢在实践中磨炼。"

D. "我理解你的感受,你能不能多了解一些张爷爷的情况,再去沟通呢?"

47. 社会工作者小刘计划在社区开展"相亲相爱一家人"的主题小组活动。社区居委会主任觉得他想法不错,但是担心居民不来参加,小刘的计划因而被搁置。为此,小刘向督导老王求助。老王建议小刘先在居民中开展需求评估,再用需求评估的结果与社区居委会主任沟通该项活动的可行性。在这一督导过程中,老王所做的工作属于(   )。

A. 行政性督导   B. 支持性督导
C. 教育性督导   D. 系统性督导

48. 关于定性研究特点的说法,正确的是(   )。

A. 定性研究注重研究问题的普遍性

B. 定性研究尽量将研究对象视为自己人

C. 定性研究采用控制性手法收集相关资料

D. 定性研究必须以理论为依托并形成假设

49. 关于问卷调查的说法,正确的是(   )。

A. 自填问卷适合被调查者文化水平较低的情况

B. 问卷调查的资料处理相对复杂难以比较分析

C. 问卷既需要较高的信度又需要较好的效度

D. 描述性研究的问卷应围绕研究假设展开设计

50. 某居家养老服务中心的社会工作者希望通过问卷调查了解老年人的社会支持网络情况。问卷问题设计中应避免出现"双重含义",下列问题中具有"双重含义"的是(   )。

    A. 您的性别？

    (1)男   (2)女

    B. 您的亲戚和朋友多吗？

    (1)很多   (2)较多   (3)一般   (4)较少

    (5)很少

    C. 当心情烦闷时,您最喜欢找谁聊天？

    (1)家人   (2)过去同事   (3)社会工作者   (4)邻居

    (5)其他(请说明_____)

    D. 您是否接受过志愿者的帮助？

    (1)是   (2)否

51. 问题的指标属性可以分为状态、行为与态度三种。下列问题中,其指标属性属于行为的是(   )。

    A. 您目前享受何种医疗保险待遇？

    (1)公费医疗   (2)职工医疗保险

    (3)居民医疗保险   (4)新型农村合作医疗

    (5)其他(请说明_____)   (6)没有医疗保险

    B. 您认为吸烟有害吗？

    (1)有   (2)没有   (3)不知道

    C. 总的来说,您认为您个人对改善这个社区的环境会有多大影响？

    (1)影响很大   (2)影响很小   (3)没有影响   (4)不知道

    D. 在过去三个月中,您去医院看病几次？

    (1)没有去过   (2)1~2 次   (3)3~4 次   (4)5 次以上

52. 如果社会工作者小王采用随机抽样方法对某城市的社会工作者状况进行问卷调查,在资料整理阶段,小王需要(   )。

    A. 输入数据后删除不合格资料

    B. 给每个答案编上数字代号

    C. 在资料缺失时进行补充调查

    D. 同步督导调查人员的工作

53. 根据《中华人民共和国未成年人保护法》,关于对未成年人进行社会保护的说法,错误的是(   )。

    A. 社会保护应坚持尊重、保护、教育的原则

    B. 图书馆、少年宫应当对未成年人免费开放

    C. 营业性娱乐场所,未成年人凭身份证可允许进入

    D. 无行为能力的未成年人的信件,可由其父母或其他监护人代为开拆、查阅

54. 劳动争议仲裁委员会是国家授权、依法独立对劳动争议进行仲裁的专门机构。根据《中华人民共和国劳动争议调解仲裁法》,下列关于劳动争议仲裁委员会的说法中,错

误的是(　　　)。

A. 劳动争议仲裁委员会由劳动行政部门、同级工会和用人单位三方代表组成

B. 劳动争议仲裁委员会组成人数必须是单数

C. 劳动争议仲裁委员会处理劳动争议案件应实行少数服从多数的原则

D. 劳动争议当事人对劳动争议仲裁裁决不服的,可向上一级劳动仲裁委员会再次申请劳动仲裁

55. 王某与张某于 2006 年登记结婚。在下列各类财产中,属于夫妻共同财产的是(　　　)。

A. 王某于 2008 年出版了一部小说,所得稿费 5 万元

B. 王某于 2011 年因车祸致残,所得生活补助费 10 万元

C. 张某于 2003 年以个人名义一次性付款购买的一套住房

D. 王某于 2009 年依法继承其父遗嘱中,确定只归王某所有的遗产 7 万元

56. 根据《国务院关于进一步加强和改进最低生活保障工作的意见》,不属于最低生活保障对象认定基本条件的是(　　　)。

A. 就业状况   B. 户籍状况

C. 家庭收入   D. 家庭财产

57. 根据《中华人民共和国劳动法》,用人单位支付劳动者的工资最低不得低于当地(　　　)标准。

A. 最低生活保障待遇

B. 最低工资

C. 上年度职工平均工资

D. 上年度平均养老保险金

58. 根据《工伤保险条例》,下列情形中,应当认定为工伤或视同工伤的是(　　　)。

A. 小陈在与家人外出旅游途中遇车祸受伤

B. 老赵因醉酒操作机器失误,造成左腿骨折

C. 小周因失恋在单位跳楼自杀,导致严重受伤

D. 老王连续加班,在工作岗位上突发心脏病去世

59. 根据《失业保险条例》,失业保险金的标准,按照(　　　)的水平,由省、自治区、直辖市人民政府确定。

A. 高于当地最低工资标准,低于城市居民最低生活保障

B. 低于当地最低工资标准,高于城市居民最低生活保障

C. 高于当地最低工资标准,低于上年度职工平均工资水平

D. 低于当地最低工资标准,高于上年度职工平均工资水平

60. 小华 7 岁,其家庭享受城市最低生活保障待遇,小华上小学可以(　　　)。

A. 免收杂费,减收书本费

B. 减收杂费和书本费

C. 免收书本费,减收杂费

D. 免收杂费和书本费

61. 关于社会工作要素的说法,正确的有( )。
    A. 社会工作的专业助人方法主要指在实际工作中使用的一般方法
    B. 社会工作者是助人行动的主体,引导助人过程的进行
    C. 在专业价值观指导下,社会工作者会自觉、持久地开展工作
    D. 服务对象的存在是社会工作专业服务得以发生的基本前提
    E. 助人活动是社会工作者为服务对象解决困难的单向支持行动

62. 关于社会工作价值观的说法,正确的有( )。
    A. 社会工作者应当使用统一规范的服务方法回应服务对象的需求
    B. 社会工作者在与服务对象分享个人感受时,不能宣泄负面情绪
    C. 社会工作者对服务对象要保持尊重与接纳的态度
    D. 社会工作是价值主导的专业,但社会工作者不能将自身价值观强加于服务对象
    E. 社会工作者即使出于好意,一般也不可以代替服务对象做决定

63. 社区矫正服务对象老李原来是一名电工,回到社区后,情绪一直十分低落,认为大家都看不起自己。社会工作者小马协助他找了几份工作,他都觉得太累,做了几天就不去了。最近,他请求小马帮他申请低保,凑合过日子就行了。根据社会工作专业伦理,小马适当的做法有( )。
    A. 继续与老李进行沟通,鼓励他自食其力
    B. 主动倾听老李的烦恼,帮助他调整心态
    C. 与同事密切配合,找出帮助老李的可行办法
    D. 注重服务中的以人为本,接受老李的请求
    E. 坚持政策制度的原则性,不再为老李提供服务

64. 随着信息化建设的快速发展,大众传媒对青少年的影响越来越大,其主要表现有( )。
    A. 可以增强青少年的固有观念和行为
    B. 可以通过重复传播来改善青少年的行为
    C. 可以使青少年改变其原有的立场
    D. 可以使青少年遵守行为规范
    E. 可以提供信息引导青少年的行为

65. 学校社会工作者为刚入学的外来务工人员子女提供服务,服务内容包括讲授人际交往技巧,协助他们与其他同学建立伙伴关系,促进他们成为班级的一员;辅导学业和培养兴趣,帮助他们建立自信,获得同学的认可。该服务直接满足了外来务工人员子女的需要有( )。
    A. 生理需要　　　　　　　　　B. 安全需要
    C. 爱与归属需要　　　　　　　D. 尊重需要
    E. 自我实现需要

66. 在开展个案服务初期,社会工作者收集资料的方法有( )。
    A. 通过与服务对象签订服务协议来收集资料
    B. 通过向服务对象提供专业知识来收集资料

C. 通过让服务对象填调查表的方式来收集资料

D. 通过与服务对象一问一答的方式来收集资料

E. 通过观察服务对象与他人的互动来收集资料

67. 社会工作者在个案服务的结案阶段可采取的正确做法有(　　)。

A. 鼓励服务对象表达结案时的情绪

B. 与服务对象探讨结案后的跟进服务

C. 直接告诉服务对象关于结案的安排

D. 服务目标未完成,但服务期限已到,应当结案

E. 可以酌情延长服务间隔时间

68. 社会工作者在引导服务对象探索自己过去的经验时,经常采用引领性技巧。下列社会工作者的回应中,运用引领性技巧的有(　　)。

A. "嗯……明白……"

B. "你的意思是不是……"

C. "我个人建议你应该……"

D. "我们今天还是讨论一下……的问题吧。"

E. "我发现你的想法和行为不一致,你如何看?"

69. 社会工作者小芳开展了一个军休老人康乐小组。在开展第一次小组活动时,小芳的工作重点应有(　　)。

A. 营造信任的小组气氛　　　　　　B. 厘清组员的期望

C. 解决组员间的价值冲突　　　　　D. 制定小组规范

E. 促进组员间的良性竞争

70. 某社会工作机构拟开办一个社区老年志愿者培训小组。在准备阶段,社会工作者需要完成的主要任务有(　　)。

A. 建立小组契约　　　　　　　　　B. 确定小组目标

C. 帮助组员相互认识　　　　　　　D. 制定小组计划

E. 选择合适的活动场地

71. 社会工作者小王计划运用互动模式设计戒毒康复人员同伴互助小组,小王设计的下列小组活动内容中,符合互动模式实施原则的有(　　)。

A. "角色模拟":在高危情景中学会拒绝

B. "巧舌如簧":就尿检利弊问题展开辩论

C. "同伴示范":同伴分享戒毒的心理历程

D. "授业解惑":专家讲述戒毒过程中的生理反应

E. "回报社会":重阳节组织组员为敬老院老人服务

72. 下列表述中,体现社区照顾模式中"由社区照顾"的服务内容有(　　)。

A. 动员志愿者访问独居老人,帮助其打扫卫生

B. 设立热线电话,为居民提供及时的支援和帮助

C. 建立老人日间照顾中心,缓解家人照顾的压力

D. 成立癌症病人的康复互助小组,促成彼此支持

E. 安排康复护士定期上门服务,为不能自理的老人翻身拍背

73. 某社会工作机构计划进入某老旧小区开展综合服务。在准备阶段,社会工作者的重点工作有(　　)。

　　A. 联系社区居委会,了解辖区单位的情况

　　B. 召开居民会议,讨论居民关注的社区问题

　　C. 评估社区需要,制订一套系统的服务方案

　　D. 利用社区观察和街头访问,认识社区和接触居民

　　E. 开展大型活动,吸引居民关心社区事务

74. 社区居民许阿姨半年前被推选为社区志愿者协会会长。最近,她向社会工作者老李抱怨部分会员不理解自己的辛苦付出,反而觉得她独揽大权。针对许阿姨的问题,老李首先肯定其工作热情和努力,然后建议她通过协商的方法,把自己的部分工作分配给会员,提升他们的能力。老李上述做法的目的是帮助许阿姨提高(　　)能力。

　　A. 游说　　　　　　　　　　　　B. 自立

　　C. 合作　　　　　　　　　　　　D. 分工

　　E. 沟通

75. 某街道办事处针对社区空巢老人与高龄老人多的现状,向社会工作者征集社会服务方案来解决这一问题。社会工作者老高组织了由居民小组长、社会工作者、老人代表共同组成的评估小组,大家决定采用"可行性方案模型"来筛理想方案,其应依据的筛选标准有(　　)。

　　A. 问题界定　　　　　　　　　　B. 方案效果

　　C. 方案效率　　　　　　　　　　D. 公平公正

　　E. 评估设计

76. 某民办养老机构2013年年报显示,其总收入为170万元,包括:获得省级示范养老机构的政府奖励10万元;服务收费140万元;基金会慈善捐款20万元。该养老机构2013年的资金来源包括(　　)。

　　A. 政府资助　　　　　　　　　　B. 民间捐助

　　C. 经营收入　　　　　　　　　　D. 利息收入

　　E. 上年度结余

77. "员工帮助计划"是某企业为员工设计的系列福利支持项目,旨在帮助解决员工及其家庭成员的各种心理和行为问题,提高员工的工作绩效。企业社会工作者小林计划采用问卷调查方法进行企业"员工帮助计划"的需求评估。关于这项研究的说法,正确的有(　　)。

　　A. 小林采用的是定性研究方法

　　B. 小林的调查对企业员工的需求没有影响

　　C. 理论假设可以在研究过程中逐步完善

　　D. 调查结果可显示企业员工的特殊需求

　　E. 调查收集的资料主要是数据资料

78. 社会工作者阿琳拟采用个案研究方法,通过深度访谈、观察了解社区内失独老人的需求,为这一群体的养老方案设计提供相关建议。关于个案研究方法特点的说法,正确的有(　　)。

　　A. 该研究获得的资料可以推论其他社区的失独老人

　　B. 该研究有利于深入、准确地把握失独老人的需要

C. 该研究可以了解失独老人各方面的状况

D. 该研究有助于发现影响失独老人养老需要的因果变量

E. 该研究有利于阿琳提交有效的失独老人养老服务方案

79. 根据《关于进一步完善城乡医疗救助制度的意见》,具体医疗救助标准的制定依据有(　　　)。

A. 困难群众的支付能力　　　　　　　B. 当地经济条件

C. 医疗救助基金筹集情况　　　　　　D. 基本医疗需求

E. 新型农村合作医疗覆盖面

80. 根据《失业保险条例》,关于失业保险金领取期限的说法,正确的是(　　　　)。

A. 失业人员小李,已缴失业保险费 2 年,此次失业最长可领取失业保险金 12 个月

B. 失业人员小陈,已缴失业保险费 5 年,此次失业最长可领取失业保险金 15 个月

C. 失业人员小贾,已缴失业保险费 9 年,此次失业最长可领取失业保险金 18 个月

D. 失业人员小孙,已缴失业保险费 11 年,此次失业最长可领取失业保险金 20 个月

E. 失业人员小张,已缴失业保险费 15 年,此次失业最长可领取失业保险金 24 个月

社会工作综合能力（初级）2013年真题

重要提示：

　　为维护您的个人权益，确保考试的公平公正，请您协助我们监督考试实施工作。

　　本场考试规定：监考老师要向本考场全体考生展示题本密封情况，并邀请2名考生代表验封签字后，方能开启试卷袋。

社会工作综合能力（初级）2013年真题

一、单项选择题（共60题，每题1分，每题的备选项中，只有1个最符合题意）

1. 从专业社会工作视角来看，下列体现"助人自助"内涵的说法是（　　）。
   A. 牺牲自己利益帮助他人
   B. 帮助他人就是肯定自己
   C. 协助他人自己帮助自己
   D. 帮助他人自己成就自己

2. 王大妈是社区的热心人，她经常帮助社区居民调解家庭纠纷和矛盾，小杜是综合服务中心的社会工作者，为所在社区的居民提供婚姻和家庭辅导服务。与王大妈相比，小杜从事的专业助人活动的特点是（　　）。
   A. 职业性   B. 参与性
   C. 志愿性   D. 实践性

3. 老张因为交通事故入院，面临截肢。医务社会工作者小董接案后对老张提供以下服务：邀请资深心理咨询师对老张及其家庭进行危机处理，交通部门尽快出具交通事故责任认定书，协助家属申请医疗救助和法律援助，寻找假肢生产企业和康复医院等。小董的服务体现了社会工作（　　）的特点。
   A. 注重专业价值   B. 多方协同
   C. 职业助人活动   D. 双方合作

4. 某高校应届毕业生因就业问题普遍出现了焦虑、不安等情绪。该校社会工作者小芳在了解具体情况后，一方面为他们开展有关面试技巧和就业咨询等服务；另一方面积极收集就业信息，向用人单位推荐。小芳提供的上述服务中，体现了社会工作在服务对象层面目标中的（　　）。
   A. 维护社会稳定   B. 缓解困难
   C. 促进社会公正   D. 解救危难

5. 小清双目失明，生活陷入困难。社会工作者小明协助小清申请了低保，又为小清联系了职业培训机构，帮助小清找到了工作。目前小清收入稳定，对生活充满信心和希望。小明工作中突出体现社会工作功能的做法是（　　）。
   A. 恢复了小清的正常生活
   B. 维护了小清的社会权利
   C. 改善了小清的工作环境
   D. 增进了人们对残障人士的理解

6. 社会工作将帮助有需要的人、服务社会困难群体、促进社会福利和社会公正作为自己行动的目标,这说明社会工作的灵魂是(   )。

　　A. 专业价值观　　　　　　　　　　B. 专业助人技巧

　　C. 服务对象利益　　　　　　　　　D. 专业助人过程

7. 小光今年10岁,父亲在外打工,母亲一个人在家忙里忙外,没有时间照顾他,小光养成了很多不良习惯,还不服从母亲的管教,母子关系日渐紧张。社会工作者小陈多次与小光母子会谈,帮助他们改善亲子关系,并为他们寻求各方面支持,协助他们走出困境。小陈提供的是社会工作领域中的(   )。

　　A. 矫治服务　　　　　　　　　　　B. 康复服务

　　C. 家庭服务　　　　　　　　　　　D. 就业服务

8. 根据社会工作价值观,社会工作者在专业实践活动中应当(   )。

　　A. 为了做好服务要认同服务对象的价值观,不做批判

　　B. 坚持专业导向,依据服务对象的信仰提供专业服务

　　C. 努力说服服务对象接受正确价值观,以纠正其错误言行

　　D. 针对不同服务对象的独特需要,采取不同的服务方法

9. 初中生小强学习成绩一直不好,老师和家长都十分头痛,他变得自暴自弃,学校社会工作者小王坚持帮助小强重新建立自信,使其逐渐对学习有了兴趣,学习成绩稳步提高。小王这样做的原因是他相信小强有(   )。

　　A. 平等价值观　　　　　　　　　　B. 改变的潜力

　　C. 公正价值观　　　　　　　　　　D. 合作的能力

10. 小林向社会工作者小王求助,近日他因高考选专业的问题感到十分苦恼。父母希望小林学医,爷爷奶奶都劝他学建筑,老师和朋友又提出了其他意见。针对上述情况,根据社会工作专业伦理,小王最适当的做法是(   )。

　　A. 劝说小林遵从长辈的建议

　　B. 鼓励小林选社会地位较高的专业

　　C. 说服长辈听从小林的选择

　　D. 协助小林分析各种选择的利弊

11. 某医院社会工作者小张与服务对象王某深入接触后得知,王某因不堪病痛折磨产生了自杀念头,小张应采取的做法是(   )。

　　A. 根据保密原则,不向任何人透露王某的自杀想法

　　B. 根据自决原则,不再劝说王某放弃自杀的念头

　　C. 立即通知王某的家属和主治医生,做好防范措施

　　D. 暗示王某的家属和主治医生王某有异常情况要加以关注

12. 某福利院的社会工作者小马发现院内一位失智老人的儿子伪造老人签名,将老人的房产转到自己名下。下列做法中,正确的是(   )。

　　A. 家丑不可外扬,从维护老人利益的角度出发,小马要为此事保密

　　B. 根据服务对象自决的原则,老人不求助,小马不能采取行动

　　C. 这是老人的家事,小马不必干预

　　D. 小马应向福利院相关部门报告此事

13. 初中生小影平时学习很紧张,但她还是希望能挤出时间和同学们一起去唱歌、打球。根据马斯洛的需要层次理论,小影的这种想法是出于( )。

A. 对安全的需要 B. 对归属与爱的需要

C. 对尊重的需要 D. 对自我实现的需要

14. 安全型依恋关系会促进自我认识更早地形成,这种关系主要产生于( )。

A. 2~3岁 B. 6~7岁

C. 12~17岁 D. 18周岁以上

15. 张大爷五年前退休,没有子女,老伴去世后一直独居在家。最近,他摔伤了腿,医生告诉他需卧床半年,高额的医药费开支让他不堪重负。他深受打击,觉得自己活不长了,半夜常常做噩梦。社会工作者介入后,经评估张大爷面临的主要问题是( )。

A. 退休后产生的无用感

B. 经济支出增加导致生活困境

C. 对疾病和死亡产生的恐惧感

D. 人际交往少导致孤独寂寞感

16. 小波的父母平时鼓励他养成良好学习习惯,督促他按时完成作业,在报特长班时也会征求他的意见。小波在学校遵守纪律,期末选"三好学生"时,很多同学都投了他的票。小波的家庭教养模式属于( )。

A. 骄纵型 B. 专制型

C. 放纵型 D. 民主型

17. 某社会工作服务机构组织新入职的员工春游,大家通过春游活动,加深了彼此的了解,提升了团体的凝聚力。根据阿尔德弗尔的ERG理论,这一做法主要满足了员工的( )。

A. 尊重需要 B. 自我实现需要

C. 成长需要 D. 关系需要

18. 小文最近经常迟到、逃学。学校社会工作者小翁联系了小文的父母,了解到他们正在闹离婚,提醒他们注意可能对小文造成的负面影响,建议他们尽量多关心小文。这里小翁运用的是心理社会治疗模式的( )技巧。

A. 直接影响 B. 人格发展反思

C. 间接治疗 D. 资源链接

19. 社会工作者小马对服务对象说:"听了你刚才讲的,我对你的情况有了基本了解,包括你什么时候出现烦恼,当时发生了什么事情,还有你是怎么面对和处理的。"从这段谈话中可以看出,小马运用的是( )。

A. 心理诊断 B. 缘由诊断

C. 分类诊断 D. 动态诊断

20. 14岁的初中生小茜经历了一次严重的交通事故。此后一个月,小茜一直感到恐惧,一听到汽车喇叭声就大喊大叫,晚上睡觉一定要家人陪伴。家长为此向社会工作者求助。社会工作者依据专业知识判断,小茜所面临的危机属于( )。

A. 情境危机 B. 成长危机

C. 认知障碍 D. 沟通不良

21. 社会工作者在制订个案工作服务计划时,涉及的基本工作内容是(　　)。

A. 促使有需要的求助者成为服务对象

B. 对服务对象面临的问题进行评估

C. 确定服务开展的基本阶段和方法

D. 与服务对象签订正式的工作协议

22. 初中生小冲与同学的关系很差,为此经常受到老师批评。学校社会工作者小张知道后,主动与小冲的班主任联系,要为小冲进行个案辅导。小冲初次与小张会谈时,以为又会挨批评,表现得十分紧张。为缓解小冲的紧张情绪,小张想采用积极主动的技巧来开展工作。下列表述中,小张最宜采用的表述是(　　)。

A. "看起来你有点儿紧张,其实,很多人也有过和你一样的经历。"

B. "看起来你有点儿紧张,你看这里有不少书,你先说说这里有你喜欢的书吗?"

C. "看起来你有点儿紧张,那我就从头和你说起吧!"

D. "看起来你有点儿紧张,其实我是想帮你减少和同学的争执,还能少挨批评,你说怎么样?"

23. 社会工作者与服务对象面谈时有如下对话:

服务对象:"我和妻子的关系很差,最近在想要不要离婚。"

社会工作者:"哦。"

服务对象:"我们结婚好几年了,开始时关系很好,但最近这半年就越来越差。"

社会工作者:"哦。"

服务对象:"半年前我失业了,一直找不到工作,她就经常骂我没出息。"

社会工作者:"你失业这半年来,和妻子的关系越来越差,尤其是她经常骂你没出息,你觉得她不理解你的苦衷……"

这段对话中,社会工作者使用的技巧是(　　)。

A. 对质　　　　　　　　　　　B. 同理

C. 建设　　　　　　　　　　　D. 对焦

24. 社会工作者小李对某服务对象说:"我也有过和你差不多的经历,我可以对你说说我当时是怎么处理的,看看对你有没有帮助,不过,这只是我的个人经验,不一定完全适合你。"上述对话中,小李采用的是影响性技巧中的(　　)。

A. 自我披露　　　　　　　　　B. 提供信息

C. 提供建议　　　　　　　　　D. 提出忠告

25. 在个案工作会谈时,社会工作者将服务对象谈到的重要信息进行概括和归纳,以便加深服务对象对自身需要的理解和认识,该会谈技巧称为(　　)。

A. 澄清　　　　　　　　　　　B. 摘要

C. 对质　　　　　　　　　　　D. 复述

26. 在小组初期,需要以"小组契约"的方式来帮助小组形成规范。小组契约是社会工作者与组员之间的一种协议约定,下列内容中,属于小组契约的是(　　)。

A. 破冰游戏的活动安排

B. 组员之间的互动行为规范

C. 出席会议的注意事项

D. 小组活动的具体实施方案

27. 社会工作者拟为某监狱的服刑人员开展一个小组,目标是矫正他们的越轨行为。社会工作者最宜选择的小组类型是(　　)。

　　A. 互助小组　　　　　　　　　　B. 成长小组

　　C. 支持小组　　　　　　　　　　D. 治疗小组

28. 在一次小组活动中,组员小张突然质疑组员小刘,认为他在小组中过于表现自己,让其他组员没有表达机会,小张的话立即得到其他组员的响应,大家纷纷指责小刘。此时,社会工作者首先应做的是(　　)。

　　A. 处理抗拒行为　　　　　　　　B. 处理组员的不满情绪

　　C. 结束小组讨论　　　　　　　　D. 请小刘回应小张的质疑

29. 社会工作者小陈这两天正忙于一个小组的筹备工作。根据小组工作准备阶段的要求,社会工作者首要工作任务是(　　)。

　　A. 制定小组规范　　　　　　　　B. 制定小组契约

　　C. 招募与遴选组员　　　　　　　D. 选择活动场所

30. "接下来,我提议,为了保证我们每次小组活动都能顺利进行,请大家在自己手中的纸条上写下你希望所有组员在小组活动中都能遵守的规定,写好后贴在我们的黑板上。"社会工作者这段话最有可能出现在小组工作(　　)阶段。

　　A. 准备　　　　　　　　　　　　B. 开始

　　C. 中期转折　　　　　　　　　　D. 后期成熟

31. 社会工作者小王针对某社区矫正对象的需求和问题,拟开展一个小组,旨在恢复个人社会功能,发掘个人潜能,解决社会适应问题,并重新建构自信和社会支持网络。此小组适于采用(　　)开展工作。

　　A. 发展模式　　　　　　　　　　B. 社会目标模式

　　C. 预防模式　　　　　　　　　　D. 危机干预模式

32. 在一次小组活动中,一位组员诉说了自己以往经历挫折后的感受。社会工作者对他表示理解,并说:"在过去的两年里,您经历了许多痛苦,失业了,又离婚了,我能体会您的心情。如果我也经历这些事,我不知道会不会处理得像您一样好。"社会工作者的上述回应中,采用与组员沟通的技巧是(　　)。

　　A. 交流信息　　　　　　　　　　B. 适当帮助梳理

　　C. 积极回应　　　　　　　　　　D. 适当自我表露

33. 在社区居民成长小组的第三节活动中,组员老王和老张因对某个问题的处理意见不同而争执起来,双方都试图让对方接受自己的意见,以争取在小组中的权威地位。上述情形体现了这一阶段组员具有(　　)的特点。

　　A. 谨慎与试探　　　　　　　　　B. 挑战与冲突

　　C. 抗拒与防卫　　　　　　　　　D. 疑虑与疏离

34. 社会工作者老金在某外来人口聚居的社区开展工作。通过一段时间的了解和接触,老金发现大部分居民对社区内部和周边的服务资源很不熟悉。如果运用地区发展模式,老金宜采取的实施策略是(　　)。

　　A. 促进居民成长　　　　　　　　B. 团结邻里

C. 社区教育
D. 社会参与

35. 居民中有影响力的带头人是社区工作的主要工作对象之一。在准备阶段,社会工作者与居民中的带头人接触的主要目的是( )。
   A. 了解社区内的权力结构
   B. 培养居民小组的负责人
   C. 加强居民带头人的执行能力
   D. 提升居民带头人的沟通能力

36. 社会工作者小傅拟运用照顾模式为本社区失智、失能老人提供服务。下列服务项目中,最能体现"在社区照顾"实施策略的是( )。
   A. 由家庭成员、邻里和志愿者等为失智、失能老人提供服务
   B. 在社区为这些失智、失能老人建立小型护理中心
   C. 帮助失智、失能老人的家庭成员组成互助小组
   D. 社会工作者定期走访慰问失智、失能老人的家庭

37. 关于社会策划模式的说法,正确的是( )。
   A. 社会工作者一般扮演技术专家的角色
   B. 注重社区长远发展,强调过程目标的实现
   C. 社会工作者一般扮演使能者的角色
   D. 注重社区文化建设,强调方案实施的结果

38. 社会工作者小赵就社区环境问题逐户征求居民的意见。来到居民老张家时,老张热情邀请小赵进屋。进屋后,小赵发现老张家中正好有客人。于是表示,不知道家里有客人,可以改日再来拜访。小赵的做法体现了社会工作者在与居民接触过程中的( )技巧。
   A. 澄清
   B. 同情
   C. 关注
   D. 体谅

39. 某社区社会工作者召集居民小组长开会,讨论如何整治社区环境卫生。在讨论过程中,大家就一些细节问题争论不休。为了确保会议的顺利进行,社会工作者应该( )。
   A. 总结会议内容,表明自己的立场和观点
   B. 复述发言者的想法,帮助他们阐明意见
   C. 运用聚焦技巧,把大家的注意力转移到主要问题上
   D. 延长会议时间,让每位参会人员充分发言

40. 社会工作者小陶打算利用地区发展模式在一个新建小区开展社区工作。小陶在接触居民时,了解到有些居民反映小区的交通不便,希望有公交线路经过小区。小陶对此也深有体会。小陶的下列做法中,体现地区发展模式特点的是( )。
   A. 让居民通过充分的讨论来分析交通不便问题的重要性和紧迫性
   B. 联系公交公司和有关政府部门重新规划本地区的公交线路
   C. 代表居民向公交公司和有关政府部门反映问题
   D. 告知居民该问题难以得到迅速解决并提出替代性的解决方案

41. 社会工作者老张正在主持一次居民会议,商量如何解决社区居民乱停车的问题。居民田阿姨首先发言,提议要处罚那些乱停车的车主,居民小梅立即表示反对,认为社区乱停车的

问题主要是因为停车场地的规划不合理。老张这时应该做的是(   )。

A. 提出小梅的看法并不客观

B. 表明自己对这两种观点的态度

C. 让参会者对这两种观点进行表决

D. 让参会者对这两种观点发表看法

42. 社会工作者小王发现社区里有很多从外地移居过来的老人,他们因语言不通,生活习惯不同等原因,不适应社区生活,急需得到帮助。为此,他最近在策划一个服务计划,希望通过整合社区资源,运用社会工作专业方法,开展一系列活动帮助老人融入社区。从社会服务策划形式看,小王的上述工作过程属于(   )。

A. 服务战略策划   B. 服务创新策划

C. 社会服务机构策划   D. 方案发展策划

43. 某儿童福利机构在策划"六一"儿童节的活动方案中制定了总目标和影响性目标,并细化为各项服务目标。社会工作者在确定上述服务目标的优先次序时,首先需要考虑的是(   )。

A. 机构的发展目标

B. 机构的可用资源

C. 机构的服务对象

D. 机构的社会影响

44. 在志愿者管理中的需要评估与方案规划阶段,志愿者评估是十分重要的工作,其评估重点是(   )。

A. 志愿者的人格特质

B. 志愿者的参与动机

C. 志愿者的服务表现

D. 志愿者的领导能力

45. 某社会工作服务机构的"新公民发展计划"招募了一批志愿者并进行培训,旨在通过他们的陪伴与协助,帮助城市中的外来务工人员子女融入城市生活。志愿者培训的主要内容应是(   )。

A. "新公民发展计划"的资源配置

B. 社会工作服务机构的运作方式

C. 外来务工人员子女的性格特点

D. 志愿者的绩效评估标准

46. 某社会工作服务机构负责人想向政府申请经费,支持机构开展刑满释放人员的安置帮助服务。在项目申请书中,为说明经费使用的具体绩效,他陈述了经费申请理由、经费用途、经费测算方法、经费管理措施和项目预期效果。他在项目书中还需说明(   )。

A. 项目的详细服务计划

B. 项目的人员队伍沟通

C. 项目的社会交代方法

D. 项目的组织机构简介

47. 下列企业捐赠动机中,属于"市场营销"的是(   )。

A. 赢得良好声誉   B. 争取潜在客户

C. 获得税费减免   D. 获得员工认同

48. 关于定量研究与定性研究特点的说法,正确的是(　　)。

A. 在定量研究中,研究者往往被研究对象视为自己人

B. 在定量研究中,研究假设经常在资料搜集中逐步完善

C. 定性研究主要收集数字信息

D. 定性研究的结果不可推论

49. 社会工作者小李通过问卷来了解老年人的社区照顾需求,设计了一道封闭式问题,"您的生活能自理吗? (1)完全能自理(2)完全不能自理"。关于这道问题答案设计的说法,正确的是(　　)。

A. 满足穷尽性,满足互斥性

B. 满足穷尽性,不满足互斥性

C. 不满足穷尽性,满足互斥性

D. 不满足穷尽性,不满足互斥性

50. 根据问卷设计的要求,下列问题和答案中,设计最合适的是(　　)。

A. 你的出生地是_____。

(1)上海   (2)其他地区   (3)外国

B. 你的年龄是_____。

(1)24 周岁及以下   (2)25~29 周岁

(3)30~34 周岁   (4)35 周岁及以上

C. 根据本市政策,考上社会工作师可以增加工资,你愿意报考社会工作师职业水平考试吗?

(1)愿意   (2)说不清   (3)不愿意

D. 你父母支持你去北京工作吗?

(1)支持   (2)不支持   (3)不知道

51. 在社区老年人外出活动结束后,社会工作者小林设计了一份调查问卷,旨在了解社区老年人参与外出活动的满意度。这份调查问卷中涉及 3 个问题。根据问题设计的排序原则,适宜的排序是(　　)。

(1)总体上看,您对社区居委会组织的老年人外出活动满意吗?

□1. 非常满意   □2. 比较满意   □3. 一般   □4. 比较不满意   □5. 非常不满意

(2)对于以后社区居委会组织的老年人外出活动,您有什么具体的建议?

(3)您参加过社区居委会组织的老年人外出活动吗?

□1. 参加过   □2. 没参加过

A. (2)(1)(3)   B. (3)(2)(1)

C. (3)(1)(2)   D. (2)(3)(1)

52. 社会工作者小于采用个案研究方法对某社会工作服务机构的运行机制进行研究,他侧重介绍服务机构的组织架构,描述服务输送的具体流程,探讨服务输送的各方关系,分析服务输送过程的优点和不足,最后提出服务输送的改善建议。小于的上述研究体现出个案研究的特点是(　　)。

A. 帮助社会工作服务机构完善服务输送过程

B. 验证社会工作服务机构运行机构的研究假设

C. 追求研究资料的研究结论的精确性

D. 揭示社会工作服务机构运行的因果关系

53. 社会政策可以通过政府社会福利供给等措施,来降低初次分配中出现的不平等效应,并减少社会矛盾。上述内容体现了社会政策的( )。

A. 政治功能　　　　　　　　　　　B. 经济功能

C. 文化功能　　　　　　　　　　　D. 社会功能

54. 根据《中华人民共和国妇女权益保障法》,下列关于妇女劳动和社会保障权益的说法中,正确的是( )。

A. 用人单位在录用职工时,在劳动合同中可以规定限制女职工生育的内容

B. 用人单位应施行男女同工同酬

C. 用人单位可以因结婚、怀孕等情形,降低女职工的工资

D. 用人单位在入职、晋职方面,应优先考虑女职工

55. 根据《中华人民共和国未成年人保护法》未成年人是指未满( )周岁的公民。

A. 14　　　　　　　　　　　　　　B. 16

C. 18　　　　　　　　　　　　　　D. 20

56. 根据《中华人民共和国婚姻法》关于婚姻家庭关系的说法,正确的是( )。

A. 夫妻无相互扶养的权利与义务

B. 子女应当随父姓

C. 孙子女对祖父母无赡养义务

D. 非婚生子女享有与婚生子女同等的权利

57. 县级民政部门在对城市低保申请对象进行认定和审批时,依据是( )。

A. 申请人家庭成员人均月收入是否低于当地低保标准

B. 申请人家庭是否有高龄老人

C. 申请人家庭是否有完全丧失劳动能力的残疾人

D. 申请人家庭是否有非义务教育阶段的在校生

58. 根据《城市生活无着的流浪乞讨人员救助管理办法》,救助站对流浪乞讨人员的救助是一种临时性社会救助措施,一次救助时间一般最高不超过( )天。

A. 5　　　　　　　　　　　　　　　B. 10

C. 15　　　　　　　　　　　　　　D. 20

59. 小林与其工作单位因合同履行的问题发生争议,关于双方劳动争议调解程序的说法,正确的是( )。

A. 若小林想申请劳动争议调解,只能书面申请

B. 一旦达成调解协议,双方必须遵守调解协议书,不得反悔

C. 在双方调解不成,可以向劳动争议仲裁委员会申请仲裁

D. 调解协议书由双方当事人签名后即可生效

60. 老王参加城镇职工基本医疗保险后,某日突发心脏病送医治疗。根据我国城镇职工基本医疗保险相关规定,老王看病发生的各项医疗费用中,可以由基本医疗保险基金支付的是( )。

A. 膳食费　　　　　　　　　　　　B. 住院床位费

C. 护工费   D. 急救车费

二、多项选择题（共20题，每题2分。每题的备选项中，有2个或2个以上符合题意，至少有1个错项。错选，本题不得分；少选，所选的每个选项得0.5分）

61. 某社会工作服务机构为流动儿童设计的"乐学乐活发展计划"由一系列服务组成，包括流动儿童逃学辍学干预服务、流动儿童父母情绪管理、流动儿童生活习惯培养、流动儿童课业托管、亲子互动活动等。这一计划包含的社会工作主要领域有（   ）。

     A. 青少年服务   B. 家庭服务

     C. 心理健康服务   D. 学校社会工作

     E. 妇女社会服务

62. 关于社会工作价值观操作原则的说法，正确的有（   ）。

     A. 社会工作者不应与服务对象分享其私人经历和感受

     B. 社会工作者应当用统一的服务方法回应不同服务对象的需要

     C. 社会工作者应当运用专业知识替服务对象做决定

     D. 社会工作者应当尽可能地保护服务对象的隐私

     E. 社会工作者应当接纳服务对象的价值观和个人背景特征

63. 社会工作者小李在一个少数民族聚居区开展工作，他认真了解少数民族居民的生活习惯、宗教信仰与文化习俗，以增加对他们的了解，准确把握他们的需要。小李的这些做法体现了社会工作价值观中的（   ）原则。

     A. 知情同意   B. 尊重

     C. 包容   D. 接纳

     E. 赞同

64. 学龄前期儿童通过与他人进行互动，自我意识得到发展。下列属于学龄前期儿童自我意识组成部分的有（   ）。

     A. 自我实现   B. 自我体验

     C. 自我保护   D. 自我控制

     E. 自我评价

65. 某职业高中一年级的学生小刚是社会工作者小李的社区矫正服务对象。在一次面谈中，小刚说："你问我为什么抢劫，其实，我以前一直是个好学生。小学四年级时我来到这里，我的爸爸妈妈忙着做生意养家，根本不管我，老师对我其实很好。我的朋友都爱去游戏厅，这儿的游戏厅只要给钱，什么都不管。家里不给钱，我才变成这样的。"小刚的话表明，影响小刚实施抢劫的主要社会环境要素有（   ）。

     A. 学校   B. 大众传媒

     C. 家庭   D. 朋辈群体

     E. 社区

66. 在个案工作的结案阶段，为了帮助服务对象理性面对服务的结束，社会工作者应采取的做法有（   ）。

     A. 调动服务对象周围的资源，增强服务对象的社会支持

     B. 预先告知服务结束的时间，让服务对象做好准备

C. 根据服务对象的情况,持续评估服务工作的效果

D. 与服务对象回顾取得的进步,让其做好独立面对问题的准备

E. 与服务对象一起探讨结案后的跟进方式

67. 社会工作者一般使用引领性技巧帮助服务对象探索自己过去的经验,以便让其更清楚自身需要。下列社会工作者的表达中,运用了引领性技巧的有(　　)。

A. "您现在的做法与您之前的想法有很大差距,为什么?"

B. "听了您刚才的话,我认为您必须停止酗酒,否则您的家庭可能就破裂了。"

C. "您是说您的问题是由多次大幅度不成功造成的,是这样吗?"

D. "您刚才讲了很多方面,但我们时间有限,您能说说最想谈的是什么吗?"

E. "听了您刚才的话,我理解您现在的问题是因为您童年的不幸遭遇,对吗?"

68. 服务对象小米发现丈夫有外遇,十分痛苦,向社会工作者小刘哭诉,称自己想自杀。小刘运用危机介入模式对小米提供服务,其应遵循的工作原则有(　　)。

A. 案主自决　　　　　　　　　　B. 注入希望

C. 集中目标　　　　　　　　　　D. 及时处理

E. 展望前景

69. 社会工作者小郎在小组工作过程中遇到了问题,组员们都愿意与他进行一对一的交流,而组员间的交流却很少。为了促进组员间的沟通,小郎可以采用的技巧有(　　)。

A. 及时进行小结　　　　　　　　B. 促进组员相互回馈

C. 帮助组员相互理解　　　　　　D. 适当自我表露

E. 鼓励组员相互表达

70. 小组活动通常安排经验分享环节,其主要作用在于鼓励组员(　　)。

A. 评估小组活动是否达到目标

B. 调整小组目标和小组契约

C. 交流在小组活动中的成长经验

D. 总结在小组活动中的有益启示

E. 表达参与小组活动的感受

71. 某社会工作服务机构利用暑假开展了一个中学生人际交往能力提升小组。小组进行了一段时期后,组员出现了既想探索和了解自我,又害怕剖析和认识自我的问题,小组组员之间有时也会因为角色和权力的问题而产生冲突。面对这种状况,社会工作者的主要任务有(　　)。

A. 制定小组规范　　　　　　　　B. 建立小组契约

C. 积极处理矛盾　　　　　　　　D. 重新建构小组

E. 控制小组进程

72. 关于社区照顾模式特点的说法,正确的有(　　)。

A. 社区照顾模式通过强化专业服务来确立政府在社区中的重要地位

B. 社区照顾模式通过协助服务对象重新融入社区来获得正常生活

C. 社区照顾模式通过改变由政府完全提供资源与服务的方法来强调社区作用

D. 社区照顾模式通过鼓励社区居民互相帮助来建立相互关怀的社区

E. 社区照顾模式通过建立照顾网络来协助社区居民解决困难

73. 某社会工作服务机构进入一个农村社区为留守儿童提供服务,该机构列出的下列工作目标中,属于社区工作过程目标的有(　　)。

  A. 开展留守儿童生活状况和服务需求的问卷调查

  B. 建立社区留守儿童活动中心

  C. 协助社区链接服务留守儿童的外部资源

  D. 培育居民关爱留守儿童的社区文化

  E. 推动社区建立留守儿童的亲属支持网络

74. 某社会工作服务机构进入某老旧小区开展工作。在完成准备阶段的工作后,社会工作者可采取的介入策略和工作方法有(　　)。

  A. 进行社区需求分析

  B. 根据居民兴趣推动成立自助小组

  C. 联系社区相关组织商讨工作方案

  D. 开展社区互助服务和康乐活动

  E. 挖掘资源和进行社区教育

75. 关注自闭症儿童的某志愿者协会目前有登记在册的志愿者70名,有2名专职社会工作者担任志愿者领导。为了提高其服务质量,督导需对志愿者进行培训的内容有(　　)。

  A. 自闭症儿童的身心发展特点

  B. 志愿服务的意义和价值

  C. 与自闭症儿童建立关系的技巧

  D. 志愿者表彰的意义和办法

  E. 志愿服务表现评估标准

76. 某社会工作服务机构负责人刘老师计划与一所打工子弟学校合作,开展外来务工人员子女社会适应能力训练。为此,他让项目团队分别设计几套方案,并根据"可行性方案模型"遴选一套最好的方案与学校讨论。根据该模型的"筛选标准",刘老师除了要考虑重要性、公平性、附加效果外,还应考虑(　　)。

  A. 机构使命　　　　　　　　B. 效果

  C. 可行性　　　　　　　　　D. 效率

  E. 合作伙伴偏好

77. 某社会工作服务机构决定采用定性研究方法了解本地区残障人士对康复服务的要求。该机构的下列做法中,符合定性研究特点的有(　　)。

  A. 排除本机构对研究对象的影响

  B. 通过了解本地区残障人士的困境,预测服务的规模

  C. 了解残障人士及其所处环境的基本状况

  D. 发现本地区残障人士康复服务需求的特殊性

  E. 运用非正式会谈方法收集相关资料

78. 一份问卷的封面信内容如下:

亲爱的同学:

  您好!

  我是××社会工作服务中心的工作人员,现在协助中心进行一项调查,其主要内容是了解

打工子弟学校学生的学习和生活情况,其目的是设计一套服务方案,满足打工子弟学校学生的需求,经过随机抽样,您被选中成为我们的调查对象。本调查采用不计名方式,我们将对您的个人资料进行保密。

感谢您花一些时间回答下述问题。

××社会工作服务中心

××年××月

这份封面信包含的内容有(　　　)。

A. 调查者的身份　　　　　　　　B. 调查内容

C. 调查目的　　　　　　　　　　D. 问卷标题

E. 调查对象选择方法

79. 根据《中华人民共和国残疾人保障法》,下列机构和单位中,应当按照规定的比例安排残疾人就业的有(　　　)。

A. 国家机关　　　　　　　　　　B. 社会团体

C. 企事业单位　　　　　　　　　D. 民办非企业单位

E. 个体户

80. 关于老年人获得家庭赡养与扶养权利的说法,正确的有(　　　)。

A. 因老年人婚姻关系变化,子女可以不履行赡养义务

B. 老年人没有继承子女遗产的权利

C. 赡养人不得强迫老年人迁居条件低劣的房屋

D. 老年人自有的住房,赡养人有维修的义务

E. 赡养人对患病的老年人应当提供医疗费用和护理

社会工作综合能力（初级）
全真模拟试卷（一）

重要提示：

为维护您的个人权益，确保考试的公平公正，请您协助我们监督考试实施工作。

本场考试规定：监考老师要向本考场全体考生展示题本密封情况，并邀请 2 名考生代表验封签字后，方能开启试卷袋。

社会工作综合能力(初级)全真模拟试卷(一)

一、单项选择题(共60题,每题1分。每题的备选项中,只有1个最符合题意)

1. 小关的奶奶退休之前在市里的儿童福利院工作,她经常跟小关说自己非常喜欢孩子,总是能与那里的孩子打成一片。从我国社会工作的角度看,小关的奶奶在退休前所从事的工作属于(   )。
   A. 普通社会工作
   B. 行政性社会工作
   C. 专业社会工作
   D. 福利性社会工作

2. 在社会工作形成的过程中,社会工作最初的对象是(   )。
   A. 物质生活最困难的群体
   B. 受到虐待的妇女
   C. 学业上遭遇困境的学生
   D. 因退休而陷入孤独的老人

3. 关于社会工作的功能,下列说法正确的是(   )。
   A. 社会工作对社会的功能包括促进服务对象正常生活和促进人与社会环境的相互适应
   B. 社会工作对服务对象的功能包括维持社会秩序、促进社会和谐
   C. 在社会生活中,大至宏观的社会系统,小至个人、家庭都具有相应的社会功能
   D. 社会工作的功能是通过服务来恢复和促进社会系统而实现的

4. 小光生活在一个普通的农村家庭,虽然生活上不富裕,但是他的学习成绩非常优秀。不幸的是,某天他在上学途中遭遇车祸,生命垂危。由于肇事者逃逸,小光家的经济条件又难以支付他的医药费,这让小光的父母陷入了困境。社会工作者小华在得知小光的情况后,迅速链接各种资源,为小光筹集医药费。社会工作者的这一行为属于社会工作的(   )目标。
   A. 解救危难   B. 缓解困难
   C. 激发潜能   D. 促进发展

5. 针对社区环境卫生差、邻里纠纷多等现象,某社会工作服务机构组织居民志愿者成立了文明倡导队,开展说服和调解工作,有效地改善了社区环境,促进了邻里和睦。该机构的做法体现了社会工作在社会层面的功能是(   )。
   A. 维持正常生活
   B. 缓解居民心理压力
   C. 促进社会和谐
   D. 激发居民内在潜能

— 1 —

6. 社会工作者小赵正在对贫困地区的群众提供相应的服务,目的是增加贫困群体的经济收入,阻断贫困的代际传递,使贫困群众彻底走出贫困状态。社会工作者小赵的工作内容属于( )。

    A. 家庭社会工作   B. 减贫社会工作

    C. 医务社会工作   D. 企业社会工作

7. 当代社会工作的范围已经得到扩展,越来越多地进入促进人的发展的领域。下列选项中,不属于社会工作扩展后对象的是( )。

    A. 挫折中的学生

    B. 陷入困境的夫妻

    C. 孤苦无依的老人

    D. 无法适应退休生活的人

8. 小梁今年28岁,毕业后一直在老家生活。最近,小梁的父母一直催促小梁赶紧相亲结婚,但是小梁自己一点都不着急,他自己有明确的人生规划,不想因为父母的催促而改变自己的规划。为此,小梁经常和父母发生矛盾,并搬离了父母的住处。小梁的父母不知如何是好,就找到了社区工作者小姜,请求小姜帮助小梁回归家庭。根据社会工作价值观的实践原则,社会工作者小姜适宜的做法是( )。

    A. 尊重小梁的意愿,理解和支持他的人生规划

    B. 保护小梁的隐私,不告诉小梁的父母小梁的住处

    C. 指出小梁的错误,协助他尽快相亲结婚

    D. 反对小梁的想法,建议小梁尽快给父母道歉并回归家庭

9. 某社会工作服务机构的社会工作者小豆将自己同事的电话透露给了服务对象,给这位同事带来了一些麻烦。社会工作者小豆违反了社会工作专业伦理中的( )。

    A. 社会工作者对服务对象的伦理责任

    B. 社会工作者对服务机构的伦理责任

    C. 社会工作者对同事的伦理责任

    D. 社会工作者对全社会的伦理责任

10. 社会工作者小苗在初期接触服务对象的时候,服务对象的精神状态很差,几次提到自己不想活了,并请小苗不要将这一情况告诉给自己的家人。根据社会工作伦理难题处理的一般顺序,小苗首先应做的是( )。

    A. 威胁服务对象,告诉他如果他再有轻生的念头就告诉他的家人

    B. 先中止正在进行的谈话,电话咨询机构负责人的意见

    C. 分析这件事情处理不好对自己的坏处

    D. 辨析现在的伦理困境并评估自身能力

11. 在某福利院,服务对象偷偷告诉社会工作者,他昨天亲眼看见一个男孩打了一个女孩,而打女孩的男孩也清楚只有服务对象一个人知道此事,并威胁服务对象不准告发。服务对象特别叮嘱社会工作者不能向外人透露此事。以上所描述的案例,反映了社会工作伦理议题中的( )。

    A. 双重关系

    B. 多元文化

C. 保密议题

D. 知情同意

12. 王爷爷最近被确诊为肺癌晚期,他的儿子希望社会工作者小房可以向王爷爷隐瞒病情,因为如果王爷爷知道自己得了癌症可能心情会更差。之后,社会工作者小房在与王爷爷的交谈中,王爷爷一直要求小房将实际情况告诉他,但是为了王爷爷可以愉快地度过剩余的时光,小房没有将实情告诉王爷爷。在这里,社会工作者小房遵循的原则是(   )。

A. 保护生命   B. 差别平等

C. 最小伤害   D. 生命质量

13. 刘女士是某企业的运营部经理,平时的工作非常忙,但是刘女士每天都会认真倾听女儿讲述当天发生的事情,即使女儿做错了事情,她也不会立刻批评,而是询问事情的经过,弄清楚前因后果后再进行教育。王女士的教养方式属于(   )。

A. 放任型   B. 民主型

C. 支配型   D. 骄纵型

14. 小华是一名外来务工人员,所住的小区中有很多外来人口,大家聚在一起有很多相同的话题和感受,小华休息的时候总愿意找小区中的朋友聊聊天。影响小华这一行为的主要社会环境是(   )。

A. 家庭   B. 学校

C. 社区   D. 文化

15. 下列关于阿尔德弗尔的需要理论与马斯洛的需要层次理论的相似之处,说法正确的是(   )。

A. 需要是有层次和顺序的

B. 都包含自尊和自我实现的需要

C. 低层次的需要得到满足之后,才能产生更高层次的需要

D. 当某种需要得到满足后,其强烈程度可能会增大

16. 中年阶段是个体各种生理机能不断发生变化的时期。下列特征中,属于中年阶段主要特征的是(   )。

A. 记忆力和想象能力达到成熟水平

B. 情绪波动大,烦躁易怒

C. 毛发脱落、记忆力下降

D. 生殖系统发育成熟,具备生育能力

17. 下列选项中,不属于学龄阶段儿童面临的主要问题的是(   )。

A. 电子产品依赖

B. 儿童意外伤害

C. 校园欺负

D. 儿童性伤害

18. 青少年行为问题有很多,如逃学、早恋、婚前性行为、适应不良、亚健康、暴力行为乃至犯罪等,这些都是青少年行为问题的重要表现形式。如果因为青少年不懂得如何规范自己的行为而出现这些问题,作为一名社会工作者,可以采用(   )帮助治疗。

A. 心理社会治疗模式

B. 危机介入治疗模式

C. 人本治疗模式

D. 行为治疗模式

19. 黄女士与丈夫结婚8年了,近年来总是为一些事情争吵,两人来到家庭服务中心求助。黄女士表示丈夫总是酗酒,两人为此经常争吵,因为她害怕酗酒的男人,她认为男人喝多了酒就会打人。而丈夫则表示是妻子太啰嗦,让他觉得自己又多了一个母亲,只有动用武力,她才会闭嘴。社会工作者发现黄女士和丈夫都受到过原生家庭的一些影响,所以帮助他们了解在成长过程中的重要影响事件。社会工作者的这种做法采用了(   )技巧。

A. 心理动力反思

B. 探索-描述-宣泄

C. 现实情况反思

D. 人格发展反思

20. 王护士告诉社会工作者小丁,刚入院的女生小敏,性格非常内向,平时从不主动说话,她希望小丁能够对小敏进行辅导。为了与小敏建立关系,小丁与小敏初次见面时,运用了自我披露的技巧。下列做法中,体现该技巧的是(   )。

A. 了解小敏的感受和对未来的期待

B. 与小敏的父母交谈,了解小敏的生活情况

C. 与小敏的老师交谈,了解小敏的学习情况

D. 与小敏分享自己生病住院的一段经历

21. 下列关于社会工作者与服务对象签订的工作协议的描述,错误的是(   )。

A. 在实际个案工作中,通常采用口头的工作协议方式,它的要求不像书面工作协议那样严格,也并不一定要签订书面协议

B. 工作协议是服务对象获得合适服务的规范化保障

C. 工作协议是社会工作者敦促服务对象参与服务过程与社会工作者积极配合的必要保证

D. 工作协议通常包括服务目标、服务内容和方法、服务对象的权利和义务、服务地点、时间期限(次数)和服务双方签字

22. 李某来到某社区的社会服务机构寻求服务,该机构的社会工作者在了解了他的情况后,判定本机构无法立即给予其及时帮助的服务,这时社会工作者需要(   )。

A. 提供转介服务

B. 评估求助者的问题

C. 接案并签订协议

D. 收集资料

23. 社会工作者对服务对象说:"我不知道我是否理解错了你的意思,你之前多次说,你很为自己的成就自豪,但从你刚才的谈话中,我感到你对自己很不满意。你对自己的看法到底是怎样的呢?"社会工作者运用的个案工作技巧是(   )。

A. 澄清
B. 自我披露

C. 摘要
D. 对质

24. 服务介入工作能否顺利展开,很大程度上取决于能否制定一个好的服务工作方案。下列对于如何制定一个好的服务工作方案的叙述不正确的是(   )。

A. 应做到目标高远

B. 目标清晰且现实

C. 服务对象的范围明确

D. 策略合理

25. 下面对于个案工作服务结束阶段的评估,说法正确的是(   )。

A. 评估类型包括对介入活动效果的评估与对介入活动过程的评估两类

B. 通常服务机构会事先规定服务工作的评估方法

C. 为保证评估效果,在评估过程中社会工作者必须在场

D. 为保证评估效果,社会工作者应对服务对象坦诚保密

26. 某社区社会工作者小常在进行家访时,了解到李大妈因不堪丈夫毒打,产生了自杀念头。针对这种情况,小常应采取的做法是(   )。

A. 根据保密原则,不向任何人透露李大妈的自杀想法

B. 根据自决原则,不再劝说李大妈放弃自杀的念头

C. 立即通知李大妈的家属和主治医生,做好防范措施

D. 暗示李大妈的家属和主治医生,如果李大妈有异常情况要加以关注

27. 某福利院的社会工作者小廖发现院内一位失智老人的女儿伪造老人签名,擅自篡改遗嘱。下列做法中,正确的是(   )。

A. 家丑不可外扬,从维护老人利益的角度出发,小廖要为此事保密

B. 根据服务对象自决的原则,如果老人不求助,小廖就不能采取行动

C. 这是老人的家事,小廖不必干预

D. 小廖应向福利院相关部门报告此事

28. 大学新生入学后,有一些新生不适应大学生活,社会工作者将这些新生组织在一起,形成一个社会工作小组。社会工作者给他们传授相应的应对办法,以协助组员尽快适应并融入大学的校园生活。该社会工作小组为(   )。

A. 治疗小组　　　　　　　　　B. 支持小组

C. 成长小组　　　　　　　　　D. 社交小组

29. 社会工作者小森为失恋者开设了一个主题为"调节情绪,一起向未来"的小组。在制订小组计划时,小森围绕小组的总体性目标,确定了阶段性目标。下列目标中,属于总体性目标的是(   )。

A. 减少组员伤心的时长

B. 协助组员面对失恋问题

C. 改善组员的情绪,使其向前看

D. 协助组员自立自强,摆脱依赖

30. 社会工作者小朱面向高考失利者开设了一个小组。在某次小组活动中,组员甲和乙在分析自己高考失利的原因时发生争执,双方都认为对方分析的原因有误导的嫌疑。针对小组这一阶段的特点,小朱恰当的做法是(   )。

A. 梳理甲和乙分析的原因,找到两人发言的共同之处,协调双方的冲突

5

B. 分享甲和乙分析的原因,让大家投票决定谁分析的原因更准确

C. 批评甲和乙的争执行为,引导其他组员引以为戒,维护好良好的讨论氛围

D. 了解甲和乙对小组的期待,劝说不符合小组目标的一方离开小组

31. 在与组员沟通的过程中,有组员提到自己是单亲家庭,社会工作者小王提到了自己也是单亲家庭。在这个过程中,小王运用了( )沟通技巧。

A. 积极回应   B. 适当的自我表露

C. 对信息进行磋商   D. 及时进行小结

32. 在一次小组讨论中,小组成员因对某一问题的观点不同而分成三派,三派之间发生了激烈的争论,争论三方都希望社会工作者能支持自己的观点。此时,社会工作者应当( )。

A. 保持沉默

B. 保持中立

C. 参与争论

D. 对每方观点都提出客观的评判意见

33. 地区发展模式的实施策略不包括( )。

A. 促进居民的个人发展

B. 团结邻里

C. 提供服务和发展资源

D. 分析环境和形式

34. 社会工作者运用社会策划模式开展社区工作,与社区照顾模式、地区发展模式相比,其特点是( )。

A. 较多关注社区共同性问题

B. 特别重视居民参与

C. 强调社区责任

D. 注重任务目标的实现

35. 在社区工作中,社会工作者协调各方面的社区团体和个人,促进他们之间的沟通和合作,调动社区资源,解决社区存在的问题。此时,社会工作者扮演的是( )角色。

A. 使能者   B. 教育者

C. 中介者   D. 支持者

36. 2020 年的重阳节,某社区组织了一系列的敬老活动,社会工作者小凌想要对这次活动进行评估,以了解敬老活动在多大程度上实现了预定的目标。小凌使用的评估类型属于( )。

A. 过程评估   B. 自我评估

C. 效益评估   D. 成果评估

37. 关于地区发展模式和社区照顾模式共同点的说法,正确的是( )。

A. 两者都管制多数居民的问题

B. 两者都动员居民参与

C. 两者都更重视任务目标

D. 两者都可以帮助政府节约福利开支

38. 社会工作者小冯在某社区服务机构工作,他的工作内容是为一些在家接受照顾的老人寻找社区内外的资源,如申请最低生活保障、为部分老人提供活动场地等。那么他在工作中承担的主要角色是(　　)。

A. 治疗者　　　　　　　　　　B. 经纪人

C. 教育者　　　　　　　　　　D. 倡议者

39. 某市的社会工作服务机构根据民政局的政策要求制定了居家养老服务方案,将给全市75周岁以上的老年人发放生活补贴。这种需要属于(　　)。

A. 规范性需要　　　　　　　　B. 表达性需要

C. 感觉性需要　　　　　　　　D. 比较性需要

40. 社会工作者组织社区居民代表开会,希望他们可以对社区上一年度的工作提出自己的看法,结果有三分之一的居民代表还没有到。眼看就要到开会时间了,这时社会工作者适当的做法是(　　)。

A. 等所有居民代表到齐后再开会

B. 准时开始会议,并将所有重要事项放到会议最后讨论

C. 逐个告知迟到的居民代表会议前期的内容

D. 强调会议纪律并进行适当的批评

41. 下列选项中,属于社区任务目标的是(　　)。

A. 增强居民解决社区问题的能力

B. 发现和培育社区居民骨干参与社区事务

C. 解决特定的社会问题

D. 建立社区内不同群体的合作关系

42. 某农转居小区由于房租便宜,集中居住了较多的外来人口。社会工作者小木在走访部分居民时发现,该地的夫妻由于来自不同地域的家庭,彼此之间的矛盾较多,于是决定策划一个家庭服务项目。小木首先要做的工作应该是(　　)。

A. 明确服务目标

B. 界定问题和评估需求

C. 寻求社会资源

D. 制订可行性方案

43. 在民政部门登记成立,由民间自筹资金,向有特殊困难的群体提供无偿或低偿服务的机构是(　　)。

A. 社会服务机构

B. 民办社会工作服务机构

C. 社会服务类民间组织

D. 社会工作服务机构

44. 某机构为了提升专业服务的水平,特地聘请心理、法律、医疗等领域的专家学者组成研究团队,为机构管理层出谋划策。这个团队的结构组织属于(　　)。

A. 职能式组织结构

B. 直线式组织结构

C. 职能参谋式组织结构

D. 直线参谋式组织结构

45. 某市红十字会为了庆祝机构成立十周年,通过举办义卖会来向社会筹资,这属于(   )。

    A. 项目申请

    B. 特别事件筹资

    C. 电话劝募

    D. 媒体劝募

46. 新冠肺炎疫情期间,某市的民政局邀请了一批社会工作督导对服务机构的工作人员进行线上的督导。下列选项中,需要优先提供督导的是(   )。

    A. 服务机构的骨干志愿者

    B. 服务机构的一线管理人员

    C. 经验丰富的一线工作者

    D. 新入职的社会工作者

47. 小杨在某社会工作服务机构工作一年了,主要负责个案工作。在一次督导面谈中,小杨表示近期工作不太顺利,遇上了固执的服务对象,个案服务的成效不太明显,自己感觉很沮丧,压力也很大。督导安慰小杨,告诉她刚工作一年的社会工作者一般都会有这样的感觉,同时帮助小杨疏导情绪、缓解压力,并鼓励她转变工作方式。在这个过程中,督导开展的是(   )。

    A. 教育性督导

    B. 支持性督导

    C. 行政性督导

    D. 监督性督导

48. 在下列研究中,属于定量研究适用范围的是(   )。

    A. 某大学毕业生就业障碍影响因素研究

    B. 患先天性心脏病儿童的家族史研究

    C. 农村家庭妇女难就业的原因研究

    D. 关于某对夫妻离婚的深层原因的研究

49. 在行动研究中,根据参与研究的成员成分分类,可以分为三种模式,其中不包括的是(   )。

    A. 反思模式   B. 合作模式

    C. 支持模式   D. 独立模式

50. 大学生小李有较严重的情绪困扰和社交问题。社会工作者小强在运用心理社会治疗模式对其进行辅导的同时,还推荐并指导小李阅读人际交往方面的书籍,并告诉他通过学习人际交往沟通技巧,自己有能力解决问题。小强除了扮演治疗者的角色之外,还扮演了(   )的角色。

    A. 全能者   B. 教育者

    C. 支持者   D. 研究者

51. 定量研究的逻辑方法是(   )。

    A. 演绎法   B. 归纳法

    C. 分支法   D. 实证主义

52. 社会工作者拟将某个家庭作为工作对象,从而分别针对其家庭成员、邻居、社区机构等有关主体,进行访问、观察等,从而收集系统的资料,为服务介入做好准备。这属于(   )。

    A. 实验研究　　　　　　　　　　　　B. 文献研究

    C. 定性研究　　　　　　　　　　　　D. 定量研究

53. 问卷设计的核心是(   )。

    A. 语言和题数　　　　　　　　　　　B. 问题和答案

    C. 封面信和编码　　　　　　　　　　D. 答案和编码

54. 在一项实验研究中,研究者将受试者随机分为 A、B 两个小组,A 组接受法律培训,B 组不接受法律培训,培训结束后对两个小组进行后测,发现 A 组的法律意识要强于 B 组。这个实验设计属于(   )。

    A. 前后测控制组设计

    B. 传统实验设计

    C. 前测控制组设计

    D. 单后测控制组设计

55. 根据《中华人民共和国老年人权益保障法》,下列关于老年人获得家庭赡养的说法,正确的是(   )。

    A. 如果老年人无自有房屋,赡养人可以安排老年人居住条件低劣的房屋

    B. 赡养人帮助老年人耕种田地,收益归赡养人所有

    C. 赡养人如果不能亲自照顾老年人,在老年人愿意的情况下可以委托他人照料

    D. 老年人居住在养老院,有专人照顾,赡养人可以不经常看望

56. 小凤在某公司工作三年后怀孕了,马上就到预产期了,小凤准备休产假,小凤可以享有的产假是(   )。

    A. 68 天　　　　　　　　　　　　　　B. 98 天

    C. 118 天　　　　　　　　　　　　　D. 128 天

57. 根据《中华人民共和国反家庭暴力法》,当事人因遭受家庭暴力或者面临家庭暴力的现实危险,向人民法院申请(   )的,人民法院应当受理。

    A. 特殊照护

    B. 临时庇护

    C. 安全条约

    D. 人身安全保护令

58. 小芬五年前失去了心爱的丈夫,之后便与孩子相依为命。两年前,小芬的公婆相继生病住院,小芬便开始在床前照顾他们二老。最近,小芬的公婆相继去世,公婆有一笔退休金需要继承,那么小芬可以作为(   )继承财产。

    A. 第一顺序继承人　　　　　　　　　B. 第二顺序继承人

    C. 第三顺序继承人　　　　　　　　　D. 第四顺序继承人

59. 小高在某企业工作了两年多,工作期间正常缴纳失业保险。最近受到新冠肺炎疫情的影响,小高所在的企业在无奈之下准备辞退小高。根据《失业保险条例》,小高领取失业保险金的时间为(   )。

    A. 6 个月　　　　　　　　　　　　　B. 12 个月

C. 18个月   D. 24个月

60. 根据《国务院关于建立城镇职工基本医疗保险制度的决定》,在缴纳基本医疗保险费时,用人单位缴费率应控制在职工工资总额的(   )左右。

A. 2%   B. 4%

C. 6%   D. 8%

二、多项选择题(共20题,每题2分。每题的备选项中,有2个或2个以上符合题意,至少有1个错项。错选,本题不得分;少选,所选的每个选项得0.5分)

61. 社会工作是复杂的帮助有困难的人及群体的活动,是一种专业助人活动。它是(   )的助人活动。

A. 专业的

B. 职业的

C. 以利己为主要目的

D. 以困难群体为主要对象

E. 任何人都可以从事的

62. 某医院的社会工作者小邓发现自己的服务对象在收集安眠药,准备结束自己的生命。近期,服务对象不想继续遭受病痛的折磨,希望自己可以安然离世。小邓在评估了服务对象的情况后,开始与医院的医疗团队探讨减少疼痛的治疗方案,并劝说服务对象的家人多陪伴服务对象,让他可以开心地度过接下来的日子。在这里,社会工作者小邓遵循的原则是(   )。

A. 差别平等   B. 生命质量

C. 最小伤害   D. 隐私保密

E. 自由自主

63. 专业价值是指一整套指导专业行为和认知活动的思想、观念和基本原则。社会工作的专业价值会受到(   )因素的影响。

A. 社会的传统观念

B. 科学技术的发展

C. 个人价值

D. 社会变迁

E. 个人宗教与信仰

64. 人类是在环境之中生活的,同时人又具有能动性。人类行为和社会环境相互影响,二者的关系是复杂的。下列关于两者的关系的描述中,正确的是(   )。

A. 社会环境和生物遗传共同对人类行为产生影响

B. 人类行为与社会环境关系的非平衡性

C. 人类不可能改变环境

D. 环境可以适应人类

E. 社会环境影响个人行为

65. 小明是一位初二的学生,原本他既遵守学校纪律又认真学习,但半年前父母离异,小明由母亲抚养,父亲另组家庭,很少来看他,自此他变得酷爱网络游戏,天天沉迷于网吧,三天两头旷课,成绩一落千丈。后来,小区的社会工作者与小明的母亲一起,帮助他认识到了自己的错误,并使其做出了改正。小明的行为体现了人类行为的(   )特点。

A. 动态性
B. 指向性
C. 适应性
D. 发展性
E. 可控性

66. 社会工作者发现服务对象小陈有编制座椅的特长,便建议她利用此项特长去创业,并积极协助小陈去工商部门办理营业执照,向银行申请贷款。在整个服务工作中,社会工作者扮演的角色有(   )。

A. 教育者
B. 使能者
C. 倡导者
D. 治疗者
E. 联系者

67. 在一次面谈中,服务对象滔滔不绝地陈述自己的经历,说了很多。这时,社会工作者说:"刚才听您说了很多,关于您的家庭、您的工作,您与父母的关系,看起来这些都非常重要,其中,您最想解决的问题是什么? 还有,您刚才说您是一个普普通通的人,主要是指哪些方面? 我的理解是……对吗?"社会工作者的话,体现的会谈技巧是(   )。

A. 摘要
B. 对焦
C. 澄清
D. 坦诚
E. 对质

68. 社会工作者在制定工作目标时,应尽可能做到清晰易懂,最好以服务对象希望实现的具体行为作为标准,而且还需要根据服务对象的实际生活状况和能力制定明确的完成任务的时间表,以保证工作目标明确、现实。具体而言,服务目标的制定需要符合的要求是(   )。

A. 可观察
B. 可测量
C. 积极正向
D. 可辨别
E. 可实现

69. 某社会服务机构在老旧小区开展服务时发现,该老旧小区的居民大多数为老年人,老年人的服务需求较高。于是社会工作者小戴决定采用发展模式开展老年人相互支持的小组。在小组中,社会工作者小戴鼓励组员主动表达自己的困惑或者提出自己的建议,让组员给年轻人分享和学习自我发展的经验,从而推动年轻人进步。社会工作者小戴的做法体现了发展模式中的(   )。

A. 积极参与原则
B. "使能者"原则
C. 平等性原则
D. 开放性原则
E. "面对面"原则

70. 某初中生小高是社会工作者小李的社区矫正服务对象。在一次面谈中,小高说:"你问我为什么抢劫,其实,我以前一直是个好学生。小学四年级时我来到这里,我的爸爸妈妈忙着做生意养家,根本不管我,其实老师对我很好。我的朋友都爱去游戏厅,这儿的游戏厅只要给钱,什么都不管。家里不给钱,我才变成这样的。"小高的话表明,影响小高实施抢劫的主要社会环境要素有(   )。

A. 学校
B. 大众传媒

C. 家庭   D. 同辈群体

E. 社区

71. 单亲儿童小组在讨论小学生是否应该上网的问题时,社会工作者在讨论过程中提出了以下几个问题:"小学生是不是可以无限制地上网呢?如果不是,请做出解释。""如果小学生可以上网,那我们应该怎样去安排自己的上网时间呢?"在案例中,社会工作者应用了( )类型。

A. 重新定向型的提问   B. 开放式的提问

C. 深究问答型的提问   D. 封闭式的提问

E. 反馈和阐述型的提问

72. 美国著名社区工作专家罗斯曼将社区工作的目标分为( )。

A. 任务目标   B. 需求目标

C. 过程目标   D. 能力目标

E. 发展目标

73. 社区工作者可以从( )了解社区资源。

A. 它们所在的位置和日常运作,以及对社区居民生活的影响

B. 资源被利用情况

C. 资源被破坏情况

D. 社区居民人数

E. 社区居民参与状况

74. 在某次社区会议中,主持会议的社会工作者首先针对某一问题向大家提问:"大家怎么看待这个问题?"并在讨论离题时建议:"大家刚才的意见很好,不过我们现在还是来讨论一下××问题,其他问题稍后讨论,好不好?"在会议中,社会工作者采用了( )技巧。

A. 提问和邀请发言

B. 进一步说明和转述

C. 聚焦

D. 摘要、综合和总结

E. 关注、赞赏和鼓励

75. 小璐毕业后进入某机构工作。她上班第一天的任务就是进入社区,正式与居民接触。假如你是小璐的督导,下列与社区居民接触的技巧,你会介绍给小璐的是( )。

A. 找居民的"熟人"引见自己

B. 选择一些简单、容易回答的问题展开话题

C. 认真聆听居民的话,为居民着想

D. 反复挽留居民,尽量多与居民开展对话

E. 感谢居民,留下话题,方便下次联络

76. 社会工作者小熊服务的社区基础设施老化严重,居民楼经常发生下水道堵塞、水压不足等问题。为了能够解决这些问题,小熊准备制订一个服务方案。在问题认识和分析阶段,小熊采用"问题认识工作表"的方法进行科学分析,其分析的主要内容包括( )。

A. 居民所关注的问题是什么

B. "全面性问题"是什么

C. "明确问题"是什么

D. 谁受这个问题影响

E. 人们对这个问题的感受程度如何

77. 为了更好地分析某机构在儿童绘本阅读教育的优势,社会工作者小范打算开展相关的个案研究。为了得到督导的支持,小范需要向其阐述个案研究的优点。下列选项中,属于个案研究的优点的是(   )。

A. 收集的资料广泛深入

B. 有利于进行探索性研究

C. 中和极端回答

D. 资料处理相对来说较容易

E. 节省时间和资源

78. 在使用问卷调查进行社会工作研究时,问卷设计的主要任务包括(   )。

A. 通过文献回顾或实地考察认识研究问题

B. 采用某种方法形成问卷初稿

C. 明确调查对象的基本情况

D. 收集专家或调查对象的评价并形成问卷初稿

E. 完成问卷印刷工作

79. 社会工作者小顾利用假期时间去某乡村开展调研,她了解到当地年轻人结婚偏早,有的年轻人16岁就举办婚礼成家了,甚至还有的家庭生怕找不到儿媳妇,很小就给孩子定下了娃娃亲,还有与自家表姐、堂姐订婚的情况。根据小顾了解到的情况,该乡村存在的无效婚姻的情形包括(   )。

A. 重婚   B. 未到法定结婚年龄

C. 亲属关系   D. 违法定亲

E. 违规办婚礼

80. 根据《工伤保险条例》,在下列情况中,应当被认定为视同工伤的有(   )。

A. 小李在工作时间、工作岗位上,突发疾病后立刻死亡

B. 小江因感情问题,在上班时间、工作岗位上自残导致身体受到伤害

C. 小陈在工作时间、工作场所内,因履行工作职责被他人殴打造成伤害

D. 小赵原来在军队因战致残,并取得革命伤残军人证,到用人单位后旧伤复发

E. 小孙在支援湖北武汉期间,不慎感染了新冠肺炎病毒,身体受到损伤

社会工作综合能力（初级）
全真模拟试卷（二）

社会工作综合能力(初级)全真模拟试卷(二)

一、单项选择题(共 60 题,每题 1 分。每题的备选项中,只有 1 个最符合题意)

1. 下列关于社会工作的说法中,正确的是(   )。
 A. 经验丰富的志愿者从事的助人活动属于专业社会工作的范畴
 B. 社会工作的服务是一个单向输出的过程
 C. 困难群体是专业社会工作的基本对象
 D. 解决社会问题是社会工作在服务对象层面上的目标

2. 梅大妈是大学的教授,退休后不愿意闲着,通过街道工作人员的介绍,成了一名校外辅导员,她非常关注社区内的孩子,为孩子们辅导功课,社区的孩子都非常喜欢她。从我国对社会工作的三种理解来看,梅大妈所从事校外辅导员的工作属于(   )。
 A. 专业社会工作   B. 行政性社会工作
 C. 普通社会工作   D. 社区社会工作

3. 在上班高峰期,某路口的电瓶车乱骑行现象十分严重。为了缓解这一问题,社会工作者小曾决定在该路口宣传遵守交通规则的重要性,维持交通的正常运行。经过一段时间的努力,电瓶车乱骑行现象有所改善。社会工作者小曾的做法体现了社会工作在社会层面上的(   )功能。
 A. 维持社会秩序   B. 促进社会和谐
 C. 促进人与社会环境的相互适应   D. 增强个人能力

4. 下列选项中,不属于社会工作要素的是(   )。
 A. 社会工作者   B. 督导
 C. 助人方法   D. 服务对象

5. 社会工作者小泽在提供家庭服务时发现,一些家庭妇女没有家庭收入,家庭生活非常拮据。社会工作者小泽开始具体调查这一情况,并向政策制定部门提出这一问题的普遍性,希望相关部门可以完善对家庭妇女的保障政策。在这里,社会工作者小泽主要扮演了(   )角色。
 A. 政策影响者   B. 研究者
 C. 资源筹措者   D. 倡导者

6. 近期社会工作者从天涯社区居委会了解到小区经常发生家庭暴力事件,部分女性遭到丈夫的辱骂或者毒打。针对这一情况,社会工作者决定对天涯社区的女性提供专业的服务。社会工作者的工作属于社会工作的(   )领域。
 A. 社区社会工作   B. 家庭社会工作
 C. 社会救助社会工作   D. 妇女社会工作

— 1 —

7. 随着经济和社会的变迁以及环境的变化,新的社会问题不断出现,这就出现了社会工作的新领域。下列选项中,不属于社会工作新领域的是(   )。

    A. 减贫社会工作   B. 精神卫生社会工作

    C. 发展性社会工作   D. 医务社会工作

8. 著名的社会工作专家布特雷姆在其著作《社会工作本质》一书中曾指出,社会工作的哲学思想主要来源于三个假设,这三个假设不包括(   )。

    A. 对人的尊重

    B. 相信人有独特的个性

    C. 坚守人有自我改变、成长和不断进步的潜质

    D. 人与人之间是平等的

9. 社会工作者在服务工作中,如果遇到伦理的难题,应该坚持最小伤害的原则。在下列的选项中,符合最小伤害原则的是(   )。

    A. 社会工作者应该保护好自己,让自己少受伤害

    B. 社会工作者应选择对机构最小损失的服务方案

    C. 社会工作应尽可能避免对服务对象及相关人士造成伤害

    D. 社会工作者应尽量减小对同事的伤害

10. 社会工作者小蒋定期为社区的杜大爷提供服务。近期,小蒋给杜大爷打电话询问情况,每次都是暂时无法接通。小蒋非常担心,便向杜大爷的邻居了解情况。经了解,原来是杜大爷换电话号码了。根据社会工作者对服务对象的伦理责任,此时小蒋最恰当的做法是(   )。

    A. 猜测杜大爷换电话号码就是不愿被打扰,以后不与杜大爷联系

    B. 在邻居的带领下慰问杜大爷,解释服务内容,并依据杜大爷的意愿帮助其解决困难

    C. 让杜大爷的邻居帮助照看杜大爷,并定期反映杜大爷的情况

    D. 向杜大爷的儿女"告状",承诺以后不会打扰杜大爷的生活,让杜大爷照顾好自己

11. 对社会工作者来说,伦理决定就是分析和评估实践中的伦理问题,形成恰当的、满足伦理标准的专业行为。下列选项中,属于伦理决定核心价值观的是(   )。

    A. 尊重服务对象的尊严和独特性

    B. 努力帮助服务对象做出决定

    C. 根据专业经验开展服务

    D. 排除服务对象在生活上的障碍

12. 社会工作者小鲁和小方在招募志愿者的问题上有不同的意见,小鲁认为应该招募一些年轻的志愿者,这样可以避免意外情况的发生;小方认为应该招募一些有闲暇时间的老年志愿者。有一天,63 岁的孙大妈找到小鲁,她想申请社区的志愿者,在评估后发现孙大妈身体硬朗、为人善良,可以成为社区的志愿者。根据社会工作价值观的实践原则,在下列做法中,比较恰当的是(   )。

    A. 推荐孙大妈去其他机构申请志愿者

    B. 邀请同事小方与孙大妈进行面谈

    C. 尊重孙大妈的决定,并告知可能存在的风险

    D. 表明自己的观点,婉言拒绝孙大妈的申请

13. ERG 理论是阿尔德弗尔于 1969 年提出的一种与马斯洛需求层次密切相关但又不尽相同的理论。下列选项中,不属于 ERG 理论中人的需要的是(   )。

    A. 生存的需要

    B. 尊重的需要

    C. 关系的需要

    D. 成长的需要

14. 按照行为是否符合正常模式和社会规范,可将行为划分为正常行为和偏差行为。在下列选项中,不属于划分正常行为和偏差行为常用标准的是(   )。

    A. 统计学标准   B. 社会规范和价值标准

    C. 行为适应性标准   D. 个人主观判断

15. 社会工作者小平的服务对象小娟向她介绍了自己儿子的近况,希望能够得到帮助。其情况是这样的:她的儿子浩浩今年 11 岁,在半年前跟随她和丈夫从老家来到北京,她和丈夫工作很忙,很少有时间关心孩子的学习。由于普通话不标准,浩浩在北京上学后不愿意和同学交流,总是喜欢独来独往,学习成绩直线下滑,老师也为此批评了他。浩浩由于没有朋友,就开始去家附近的网吧,这样可以让自己不那么孤独。小娟对浩浩现在的情况不知如何是好,于是向社会工作者小平求助。小平在评估浩浩的问题时,最需要关注的环境因素不包括(   )。

    A. 同辈群体   B. 社区文化

    C. 家庭环境   D. 大众传媒

16. 妙妙今年读小学四年级,平时父母对她的学习要求严格,在生活上把妙妙照顾得无微不至。一方面对妙妙过度保护,不让妙妙做任何家务;另一方面又对妙妙的期望很高,造成妙妙形成了娇贵傲慢、清高孤傲的性格。家庭教养模式多种多样,根据以上的情况,可以判断妙妙父母的家庭教养方式属于(   )。

    A. 骄纵型   B. 支配型

    C. 冲突型   D. 专制型

17. 新冠肺炎疫情期间,初中生小良每天都在家隔离上网课。小良的父母整天在家忙于线上办公,很少关心小良的学习,以至于他觉得在家没有意思,经常晚上看通宵电影。影响小良这一行为的主要社会环境是(   )。

    A. 家庭   B. 学校

    C. 社区   D. 文化

18. 社会工作者小陆与中年夫妻进行了面谈。面谈中,小陆得知夫妻两人一直感情不错,但近半年来妻子时常感到疲劳无力,去医院检查也没有发现什么严重的疾病,见丈夫对自己的身体不够重视,妻子越发觉得丈夫不关心自己,就常常对丈夫发火,在生活中也不能容忍丈夫的任何过错。从这些信息来看,小陆初步判断这位妻子很可能是进入了(   )。

    A. 逆反期   B. 情绪爆发期

    C. 敏感期   D. 更年期

19. 小红毕业后已工作三年了,在这几年中,她工作勤奋努力,为实现自己的理想奋斗,在周末的时候也会通过线上的课程为自己充电,下班后还会读一些法律方面的书籍。按照需要的起源来划分,小红的需要属于(   )。

    A. 直接需要   B. 生理性需要

C. 间接需要 D. 社会性需要

20. 小青在小时候被小狗咬伤过,虽然已经过去十几年了,但小青每次看到小狗时都吓得双手抱头。随着小区有越来越多的居民养狗,小青在小区经常会看到小狗,但是每次看到都很害怕,这让小青很烦恼。小青打算向社会工作者求助,为了消除小青对小狗的恐惧,社会工作者直接把小青放置于放满小狗模型的房间之中。这一做法属于行为治疗模式中的( )技术。

A. 模仿 B. 放松练习

C. 满灌疗法 D. 厌恶疗法

21. 小伟的生意由于受到新冠肺炎疫情的影响,面临破产。他找来社会工作者小蕊让她帮助自己缓解压力。在服务一段时间后,小伟的生意有了好转。在对服务工作进行评估时,小伟碍于面子或者害怕失去进一步的帮助而不愿意表达自己的真实想法。在评估之前,社会工作者小蕊需要运用( )技巧。

A. 制造气氛 B. 积极主动

C. 坦诚保密 D. 认真对待

22. 小月即将面临高考,一直感觉压力很大,每天都强制自己学习到很晚,白天的精神状态很差,这样恶性的循环严重影响了她的学习,她便向学校社会工作者求助。社会工作者教小月学习处理、缓解压力的新方法,小月明显感觉自己轻松了许多。社会工作者扮演了( )的角色。

A. 联系人 B. 治疗者

C. 教育者 D. 使能者

23. 社会工作者小顾对服务对象小木的服务已接近尾声,开始准备结案。但是小顾发现,小木已经对自己的服务产生了依恋,而自己又不便用直接的形式告诉小木要结案。于是,在最后两次服务中,小顾将面谈改为直接给小林打电话的方式。小顾采取的结案方式是( )。

A. 变化联系的方式 B. 缩短服务时间

C. 间接暗示服务对象 D. 直接暗示服务对象

24. 小翠最近失恋了,一时接受不了单身的事实,主动向社会工作者求助。在面谈时,小翠表现出非常失落的情绪。这时候,社会工作者对小翠说:"小翠,我很理解您失恋后的感受,在一个大城市,您习惯了有一个人可以依靠的感觉,现在突然一个人了,您肯定不适应。"社会工作者运用的是个案会谈的支持性技巧中的( )技巧。

A. 专注 B. 倾听

C. 鼓励 D. 同理心

25. 社会工作者小飞在社区内组建了一个社会工作小组,他把具有书法兴趣的居民组织在了一起。每周在社区的活动场地练习书法,帮助组员们在书法上互相交流,在生活中相互帮助。社会工作者小飞组织的这一小组属于( )。

A. 支持小组 B. 教育小组

C. 任务小组 D. 成长小组

26. 社会工作者梁某带领了一个大学生成长小组,组员们发言积极主动。梁某在每位组员分享经验后对发言者给予了反馈。梁某运用了小组工作中的( )技巧。

A. 积极回应 B. 专注倾听

C. 引导讨论 D. 示范引导

27. 在小组工作的中期转折阶段,小组成员关系走向亲密化,小组内部权力竞争开始。此时,社会工作者的工作重点是(   )。

　　A. 增强组员对小组的认同感

　　B. 处理小组冲突

　　C. 形成稳定的小组关系结构

　　D. 协助组员把认知转变为行动

28. 在小组工作的结束阶段,社会工作者的任务不仅需要处理小组成员的离别情绪,还需要(   )。

　　A. 鼓励成员互相尊重与关怀

　　B. 重新建构小组关系

　　C. 协助组员保持小组经验

　　D. 协助完善小组规范

29. 社区工作的目标中属于实现过程目标的是(   )。

　　A. 增强居民处理社区事务的能力

　　B. 改善社区的卫生状况

　　C. 建立社区支持机构

　　D. 加强社区的安全巡视

30. 在社区工作的不同阶段,都会将居民中有影响力的带头人作为主要工作对象之一。在认识社区阶段,社会工作者与居民中的带头人接触的主要目的是(   )。

　　A. 了解社区内的权力结构

　　B. 培养居民小组的负责人

　　C. 加强居民带头人的执行能力

　　D. 提升居民带头人的沟通能力

31. 关于社区照顾模式的说法,正确的是(   )。

　　A. 强调运用专业知识、科学决策,理性推动社区改变

　　B. 致力于促进居民参与,通过自助和互助解决社区问题

　　C. 重视动员亲戚、朋友、邻里和志愿者资源,关怀社区困难群体

　　D. 强调社会工作者的核心工作是社区资料收集,事实分析和方案决策

32. 某城中村正在进行改造,街道牵头组成了一支专家队伍,在城中村进行考察,了解居民的实际需求,专家在此基础上制定改造方案,解决社区问题。这一做法体现了社区工作中的(   )。

　　A. 地区发展模式

　　B. 社会策划模式

　　C. 社区照顾模式

　　D. 发展模式

33. 某社区社会工作者召集居民小组长开会,讨论如何整治社区环境卫生,在讨论过程中,大家就一些细节问题争论不休。为了确保会议的顺利进行,社会工作者应该(   )。

　　A. 总结会议内容,表明自己的立场和观点

　　B. 复述发言者的想法,帮助他们阐明意见

C. 运用聚焦技巧,把大家的注意力转移到主要问题上

D. 延长会议时间,让每位参会人员充分发言

34. 某社区地处某市的郊区,基础设施较落后。在社区里,有一些初中生在放学后总是出入各大网吧,或者去小店喝酒。这段时间,小区里发生了几起打架斗殴事件,社区的居民对此非常不满,打算向附近的公安局报案。学校的社会工作者小壮在了解了这一情况后,便走访了几个打架初中生的家庭,发现他们大多是留守儿童,平时跟着爷爷奶奶住,父母常年在市区打工,无法每天管教他们。学校社会工作者小壮打算协调社区的各种力量来解决问题,在与社区居民的多方协商和研讨下,制订了一个完备的服务计划。这一案例体现了(   )在社区工作中的运用。

A. 社区照顾模式   B. 社会策划模式

C. 互动模式   D. 地区发展模式

35. 新奥社区位于市中心的繁华地段,由于人流量很大,有一些居民在临街的底商开起了饭店,过了一段时间,楼上的居民因为噪音、垃圾、油烟等问题与开饭店的居民产生了冲突。社会工作者与发生冲突的居民坐下来开会解决此事,会议结束时虽然双方没有达成一致的意见,但彼此加深了了解,并同意会继续协商。这一会议的结果是(   )。

A. 既实现了任务目标,又实现了过程目标

B. 既没实现任务目标,也没实现过程目标

C. 仅实现了任务目标,没实现过程目标

D. 没有实现任务目标,仅实现了过程目标

36. 社会工作者小辉运用地区发展模式面向农转居的居民开展适应新社区的活动。他既要调动社区内外的各种资源,帮助实现资源链接,又要将资源有效地投入地区发展中,解决社区存在的问题。根据地区发展模式中社会工作者的角色,小辉在上述工作中扮演的角色是(   )。

A. 技术专家   B. 使能者

C. 协调者   D. 中介者

37. 在社会服务方案策划的目标制定阶段,社会工作者在排列目标优先次序时首先要考虑的是(   )。

A. 服务活动的起止时间

B. 服务机构的可用资源

C. 危机人口的数量规模

D. 服务质量的规范要求

38. 社区工作者老刘正在策划一个老年人服务方案,其工作步骤是:认识老年人存在的特殊问题→列出清楚的目标→收集其他机构创新的方法→提供资讯给机构的决策者思考→考虑政治、经济、社会方面的阻力→选择理想的方法→发展计划用作评估和拓展。该服务策划形式属于(   )。

A. 方案发展策划   B. 战略性策划

C. 问题解决策划   D. 创新策划

39. 针对社区 10 位高龄独居老人,社会工作者小万策划了"银龄互助"服务,动员社区60~70 周岁的老人以志愿者身份为这 10 位高龄独居老人开展服务,了解他们的日常生活情况,传递温暖与关爱。为了有效管理志愿者,小万对居民志愿者的需要进行评估的内容应包

括( )。

    A. 志愿者的性别

    B. 志愿者的个人专业和专长

    C. 志愿者的服务对象

    D. 志愿者服务的效果

40. 某社会工作服务机构总干事在每周一的例会上,一般会在员工汇报完上周工作、确定本周工作计划后,强调员工间分工合作的重要性。该总干事的这项工作属于社会工作服务机构运作中的( )。

    A. 授权   B. 培训

    C. 评估   D. 协调

41. 下列企业捐赠动机中,属于公共关系的是( )。

    A. 赢得良好声誉   B. 争取潜在客户

    C. 获得税费减免   D. 获得员工认同

42. 社会工作督导是专业训练的一种方法。下列关于咨询式督导说法正确的是( )。

    A. 督导者扮演师傅的角色

    B. 强调学习过程,焦点集中在一般议题上

    C. 督导者承担更多的责任

    D. 被督导者自己承担更多的责任

43. 由于受到新冠肺炎疫情的影响,原先资助某社会工作服务机构的企业停止了资助,该社会工作服务机构出现了资金不足的问题。为了应对这一问题,机构的负责人积极申请基金会的慈善捐款,帮助机构顺利度过了危机。机构负责人的这一筹款方式为( )。

    A. 政府资助   B. 社会捐助

    C. 低偿服务   D. 活动筹款

44. 小蔡在本科毕业后进入某社会工作服务机构工作,小蔡在工作中发现自己掌握的社会工作知识匮乏,缺少工作技巧。老丁是一名资深的社会工作者,受到机构的委托,老丁便开始对小蔡进行督导,主要是为了解决小蔡知识匮乏的问题,提升他的专业技能。那么老丁对小蔡的督导体现了社会工作督导中的( )功能。

    A. 管理   B. 行政

    C. 支持   D. 教育

45. 社会工作者小高计划对受虐妇女群体进行研究,并决定采取定性研究方法。此研究方法应侧重于( )。

    A. 发现所研究的受虐妇女群体的特性

    B. 推论受虐妇女群体的总体特征

    C. 验证有关妇女被虐待的理论假设

    D. 归纳提炼出有关受虐妇女问题的理论

46. 社会工作研究属于社会工作和社会研究的交叉领域,它除了具有社会研究的一般特性外,还含有社会工作本身的特性。下列关于社会工作研究的特征,说法错误的是( )。

    A. 社会工作研究对象的视角多元

    B. 采用社会工作视角

C. 恪守社会工作伦理和社会研究伦理

D. 研究者角色单一

47. 为了解本地区社会工作者的专业能力建设情况,某部门设计了一份调查问卷,其中一道封闭式问题为:"请问您参加全国社会工作者职业水平考试的情况是_____",答案为"①参加过初级考试。②参加过中级考试。③未参加过任一级别的考试。"这道题的答案在穷尽性和互斥性上做到了(　　)。

A. 既满足穷尽性,又满足互斥性

B. 仅满足穷尽性,不满足互斥性

C. 不满足穷尽性,仅满足互斥性

D. 既不满足穷尽性,也不满足互斥性

48. 社会工作研究者将 30 位失业者分配为 A、B 两组,使用 5 分制的自信量表对两组人员进行测量,两组的平均得分分别是 2.8 分和 2.9 分,然后安排 A 组参加就业培训,B 组不接受任何训练。两个月后再测试发现,A 组和 B 组平均得分分别是 4.0 分和 3.0 分。这位研究者使用的研究设计是(　　)。

A. 前后测控制组设计　　　　　　B. 评估设计

C. 单后设计　　　　　　　　　　D. 方案设计

49. 在研究中,编码属于(　　)阶段的工作内容。

A. 研究准备　　　　　　　　　　B. 研究总结

C. 资料整理　　　　　　　　　　D. 资料分析

50. 在问卷设计中,问卷中的一个问题是"您父母支持您从事社会工作方面的工作吗?",这一问题所犯的错误是(　　)。

A. 问题具有倾向性

B. 使用了抽象概念

C. 问题不明确

D. 问题具有双重含义

51. 对于定量研究与定性研究的结果范围,下列说法正确的是(　　)。

A. 定量研究注重研究问题的普遍性、代表性

B. 定量研究的研究结论可以进行推论

C. 定量研究的资料具有整体性

D. 定性研究的研究结论具有普遍指导意义

52. 某服务中心的社会工作者为了解服务对象的需要,设计了一份调查问卷。在该问卷的封面信中,工作者说明了自己的身份、研究目的和内容、对象选择方法,并且署名了研究机构。在这封封面信中,还缺少(　　)。

A. 问卷结构

B. 调查者的身份

C. 保密原则

D. 指导语

53. 社会工作者设计了一份居家养老服务满意度调查问卷,他将问卷初稿发给相关的专家,请他们提意见。同时,他还将问卷初稿发放给调查对象,请他们试填。发放给调查对象的

份数比较适当的是( )。

    A. 25 份   B. 35 份

    C. 45 份   D. 55 份

54. 在问卷设计中,可以放在问卷前面的问题是( )。

    A. 您至今未购买电脑的主要原因是什么?

    B. 您每天的上网时间为多长?

    C. 您所居住的社区是否举办过体育健身活动?

    D. 您对新婚姻法有什么看法?

55. 根据《城市生活无着的流浪乞讨人员救助管理办法》,救助站对流浪乞讨人员的救助是一种临时性社会救助措施。下列属于提供救助内容的是( )。

    A. 临时工作   B. 乘车凭证

    C. 返乡路费   D. 健康体检

56. 在保障情形发生变化时,事实无人抚养儿童监护人或受委托的亲属、村(居)民委员会应当及时告知( )。

    A. 村(居)民委员会

    B. 县级民政部门

    C. 乡镇人民政府(街道办事处)

    D. 人民法院

57. 县级以上人民政府应当根据需要设立流浪乞讨人员救助站,救助站应当根据受助人员的需要提供救助。对照相关法规关于救助站救助内容的规定,下列说法正确的是( )。

    A. 参照当地居民的平均生活水平提供食物

    B. 参照当地廉租房标准提供住处

    C. 帮助流浪乞讨人员联系亲属或者所在单位

    D. 派工作人员护送流浪乞讨人员返回住所地

58. 根据《中华人民共和国老年人权益保障法》,下列关于赡养内容的说法中,错误的是( )。

    A. 赡养人应当使患病的老年人及时得到治疗和护理

    B. 对生活不能自理的老年人,赡养人应当承担照料责任

    C. 赡养人不得强迫老年人居住或者迁居条件低劣的房屋

    D. 赡养人只需要关注老年人的物质生活

59. 小雅遭受了严重的家暴,并且受到了丈夫的威胁。在社会工作者老肖的帮助下,小雅向人民法院申请人身安全保护令。人民法院受理申请后,应当在( )内作出人身安全保护令或者驳回申请。

    A. 十二小时   B. 十八小时

    C. 二十四小时   D. 三十小时

60. 根据《失业保险条例》,下列失业人员,可以领取失业保险金的是( )。

    A. 小满,刚工作了半个月后离职

    B. 小聪,工作了两年后离职

    C. 小芒,工作了两年后,由于公司倒闭被迫离职

    D. 小刘,主动离职后,选择自主创业

61. 初中生小康今年读初一,在一次上厕所时,看到有同学在厕所抽烟,自己也想试试,就这样,小康开始每天都上厕所抽烟。学校知道这件事情后,打算让小康回家反省一周。小康的父母觉得在家一周耽误学习,不想让孩子在家反省一周。社会工作者小棋在了解情况后发现,小康虽然总体成绩不是很好,但数学成绩非常出众,小康内心也非常喜欢数学,并不是老师眼中的坏学生。社会工作者在帮助小康认识到抽烟的危害后,开始监督小康恢复到正常的学习生活。之后社会工作者小棋便与学校沟通,让小康尽快返校,并鼓励小康发挥自己的特长,参加数学竞赛。该案例中社会工作者小棋达到了服务对象层面的(　　)目标。

    A. 解救危难

    B. 促进社会团结

    C. 缓解困难

    D. 激发潜能

    E. 促进发展

62. 小孟是儿童福利院的一名社会工作者,主要的服务对象是残疾儿童。根据社会工作专业伦理守则建立的原则,社会工作者小孟在服务中应该遵循的原则是(　　)。

    A. 现实需要和未来发展相结合

    B. 践行专业使命,促进机构发展

    C. 本土社会工作的伦理实践与国际社会工作专业伦理规则相结合

    D. 专业实践与政治实践互不冲突

    E. 提升专业能力,维护专业形象

63. 小冯的父母是一对年过半百的中年夫妇,他们深感与年轻的时候相比,无论在生理、心理还是在社会发展方面都发生了很大的变化。在下列选项中,属于小冯父母特征的是(　　)。

    A. 生理机能不断衰退

    B. 智力技巧缓慢下降

    C. 情感趋于深沉稳定

    D. 婚姻更加尽责务实

    E. 实用智力不断增长

64. 唐大爷在遛弯时不慎摔倒,造成左腿骨折,经住院治疗后回到家中休养。唐大爷的儿女由于工作在身,都不能陪伴在身边照顾,便给唐大爷请了护工。医务社会工作者上门向唐大爷的护工了解其身体恢复和情绪状况并观察其家具的摆放;另外,医务社会工作者还看了唐大爷的病历,联系唐大爷的主治医生,以便弄清楚唐大爷的需求,为他制订服务计划。在收集资料过程中,这位医务社会工作者运用的技巧有(　　)。

    A. 会谈
    B. 观察

    C. 现有资料
    D. 同情心

    E. 澄清

65. 服务对象小段发现自己的丈夫有一个小金库,最近一直在用小金库里的钱在外边吃吃喝喝。小段知道后便对丈夫严加管教,丈夫觉得很受约束,冲动之下动手打了小段,小段非常伤心地向社会工作者小刘哭诉,称从来没有受到过这样的委屈,自己受不了想自杀。小刘运用危机介入模式对小段提供服务,其应遵循的工作原则有(　　)。

A. 案主自决   B. 输入希望

C. 限定目标   D. 及时处理

E. 展望前景

66. 在小组中专注与倾听能够有效地传达社会工作者对组员的尊重与接纳。下列做法中属于专注与倾听的表现有(　　)。

A. 记住组员发言中所说的细节

B. 记住组员发言中提及的人名

C. 挖掘组员发言中的共同主题

D. 忽略组员言行不一致的现象

E. 鼓励组员放松地表达感受

67. 某民办养老机构去年年报显示,其总收入为 170 万元,包括:获得省级示范养老机构的政府奖励 10 万元;服务收费 140 万元;基金会慈善捐款 20 万元。该养老机构去年的资金来源包括(　　)。

A. 政府资助

B. 民间捐助

C. 经营收入

D. 利息收入

E. 上年度结余

68. 社区照顾模式强调非正规照顾的重要性。下列属于非正规照顾的有(　　)。

A. 家庭照顾

B. 邻居提供的照顾

C. 养老院的照顾

D. 亲朋好友的照顾

E. 医疗机构的照顾

69. 某街道选调了三位社会工作者进入一个城乡接合部社区开展社区工作,计划用两年时间提升居民的参与意识,发挥自助互助精神,共同解决社区面临的问题。社会工作者在准备阶段的工作重点是(　　)。

A. 与社区组织建立合作关系

B. 与居民建立信任关系

C. 推动成立居民小组

D. 开展社区教育

E. 培养社区带头人

70. 某班有五位学生每次考试都过度紧张,导致他们考试接连失利。他们的班主任找到学校社会工作者小梦,希望她能帮助这五位学生缓解考试紧张的情绪。小梦将这五位学生组成了一个小组,专门为这五位学生提供专业的社会工作服务。随着服务的逐渐推进,小梦的服务逐渐进入了结束阶段,这时社会工作者小梦的任务是(　　)。

A. 处理学生的离别情绪与感受

B. 结案后减少与学生的联系

C. 保持学生对整体目标的意识

D. 协助学生保持小组经验

E. 帮助学生回顾个人问题以及解决问题所采取的行动和步骤

71. 小蒋是一名社区社会工作者,他发现最近社区内的邻里关系紧张,因此他打算组建一个社会工作小组。他在制定该小组的工作目标时应该注意的问题有(   )。

A. 目标定好后不得更改

B. 目标要适合小组组员的实际能力

C. 要有明确的时间限定,以便小组组员清楚在什么时间完成什么目标

D. 目标的表述尽量使用正面的肯定性语言或词汇,以便小组组员明确他们需要做的事情,而非强调不该做什么事情

E. 目标清楚,可以测量和评估

72. 社会工作者小杜在一家机构从事老年人服务工作。近期,她招募了一批志愿者。为了解志愿者参与志愿服务活动的动机,小杜从各个维度进行了评估。下列表述中,属于以自我为中心的动机有(   )。

A. 希望能够帮助别人,让世界变美好

B. 希望感觉到被需要、被感激、被欣赏

C. 可以减少心里的寂寞感和空虚感

D. 以实际行动表达对他人的同情心

E. 想要获得工作经验,学习新技术

73. 社会工作研究是社会工作表达运用社会科学研究方法在社会工作领域开展的研究,它一方面要遵守社会科学研究规范,另一方面又要遵守社会工作的专业伦理。一般来讲,社会工作研究的特性有(   )。

A. 研究者可以是资料的收集者、分析者和结果应用者

B. 以弱势群体及其问题或需要为研究的主要对象

C. 行动研究是开展社会工作研究的核心方法

D. 在研究过程中需要体现社会工作的价值伦理

E. 首要目标是协助研究对象舒缓和解决问题

74. 问卷有一定的内容结构。下列选项中,属于问卷结构内容的是(   )。

A. 类型　　　　　　　　　　　B. 标题

C. 封面信　　　　　　　　　　D. 基本情况

E. 指导语

75. 非干扰性研究是不接触研究对象而把握资料本质的研究技术,比较法是非干扰性研究常用的方法。在下列选项中,属于比较法应该遵循的原则有(   )。

A. 建立一般理论概念

B. 横向比较与纵向比较相结合

C. 比较共同点和差异点

D. 注意可比性

E. 发现和比较本质的异同

— 12 —

76. 成果应用是社会工作研究与其他研究的最大不同。研究者要与课题委托者、同行和社会人士分享研究成果,以使研究成果发挥最大社会效应,最终促进社会工作专业和职业的积极发展。研究者公开研究成果的形式有(　　)。

A. 上传知网　　　　　　　　　　B. 口头发表

C. 内部书面发表　　　　　　　　D. 公开出版

E. 打印纸质版

77. 问卷调查就是依托问卷收集资料。在设计问卷初稿时,通常的设计方法有(　　)。

A. 量表　　　　　　　　　　　　B. 评估表

C. 表格法　　　　　　　　　　　D. 卡片法

E. 框图法

78. 实验设计的缺点为(　　)。

A. 实验设计场景是创造的,研究条件不自然

B. 创造实验场景往往会耗费大量资金

C. 创造实验场景有困难

D. 社会工作中的实验研究往往以人为对象,研究者经常面临伦理难题

E. 在实务推进上有困难

79. 根据《女职工劳动保护特别规定》,下列五位女士均属于某单位的正式职工,有享受产假的权利。以下关于产假的描述中,正确的有(　　)。

A. 小罗怀孕 2 个月人工流产,应当享受 15 天产假

B. 小红怀孕 5 个月意外流产,应当享受 42 天产假

C. 小晶顺产生产双胞胎,应当享受 133 天产假

D. 小英难产生产单胎,应当享受 128 天产假

E. 小影顺产生产单胎,应当享受 98 天产假

80. 根据《失业保险条例》,下列选项中,符合失业保险金领取条件之一的是(　　)。

A. 甲职工按照规定缴纳失业保险,在企业就职两年了

B. 乙职工已经办理失业登记,并有求职要求

C. 丙职工由于企业倒闭中断就业

D. 丁职工由于个人原因离职

E. 戊职工已经办理离职手续,打算回家乡创业